Privatrecht

Intensivkurs

Von

Dr. jur. Hans Römer

5., vollständig überarbeitete und erweiterte Auflage

R. Oldenbourg Verlag München Wien

Die Deutsche Bibliothek – CIP-Einheitsaufnahme

Römer, Hans:
Privatrecht : Intensivkurs / von Hans Römer. – 5., vollst. überarb. und erw. Aufl.. -
München ; Wien : Oldenbourg, 2002
ISBN 3-486-25732-3

Rosenheimer Straße 145, D-81671 München
Telefon: (089) 45051-0
www.oldenbourg-verlag.de

Gedruckt auf säure- und chlorfreiem Papier
Gesamtherstellung: Druckhaus „Thomas Müntzer" GmbH, Bad Langensalza

ISBN 3-486-25732-3

Vorwort zur fünften Auflage

Die fünfte Auflage wurde vollständig, insbesondere im Hinblick auf das seit 01.09.2001 geltende neue Mietrecht und das seit 01.01.2002 geltende neue Schuldrecht, die Neuregelung des allgemeinen Verjährungsrechts, die Änderungen des Kauf- und Werkvertragsrechts und des Zivilprozessrechts überarbeitet.

Anregungen und Kritik sind stets willkommen, gerne auch über das Internet (http://www.ra-roemer.de). Dort finden Sie die jeweils aktuelle E-Mail-Adresse.

Hans Römer

Vorwort zur ersten Auflage

Dieses Buch soll Ihnen beim Einstieg in die Rechtswissenschaft helfen. Es geht davon aus, dass Sie keine juristischen Vorkenntnisse haben.

Ziel des Buches ist es, Ihnen möglichst schnell und intensiv das Grundlagenwissen zu vermitteln, das Sie für jede Prüfung im Privatrecht, insbesondere für die Zwischenp im Jurastudium oder für die Vordiplomprüfung im Fach Recht für Wirtschaftswissenschaftler, benötigen. Diese Prüfungen beziehen sich nicht nur auf den Allgemeinen Teil des BGB. Sie setzen immer auch Grundlagenwissen aus den anderen Bereichen des Privatrechts voraus, selbst wenn es bis dahin noch nicht gelehrt wurde. Das in diesem Buch vermittelte Grundlagenwissen ist darüber hinaus auch Voraussetzung für ein vertiefendes Jurastudium. Erst wenn man weiß, worum es allgemein geht, ist es sinnvoll, Spezialprobleme vertieft zu behandeln.

Das wird oft zu wenig beachtet. In den Vorlesungen und der Studienliteratur für Anfänger werden die Einzelprobleme meistens überbewertet. Die Darstellung des Streitstandes verwirrt dann schnell. Man erinnert sich nur, dass an dieser Stelle etwas umstritten war. Mit der Lösung des Falles kommt man aber nicht weiter. In den Klausuren kommt es dementsprechend immer wieder vor, dass vorschnell auf ein umstrittenes Problem zugesteuert wird, ohne dass der Zusammenhang mit der Falllösung beachtet wird. Der Fall wird nicht gelöst, sondern mit Problemen belastet, die gar nicht hineingehören. Dem soll dieses Buch vorbeugen.

Um in diesem Sinne eine möglichst sichere Grundlage zu bieten, werden die in Grundkursen üblicherweise behandelten Schwerpunkte des Privatrechts in ihrer Grundstruktur dargestellt. Es geht um den "normalen" Fall. Die Lösung orientiert sich an der herrschenden Meinung. Ein wissenschaftlicher Anspruch wird nicht erhoben. Auf den Streitstand wird nur eingegangen, wenn es unumgänglich ist.

Für wertvolle Hinweise und Ratschläge möchte ich **Frau Irmgard Gurtmann, Herrn Christian Ahcin** und **Herrn Christian Armbrüster** herzlich danken.

Es würde mich freuen, wenn Ihnen dieses Buch den Einstieg in die Rechtswissenschaft erleichtert. Kritik und Anregungen sind stets willkommen!

Hans Römer

Inhaltsübersicht

Inhaltsverzeichnis

Abkürzungsverzeichnis

a. A.	anderer Ansicht
a. E.	am Ende
a. F.	alte Fassung
AcP	Archiv für die civilistische Praxis
ADAC	Allgemeiner Deutscher Automobil-Club
AG	Aktiengesellschaft
AGB	Allgemeine Geschäftsbedingung
AGBG	Gesetz zur Regelung des Rechts der Allgemeinen Geschäftsbedingungen
AktG	Aktiengesetz
Alt.	Alternative
Anm.	Anmerkung
AO	Abgabenordnung
Art.	Artikel
Artt.	Artikel (mehrere)
Aufl.	Auflage
BerHG	Gesetz über Rechtsberatung und Vertretung für Bürger mit geringem Einkommen (Beratungshilfegesetz)
BetrVerfG	Betriebsverfassungsgesetz
BeurKG	Beurkundungsgesetz
BGB	Bürgerliches Gesetzbuch
BGBl.	Bundesgesetzblatt
BGH	Bundesgerichtshof
BGHZ	Entscheidungen des Bundesgerichtshofs in Zivilsachen
BRAGO	Bundesgebührenordnung für Rechtsanwälte
BRAO	Bundesrechtsanwaltsordnung
BtMG	Gesetz über den Verkehr mit Betäubungsmitteln
BVerfG	Bundesverfassungsgericht
BVerfGE	Entscheidungen des Bundesverfassungsgerichts
c. i. c.	culpa in contrahendo (Verschulden bei Vertragsschluss)
ca.	circa (ungefähr)
d. h.	das heißt
e. G.	eingetragene Genossenschaft
e. V.	eingetragener Verein
EDV	elektronische Datenverarbeitung
EGBGB	Einführungsgesetz zum Bürgerlichen Gesetzbuch
EGHGB	Einführungsgesetz zum Handelsgesetzbuche
EheG	Ehegesetz
etc.	et cetera (und so weiter)
f.	folgende
ff.	folgende (mehrere)
Fn.	Fußnote
GBO	Grundbuchordnung
GbR	Gesellschaft bürgerlichen Rechts

GenG	Gesetz betreffend die Erwerbs- und Wirtschaftsgenossenschaften (Genossenschaftsgesetz)
GesR	Gesellschaftsrecht
GewO	Gewerbeordnung
GG	Grundgesetz
ggf.	gegebenenfalls
GH	Geschäftsherr
GKG	Gerichtskostengesetz
GmbH	Gesellschaft mit beschränkter Haftung
GmbHG	Gesetz betreffend die Gesellschaft mit beschränkter Haftung
GVG	Gerichtsverfassungsgesetz
GWB	Gesetz gegen Wettbewerbsbeschränkungen
h. M.	herrschende Meinung
HaustürWG	Gesetz über den Widerruf von Haustürgeschäften und ähnlichen Geschäften (aufgehoben)
HGB	Handelsgesetzbuch
i. d. F.	in der Fassung
i. A.	im Auftrag
i. V.	in Vertretung
i. V. m.	in Verbindung mit
InsO	Insolvenzordnung
JR	Juristische Rundschau
JuS	Juristische Schulung (Zeitschrift)
KG	Kommanditgesellschaft
KGaA	Kommanditgesellschaft auf Aktien
KO	Konkursordnung
KostO	Gesetz über die Kosten in Angelegenheiten der freiwilligen Gerichtsbarkeit (Kostenordnung)
KSchG	Kündigungsschutzgesetz
KunstUrhG.	Gesetz betreffend das Urheberrecht an Werken der bildenden Künste und der Photographie (Kunsturhebergesetz)
LG	Landgericht
LKW	Lastkraftwagen
m. N.	mit Nachweisen
m. w. N.	mit weiteren Nachweisen
n. F.	neue Fassung
NJW	Neue Juristische Wochenschrift
Nr.	Nummer
o. ä.	oder ähnliches
OHG	offene Handelsgesellschaft
OLG	Oberlandesgericht
PC	Personal Computer
pFV	positive Forderungsverletzung
ProdHaftG	Gesetz über die Haftung für fehlerhafte Produkte (Produkthaftungsgesetz)
pVV	positive Vertragsverletzung
RA	Rechtsanwalt
RGBl.	Reichsgesetzblatt
Rn.	Randnummer

S.	Seite
ScheckG	Scheckgesetz
SchR	Schuldrecht
sog.	sogenannte/r/s
Std.	Stunde
stG	stille Gesellschaft
StGB	Strafgesetzbuch
StPO	StrafProzessordnung
str.	streitig
StVG	Straßenverkehrsgesetz
StVO	Straßenverkehrs-Ordnung
TVG	Tarifvertragsgesetz
u. ä.	und ähnliche/s
u. a.	unter anderem
Urt. v.	Urteil vom (Datum - Aktenzeichen)
usw.	und so weiter
UWG	Gesetz gegen den unlauteren Wettbewerb
VAG	Gesetz über die Beaufsichtigung der privaten Versicherungsunternehmungen und Bausparkassen (Versicherungsaufsichtsgesetz)
VerbrKrG	Verbraucherkreditgesetz
VerschG	Verschollenheitsgesetz
vgl.	vergleiche
VVaG	Versicherungsverein auf Gegenseitigkeit
VVG	Gesetz über den Versicherungsvertrag
VwGO	Verwaltungsgerichtsordnung
WoBindG	Gesetz zur Sicherung der Zweckbestimmung von Sozialwohnungen (Wohnungsbindungsgesetz)
z. B.	zum Beispiel
ZPO	Zivilprozessordnung
ZVG	Gesetz über die Zwangsversteigerung und die Zwangsverwaltung

Arbeitshinweise

1. Gesetzestexte

Zur sinnvollen Arbeit mit diesem Buch sind das **Bürgerliche Gesetzbuch (BGB)** und das **Handelsgesetzbuch (HGB)** unabdingbare Voraussetzung. Sie müssen diese Gesetze neben sich liegen haben, wenn sie dieses Buch lesen. Die Gesetzestexte gibt es als Taschenbuchausgabe.

> **Schlagen Sie bitte jeden im Text zitierten Paragraphen nach und lesen Sie ihn!**

Es hat keinen Sinn, hierbei Zeit zu sparen. Es zeigt sich immer wieder, dass selbst Examenskandidaten an einem Fall oder einer Frage verzweifeln, obwohl die Problemlösung ausdrücklich im Gesetz steht.

2. Paragraphen

Paragraphen (§) werden immer so genau wie möglich zitiert. Es wird also nicht nur der Paragraph, sondern möglichst auch der Absatz und der Satz, in dem die betreffende Vorschrift steht, genannt. Unter den Juristen haben sich dabei Abkürzungen eingebürgert. Die Absätze der Paragraphen werden mit römischen Ziffern und die Sätze in den Absätzen wieder mit arabischen Ziffern angegeben. Auch für die Gesetze gibt es Abkürzungen. Die Bedeutung der Abkürzungen können Sie aus dem Abkürzungsverzeichnis entnehmen.

Beispiel: § 433 Absatz 1 Satz 1 des Bürgerlichen Gesetzbuches = § 433 I 1 BGB.

Mehrere Paragraphen werden durch zwei Paragraphenzeichen[1] (§§), mehrere Artikel durch ein doppeltes "t" in der Abkürzung für Artikel (Artt.) gekennzeichnet.

3. Beispiele

Die kleingedruckten Textstellen enthalten Beispiele oder andere Erläuterungen zum Großgedruckten. Beim ersten Mal sollten Sie die Beispiele und Erläuterungen unbedingt mitlesen. Beim Wiederholen können Sie das Kleingedruckte überspringen, wenn Sie die Aussagen im Großgedruckten sicher verstanden haben.

---

[1] Zur Herkunft des Paragraphenzeichens siehe den Aufsatz von Ahcin/Carl, JZ 1991, S. 915 - 917.

4. Fußnoten

In den Fußnoten[2] sind weiterführende Hinweise enthalten. Es werden Zusammenhänge aufgezeigt oder Paragraphen genannt, die Sie nicht unbedingt nachlesen müssen. Auf den Nachweis von Literatur und Rechtsprechung wird weitestgehend verzichtet. Der behandelte Stoff umfasst ausschließlich Standardprobleme, die in jedem Kommentar oder größeren Lehrbuch nachgeschlagen werden können. Weiterführende Literatur oder Rechtsprechung, die nicht ohne weiteres zu finden ist, wird zitiert.

5. Einteilung des Buches

Das Buch ist nach einem didaktischen Konzept gegliedert. Es besteht aus drei Teilen, die unterschiedlich hohe Anforderungen an Sie stellen:

Die **Einführung** (1. - 3. Lektion) können Sie wie einen Roman lesen. Es soll ganz allgemein die Bedeutung des Privatrechts im täglichen Leben aufgezeigt werden und das Interesse am Recht geweckt werden.

Die **Grundlagen** (4. - 8. Lektion) sind die unabdingbare Voraussetzung für den Hauptteil. Sie müssen alle Lektionen aus dem Grundlagenteil lernen und beherrschen, um die Lektionen im Hauptteil verstehen zu können.

Der **Hauptteil** (9. - 30. Lektion) soll, muss aber nicht, systematisch von vorne bis hinten durchgearbeitet werden. Die Lektionen sind so aufgebaut, dass sie einzeln erarbeitet werden können. Querverweise finden Sie in den Fußnoten. Sie können entsprechend der Gliederung der Vorlesung, die Sie besuchen, die jeweils aktuellen Lektionen zur Vorbereitung herausgreifen.

6. Wiederholungsfragen

Die einzelnen Lektionen im Grundlagenteil und im Hauptteil (4. - 30. Lektion) schließen mit ein paar Wiederholungsfragen. Diese Wiederholungsfragen sollen Ihnen als Lernkontrolle dienen. Lösen Sie die Wiederholungsfragen **erst einmal allein**. Einen Lösungsvorschlag finden Sie dann **am Ende des Buches**.

---

2 Die Fußnoten haben hier, wie auch in anderen Lehrbüchern und Zeitschriften für die juristische Ausbildung, eine andere Bedeutung als in juristischen Hausarbeiten. In juristischen Hausarbeiten muss ein Fall gelöst werden. Die Fußnoten müssen die Aussage im Text belegen. Ergänzungen zum Text dürfen darin nicht enthalten sein; denn entweder gehört die Ausführung zu der Falllösung, dann gehört sie in den Text, oder sie ist ohnehin überflüssig. In Lehrbüchern hingegen soll der Stoff gerade auch mit seinen Bezügen zu anderen Rechtsgebieten dargestellt werden. Es sollen Zusammenhänge aufgezeigt werden.

7. Arbeitsweise

Wichtig ist, dass Sie **ausgeruht, ausgeglichen und entspannt** an die Arbeit gehen. Über die Methode lässt sich sonst nicht viel Verbindliches sagen. Sie müssen Ihren eigenen Stil finden. Manche behalten das Gelernte besser, wenn sie es aufschreiben, andere streichen die wichtigen Textstellen mit bunten Markierstiften an, so dass sie eine optische Lernhilfe erhalten. Jedenfalls bewährt ist das öftere **Wiederholen** des Gelernten! Lesen Sie die Lektion erst einmal ohne Anstrengung, um zu erfahren, um was es überhaupt geht. Lesen Sie dann jedes Kapitel noch einmal Wort für Wort und achten Sie darauf, dass Sie wirklich jeden Satz verstehen. Versuchen Sie nun in Gedanken, den Inhalt des Gelesenen zu wiederholen. Lösen Sie die Wiederholungsfragen. Schlagen Sie im Text nach, wenn Sie etwas vergessen haben oder wenn Ihnen etwas unverständlich erscheint. Schauen Sie erst in die Lösung am Ende des Buches, wenn Sie alle Wiederholungsfragen beantwortet haben.

Arbeiten Sie nicht zuviel auf einmal! Arbeiten Sie lieber mäßig, aber regelmäßig. Es reicht, wenn Sie **regelmäßig** jeden Tag höchstens eine Lektion durcharbeiten. Vergessen Sie bitte nicht, die Paragraphen nachzuschlagen. Sie lernen so mehr, als wenn Sie kurz vor der Prüfung in Panik die Nacht hindurch das ganze Buch auf einmal lesen.

Wiederholen Sie die letzte Lektion oder wenigsten die Wiederholungsfragen, bevor Sie die nächste Lektion in Angriff nehmen!

8. Arbeitsgruppe

Sehr empfehlenswert ist darüber hinaus das Lernen in einer Arbeitsgruppe. Die Arbeitsgruppe sollte möglichst nicht mehr als vier Mitglieder haben. Alle Mitglieder bereiten allein den Stoff vor, wobei jedes Mitglied verschiedene Schwerpunkte übernimmt. In der Arbeitsgruppe **erklärt** jedes Mitglied den Stoff aus seinem Schwerpunktgebiet. Die anderen stellen **Fragen**. Unklarheiten werden **diskutiert**. Selbstverständlich kann auch eine andere Arbeitstechnik entwickelt werden. Jedenfalls wird beim Erklären, beim Fragen und in der Diskussion der Stoff weit besser durchdrungen und behalten, als beim alleine Pauken.

Ich wünsche Ihnen viel Erfolg!

Einführung

Die Einführung soll Ihnen allgemein die Bedeutung des Privatrechts im täglichen Leben zeigen. Grundlegend wichtig ist die 1. Lektion zur Gerechtigkeit. In der 2. Lektion wird ein kleiner Rechtsstreit bis zur Vollstreckung ausführlich beschrieben. In der 3. Lektion wird erklärt, was üblicherweise in Grundkursen gelehrt wird. An diesen Rahmen hält sich auch dieses Buch.

1. Lektion
Gesetz und Gerechtigkeit

Wozu braucht man überhaupt **Gesetze**? Alle Menschen haben ein mehr oder weniger ausgeprägtes **Rechtsgefühl**. Oft ist dieses Gerechtigkeitsgefühl ebenso zutreffend wie das juristische Urteil. Nehmen wir an, V verkauft dem K ein Fahrrad. K weigert sich, zu zahlen. Das Gerechtigkeitsgefühl der meisten Menschen und das Gesetz sagen hier übereinstimmend, dass K dem V den Kaufpreis zahlen muss. Das was hier (fast) jedem klar ist, wird juristisch umständlich mit § 433 II BGB begründet, wonach der Käufer verpflichtet ist, dem Verkäufer den vereinbarten Kaufpreis zu zahlen.

Wie ist es aber, wenn K minderjährig ist? Das Rechtsgefühl fast aller Anfänger kommt hier zu demselben Ergebnis wie eben; anders aber das Gesetz. Danach sind Minderjährige geschäftsunfähig, § 104 BGB, oder beschränkt geschäftsfähig, § 106 BGB. Die Rechtsgeschäfte sind nichtig, § 105 I BGB oder (schwebend) unwirksam, § 107 f. BGB[3]. K muss nicht zahlen. Hat er das Fahrrad mittlerweile demoliert, muss er es nur zurückgeben, aber nicht den Wertverlust ersetzen, §§ 812, 818 III BGB[4].

I. Gerechtigkeit

Um zu entscheiden, welches Ergebnis nun das gerechte ist, müssen wir die Gerechtigkeit definieren. Es sei gleich gesagt, dass eine einfache, klare Definition nicht möglich ist. Die Definition der Gerechtigkeit ist seit der Antike eine zentrale Frage der Rechtsphilosophie. Die Erörterungen zu diesem Thema sind zahlreich. Grob vereinfacht lässt sich sagen, dass **Gerechtigkeit das zeitlos gültige Maß für den angemessenen Ausgleich und die angemessene Verteilung von Gütern und Lasten ist**; oder kurz: **Jedem das Seine.**

---

[3] Zur Geschäftsfähigkeit siehe unten die 13. Lektion: Geschäftsfähigkeit.

[4] Zu den §§ 812, 818 III BGB siehe unten die 25. Lektion: Bereicherungsausgleich.

II. Wertordnung

Was einem jeden zusteht, folgt aus der zugrundeliegenden Wertordnung. Eine zeitlos gültige Wertordnung ist aber genauso schwer zu finden wie die Gerechtigkeit selbst[5]. Für unsere Frage, ob nun die Entscheidung nach dem Gerechtigkeitsgefühl oder nach dem Gesetz gerecht ist, muss die zugrundeliegende Wertordnung herausgearbeitet werden. Sie muss darauf überprüft werden, ob sie zeitlose Gültigkeit beanspruchen kann.

1. Gesetz

Das Gesetz allein ist sicher kein Freibrief für Gerechtigkeit. Die deutsche Geschichte des 20. Jahrhunderts hat das eindringlich gezeigt. Eine allein gesetzmäßige Entscheidung kann sehr ungerecht sein. Gesetz ist nicht gleichbedeutend mit Recht und Gerechtigkeit. Gesetze wie z. B. das BGB und HGB nennt man positives Recht. **Recht und Gerechtigkeit stehen über dem positiven Recht.** Hiervon geht auch Art. 20 III GG aus. Danach ist die Rechtsprechung an "Gesetz und Recht" gebunden. Also nicht nur das Gesetz bindet den Richter in seiner Entscheidung; der Richter muss seine Entscheidung auch an Recht und Gerechtigkeit ausrichten. Der Richter muss sich also trotz sorgfältiger Gesetzesanwendung immer wieder genau die Frage stellen, die wir hier behandeln: Ist die Entscheidung gerecht?

2. Rechtsgefühl

Andererseits ist das Rechtsgefühl auch kein zuverlässiger Maßstab. Das Rechtsgefühl orientiert sich wohl vornehmlich an Gewohnheit, Sitte und Moral.

a) Gewohnheiten

Gewohnheiten sind gleiche Verhaltensweisen in gleichen Situationen. Sie bilden sich bei wiederkehrenden, gleichen Situationen leicht heraus. Nicht nur der einzelne, sondern auch die Gruppe kann Gewohnheiten entwickeln. Die Gewohnheiten einer Gruppe nennt man **Brauch**. Handelt jemand gegen unsere Gewohnheit oder gegen die Gewohnheit unserer Gruppe, erachten wir das schnell als ungerecht.

---

[5] In der Rechtsphilosophie lassen sich seit der Antike folgende Hauptströmungen unterscheiden: Es soll einem jeden das zustehen, was sich aus der Natur, insbesondere aus der Natur des Menschen ergibt **(Naturrecht)**. In Ergänzung dazu soll aus der Vernunft **(Vernunftrecht)** folgen, dass einem nur das zustehen kann, was jedem unter diesen Umständen zustehen kann. Der Gleichheitsgedanke, wie er auch in Art. 3 GG zum Ausdruck kommt, zeigt sich hier. Es ist auch denkbar, dass mehrere Gleichberechtigte frei eine Übereinkunft treffen, was einem jeden zustehen soll **(prozedurale Gerechtigkeitstheorie)**. Näher hierzu: Henkel, Heinrich: Einführung in die Rechtsphilosophie, Grundlagen des Rechts, 2. Aufl. 1977, §§ 32 ff., S. 391 ff.

Beispiel: Wenn wir bei Tisch immer denselben Platz haben, halten wir es für gerecht, wenn wir auch weiterhin diesen Platz einnehmen. Wir halten es für ungerecht, wenn uns jemand diesen Platz "wegnimmt".

Eine zeitlos gültige Wertordnung kann durch Gewohnheit allein aber nicht begründet werden. Ebenso schnell wie Gewohnheiten entstehen, können sie sich ändern.

b) Sitte

Die gefestigte Gewohnheit wird zur **Sitte,** wenn sie sozial verbindlich wird. Die Sitte sagt, wie man sich verhalten soll. Bei Verstößen gegen die Sitte ist mit sozialem Druck zu rechnen.

Beispiel: Es ist heute Sitte, bei Tisch nicht laut zu rülpsen. Tut es doch jemand, wird sozialer Druck auf ihn ausgeübt: er wird beim Tischgespräch gemieden, es treffen ihn verächtliche Blicke oder gar Tritte unter dem Tisch. Der soziale Druck wird als gerecht empfunden.

Eine zeitlos gültige Wertordnung liegt der Sitte aber nicht notwendig zugrunde. Es gibt gute und schlechte Sitten. Die Sitte selbst sagt nichts darüber aus, ob das Verhalten in dem hier gefragten Sinne gut oder schlecht ist.

Beispiel: Im Mittelalter entsprach lautes Rülpsen der Sitte. Es war sogar ein Kompliment für den Gastgeber. Es wurde damit ausgedrückt, dass das Essen schmeckt.

Gewohnheit und Sitte können also kein Maßstab für Gerechtigkeit sein. Oder anders ausgedrückt: Wenn es alle tun, heißt das noch lange nicht, dass das gerecht ist. Ein hierauf beruhendes Gerechtigkeitsgefühl ist trügerisch.

c) Moral

Zur Unterscheidung zwischen gut und schlecht bedarf es der Moral. Die **Moral** bildet sich aufgrund gemeinsamer Überzeugung von richtigen Werten. Eine Handlung ist moralisch gut, wenn sie dieser Wertordnung entspricht; sie ist unmoralisch, wenn sie dieser Wertordnung widerspricht. Aber auch die heute herrschende Moral und die Ansichten von Gut und Böse ändern sich im Laufe der Zeit.

Beispiel: Vor wenigen Jahrzehnten war es noch unmoralisch, wenn ein nicht verheiratetes Paar zusammenlebte. Heute wird das selbst in ländlichen Gegenden nicht mehr als unmoralisch angesehen. Andererseits: Früher stand man dem Schutz der Umwelt gleichgültig gegenüber. Heute ist Umweltverschmutzung auch in kleinem Umfang unmoralisch.

3. Entscheidung

Eine zeitlos gültige Wertordnung ist meines Erachtens nicht vorgegeben. Dennoch liegt es in der Verantwortung von uns Menschen, nach einer solchen zu suchen. Auch wenn wir die Gerechtigkeit nicht finden können, können wir ihr doch mehr oder weniger nahe kommen. Der Gerechtigkeit möglichst nahe zu kommen, liegt in unserer Verantwortung als Mensch. Bei jeder Entscheidung müssen wir uns dieser Verantwortung stellen. Wir müssen uns die zugrundeliegenden Werte bewusst machen, sorgfältig auf ihre zeitlose Gültigkeit prüfen und abwägen.

Ein dem Gerechtigkeitsgefühl meistens zugrundeliegender Wert ist, dass **Verträge zu halten** sind.

Auch die dem Gesetz zugrundeliegende Wertordnung beinhaltet den Satz, dass Verträge zu halten sind, vgl. § 241 I BGB. Es sieht aber als Voraussetzung hierfür an, dass der Vertrag **aufgrund freier Willensentschließung** mit der **notwendigen Einsicht** geschlossen wird. Diese Einsicht in die Bedeutung eines Vertragsschlusses ist bei Minderjährigen nicht immer gegeben. Bei der Abwägung, zwischen dem **Schutz des Minderjährigen** und dem **Vertrauen** des Vertragspartners gibt es dem Schutz des Minderjährigen den Vorrang. Erkennt man als zeitlos gültigen Maßstab an, dass ein Vertrag nur dann bindend sein kann, wenn er auf freier Willensentschließung mit der notwendigen Einsicht geschlossen wurde, ist die gesetzliche Entscheidung gerecht.

Mit guten Argumenten kann man den Schutz des Minderjährigen auch etwas geringer und das Vertrauen des Vertragspartners etwas stärker gewichten. Das Gerechtigkeitsgefühl muss, auch wenn es mit der gesetzlichen Wertung nicht übereinstimmt, nicht falsch sein.

Dennoch wäre eine Entscheidung allein nach dem Gefühl gegen das Gesetz hier falsch. Das Gesetz schreibt die genannte, im Rahmen der Gerechtigkeit jedenfalls vertretbare Interessenabwägung fest. Sie gilt für alle. Das entspricht dem **Gleichheitssatz** und führt zu **Rechtssicherheit**. Das Gerechtigkeitsgefühl kann dagegen von Mensch zu Mensch sehr unterschiedlich sein. Die zugrundeliegende Wertordnung ist selten bewusst, oft nur oberflächlich und muss entsprechend kritisch gesehen werden. Die Gefahr der Willkür wäre groß.

4. Ein Hinweis

Viele Anfänger haben ein gutes, auf einer ausgeprägten Wertordnung beruhendes Gerechtigkeitsgefühl. Im Laufe des Studiums lernen sie dann aber Fälle kennen, bei denen ihr Rechtsgefühl nicht zu dem vom Gesetz vorgegebenen Ergebnis führt.

Das Gesetz hat eine andere Güterabwägung getroffen. Das führt dazu, dass sie ihr Rechtsgefühl **ganz** ablehnen und sich **nur** noch auf die Dogmatik verlassen. Das ist gefährlich!

Geben Sie es nie auf, nach der darüber stehenden Gerechtigkeit zu suchen!

2. Lektion
Recht haben und Recht bekommen

Die gerechte Entscheidung eines Streits hat wenig Sinn, wenn sie Theorie bleibt. Sie muss praktische Folgen haben. Wie kommt man nun zu seinem Recht? Hierzu ein **Beispielsfall:**

Studentin S wartet mit ihrer Freundin F bei regnerischem Wetter an einer Bushaltestelle, als ihr Kommilitone K im Auto vorbeikommt. K fährt versehentlich unmittelbar am Bordstein durch eine ölige Pfütze. Der neue Mantel der S im Wert von 500,00 € ist ruiniert. Das Recht, das hier der S zusteht, folgt aus §§ 7, 18 StVG, §§ 823, 249 BGB; K muss S den Mantel erstatten. Wie kommt nun S zu ihrem Recht?

I. Eigene Geltendmachung

Bevor hier das Gericht angerufen wird, muss S erst einmal **selbst** versuchen, das Geld von K zu bekommen. Es reicht, wenn sie ihn mündlich bittet, ihr 500,00 € zu bezahlen. In der Praxis wird der Schuldner (hier K) oder gegebenenfalls für ihn die Haftpflichtversicherung ohne weiteres zahlen, wenn Grund und Umfang des Schadens glaubhaft sind. Eine Versicherung wird eine schriftliche Schadenaufstellung und Belege verlangen.

II. Mahnung

Manchmal bedarf es einer **Mahnung**, § 286 BGB. Auch diese kann mündlich erfolgen. Zu Beweiszwecken ist aber die Schriftform zu empfehlen. Auch inhaltlich ist keine Form vorgeschrieben. Es genügt jede eindeutige und bestimmte Aufforderung, dass die geschuldete Leistung verlangt wird.[6].

Zahlt K auf die Mahnung der S nicht, könnte S bei dem zuständigen Amtsgericht selbst eine Klage einreichen[7]. Hier soll aber der übliche Ablauf eines Zivilstreits geschildert werden. S geht daher zu einem Rechtsanwalt.

III. Rechtsanwalt

Der **Rechtsanwalt** ist ein unabhängiges Organ der Rechtspflege[8]. Jeder hat das Recht, sich von einem Rechtsanwalt beraten und vertreten zu lassen[9]. Rechtliche

---

6 BGH NJW 1998, 2132; die Mahnung kann auch – muss aber nicht – in Versen erfolgen, vgl. das illustrative Urteil LG Ffm NJW 1982, 650.

7 Das folgt aus § 78 ZPO, wonach ein AnwaltsProzess nur vor den Landgerichten und allen Gerichten des höheren Rechtszugs, nicht aber vor den Amtsgerichten vorgeschrieben ist.

8 § 1 BRAO.

9 § 3 III BRAO.

Grundlage der Beratung und gegebenenfalls Prozessführung durch den Rechtsanwalt für S ist ein Geschäftsbesorgungsdienstvertrag[10]. Für die Vergütung muss S erst einmal selbst einstehen. Der Rechtsanwalt verlangt üblicherweise einen Vorschuss[11]. Die Höhe der Vergütung richtet sich nach der Rechtsanwaltgebührenordnung (BRAGO), die sich an der Tätigkeit des Rechtsanwalts und an der Höhe des Streitwerts orientiert.

IV. Beratungshilfe

Ist S als Studentin nicht in der Lage, für die Kosten des Rechtsanwalts aufzukommen, hat sie einen Anspruch auf **Beratungshilfe**. Sie kann sich in Berlin, Bremen und Hamburg an eine Stelle für **öffentliche Rechtsberatung** wenden. In den anderen Bundesländern und in Berlin hat sie anstatt der öffentlichen Rechtsberatung (auch) die Möglichkeit, anwaltliche Beratungshilfe in Anspruch zu nehmen; d.h., sie kann mit einem Beratungsschein einen **Rechtsanwalt** ihrer Wahl aufsuchen. Die Rechtsberatung oder den Beratungshilfeschein gibt es bei der Rechtsantragsstelle des für den Wohnsitz zuständigen Amtsgerichts. Die Kosten trägt dann der Staat. Näheres ist im Beratungshilfegesetz[12] geregelt.

V. Taktische Überlegungen

Der Rechtsanwalt lässt sich von S erst einmal den Sachverhalt, also das was passiert ist, schildern. Er erklärt ihr dann, welche Möglichkeiten sie hat, um zu ihrem Recht zu kommen. Er bittet die S, ihm eine Vollmacht auszustellen.

Obwohl die S den K selbst gemahnt hat, schlägt er vor, dass er als Rechtsanwalt den K noch einmal mahnt. Das ist für eine erfolgreiche Klage zwar nicht mehr notwendig, praktisch bietet es aber Vorteile. K weiß nun, dass die S die Angelegenheit nicht auf sich beruhen lassen will und zahlt vielleicht doch noch. Zwar muss K jetzt auch die bisher entstandenen Anwaltsgebühren bezahlen[13], erspart aber die in einem Rechtsstreit vor Gericht weiter anfallenden Gerichtskosten und weiteren Anwaltskosten - ein Argument, das in einer Mahnung überzeugen kann. S kommt so schneller zu ihrem Geld. Zahlt K nicht, erklärt er vielleicht gegenüber dem Rechtsanwalt, warum er dazu nicht bereit ist. Der Rechtsanwalt kann dann das Prozessrisiko besser einschätzen und die Klage entsprechend formulieren.

---

[10] Zum Geschäftsbesorgungsvertrag siehe unten im Hauptteil die 24. Lektion, IV. Geschäftsbesorgungsvertrag.

[11] § 17 BRAGO.

[12] Beratungshilfegesetz (BerHG) = Gesetz über Rechtsberatung und Vertretung für Bürger mit geringem Einkommen vom 18. Juni 1980 (BGBl. I, S. 689; BGBl. III, S. 303 - 315), Schönfelder, Deutsche Gesetze, Nr. 98 b).

[13] §§ 284, 286 BGB, §§ 11, 25, 26, 32 BRAGO.

VI. Prozesskostenhilfe

Zahlt oder antwortet K nicht, schlägt der Rechtsanwalt der S vor, Klage zu erheben. Hat S nur geringes Einkommen, stellt der Rechtsanwalt einen Antrag auf **Prozesskostenhilfe**. S hat einen Anspruch auf Prozesskostenhilfe, wenn sie nach ihren persönlichen und wirtschaftlichen Verhältnissen die Kosten der **Prozessführung** nicht, nur zum Teil oder nur in Raten aufbringen kann, der beabsichtigte Rechtsstreit hinreichende Aussicht auf Erfolg bietet und nicht mutwillig erscheint[14]. Den Antrag stellt der Rechtsanwalt bei dem Prozessgericht, hier dem örtlich zuständigen Amtsgericht. Bei Bewilligung der Prozesskostenhilfe zahlt der Staat die für S gegebenenfalls entstehenden **Prozesskosten**. Neben den Gerichts- und Anwaltskosten können das z. B. Auslagen für die Entschädigung der Zeugen und Sachverständigen sein[15]. Im Übrigen lässt sich aufgrund der Entscheidung über den Antrag zur Prozesskostenhilfe das Prozessrisiko abschätzen. Das Prozessgericht muss ja neben der Bedürftigkeit der S auch zu den Erfolgsaussichten des Rechtsstreits Stellung nehmen.

VII. Klage

Der Rechtsanwalt reicht dann im Namen der S bei dem zuständigen Amtsgericht eine Klage ein.

Das Amtsgericht ist u. a. grundsätzlich für bürgerlich-rechtliche Streitigkeiten mit einem Streitwert bis zu 5.000,00 € zuständig[16]. Eine Streitwertgrenze nach unten gibt es nicht.

Die Klage wird in Form einer Klageschrift eingereicht. Welchen Inhalt eine Klageschrift haben muss, ist im Gesetz geregelt[17].

---

14 § 114 ZPO.

15 Vgl. 9000 ff. Anlage 1 zum GKG.

16 Vgl. im einzelnen § 23 GVG.

17 Vgl. § 253 II ZPO.

Rechtsanwalt
Dr. Hubert Hilfreich
Kurfürstendamm 196
10707 Berlin

10707 Berlin, den 3. April 2002

An das
Amtsgericht Mitte
Littenstr. 12 - 17

10179 Berlin

Klage

der Studentin Sieglinde Seifert, Moorweg 8, 12345 Berlin,
Klägerin,

Prozessbevollmächtigter:
Rechtsanwalt Dr. Hubert Hilfreich, Kurfürstendamm 196, 10707 Berlin,

gegen

den Studenten Karl Karacho, Am See 12, 12543 Berlin,
Beklagten,

wegen Schadensersatz aus Verkehrsunfall
Streitwert: 500,00 €.

Namens und in Vollmacht der Klägerin erhebe ich Klage und werde beantragen:

1. Der Beklagte wird verurteilt, an die Klägerin 500,00 € nebst 5 % Zinsen über dem Basiszinssatz seit dem 28. Februar 2002 zu zahlen.

2. Der Beklagte trägt die Kosten des Rechtsstreits.

3. Das Urteil ist notfalls gegen Sicherheitsleistung vorläufig vollstreckbar.

- 2 -

- Seite 2 -

Begründung:

Am Montag, den 4. Februar 2002 gegen 8.30 Uhr stand die Klägerin in Begleitung ihrer Freundin, Frau Nana Obacht, an der Bushaltestelle Neue Kantstraße Ecke Suarezstraße in Berlin-Charlottenburg. In etwa 2 m Entfernung hatte sich durch den einsetzenden Regen am Bordstein bis ca. 1 m in die Fahrbahn hinein eine ölige Wasserpfütze gebildet. Der Beklagte befuhr mit seinem Opel Manta, amtliches Kennzeichen B-UM 123 die Neue Kantstraße in östlicher Richtung. Dabei durchfuhr er die Wasserpfütze mit einer derartigen Geschwindigkeit, dass u. a. die Klägerin bis auf Hüfthöhe mit dem öligen, dreckigen Wasser aus der Pfütze bespritzt wurde.

Beweis: Zeugnis der Frau Nana Obacht
Hinter den Gärten 9, 12121 Berlin

Der hellbeige Kaschmirmantel, den die Klägerin trug und der Eigentum der Klägerin ist, wurde insbesondere durch das im Spritzwasser enthaltene Öl derart beschmutzt, dass eine erfolgreiche Reinigung nicht mehr möglich ist.

Beweis: Sachverständigengutachten

Den Mantel hatte die Klägerin gerade zwei Wochen zuvor im Modehaus Humbug zum Preis von 500,00 € erworben.

Beweis: Quittung des Modehauses Humbug vom 21. Januar 2002 (als Anlage)

Am Dienstag, den 5. Februar 2002 traf die Klägerin in Begleitung ihrer Freundin, Frau Nana Obacht, den Beklagten in der Mensa, Kiebitzweg 26, Berlin-Dahlem und forderte ihn auf, ihr den Preis des Mantels zu ersetzen. Der Beklagte erwiderte aber lediglich, sie solle doch aufpassen, wo sie herumstehe.

Beweis: Zeugnis der Frau Nana Obacht,
bereits benannt

- 3 -

- Seite 3 -

Auch auf ein Schreiben der Klägerin vom 6. Februar 2002, in dem der hier geschilderte Hergang genannt und eine genaue Schadensberechnung enthalten war, reagierte der Beklagte ablehnend. Ebenso blieb die Mahnung der Klägerin vom 26. Februar 2002, dem Beklagte zugegangen am 28. Februar 2002, erfolglos.

Beweis: Schreiben der Klägerin vom 6. Februar 2002
Mahnung der Klägerin vom 26. Februar 2002
(je in Kopie als Anlage)
Rückschein mit der Unterschrift des Beklagten
vom 28. Februar 2002 (als Anlage)

Ebenso erfolglos blieb eine Mahnung durch den Prozessbevollmächtigen der Klägerin vom 18. März 2002, so dass nunmehr Klage geboten war.

Gerichtskostenvorschuss in Höhe von 105,00 € in Gerichtskostenmarken anbei.

Dr. Hilfreich
Rechtsanwalt

Beglaubigte und einfache Kopie anbei.

VIII. Gerichtskostenvorschuß

Das Gericht wird nach Einreichung der Klageschrift erst tätig, wenn ein Vorschuss für die Gerichtskosten eingegangen ist[18]. Die Zahlung kann durch Gerichtskostenmarken, die bei dem Gericht gekauft werden können, erfolgen. Die Höhe des Vorschusses entspricht drei Gerichtsgebühren. Bei einem Streitwert von 500,00 € beträgt eine Gebühr 35,00 €; drei Gerichtsgebühren also 105,00 €. Die Gerichtskosten bekommt die Klägerin vom Beklagten erstattet, wenn sie siegt[19].

IX. Rechtshängigkeit

Die Geschäftsstelle des Gerichts legt eine Akte an und leitet diese an den Richter weiter. Der prüft, ob er zuständig ist und stellt (über die Geschäftsstelle[20]) dem Beklagten die beglaubigte und die einfache Abschrift der Klage zu[21]. Die Klage ist damit rechtshängig[22].

Mit der Zustellung der Klage setzt der Richter dem Beklagten K eine Frist zur Klageerwiderung und bestimmt einen Termin zur mündlichen Verhandlung[23]. Die Parteien werden zu diesem Termin geladen.

X. Klageerwiderung

K kann nun zur Klage Stellung nehmen. Er muss es aber nicht. Will er Stellung nehmen, kann auch er einen Rechtsanwalt zu Rate ziehen. Bezüglich der Beratungshilfe und der Prozesskostenhilfe gelten für ihn die gleichen Regeln wie für die Klägerin.

Der von K gewählte Rechtsanwalt lässt sich den Sachverhalt schildern. K erzählt den Fall aus seiner Sicht. Der Rechtsanwalt berät K über die Rechtslage und schreibt eine Klageerwiderung:

---

18 § 8 KostO.

19 §§ 91 ff. ZPO, § 11 II GKG.

20 § 209 ZPO; die Geschäftsstelle bedient sich der Post, § 211 ZPO.

21 Vgl. § 271 ZPO.

22 Vgl. §§ 261, 253 ZPO.

23 Üblich ist ein früher erster Termin, § 275 ZPO. Je nach Fallgestaltung hat der Richter auch die Möglichkeit eines schriftlichen Vorverfahrens, §§ 272, 276 ZPO.

Rechtsanwalt
Gerold Gegener
Krumme Lanke 5
10300 Berlin

10300 Berlin, den 15. Mai 2002

An das
Amtsgericht Mitte
Littenstr. 12 - 17

10179 Berlin

In Sachen
Seifert ./. Karacho
- 8 C 266/02 -

zeige ich an, dass ich den Beklagten vertrete. Vollmacht wird versichert.

Ich werde **beantragen**,

die Klage abzuweisen.

Begründung:

Der Kläger fährt immer nur so langsam, dass ein Schaden, wie ihn die Klägerin vorträgt, ausgeschlossen ist. Es mag zwar sein, dass der 500,00 € teure Mantel der Klägerin durch Spritzwasser ruiniert wurde; der Beklagte hat damit aber nichts zu tun. Er hat die Klägerin zum ersten Mal gesehen, als sie von ihm forderte, ihr den Preis des Mantels zu ersetzen. Es bestand jedoch für den Kläger kein Grund, auf diese Forderung einzugehen.

Ich stelle zu.

Gerold Gegener
Rechtsanwalt

Die Klageerwiderung sendet der Rechtsanwalt an das Gericht und an den Rechtsanwalt der Klägerin[24], der wiederum die Klägerin unterrichtet.

XI. Güteverhandlung und früher erster Termin

Es folgt der Termin zur mündlichen Verhandlung[25]. Gemäß § 278 ZPO beginnt die mündliche Verhandlung mit einer **Güteverhandlung**, zu der die Parteien persönlich geladen werden[26]. In dieser Güteverhandlung, bespricht das Gericht den Sach- und Streitstand mit den Parteien, erklärt, wie es die Rechtslage sieht und versucht, die Parteien zu einem Vergleich, Anerkenntnis oder Klagerücknahme zu bewegen. Wenn über das tatsächliche Geschehen keine Einigung erzielt werden kann, wird gleich anschließend oder in einem späteren Haupttermin streitig verhandelt.

Hier wird angenommen, dass die Güteverhandlung zu keinem Erfolg führt und die Anwälte, die Parteien Sieglinde Seifert und Karl Karacho und die Zeugin Nana Obacht zu einem späteren Haupttermin geladen werden.

XII. Haupttermin

Im **Haupttermin** werden die Geladenen aufgerufen. Der Richter schaut nach, ob die Parteien, die Anwälte und die Zeugin anwesend sind. Die Zeugin wird dann gebeten, vor der Türe des Gerichtssaals zu warten. Der Richter führt nun in den Sach- und Streitstand ein[27]. Er ist dabei weiterhin bemüht, eine gütliche Beilegung des Rechtsstreits zu erreichen[28]. Wenn der Streit nicht beigelegt werden kann, stellen die Parteien ihre **Anträge** unter Bezugnahme auf die Schriftsätze zur Klage und Klageerwiderung[29]. Der Richter fragt die Parteien, ob sie noch etwas erklären möchten. Bleiben Tatsachenbehauptungen streitig, folgt die Beweisaufnahme.

---

24 Die Zustellung von Anwalt zu Anwalt gemäß § 198 ZPO ist bspw. in Berlin üblich. In manchen anderen Gerichtsbezirken wird üblicherweise nur über das Gericht zugestellt.

25 Vgl. § 275 ZPO.

26 Vgl. § 278 III ZPO.

27 Gemäß § 137 ZPO beginnt die mündliche Verhandlung zwar mit den Anträgen der Parteien; in der Praxis wird aber meistens schon zuvor die Sach- und Rechtslage erörtert.

28 § 279 ZPO.

29 § 297 II ZPO.

XIII. Beweisaufnahme

Zur **Beweisaufnahme** wird die Zeugin Nana Obacht hereingerufen und zur Wahrheit ermahnt[30]. Die Vernehmung beginnt damit, dass die Zeugin über Vornamen und Nachnamen, Alter, Beruf und Wohnort befragt wird[31]. Sie wird dann gebeten, über den Hergang des Geschehens zu berichten[32].

Die Zeugin erzählt darauf, dass sie mit S an der Bushaltestelle in der Kantstraße gestanden habe, als K im Auto vorbeifuhr. Die S sei dabei von oben bis unten nassgespritzt worden. Ihr Mantel habe fürchterlich ausgesehen.

Der Richter fragt nun, wie sie denn den K erkannt habe[33].

Die Zeugin erwidert darauf, dass sie S noch vor dem Vorfall, als K noch vor der roten Ampel stand, auf K aufmerksam gemacht habe. K sei ihr aus einer Vorlesung bekannt. Auch an das auffällige, mit Rostschutzfarbe ausgebesserte Auto könne sie sich erinnern. Sie habe den K schon öfter in diesem Auto gesehen.

Der Richter gestattet nun den Parteien, noch weitere Fragen an die Zeugin zu richten[34].

Wenn die Parteien keine weiteren Fragen haben, entlässt der Richter die Zeugin und erklärt ihr kurz, wo sie ihre Zeugenentschädigung[35] abholen kann. Die Zeugenentschädigung soll die Fahrtkosten, den Verdienstausfall und sonstige Aufwendungen der Zeugin ausgleichen. Sie ist letztendlich von der verlierenden Prozesspartei zu tragen[36].

XIV. Weitere Verhandlung

Die Verhandlung wird mit den Parteien fortgesetzt. Der Sach- und Streitstand wird erneut erörtert[37]. Wieder ist der Richter bemüht, eine gütliche Beilegung des Rechtsstreits zu erreichen. Eine gütliche Einigung könnte ein **Vergleich**[38] sein, den

---

30 § 395 ZPO; eine Vereidigung, § 391 ff. ZPO, ist vor dem Amtsgericht selten.

31 § 395 II ZPO.

32 § 396 I ZPO.

33 Vgl. § 396 II ZPO.

34 Vgl. §§ 396 III, 397 ZPO.

35 § 401 ZPO; vgl. auch das Gesetz über die Entschädigung von Zeugen und Sachverständen vom 1. Oktober 1969 (BGBl. S. 1756), Schönfelder, Deutsche Gesetze, Nr. 116.

36 § 91 ff. ZPO.

37 § 279 III ZPO.

38 § 779 BGB.

die Parteien im Prozess abschließen. Sind die Parteien nicht bereit, sich zu vergleichen, entscheidet der Richter durch Urteil.

XV. Urteil

Die Form des Urteils ist gesetzlich vorgeschrieben[39]. Das Urteil wird vor dem Amtsgericht üblicherweise in einem besonderen Termin verkündet[40]. In der Praxis ist das keine feierliche Angelegenheit. Die Parteien und Rechtsanwälte nehmen den Termin nicht wahr, da das Urteil sowieso zugestellt wird[41].

---

39 §§ 311, 313, 315 ZPO.

40 § 310 I 1 2. Alt. ZPO.

41 § 317 ZPO.

Urteil

Im Namen des Volkes

In dem Rechtsstreit

der Studentin Sieglinde Seifert, Moorweg 8, 12345 Berlin,
Klägerin,

Prozessbevollmächtigter:
Rechtsanwalt Dr. Hubert Hilfreich, Kurfürstendamm 196, 10707 Berlin,

gegen

den Studenten Karl Karacho, Am See 12, 12543 Berlin,
Beklagten,

Prozessbevollmächtigter:
Rechtsanwalt Gerold Gegener, Krumme Lanke 5, 10300 Berlin

hat das Amtsgericht Berlin-Mitte, Abteilung 222, auf die mündliche Verhandlung vom 26. Juni 2002 durch den Richter am Amtsgericht Wagner für Recht erkannt:

1. Der Beklagte wird verurteilt, an die Klägerin 500,00 € nebst 5 % Zinsen über dem Basiszinssatz seit dem 28. Februar 2002 zu zahlen.

2. Der Beklagte trägt die Kosten des Rechtsstreits.

3. Das Urteil ist vorläufig vollstreckbar.

- 2 -

- Seite 2 -

Tatbestand

Am 4. Februar 2002 gegen 8.30 Uhr stand die Klägerin an der Bushaltestelle Neue Kantstraße Ecke Suarezstraße in Berlin-Charlottenburg. Der Beklagte befuhr mit seinem Opel Manta die Neue Kantstraße in östlicher Richtung auf der rechten Fahrbahnseite. Auf der Fahrbahn, etwa 2 m von der Klägerin entfernt, hatte sich eine ölige Wasserpfütze gebildet. Durch das Spritzwasser aus dieser Pfütze wurde der Kaschmirmantel der Klägerin im Wert von 500,00 € derart beschmutzt, dass eine Reinigung nicht mehr möglich ist.

Die Klägerin behauptet, der Beklagte sei so schnell durch die Wasserpfütze gefahren, dass ihr Kaschmirmantel beschmutzt worden sei.

Die Klägerin beantragt,

den Beklagten zu verurteilen, an die Klägerin 500,00 € nebst 4 % Zinsen seit dem 28. Februar 1992 zu zahlen.

Der Beklagte beantragt,

die Klage abzuweisen.

Der Beklagte behauptet, so langsam gefahren zu sein, dass ein Schaden für die Klägerin nicht entstanden sein könne.

Das Gericht hat Beweis erhoben durch uneidliche Vernehmung der Zeugin Frau Nana Obacht; wegen des Inhalts der Zeugenaussage wird auf das Protokoll vom 26. Juni 2002 verwiesen.

- 3 -

- Seite 3 -

Entscheidungsgründe

Die Klage ist zulässig und begründet. Gemäß §§ 7, 18 StVG und §§ 823, 249 ff. BGB ist der Beklagte zum Schadensausgleich verpflichtet.

Der Beklagte ist am 4. Februar 2002 gegen 8.30 Uhr so schnell durch die Pfütze auf der Neuen Kantstraße gefahren, dass der Mantel der Klägerin bespritzt wurde. Das ergibt sich aus der Aussage der Zeugin Nana Obacht. Diese hat bekundet, dass sie den Beklagten bestimmt als denjenigen erkannt habe, der durch die Pfütze gefahren sei, so dass der Kaschmirmantel der Klägerin bespritzt wurde. Die Aussage der Zeugin ist glaubhaft, denn die Zeugin kannte den Beklagten bereits aus der Universität, so dass eine Verwechslung ausgeschlossen ist.

Der Beklagte hat damit schuldhaft gegen § 1 II StVO verstoßen, so dass er gemäß §§ 7, 18 StVG und §§ 823, 249 ff. BGB zum Schadensersatz verpflichtet ist.

Der Schaden der Klägerin beträgt 500,00 €, da eine Reinigung des neuwertigen Mantels nicht möglich ist.

Die Entscheidung über die Zinsen folgt aus §§ 288, 286 BGB.

Die Entscheidung über die Kosten und die vorläufige Vollstreckbarkeit folgt aus §§ 91, 708 Nr. 11 i. V. m. 713 ZPO.

Die Berufung war nicht zuzulassen, da der Rechtsstreit keine grundsätzliche Bedeutung hat und die Fortbildung des Rechts oder die Sicherung einer einheitlichen Rechtsprechung eine Entscheidung des Berufungsgerichts nicht erfordert, § 511 II ZPO.

Wagner

XVI. Rechtsmittel

Gegen das Urteil ist als Rechtsmittel die Berufung vor dem Landgericht zwar statthaft[42]; hat hier aber keine Aussicht auf Erfolg, weil sie nicht zulässig ist[43]. Legt K dementsprechend keine Berufung ein, steht mit Ablauf der Berufungsfrist[44] rechtskräftig fest, dass K der S 500,00 € und die im Urteil genannten Zinsen schuldet.

XVII. Zwangsvollstreckung

Zahlt K dennoch nicht, kann S gegen ihn die Zwangsvollstreckung betreiben. Im Rahmen der Zwangsvollstreckung wird der Schuldner, hier K, mit staatlicher Gewalt zur Begleichung seiner Schulden gezwungen. Da der Staat gemäß Art. 20 III GG an Recht und Gesetz gebunden ist, darf die Zwangsvollstreckung nur durchgeführt werden, wenn die gesetzlichen Voraussetzungen[45] gegeben sind. Danach muss das Urteil (**Titel**[46]) mit einer **Klausel**[47] versehen und dem Schuldner **zugestellt**[48] werden. Die Zustellung kann S gleichzeitig mit der Vollstreckung bei dem Gerichtsvollzieher, in dessen Bezirk der Schuldner wohnt, beantragen[49]. Der Gerichtsvollzieher sucht den Schuldner auf und verlangt Zahlung. Will oder kann der Schuldner nicht zahlen, nimmt der Gerichtsvollzieher Geld oder Wertsachen des Schuldners weg. Reicht das nicht zur Begleichung der Kosten der Zwangsvollstreckung, der Prozesskosten, der Zinsen und der Urteilssumme, kann der Gerichtsvollzieher auch andere Sachen des Schuldners in Besitz nehmen, indem er darauf ein Pfandsiegel ("Kuckuck") anbringt[50]. Wehrt sich der Schuldner, kann (mit Hilfe der Polizei) staatliche Gewalt angewandt werden. Die Sachen werden dann versteigert[51]. Aus dem Erlös entnimmt der Gerichtsvollzieher zuerst die Kosten der Zwangsvollstreckung; sodann erhält die Gläubigerin, Frau Seifert, den Betrag zur Begleichung der Prozesskosten und des Anspruchs aus dem Urteil. Sollte ein Rest bleiben, erhält ihn der Schuldner.

---

42 § 511 I ZPO, § 72 GVG.

43 § 511 II ZPO: die Berufungssumme muss höher als 600,00 € sein oder die Berufung muss im Urteil zugelassen sein.

44 § 517 ZPO: die Berufungsfrist beträgt einen Monat ab Zustellung des Urteils.

45 §§ 704 ff. ZPO.

46 § 704 ZPO, vgl. auch § 794 ZPO.

47 § 725 ZPO: "Vorstehende Ausfertigung wird dem (Bezeichnung der Partei) zum Zwecke der Zwangsvollstreckung erteilt".

48 § 750 ZPO.

49 Vgl. §§ 753, 764 ZPO.

50 § 808 ZPO; zum Schuldnerschutz siehe §§ 803 II, 811, 812 ZPO.

51 § 814 ZPO.

3. Lektion
Zivilprozessrecht und materielles Recht

Schon der kleine Fall in der Lektion "Recht haben und Recht bekommen" hat gezeigt, dass der Weg bis zum Erfolg eines Rechtsstreits weit ist und welche Schwierigkeiten dabei auftreten können. In der Praxis stehen oft nicht die rechtlichen, sondern die **tatsächlichen Probleme** im Vordergrund: Wie heißt der Schuldner und wie ist seine Adresse? Wo ist die Stelle für die Beratungshilfe? Und so weiter.

I. Zivilprozessrecht

Sind diese Probleme gelöst, stellen sich Fragen wie zum **Beispiel:** Welches Gericht ist zuständig? Wie muss eine Klageschrift aussehen? Wie bekommt man Prozesskostenhilfe? Wie läuft das Verfahren vor Gericht? Wie können die vorgetragenen Tatsachen bewiesen werden? Diese Fragen sind Fragen zum Zivilprozessrecht. Das **Zivilprozessrecht** regelt das Verfahren, nach dem Ansprüche oder andere Rechte festgestellt und durchgesetzt werden. Das Verfahren vor Gericht ist oft aus manchen Fernsehfilmen bekannt. Insbesondere die Beweisaufnahme kann hier für Spannung sorgen. Auch in der Praxis entscheidet oft eine Beweisaufnahme über den Ausgang des Prozesses. Die Beweisaufnahme betrifft die Feststellung der Tatsachen. Es gilt der Grundsatz, dass jede Partei alle Voraussetzungen einer ihr günstigen Rechtsnorm beweisen muss[52].

II. Materielles Recht

Welche Rechtsnorm hier in Frage kommt und wem welche Rechte aufgrund der festgestellten Tatsachen zustehen, regelt das materielle Recht. Das **materielle Recht** sind die Rechtsnormen, die das Recht als solches ordnen. Es ist die Voraussetzung für das Verständnis des Prozessrechts. Nur wer die materielle Rechtslage kennt, kann beurteilen, ob z. B. eine vorgetragene Tatsache überhaupt entscheidungserheblich und gegebenenfalls beweisbedürftig ist.

III. Stoff der Grundkurse

Der Einstieg in die Rechtswissenschaft muss daher beim materiellen Recht beginnen. Die Grundkursvorlesungen und Grundkursklausuren behandeln allgemein nicht die Frage, ob die zu beurteilenden Umstände bewiesen werden können. Ausgangspunkt ist regelmäßig ein feststehender Sachverhalt, der allenfalls

---

[52] Vgl. z. B. BGH, Urt.v. 17. Februar 1970 - III ZR 139/67, in BGHZ 53, 245, 250 (Fall Anastasia).

lebensnah auszulegen ist. Der Inhalt dieses Buches entspricht dem; es wird das materielle Recht behandelt, soweit es in Grundkursen üblicherweise benötigt wird.

Grundlagen

Voraussetzung eines Studiums des Rechts ist, dass die elementaren Grundbegriffe bekannt sind. Diese Grundlagen werden im Folgenden behandelt. Sie erfahren, was unter Privatrecht zu verstehen ist, wer Rechte haben kann und woran Rechte bestehen können, was unter Rechtsverhältnis zu verstehen ist und welche Handlungen rechtlich von Bedeutung sind. Darauf aufbauend kann dann das im ganzen Privatrecht geltende Abstraktionsprinzip erklärt werden. Schließlich erfahren Sie, wie man einen kleinen Fall löst.

4. Lektion
Rechtsgebiete

Die Rechtsordnung lässt sich in verschiedene Rechtsgebiete untergliedern. In erster Linie sind hier das Privatrecht und das Öffentliche Recht zu nennen.

I. Privatrecht

Das **Privatrecht** regelt die Rechtsverhältnisse der Bürger untereinander. Die beteiligten Personen sind grundsätzlich einander gleichgeordnet. Es gilt der Grundsatz der **Privatautonomie**; d. h. jeder kann seine Lebensverhältnisse im Rahmen der Rechtsordnung eigenverantwortlich regeln, insbesondere frei darüber entscheiden, ob und mit welchem Inhalt er Verträge schließen will[53]. Auch der Staat kann privatrechtlich handeln. Man spricht dann von fiskalischem oder verwaltungsprivatrechtlichem Handeln[54].

II. Öffentliches Recht

Das **Öffentliche Recht** regelt das Verhältnis des Einzelnen zum Staat und die staatliche Organisation als solche. Hier ist der Bürger dem Staat grundsätzlich untergeordnet. Das heißt aber nicht, dass die Macht des Staates gegenüber dem Einzelnen grenzenlos ist. Es gilt der Vorbehalt des Gesetzes. Das heißt, die staatliche Gewalt ist an Gesetz und Recht gebunden. Art. 20 III GG stellt das klar. In diesem Sinne begründet und begrenzt das Öffentliche Recht die staatlichen Befugnisse.

---

53 Zu den Grenzen der Vertragsfreiheit siehe unten die 15. Lektion: Form und Inhalt der Rechtsgeschäfte.

54 Der Grundsatz der Privatautonomie ist hier eingeschränkt. Im einzelnen ist vieles streitig. Literatur: Hartmut Maurer, Allgemeines Verwaltungsrecht, 13. Aufl. 2002, § 3, II, III 3.

III. Abgrenzung zwischen Öffentlichem Recht und Privatrecht

Die Abgrenzung der beiden Rechtsgebiete ist nicht nur wegen der unterschiedlichen Grundsätze, der Privatautonomie im Privatrecht und dem Vorbehalt des Gesetzes im Öffentlichen Recht, wichtig. Es gelten auch unterschiedliche Rechtswege. So sind die Verwaltungsgerichte für öffentlich-rechtliche Streitigkeiten zuständig[55]; privatrechtliche Streitigkeiten gehören vor die Zivilgerichte[56].

Zur Unterscheidung zwischen Öffentlichem Recht und Privatrecht gibt es verschiedene Theorien. Nach der **modifizierten Subjektstheorie** oder Zuordnungstheorie handelt es sich um eine öffentlich-rechtliche Norm, wenn in der Norm als Berechtigter oder Verpflichteter ein Träger hoheitlicher Gewalt vorausgesetzt wird. Nach der **Subjektionstheorie** ist Öffentliches Recht gegeben, wenn zwischen dem Hoheitsträger und dem Bürger ein Über- und Unterordnungsverhältnis besteht. Nach der **Interessentheorie** handelt es sich um eine öffentliche-rechtliche Norm, wenn sie dem öffentlichen Interesse dient. Es gibt noch weitere Theorien. Alle Theorien sind umstritten. Im Einzelfall müssen sie je nach Eignung angewendet werden[57].

IV. Weitere Unterteilung

Die beiden Rechtsgebiete Privatrecht und Öffentliches Recht lassen sich weiter einteilen. Ein Teilgebiet des Öffentlichen Rechts ist das **Strafrecht**. Es hat eine eigenständige Bedeutung, eine eigene Gerichtsbarkeit und wird oft als drittes Rechtsgebiet neben dem Privatrecht und Öffentlichem Recht genannt. Auch das **Prozessrecht** gehört zum Öffentlichen Recht. Es wird üblicherweise in den Grundkursen noch nicht behandelt und soll daher im weiteren außer Acht bleiben.

Als weitere Untergliederung gibt es im Öffentlichen Recht das Staatsrecht und das Verwaltungsrecht. Das Verwaltungsrecht lässt sich weiter untergliedern in das Allgemeine Verwaltungsrecht, das Wirtschaftsverwaltungsrecht, das Polizei- und Ordnungsrecht, das Sozialrecht, das Umweltrecht, das Beamtenrecht, das Bau- und Bodenrecht, das Wege- und Verkehrsrecht, das Wasserrecht usw.

Das Privatrecht lässt sich nach den beteiligten Personen oder nach der zu regelnden Materie aufteilen in das Bürgerliche Recht, das Handelsrecht, das Arbeitsrecht, das Gesellschaftsrecht, das Wertpapierrecht, das Urheberrecht usw.

---

55 § 40 VwGO.

56 § 13 GVG.

57 Literatur: Hartmut Maurer, Allgemeines Verwaltungsrecht, 13. Aufl. 2002, § 3, III.

Nicht alle Rechtsmaterien lassen sich eindeutig dem Öffentlichen Recht oder dem Privatrecht zuordnen. Z. B. das Bankrecht oder das Kartellrecht enthalten Vorschriften aus beiden Rechtsgebieten. Auch in dem dem Privatrecht zuzuordnenden Handelsrecht[58] oder selbst im Bürgerlichen Recht gibt es öffentlich-rechtliche Normen. Sie sollen hier erst einmal außer Betracht bleiben.

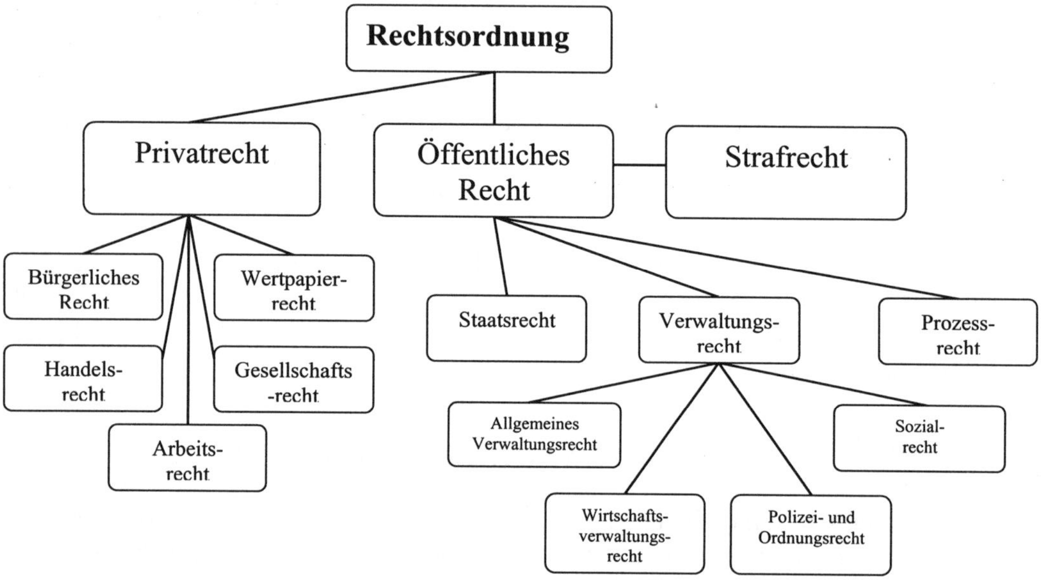

Hier ist das Privatrecht mit seinen wichtigsten Untergliederungen von Interesse.

1. Bürgerliches Recht

Das **Bürgerliche Recht** enthält Regelungen für das Recht des Bürgers im Allgemeinen. Die Vorschriften stehen vor allem im **Bürgerlichen Gesetzbuch** (BGB). Das **BGB** ist in fünf Bücher untergliedert: Allgemeiner Teil, Recht der Schuldverhältnisse, Sachenrecht, Familienrecht und Erbrecht. Im Allgemeinen Teil sind die Regelungen zusammengefasst, die auch in den anderen Büchern gelten. Die Regelungen müssen daher nicht in jedem Buch wiederholt werden. Die Regelungen aus den alten Nebengesetzen wie z. B. das Verbraucherkreditgesetz (VerbrKrG), das Gesetz über die Allgemeinen Geschäftsbedingungen (AGBG), das Gesetz über den Widerruf von Haustürgeschäften (HaustürWG) und das Fernabsatzgesetz (FernAbsG) wurden mit der Schuldrechtsreform in das BGB eingearbeitet.

---

58 Z. B. sind §§ 14, 29, 238 HGB öffentlich-rechtliche Normen.

2. Handelsrecht

Das **Handelsrecht** ist das Sonderprivatrecht der Kaufleute. **Kaufmann** ist, wer ein Handelsgewerbe betreibt, § 1 I HGB. Ein Handels**gewerbe** setzt voraus, dass ein Gewerbe betrieben wird. Unter **Gewerbe** versteht man eine selbständige, offene, planmäßige, auf Gewinnerzielung gerichtete Tätigkeit mit Ausnahme der freien Berufe. Dabei ist selbständig, wer im Wesentlichen frei seine Tätigkeit gestalten und seine Arbeitszeit bestimmen kann, vgl. § 84 I 2 HGB. Offen ist die Tätigkeit, wenn auf dem Markt werbend angeboten wird. Das muss planmäßig, also auf eine gewisse Dauer, nicht nur gelegentlich, mit der Absicht, Gewinn zu erzielen, geschehen. Es kommt nicht darauf an, dass tatsächlich Gewinn erzielt wird.

Beispiel: Der Inhaber eines Würstchenstandes auf der Grünen Woche in Berlin betreibt ein Gewerbe. Er kann selbst bestimmen, wann und wie er tätig wird; er ist selbständig. Er hat den Stand für die Dauer der Grünen Woche planmäßig eingerichtet. Er bietet die Würstchen auf dem Markt an. Auch wenn er im Ergebnis keinen Gewinn erwirtschaftet, bestand doch die Absicht, Gewinn zu erzielen.

Das Gewerbe **betreibt** der, in dessen Namen die Geschäfte getätigt werden.

Beispiel: Der Kaufhausinhaber auf seinem Feriensitz in Mallorca betreibt das Gewerbe, auch wenn alle Geschäfte von seinem Prokuristen in Berlin getätigt werden.

Jedes[59] Gewerbe ist ein **Handels**gewerbe, es sei denn, dass das Unternehmen nach Art und Umfang einen in kaufmännischer Weise eingerichteten Geschäftsbetrieb nicht erfordert. Diese umständliche Formulierung, „es sei denn, dass“ ... „nicht erfordert“ hat einen Sinn. Es handelt sich um eine Beweislastregel. Das Gesetz und damit auch die Gerichte vermuten, dass jedes Gewerbe ein Handelsgewerbe ist, andernfalls muss der Gewerbetreibende darlegen und beweisen, dass sein Gewerbe nach Art und Umfang keinen in kaufmännischer Weise eingerichteten Geschäftsbetrieb erfordert.

Wer ein Handelsgewerbe betreibt, **ist** kraft Gesetzes Kaufmann und muss sich in das Handelsregister eintragen lassen, § 29 HGB, soweit nicht sein Gewerbe nach Art und Umfang keinen in kaufmännischer Weise eingerichteten Geschäftsbetrieb erfordert. Man spricht vom **„Istkaufmann“**.

Aber auch ein gewerbliches Unternehmen, welches nicht gemäß § 1 I HGB Kaufmann ist, **kann** in das Handelsregister eingetragen werden und wird mit dieser Eintragung zum Kaufmann, §§ 2 I, 5 HGB. Man spricht in diesem Fall von einem **„Kannkaufmann“**.

---

59 Der frühere Katalog der Grundhandelsgewerbe gemäß § 1 II HGB a. F. ist mit der Handelsrechtsreform (Gesetz vom 22.06.1998, in Kraft seit 01.07.1998) weggefallen.

Das Handelsrecht wird ergänzt durch Nebengesetze, Verordnungen und die Handelsbräuche, § 346 HGB. Das Bürgerliche Recht gilt subsidiär; d.h., es greift ein, soweit das Handelsrecht Platz lässt[60].

3. Arbeitsrecht

Das **Arbeitsrecht** ist das Sonderrecht der Arbeitnehmer. **Arbeitnehmer** ist, wer weisungsabhängig für einen anderen Arbeit leistet. **Arbeit** kann jede körperliche oder geistige Tätigkeit sein. Auch die Arbeitsbereitschaft kann Arbeit sein.

Beispiel: Die Kinokassiererin arbeitet, auch wenn gerade kein Kinobesucher eine Eintrittskarte verlangt.

Die Arbeit ist **weisungsabhängig**, wenn der Arbeitnehmer die Arbeit im Einzelnen nach den Vorgaben des Arbeitgebers ausführen muss. Der Selbständige ist nicht Arbeitnehmer.

Beispiel: Die Kinokassiererin muss auf Weisung ihres Arbeitgebers zu vorgegebenen Zeiten an der Kasse sitzen und die Kassiertätigkeit so ausführen, wie es ihr vorgeschrieben ist. Sie ist Arbeitnehmerin. Dagegen ist z. B. der Maler, der die Wohnung renoviert, kein Arbeitnehmer des Wohnungsinhabers. Er muss zwar Farben und Tapeten nach Vorstellung des Wohnungsinhabers verwenden; wie er die Arbeit im Einzelnen ausführt, bleibt aber ihm überlassen.

Arbeitgeber ist, wer einen anderen in einem Arbeitsverhältnis als Arbeitnehmer beschäftigt. Während Arbeitnehmer nur natürliche Personen sein können, können Arbeitgeber auch juristische Personen sein.

Beispiel: Die Volkswagen AG oder die Freie Universität Berlin sind Arbeitgeber, soweit sie Arbeiter und Angestellte beschäftigen.

Die Weisungen an die Arbeitnehmer erteilt in diesem Fall der Vorstand oder der Präsident. Sie können die Direktionsbefugnis auf eine niedrigere Ebene der Hierarchie übertragen.

Das Arbeitsrecht wird unterteilt in das Individualarbeitsrecht und das Kollektivarbeitsrecht. Das **Individualarbeitsrecht** regelt die Beziehungen zwischen Arbeitgeber und Arbeitnehmer. Das **Kollektivarbeitsrecht** regelt die Beziehungen zwischen Gewerkschaften und Arbeitgeberverbänden und zwischen Betriebsräten und Arbeitgebern. Rechtsgrundlage sind viele verschiedene Gesetze, die bislang noch nicht zu einem Arbeitsrechtsbuch zusammengefasst wurden. So finden sich z. B. im BGB, im HGB und in der Gewerbeordnung (GewO) Vorschriften zum Individualarbeitsrecht. Das Kollektivarbeitsrecht beruht auf dem Tarifvertragsgesetz (TVG), dem Betriebsverfassungsgesetz (BetrVerfG) usw. Für

---

60 Art. 2 I EGHGB.

die Entscheidung von Streitigkeiten gibt es die **Arbeitsgerichte**. Auch im Rahmen des Arbeitsrechts gilt das Bürgerliche Recht subsidiär.

4. Gesellschaftsrecht

Das **Gesellschaftsrecht** regelt das Recht der Gesellschaften. Auch hier gibt es kein Gesellschaftsrechtsbuch, sondern viele verschiedene Gesetze. Im BGB sind die Vorschriften für den Idealverein[61], den wirtschaftlichen Verein[62], den nicht eingetragenen Verein[63] und die Gesellschaft bürgerlichen Rechts (GbR = BGB-Gesellschaft)[64] enthalten. Im HGB sind die offene Handelsgesellschaft (OHG)[65], die Kommanditgesellschaft (KG)[66], die stille Gesellschaft (stG)[67] und die Reederei[68] geregelt. Die Vorschriften für die Aktiengesellschaft (AG) und die Kommanditgesellschaft auf Aktien (KGaA) finden sich im Aktiengesetz (AktG), für die Gesellschaft mit beschränkter Haftung (GmbH) im GmbH-Gesetz (GmbHG), für die Genossenschaft (e.G.) im Gesetz betreffend die Erwerbs- und Wirtschaftsgenossenschaften (GenG) und für den Versicherungsverein auf Gegenseitigkeit (VVaG) im Gesetz über die Beaufsichtigung der privaten Versicherungsunternehmungen und Bausparkassen (VAG). Das Bürgerliche Recht gilt immer subsidiär.

---

61 §§ 21 bis 79 BGB.

62 § 22 BGB.

63 § 54 BGB.

64 §§ 705 bis 740 BGB.

65 §§ 105 bis 160 HGB.

66 §§ 161 bis 177a HGB.

67 §§ 230 bis 336 HGB.

68 §§ 489 bis 505 HGB.

V. Wiederholungsfragen

Schauen Sie bitte erst dann auf Seite 235 in die Lösung, wenn Sie die Fragen selbst beantwortet haben.

1. Was versteht man unter Privatautonomie?
2. Nennen Sie die vier wichtigsten Rechtsgebiete des Privatrechts!
3. Wie wird das Handelsrecht definiert?
4. In welche beiden Gebiete wird das Arbeitsrecht unterteilt?
5. Nennen Sie die Gesellschaften des Privatrechts!
6. Wie ist das BGB aufgebaut?
7. Welche Bedeutung hat das Bürgerliche Recht im Handelsrecht, im Arbeitsrecht und im Gesellschaftsrecht?
8. Wer ist Kaufmann? Was ist ein Gewerbe? Was ist ein Handelsgewerbe?
9. Unterscheiden Sie den Istkaufmann und den Kannkaufmann!
10. Wer ist Arbeitnehmer, wer Arbeitgeber?

5. Lektion
Rechtssubjekte und Rechtsobjekte

Jede Rechtsordnung setzt voraus, dass es jemanden gibt, **der** Rechte und Pflichten hat. Das sind die Rechtssubjekte. Es muss auch etwas geben, **an dem** Rechte bestehen können. Das sind die Rechtsobjekte.

I. Rechtssubjekte

Die Eigenschaft der Rechtssubjekte, Träger von Rechten und Pflichten zu sein, nennt man **Rechtsfähigkeit**. Das BGB bezeichnet die Rechtssubjekte als Personen. Es unterscheidet die natürlichen und die juristischen Personen.

1. Natürliche Personen

Natürliche Person ist jeder Mensch. Mensch ist, wer von Menschen abstammt. Die von allen anderen Maßstäben unabhängige Anerkennung des Menschen ist ein fundamentaler Wert unserer Rechtsordnung. Es ist ohne Bedeutung, ob das von Menschen geborene Leben Eigenschaften besitzt, die Menschen üblicherweise zugeschrieben werden. Auch das verunstaltete oder geistig behinderte Kind ist ein rechtsfähiger Mensch. Der Säugling, der noch nicht sprechen kann, oder der Geistesgestörte sind rechtsfähige natürliche Personen. Sie können z. B. Eigentümer eines Mietshauses sein.

Es sei gleich hier gesagt, dass von der Rechtsfähigkeit die Geschäftsfähigkeit zu unterscheiden ist. Der Säugling kann zwar Eigentümer eines Mietshauses sein; er kann aber keine Mietverträge abschließen oder das Haus verkaufen. Das kann nur ein geschäftsfähiger Vertreter für ihn. Jede Person, die nicht geschäftsfähig ist, hat einen gesetzlichen Vertreter. Für das Kind sind normalerweise die Eltern vertretungsberechtigt[69]. Der Geistesgestörte hat einen Betreuer[70], der für ihn notfalls die Geschäfte abschließt[71]. Die Vertretung muss zum Wohle des Kindes[72] oder des Betreuten[73] erfolgen. Im Übrigen wird die Geschäftsfähigkeit und die Vertretung im Hauptteil behandelt[74].

---

69 §§ 1626, 1629 BGB.

70 § 1896 BGB.

71 § 1902 BGB.

72 § 1627 BGB und §§ 1631 ff. BGB.

73 § 1901 II BGB.

74 Siehe unten die 13. Lektion: Geschäftsfähigkeit.

Die Rechtsfähigkeit der natürlichen Person **beginnt** mit Vollendung der Geburt, § 1 BGB[75]. Eine Ausnahme ist in § 1923 II BGB geregelt. Danach gilt, wer vor dem Erbfall bereits gezeugt war, als vor dem Erbfall geboren. Es handelt sich hierbei um eine Fiktion. Eine **Fiktion** unterstellt etwas, obwohl es tatsächlich nicht ist.

Die Rechtsfähigkeit der natürlichen Person **endet** mit dem Tod. Kann der Tod nicht festgestellt werden, weil die Person verschollen ist, gilt das Verschollenheitsgesetz (VerschG). Die Todeserklärung begründet die Vermutung, dass der Verschollene gestorben ist[76]. Es handelt sich hierbei um eine Vermutung. Anders als bei einer Fiktion kann bei einer **Vermutung** die Feststellung durch den Beweis widerlegt werden.

2. Juristische Personen

Juristische Personen des Privatrechts sind entweder Personenvereinigungen oder Vermögensmassen, denen die Rechtsordnung Rechtsfähigkeit zuerkennt.

Rechtsfähige Personenvereinigungen und damit juristische Personen sind der e.V., die GmbH, die AG, die KGaA, die e.G. und der VVaG. Eine rechtsfähige Vermögensmasse ist die Stiftung.

Nach neuer Rechtsprechung des BGH[77] kann nun auch die GbR juristische Personen sein, soweit sie durch Teilnahme am Rechtsverkehr eigene Rechte und Pflichten begründet. Gleiches muss für oHG und KG gelten.

Der e.V., die AG, die KGaA, die GmbH und die e.G. erhalten ihre Rechtsfähigkeit nach dem System der Normativbestimmungen. Nach dem **System der Normativbestimmungen** erhält die Gesellschaft die Rechtsfähigkeit, wenn die im Gesetz festgelegten Voraussetzungen erfüllt sind und die Einhaltung dieser Bestimmungen im Einzelfall vom Staat überprüft wurde.

> **Beispiel:** Ein rechtsfähiger Verein entsteht nur unter der Voraussetzung, dass er mindestens sieben Mitglieder hat[78] und eine Satzung besteht, die den Zweck, den Namen und den Sitz des Vereins enthält[79]. Er muss vom Vorstand[80] zur Eintragung in das Vereinsregister bei dem Amtsgericht

---

75 Wird aber ein Kind vor der Geburt, z. B. bei einem Autounfall der Mutter, verletzt, kann es später, wenn es lebend geboren wird, wegen dieser Verletzung einen Schadensersatzanspruch geltend machen. Siehe BGH, Urt.v. 20.12.1952 - II ZR 141/51, in BGHZ 8, 243, 248 f.; BGH, Urt.v. 11.01.1972 - VI ZR 46/71, in BGHZ 58, 48, 50 ff.

76 § 9 I VerschG.

77 Grundlagenurteil des BGH II ZR 331/00 vom 29. 1. 2001, NJW 2001,1056; siehe hierzu z. B. den Aufsatz von Karsten Schmidt, NJW 2001, 993, 996.

78 § 56 BGB.

79 § 57 BGB.

80 § 26 BGB.

angemeldet werden[81]. Dort werden die Voraussetzungen geprüft. Erst mit der Eintragung erlangt der Verein die Rechtsfähigkeit und wird damit zur juristischen Person, § 21 BGB.

Der wirtschaftliche Verein, § 22 BGB, die Stiftung, § 80 ff. BGB, und der VVaG[82] erhalten ihre Rechtsfähigkeit nach dem Konzessionssystem. Nach dem **Konzessionssystem** wird die Rechtsfähigkeit aufgrund pflichtgemäßen Ermessens durch staatliche Verleihung oder Genehmigung erteilt.

Beispiel: Einem wirtschaftlichen Verein wird die Rechtsfähigkeit grundsätzlich nur verliehen, wenn andere Gesellschaftsformen unzumutbar sind. Die Behörde kann zum Schutz der Gläubiger Bedingungen aufstellen. Wird die Verleihung der Rechtsfähigkeit verweigert, kann zwar die Verpflichtungsklage beim Verwaltungsgericht erhoben werden; sie hat aber nur Erfolg, wenn das Ermessen der Behörde fehlerhaft war.

Es gibt auch **juristische Personen des öffentlichen Rechts**. Hierzu zählen der Staat, wie z. B. der Bund und die Länder, die Gebietskörperschaften, wie z. B. die Gemeinden und die Kreise, die Anstalten, wie z. B. die Rundfunkanstalten, und die Stiftungen, wie z. B. die Stiftung Preußischer Kulturbesitz. Als juristische Personen sind sie rechtsfähig. Sie können am Privatrechtsverkehr teilnehmen (str.[83]). Im Übrigen wird auf die Lehrbücher und die Veranstaltungen zum Öffentlichen Recht verwiesen.

II. Rechtsobjekte

Eine grundlegende Bedeutung der Rechtsordnung liegt in der Verteilung von Gütern. Es muss geregelt sein, welcher Person welche Güter zustehen. Die Personen wurden im I. Kapitel der Lektion behandelt. Hier geht es um die Güter. In der Rechtslehre werden die zu verteilenden Güter, die Gegenstände von Rechten sein können, Rechtsobjekte genannt. Das Gesetz nennt die Rechtsobjekte einfach Gegenstände[84].

Personen

haben Rechte; an Gegenständen bestehen Rechte.

Die Rechtsobjekte lassen sich in zwei Gruppen einteilen: die körperlichen und die nicht körperlichen Gegenstände.

---

[81] § 59 BGB.

[82] § 15 VAG.

[83] Ob und wie weit die öffentliche Hand dabei an Grundrechte gebunden ist, ist streitig. Literatur: Hartmut Maurer, Allgemeines Verwaltungsrecht, 13. Aufl. 2000, § 3, II.

[84] Siehe z. B. § 260 BGB.

1. Körperliche Gegenstände

Die körperlichen Gegenstände werden **Sachen** genannt, vgl. § 90 BGB. Körperlich bedeutet im physikalischen Sinne raumausfüllend. Auf den Aggregatzustand kommt es nicht an. Die Sachen müssen aber von Menschen beherrschbar sein.

Beispiel: Luft ist physikalisch raumausfüllend, also körperlich. Sie ist aber nur dann eine Sache, wenn sie von Menschen beherrschbar ist. Das ist der Fall, wenn sie sich in einer Flasche (z. B. für den Tauchsport) befindet.

Tiere sind keine Sachen, § 90a BGB. Sie werden durch besondere Gesetze, z. B. das Tierschutzgesetz[85], geschützt. Im Übrigen gelten aber die Vorschriften für Sachen entsprechend. Tiere sind Rechtsobjekte. Sie können niemals Rechte haben. An ihnen bestehen Rechte.

Die Sachen lassen sich weiter danach unterteilen, ob sie beweglich oder unbeweglich sind. Grundstücke sind unbewegliche Sachen. Alle anderen Sachen sind beweglich. Weitere Einteilungen sind aus §§ 91 bis 92 BGB ersichtlich.

Im Sachenrecht gilt der Spezialitätsgrundsatz. Nach dem **Spezialitätsgrundsatz** sind dingliche Rechte nur an einzelnen Sachen möglich. So bezieht sich das Recht Eigentum immer nur auf eine Sache. Probleme bereitet deshalb bisweilen die Frage, ob es sich um eine oder um mehrere Sachen handelt. Die Antwort richtet sich in erster Linie nach der Verkehrsanschauung. Entscheidend ist das Wesen, also der übliche Zweck oder Gebrauch der Sache, vgl. § 93 BGB.

Beispiel: Ein Schachspiel besteht aus einem Brett und 32 Figuren. Es handelt sich dennoch um eine Sacheinheit. An dem Schachspiel kann nur ein einziges Eigentumsrecht bestehen. Erwerben A und B das vollständige Schachspiel, werden sie Miteigentümer derselben Sache.

Aber erwerben A und B z. B. auf dem Flohmarkt ein Schachspiel, bei dem einige Figuren fehlen, ist Schachspielen nicht möglich. Die Figuren und das Brett sind besonderen Sachen, an denen jeweils Eigentum besteht. A kann also Eigentümer des Schachbrettes werden, A Eigentümer der einzelnen Figuren.

Es kommt nicht auf die physikalische Verbindung an. Im Schachbeispiel sind die Figuren ohne feste Verbindung wesentlicher Bestandteil des Schachspiels. Umgekehrt kommt es vor, dass fest verbundene Sachen keine wesentlichen Bestandteile sind.

Beispiel: Der Austauschmotor ist kein wesentlicher Bestandteil des Autos. An ihm kann auch nach Einbau ein besonderes Eigentumsrecht bestehen.[86]

---

85 Siehe auch §§ 251 II 2 , 903 S. 2 BGB; §§ 765a I 3, 811c I ZPO.

86 Streitig! Siehe BGH, Urt.v. 27.06.1973 - VIII ZR 201/72, in JR 1973, S. 462 - 463 einerseits und die Anmerkung von Pinger, JR 1973, S. 463 - 464 andererseits.

Es kommt auf den üblichen Gebrauch und den Zweck an. Das wird bei Scheinbestandteilen von Grundstücken besonders deutlich. **Scheinbestandteile** sind Bestandteile, die üblicherweise zum Grundstück gehören; der Einbau erfolgte aber nur zu einem vorübergehenden Zweck. An den Scheinbestandteilen können daher andere Rechte bestehen als an der Hauptsache.

Beispiel: Ein Mieter baut eine Gasetagenheizung ein. Hier wird angenommen, dass das nur für die Zeit der Miete gedacht ist. Die Etagenheizung wird nicht wesentlicher Bestandteil des Hauses. Der Hauseigentümer wird nicht Eigentümer der Etagenheizung. Der Mieter behält das Eigentum an der Etagenheizung.

2. Nicht körperliche Gegenstände

Zu den nicht körperlichen Gegenständen gehören vor allem **Rechte**, soweit über sie verfügt werden kann[87]. Zu ihnen zählen u. a. die dinglichen Rechte und Forderungen. Sie können verkauft und übertragen werden.

Das bekannteste dingliche Recht ist das Eigentum. **Eigentum** ist das umfassende Herrschaftsrecht an einer Sache. Das Eigentum ist also etwas anderes als die Sache selbst. Es ist ein Recht. Davon zu unterscheiden ist der Besitz. Der **Besitz** ist die tatsächliche Herrschaft über eine Sache, vgl. § 854 BGB.

Beispiel: Verleiht und übergibt A sein Buch an B, ist A weiter Eigentümer. B ist nur Besitzer. Verkauft dagegen A sein Buch an B, reicht die einfache Übergabe nicht. A muss auch das Eigentum am Buch auf B übertragen.

Man spricht von **Übereignung**, wenn die Sache nicht nur übergeben wird, sondern das Eigentum daran übertragen wird. Auch Forderungen können übertragen werden. Die Übertragung einer Forderung nennt man **Abtretung**, vgl. § 398 BGB.

Beispiel: A hat bei dem Händler H ein Auto gekauft. Das Auto soll in 6 Monaten geliefert werden. A kann nun seine Forderung gegen H auf Übereignung des Autos schon jetzt an C weiterverkaufen und abtreten, vgl. § 398 BGB.

Es gibt noch weitere nicht körperliche Gegenstände. Z. B. können Energien wie elektrischer Strom oder Wasserkraft Gegenstand des Rechtsverkehrs sein. Fast jeder Haushalt erhält z. B. elektrischen Strom aufgrund eines Stromlieferungsvertrages.

[87] Nicht verfügt werden kann z. B. über das Persönlichkeitsrecht. Das Persönlichkeitsrecht ist kein Gegenstand.

III. Wiederholungsfragen

Schauen Sie bitte erst dann auf Seite 236 in die Lösung, wenn Sie die Fragen selbst beantwortet haben.

1. Was versteht man unter Rechtsfähigkeit?
2. Wer ist eine natürliche Person?
3. Was ist eine juristische Person?
4. Zählen Sie die juristischen Personen des Privatrechts auf!
5. Worin besteht der Unterschied zwischen Personen und Gegenständen?
6. In welche zwei Gruppen werden die Gegenstände eingeteilt.
7. Was ist eine Sache? Was ist eine bewegliche, was eine unbewegliche Sache?
8. Was versteht man unter dem Spezialitätsgrundsatz?
9. Wonach wird beurteilt, ob etwas wesentlicher Bestandteil einer Hauptsache ist?
10. Nennen Sie einen nicht körperlichen Gegenstand!

6. Lektion
Rechtsverhältnisse und rechtliches Handeln

I. Rechtsverhältnisse

Die Personen und Gegenstände stehen nicht belanglos nebeneinander. Zwischen den verschiedenen Personen bestehen Verhältnisse, die gegebenenfalls rechtlich geregelt sind. Sie sind dann gegenüber der anderen Person zu etwas berechtigt. Typisch für ein Rechtsverhältnis zwischen bestimmten Personen ist das Schuldverhältnis. Ein **Schuldverhältnis** ist ein Rechtsverhältnis zwischen zwei Personen, aufgrund dessen der Gläubiger vom Schuldner eine Leistung fordern kann, § 241 BGB. Ein Schuldverhältnis entsteht durch Gesetz oder durch Vertrag, § 311 I BGB.

Beispiel: A verkauft sein Buch an B. Aufgrund des Kaufvertrages (**Rechtsgeschäft**) besteht nun zwischen A und B ein Rechtsverhältnis. B ist berechtigt, von A die Übereignung des Buches zu verlangen. A ist berechtigt, von B den Kaufpreis zu fordern. Oder: A kickt einen Fußball in die Fensterscheibe des B. Gemäß § 823 I BGB (**Gesetz**) besteht nun zwischen A und B ein Rechtsverhältnis. B ist berechtigt, von A Schadensersatz für die Fensterscheibe zu verlangen.

Ein Schuldverhältnis entsteht darüber hinaus auch schon allein durch die Aufnahme von Vertragsverhandlungen, die Anbahnung eines Vertrages oder ähnliche geschäftliche Kontakte, § 311 II BGB[88].

Beispiel: Betritt K den Selbstbedienungsladen des S, um einzukaufen, besteht ein Schuldverhältnis gemäß § 311 II BGB. Es besteht kein Schuldverhältnis, wenn K den Selbstbedienungsladen nur betritt, um sich bei Regen unterzustellen.

Es kann auch zu Personen entstehen, die nicht selbst Vertragspartei werden sollen, § 311 III BGB[88].

Beispiel: Der Kraftfahrzeughändler D verkauft als Vertreter des Privatmanns V dessen Auto an K. Bei dem Verkaufsgespräch erklärt D als Fachmann mit eigener Werkstatt, der Wagen sei technisch in Ordnung. Ist der Wagen nun nicht technisch in Ordnung, hat K unmittelbar gegen D einen Anspruch auf Schadensersatz.

Ein Schuldverhältnis kann beide Parteien zur Rücksicht auf die Belange der jeweils anderen Partei verpflichten, § 241 II BGB.

Die Rechte aus Rechtsverhältnissen zwischen **bestimmten** Personen nennt man **relative Rechte**. Sie wirken ja nur relativ zwischen den beiden.

Die Rechte aus Rechtsverhältnissen zwischen einer Person und **allen anderen** nennt man **absolute Rechte**. Typisch sind hier die dinglichen Rechte. Dingliche Rechte beziehen sich auf Sachen. Das heißt aber nicht, dass das Rechtsverhältnis

---

[88] Mit der Schuldrechtsreform wurde die von der Rechtsprechung entwickelte c.i.c. (culpa in contrahendo = Verschulden bei Vertragsschluss) in das Gesetz, § 311 II, III BGB aufgenommen.

zwischen der Person und der Sache besteht. Eine Sache ist nicht rechtsfähig und damit als Partner eines Rechtsverhältnisses untauglich. Das dingliche Recht begründet ein Recht an der Sache gegenüber allen anderen Personen.

Beispiel: Übereignet A dem B sein Buch, erwirbt B das dingliche Recht Eigentum am Buch. Das Eigentum am Buch begründet für B ein Rechtsverhältnis gegenüber allen anderen Personen. B ist als Eigentümer berechtigt, mit dem Buch nach Belieben zu verfahren, vgl. § 903 BGB. Andere, nun auch A, dürfen sein Eigentum nicht stören, vgl. § 1004 BGB.

II. Gefälligkeitsverhältnisse

Nicht alle Verhältnisse zwischen den Personen sind rechtlich von Bedeutung. Es gibt weite Bereiche, die entweder gar nicht oder nur durch Sitte und Moral geregelt sind.

Beispiel: Eine ältere Dame bittet A, ihr das Gepäck die Treppe hinauf zu tragen. Lehnt A ab, ist das zwar nicht nett; aber rechtlich ohne Bedeutung.

Andererseits ist das Verhältnis nicht erst dann rechtlich von Bedeutung, wenn ein Rechtsverhältnis besteht. Es kann auch ein sog. Gefälligkeitsverhältnis begründet werden. Liegt ein Gefälligkeitsverhältnis vor, bestehen zwar keine Erfüllungsansprüche; es bestehen aber **Sorgfaltspflichten**. Grundsätzlich darf der Gefallen den anderen nicht schlechter stellen als vorher.

Beispiel (Fortsetzung): Ist A bereit, den Koffer der älteren Dame zu tragen, hat die ältere Dame keinen Anspruch darauf, dass ihr A nun auch die Hutschachtel und den Hund hinaufträgt. Andererseits darf er den Koffer nicht zwei Treppen zu weit hinauf tragen und dort stehen lassen. In diesem Fall wäre er rechtlich verpflichtet, den Koffer wieder herunterzutragen.

Ob ein Rechtverhältnis oder nur ein **Gefälligkeitsverhältnis** gegeben ist, richtet sich nach der Bedeutung der Angelegenheit, nach Art, Grund und Zweck der Gefälligkeit und nach der Interessenlage der Beteiligten. Es kommt auf eine objektive Betrachtung an.

Beispiel: Verspricht E dem L in Berlin, dass er für ein Vorstellungsgespräch in Frankfurt sein Auto haben könne, muss er damit rechnen, dass sich L nun im Vertrauen darauf keine Bahn- oder Flugkarte besorgt und das Vorstellungsgespräch ohne Auto verpasst. Er muss wissen, dass Vorstellungsgespräche für das berufliche Fortkommen von großer Bedeutung sind. Durch sein Versprechen wird daher nicht nur ein Gefälligkeitsverhältnis, sondern ein rechtlich verbindlicher Leihvertrag begründet. L hat gegenüber E gemäß § 598 BGB einen Erfüllungsanspruch auf Überlassung des Autos.

III. Rechtliches Handeln

Das rechtlich bedeutsame Handeln (rechtliches Handeln) lässt sich in zwei Gruppen einteilen: die Rechtsgeschäfte und die Rechtshandlungen. Bei der Unterscheidung kommt es darauf an, ob die Rechtswirkung der Handlung eintritt, weil sie gewollt ist, oder ob die Rechtswirkung unabhängig vom Willen eintritt.

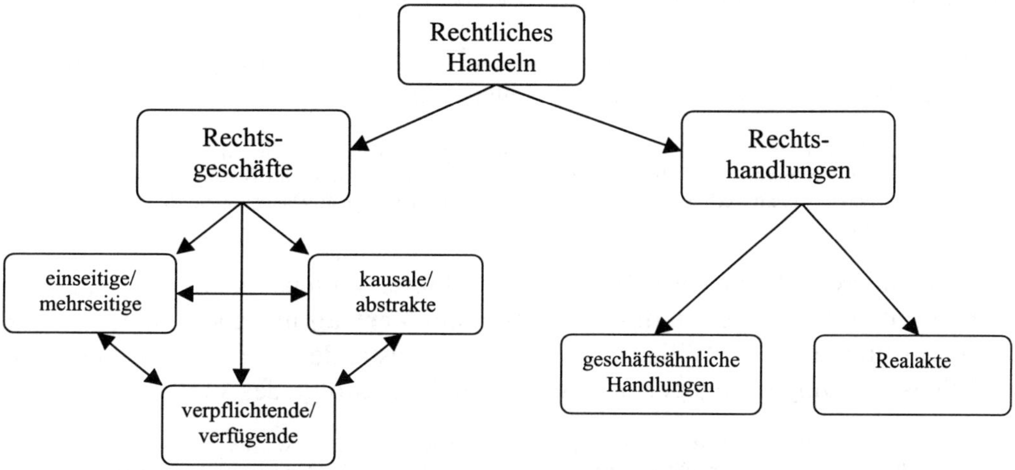

1. Rechtsgeschäft

Bei den Rechtsgeschäften kommt es auf das Wollen an. Ein **Rechtsgeschäft** ist eine Handlung, deren Rechtserfolg gerade deshalb eintritt, weil er gewollt ist.

Beispiel: Der Kaufvertrag ist ein Rechtsgeschäft. Schließen A und B einen Kaufvertrag, wollen sie Rechtspflichten zur Übereignung der Kaufsache und zur Zahlung des Kaufpreises begründen.

a) Willenserklärung

Die Personen müssen erklären, was sie wollen. Die Rechtsordnung knüpft an den Willen die entsprechenden Rechtsfolgen. Den Bestandteil des Rechtsgeschäfts, der den Willen ausdrückt, nennt man Willenserklärung. Eine **Willenserklärung** ist die Äußerung des auf die Herbeiführung einer Rechtswirkung gerichteten Willens. Die Äußerung muss grundsätzlich nicht ausdrücklich durch das gesprochene oder geschriebene Wort erfolgen. Es reicht, wenn der Wille irgendwie nach außen erkennbar ausgedrückt wird. Man spricht dann von einer konkludenten (schlüssigen) Willenserklärung.

Beispiel: K geht in den Supermarkt des S, nimmt eine Tüte Milch aus dem Kühlregal und stellt sie auf das Band an der Kasse. Die Kassiererin tippt den Preis in die Kasse. K legt das Geld in die Schale und nimmt die Milch mit. Obwohl hier kein Wort gewechselt wurde, haben A und S (in Vertretung durch die Kassiererin) die für den Kauf und die Übereignung der Milch notwendigen Willenserklärungen abgegeben.

b) Unterscheidung nach der Zahl der Beteiligten

Bei manchen Rechtsgeschäften reicht eine Willenserklärung zum Herbeiführen des rechtlichen Erfolgs (einseitige Rechtsgeschäfte).

Beispiel: Zur Errichtung des Testaments reicht es, wenn handschriftlich der letzte Wille aufgeschrieben wird, § 2247 BGB. Mit dem Tode des Erblassers ist der im Testament geäußerte Wille des Erblassers rechtsverbindlich. Weitere Beispiele für einseitige Rechtsgeschäfte: §§ 81, 167, 657, 959 BGB.

Bei anderen Rechtsgeschäften sind mehrere Willenserklärungen erforderlich (mehrseitige Rechtsgeschäfte). So kommt ein **Vertrag** nur durch mindestens zwei übereinstimmende Willenserklärungen zustande. Erst wenn beide Willenserklärungen abgegeben sind, tritt die Rechtsfolge des Vertrages ein.

Beispiel: A bietet dem B für 25 € sein Buch zum Kauf an. Das Angebot des A ist zwar eine Willenserklärung; die gewollten Rechtsfolgen, nämlich die Verpflichtungen aus dem Kaufvertrag zur Übereignung des Buches und zur Zahlung des Kaufpreises sind aber erst begründet, wenn B das Angebot durch seine Willenserklärung annimmt.

Bei einseitigen und bei mehrseitigen Rechtsgeschäften können neben einer oder mehreren Willenserklärungen **weitere Vollzugsakte** notwendig sein.

Beispiel: Bei der Übereignung einer beweglichen Sache gemäß § 929 BGB sind nicht nur die Willenserklärungen zur Einigung der Parteien, dass das Eigentum auf den Erwerber übergehen soll, notwendig. Der Eigentümer muss die Sache dem Erwerber auch **übergeben**.

c) Unterscheidung nach der Rechtswirkung

Die Rechtsgeschäfte lassen sich unabhängig von der Zahl der Beteiligten auch nach ihrer Rechtswirkung in verschiedene Gruppen einteilen. Grundlegend wichtig ist die Unterscheidung zwischen Verpflichtungsgeschäft und Verfügung.

Ein **Verpflichtungsgeschäft** ist ein Rechtsgeschäft, durch das eine Leistungspflicht begründet wird. Es entsteht dadurch ein Schuldverhältnis. Ein typisches Verpflichtungsgeschäft ist der Abschluss eines Kaufvertrages, § **433** BGB. Eine **Verfügung** ist dagegen ein Rechtsgeschäft, durch das auf ein bestehendes Recht eingewirkt wird um es zu verändern, zu belasten, zu übertragen oder aufzuheben. Im Sachenrecht ist eine typische Verfügung die Übertragung des Eigentums, § 929 BGB. Durch die Übertragung des Eigentums gemäß § 929 BGB wird auf das bestehende Recht Eigentum unmittelbar eingewirkt, indem es übertragen wird. Verfügungen sind aber nicht nur im Sachenrecht geregelt. Verfügungen sind z. B. auch die Abtretung einer Forderung, § 398 BGB, oder die Anfechtung, § 142 BGB. Auch hier wird auf ein bestehendes Recht (die Forderung oder das Recht aus dem angefochtenen Rechtsgeschäft) durch Übertragung oder Aufhebung unmittelbar eingewirkt.

d) Unterscheidung nach dem Rechtsgrund

Von der Einteilung in Verpflichtung und Verfügung ist die Einteilung der Rechtsgeschäfte in kausal und abstrakt zu unterscheiden[89]. Hier geht es um den Rechtsgrund des Geschäfts. Mit Rechtsgrund ist nicht etwa ein allgemeiner Beweggrund gemeint. Es geht um den **rechtlichen** Beweggrund zum Abschluss des Rechtsgeschäfts, der über die eigene Verpflichtung hinaus geht. Bei gegenseitig verpflichtenden Rechtsgeschäften ist der Rechtsgrund die Verpflichtung des anderen. Bei einseitig verpflichtenden Rechtsgeschäften, wie z. B. der Schenkung, ist zwar kein über die eigene Verpflichtung hinausgehender Rechtgrund offensichtlich. Hier wird aber die Unentgeltlichkeit als Rechtsgrund angenommen. Rechtsgrund kann auch die Erfüllung einer Verbindlichkeit sein. **Kausale Rechtsgeschäfte** tragen ihren Rechtsgrund in sich. **Abstrakte Rechtsgeschäfte** haben ihren Rechtsgrund außerhalb des Rechtsgeschäfts. Für sich allein betrachtet sind sie neutral. Der Rechtsgrund ergibt sich aus einem anderen Rechtsgeschäft.

Beispiel: Die Übereignung einer Sache gemäß § 929 BGB ist ein abstraktes Rechtsgeschäft. Sie kann für sich betrachtet z. B. zur Erfüllung eines Kaufvertrages, eines Schenkungsvertrages oder eines Darlehens erfolgen. Sie ist abstrakt. Der Rechtsgrund folgt aus dem entsprechenden Grundgeschäft.

Die meisten abstrakten Rechtsgeschäfte sind Verfügungen. Es gibt aber auch abstrakte Verpflichtungsverträge. Hierzu zählt z. B. das Schuldanerkenntnis, § 781 BGB.

2. Rechtshandlung

Von den Rechtsgeschäften sind die Rechtshandlungen zu unterscheiden. Während bei den Rechtsgeschäften die Rechtsfolge eintritt, weil sie gewollt ist, tritt bei den Rechtshandlungen die Rechtsfolge **unabhängig vom Willen** ein. Rechtshandlungen sind die geschäftsähnliche Handlung und der Realakt.

a) Geschäftsähnliche Handlung

Die geschäftsähnliche Handlung steht dem Rechtsgeschäft nahe. Sie beinhaltet auch eine **Erklärung**. Der Wille bei Abgabe der Erklärung ist aber notwendig nur auf den **tatsächlichen Erfolg** gerichtet. Der Rechtserfolg tritt unabhängig vom Willen des Erklärenden ein.

Beispiel: Die Mahnung (§ 286 I BGB) ist eine geschäftsähnliche Handlung. Es ist eine Erklärung, die bezweckt, dass der Schuldner tatsächlich zahlt. Die rechtlichen Folgen der Mahnung, z. B. die

---

89 Zur Unterscheidung zwischen kausal und abstrakt siehe auch unten die 7. Lektion, II. Abstraktionsprinzip. Näher zum Ganzen: Larenz, Allgemeiner Teil des deutschen Bürgerlichen Rechts, 8. Auflage 1997, §23 IV.

Verpflichtung zum Ersatz des Verzugsschadens, § 288 I BGB, treten unabhängig vom Willen des Mahnenden ein. Vielleicht will er auch die Rechtsfolge. Darauf kommt es aber nicht an.

Weitere geschäftsähnliche Handlungen sind z. B. die Aufforderung in § 108 II BGB oder § 177 II BGB, die Abtretungsanzeige, § 409 I BGB, und die Fristsetzung gemäß § 281 I 1 BGB.

Die geschäftsähnliche Handlung ist zwar keine Willenserklärung; viele Vorschriften über die Willenserklärungen (z. B. zur Geschäftsfähigkeit) gelten aber grundsätzlich auch für die geschäftsähnlichen Handlungen. Im Einzelfall müssen die besonderen Umstände berücksichtigt werden.

b) Realakt

Der Realakt ist keine Erklärung. Der Realakt ist eine Rechtshandlung, bei der der Wille nicht notwendig auf den rechtlichen Erfolg gerichtet ist. Die Rechtsfolgen ergeben sich aus dem Gesetz.

Beispiel: Gibt A dem B sein Buch, ohne dabei die Übertragung des Eigentums zu wollen, liegt zwar eine Rechtshandlung aber kein Rechtsgeschäft vor. Es fehlt der Wille, an den die Rechtsordnung eine Rechtsfolge knüpfen könnte. Dennoch ist die Übergabe rechtlich nicht bedeutungslos. B ist nun Besitzer des Buches, § 854 BGB. A kann als Eigentümer von B die Herausgabe des Buches fordern, wenn B keinen Rechtsgrund zum Besitz hat, § 985 BGB.

Neben der Übertragung des Besitzes sind weitere typische Realakte z. B. die Verbindung und Vermischung, §§ 946 - 948 BGB, und die Verarbeitung, § 950 BGB.

VII. Wiederholungsfragen

Schauen Sie bitte erst dann auf Seite 236 in die Lösung, wenn Sie die Fragen selbst beantwortet haben.

1. Was ist ein Schuldverhältnis und wie entsteht es?
2. Unterscheiden Sie absolute und relative Rechte!
3. Welche rechtlichen Pflichten bestehen in einem Gefälligkeitsverhältnis?
4. Definieren Sie das Rechtsgeschäft!
5. Was ist eine Willenserklärung und welche Bedeutung hat sie für das Rechtsgeschäft?
6. Wie kommt ein Vertrag zustande?
7. Unterscheiden Sie Verpflichtungs- und Verfügungsgeschäfte!
8. Was versteht man unter dem Rechtsgrund eines Rechtsgeschäfts?
9. Wodurch unterscheiden sich Rechtshandlungen von Rechtsgeschäften?
10. Erklären Sie die geschäftsähnliche Handlung und den Realakt!

7. Lektion
Trennungs- und Abstraktionsprinzip

I. Trennungsprinzip

Das **Trennungsprinzip** spaltet einen einheitlichen Lebenssachverhalt in mehrere rechtliche Handlungen auf. Die Verpflichtung wird als **Grundgeschäft** bezeichnet. Die **Erfüllung** der Verpflichtung wird davon unterschieden. Bei Bestellungen ist das noch ganz einsichtig.

Beispiel: A bestellt beim Versandhaus B eine Waschmaschine zum Preis von 500 €. B nimmt die Bestellung an. Nach einer Woche liefert B die Waschmaschine an A. Den Geldbetrag gibt A dem Versandhaus B.

Hier kommt ein Kaufvertrag gemäß § 433 BGB durch die Bestellung des A und die Annahme des Versandhauses B zustande. Lesen Sie nun bitte § 433 BGB und beachten Sie die Worte "verpflichtet"! Durch den Kaufvertrag ist B **verpflichtet**, A eine Waschmaschine zu übereignen, § 433 I 1 BGB; A ist **verpflichtet**, den Kaufpreis zu zahlen, § 433 II BGB. Weder Waschmaschine noch Geld haben aber bislang den Eigentümer gewechselt.

Kaufvertrag, § 433 BGB

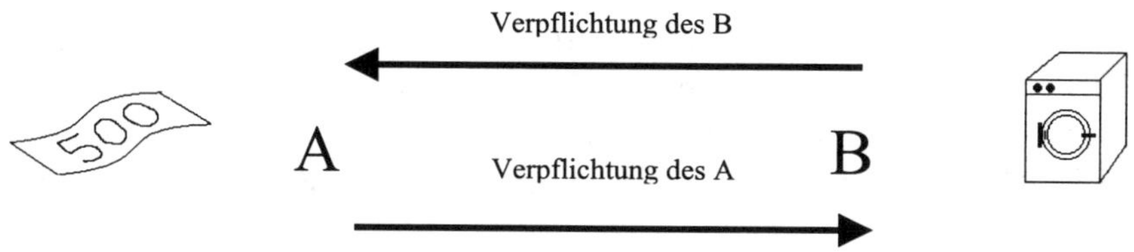

Das Versandhaus B erfüllt nun seine Verpflichtung aus dem Kaufvertrag durch ein Rechtsgeschäft gemäß § 929 BGB. Es liefert dem A die Waschmaschine und "übergibt" sie damit im Sinne des § 929 BGB. Die Willenserklärungen zur Einigung im Sinne des § 929 BGB sind konkludent im Liefern und Entgegennehmen der Waschmaschine zu sehen. Das Eigentum an der Waschmaschine wird damit gemäß § 929 BGB von B auf A übertragen.

Übereignung, § 929 BGB

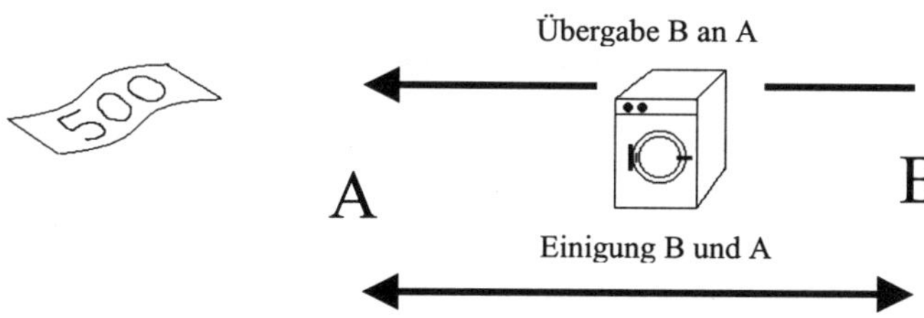

A erfüllt nun seine Verpflichtung aus dem Kaufvertrag und gibt B das Geld. Auch das ist ein Rechtsgeschäft gemäß § 929 BGB. Mit dem Geben "übergibt" A das Geld. Die konkludente Einigung im Sinne des § 929 BGB ist im Übergeben und Entgegenehmen des Geldes zu sehen.

Übereignung, § 929 BGB

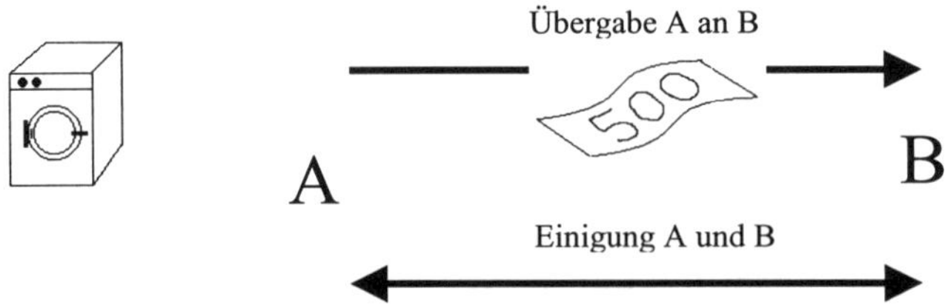

Für das, was umgangssprachlich als "Kauf" bezeichnet wird, haben A und B drei Rechtsgeschäfte geschlossen: einen Kaufvertrag gemäß § 433 BGB und zwei Übereignungen gemäß § 929 BGB.

Das gleiche Prinzip gilt aber auch bei täglichen Bargeschäften.

Beispiel: A geht in den Zeitungsladen des B. Zeigt auf eine Zeitung und legt 1 € auf den Tisch. B gibt A die Zeitung und nimmt das Geld.

Obwohl die ganze Aktion nur wenige Sekunden dauert und A und B nicht ein Wort wechseln, werden juristisch drei Rechtsgeschäfte unterschieden: Durch das Zeigen auf die Zeitung gibt A gegenüber B die Willenserklärung ab, die Zeitung kaufen zu wollen. B nimmt dieses Angebot an, indem er die Zeitung dem A gibt. Damit ist der Kaufvertrag gemäß § 433 BGB zustande gekommen. Mit der Übergabe der Zeitung und der einverständlichen Entgegennahme durch A überträgt B das Eigentum an der Zeitung auf A, § 929 BGB. Umgekehrt übereignet A das Geld an B, § 929 BGB.

Das **Trennungsprinzip** sagt also, dass die Erfüllungsgeschäfte vom Grundgeschäft abgetrennt werden. Bei einem Erwerbsgeschäft, das umgangssprachlich als "Kauf" bezeichnet wird, sind demnach ein Kaufvertrag gemäß § 433 BGB und zwei Übereignungen gemäß § 929 BGB zu unterschieden:

Grundgeschäft
Kaufvertrag, § 433 BGB

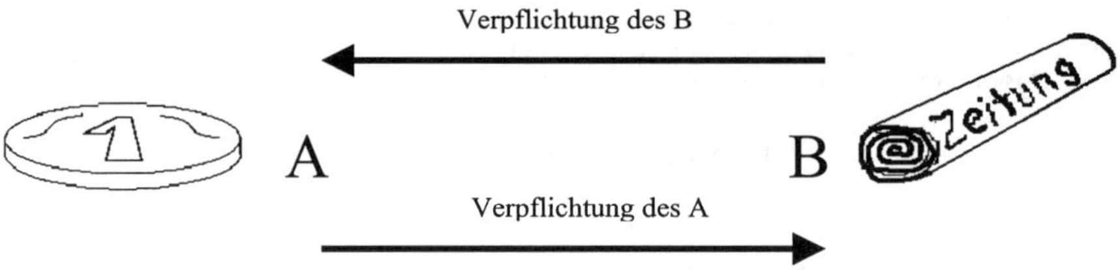

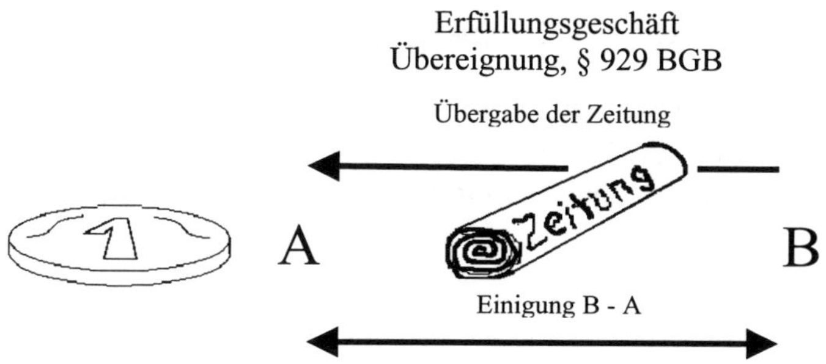

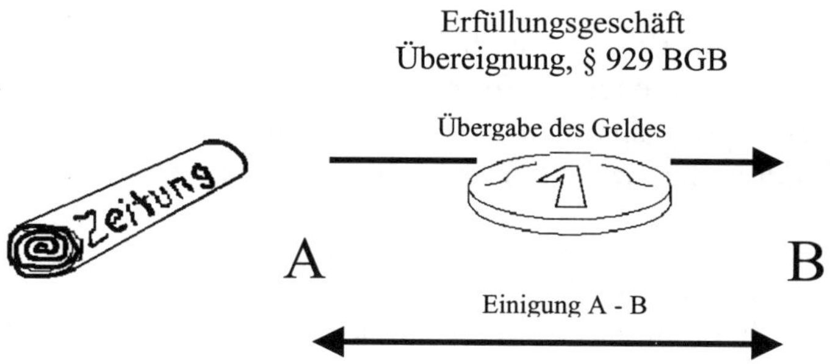

Die Erfüllung kann auch durch einen tatsächlichen Akt erfolgen.

Beispiel: A und B schließen einen Arbeitsvertrag (Dienstvertrag, § 611 ff. BGB). A verpflichtet sich, für B zu arbeiten. B verpflichtet sich, dem A den Lohn zu zahlen. Hier ist die Zahlung des Lohnes zwar als Übereignung des Geldes (§ 929 BGB) ein Erfüllungsgeschäft. A erfüllt den Vertrag aber nicht durch ein Rechtsgeschäft. Er leistet tatsächlich die Arbeit.

Das Beispiel zeigt auch, dass es nicht immer drei Rechtsgeschäfte sein müssen. Je nach Grundgeschäft kann z. B. ein Erfüllungsgeschäft ausreichen.

Beispiel: A und B schließen formwirksam einen Schenkungsvertrag (Grundgeschäft, § 518 BGB), in dem sich A verpflichtet, dem B ein Auto zu schenken. A übereignet dann dem B das Auto (Erfüllungsgeschäft, § 929 BGB). Hier wurden insgesamt zwei Rechtsgeschäfte geschlossen.

Es können auch mehrere verschiedene Geschäfte zur Erfüllung eines Grundgeschäfts notwendig sein.

Beispiel: A verkauft dem B sein Unternehmen. Als Grundgeschäft reicht hier ein Kaufvertrag (§ 433 BGB). Zur Erfüllung muss A aber nicht nur alle Sachen einzeln übereignen (je § 929 BGB), sondern auch z. B. verschiedene Forderungen gegenüber Kunden auf B übertragen (je § 398 BGB). B muss dem A den Kaufpreis zahlen (§ 929 BGB).

II. Abstraktionsprinzip

Noch weiter als das Trennungsprinzip geht das Abstraktionsprinzip. Nach dem **Abstraktionsprinzip** sind die Erfüllungsgeschäfte von der Wirksamkeit des Grundgeschäfts unabhängig. Wenn das Grundgeschäft unwirksam ist, ist deshalb noch nicht die entsprechende Erfüllung unwirksam.

Beispiel: Der 17jährige A kauft vor seinem 18. Geburtstag gegen den Willen seiner Eltern ein Fahrrad von B, § 433 BGB. B übereignet das Fahrrad an A nach dessen 18. Geburtstag, § 929 BGB; A zahlt den Kaufpreis, § 929 BGB. Hier ist zwar das Grundgeschäft, § 433 BGB, wegen der beschränkten Geschäftsfähigkeit des A vor seinem Geburtstag erst einmal unwirksam[90]. Die Übereignung des Fahrrads und die Zahlung des Kaufpreises nach Volljährigkeit des A sind aber wirksam.

Die Grundgeschäfte sind **kausal**[91]. Das heißt, sie tragen ihren Rechtsgrund in sich. Bei gegenseitig verpflichtenden Verträgen ist der Rechtsgrund die Verpflichtung des anderen Vertragspartners. Der eine verpflichtet sich zu seiner Leistung, weil und damit der andere zu seiner Leistung verpflichtet wird.

Die Erfüllungsgeschäfte sind **abstrakt**[92]. Hier liegt der Rechtsgrund außerhalb des Geschäfts, nämlich im Grundgeschäft. Die Erfüllungsgeschäfte werden zwar geschlossen, weil die Verpflichtung aus dem Grundgeschäft besteht; als abstrakte Geschäfte bestehen sie aber unabhängig vom Grundgeschäft. Sie beruhen ja auf anderen Willenserklärungen.

Sehr häufig sind die Erfüllungsgeschäfte **Verfügungen**[93]. Das muss aber nicht so sein. Erfüllungsgeschäfte können z. B. auch abstrakte **Verpflichtungsgeschäfte**[94] sein.

Beispiel: A und B treffen eine Sicherungsabrede in der sich A verpflichtet, gegenüber B ein Schuldanerkenntnis, § 781 BGB, abzugeben. Hier ist die Sicherungsabrede das Grundgeschäft. Das Schuldanerkenntnis ist, obwohl es ein Verpflichtungsgeschäft ist, das Erfüllungsgeschäft.

III. Ausgleichsansprüche

Probleme ergeben sich aus dem Abstraktionsprinzip, wenn bei Unwirksamkeit des Grundgeschäfts der eine Teil die Leistung dennoch wirksam erhalten hat.

Beispiel: Der 17jährige A kauft vor seinem 18. Geburtstag gegen den Willen seiner Eltern ein Fahrrad von B, § 433 BGB. Als B sein Fahrrad zur Erfüllung seiner vermeintlichen Pflicht aus dem Kaufvertrag an A übereignet hat, § 929 BGB, verkündet ihm A unter Hinweis auf das

---

[90] § 108 I BGB. In der Zahlung des Kaufpreises durch den jetzt voll geschäftsfähigen A liegt aber möglicherweise auch die konkludente Genehmigung des bislang schwebend unwirksamen Kaufvertrages, vgl. § 108 III BGB.

[91] Zum Begriff "kausal" siehe oben die 6. Lektion, III. 1. d) Unterscheidung nach dem Rechtsgrund.

[92] Zum Begriff "abstrakt" siehe oben die 6. Lektion, III. 1. d) Unterscheidung nach dem Rechtsgrund.

[93] Zur Verfügung siehe oben die 6. Lektion, III. 1. c) Unterscheidung nach der Rechtswirkung.

[94] Zum Verpflichtungsgeschäft siehe oben die 6. Lektion, III. 1. c) Unterscheidung nach der Rechtswirkung.

Abstraktionsprinzip, dass das Fahrrad nun ihm gehört, er aber nicht zahlen muss. Der Kaufvertrag, § 433 BGB, ist ja unwirksam, vgl. § 108 I BGB[95].

In diesem Fall ist die Erfüllung aber rechtsgrundlos erfolgt. Eine Verpflichtung bestand ja nicht. Dem Empfänger der Erfüllung steht die Leistung nicht zu. Zur Korrektur dieser Konsequenz des Abstraktionsprinzips gibt es die Vorschriften über die **ungerechtfertigte Bereicherung, §§ 812 ff. BGB**. Danach muss die rechtsgrundlose Bereicherung wieder herausgegeben werden[96].

Beispiel (Fortsetzung): Im genannten Beispiel muss A dem B gemäß § 812 I 1 1. Alt. BGB das herausgeben was er von B erlangt hat. Das ist das Eigentum am Fahrrad. A muss das Fahrrad an B zurückübereignen, § 929 BGB.

Probleme treten auch dann auf, wenn (neben dem Grundgeschäft) die Übereignung zur vermeintlichen Erfüllung des Grundgeschäfts unwirksam ist. In diesem Fall ist zwar der Besitz, nicht aber das Eigentum an der Sache übertragen worden. Zur Erinnerung[97]: Besitzer ist der, der die Sache tatsächlich hat, vgl. § 854 I BGB; Eigentümer ist der, dem die Sache gehört.

Beispiel: A verkauft und übereignet sein altes Fahrrad gegen den Willen seiner Eltern vor seinem 18. Geburtstag an C. Hier ist neben dem Kaufvertrag auch die Übereignung des Fahrrads (§ 929 BGB) unwirksam. A ist noch Eigentümer des Fahrrads. Er hat es aber nicht mehr. C ist Besitzer des Fahrrads.

Hier hat der Eigentümer gegenüber dem Besitzer einen Anspruch auf **Herausgabe der Sache, § 985 BGB**[98].

Beispiel(Fortsetzung): Im genannten Beispiel muss C als Besitzer das Fahrrad gemäß § 985 BGB an den Eigentümer A zurückgeben.

---

95 Zu § 108 BGB siehe unten die 13. Lektion, II. 2. Genehmigung.

96 Zur ungerechtfertigten Bereicherung siehe unten die 25. Lektion: Bereicherungsausgleich.

97 Siehe oben die 5. Lektion, II. 2. Nicht körperliche Gegenstände.

98 Zum Anspruch aus § 985 BGB siehe unten die 29. Lektion, I. 1. Herausgabeanspruch des Eigentümers.

IV. Fehleridentität

Das Trennungs- und Abstraktionsprinzip ist immer zu beachten. Es kann jedoch vorkommen, dass alle einzelnen Rechtsgeschäfte aus demselben Grund unwirksam sind. Man spricht dann von Fehleridentität.

Beispiel: Gegen den Willen seiner Eltern schenkt und übereignet (§§ 516, 929 BGB) der 17jährige A dem C sein altes Fahrrad. Hier ist sowohl der Schenkungsvertrag als auch die Übereignung mangels voller Geschäftsfähigkeit des A unwirksam, 108 I BGB.

In der juristischen Begründung muss aber jedes Geschäft gesondert geprüft werden!

V. Wiederholungsfragen

Schauen Sie bitte erst dann auf Seite 237 in die Lösung, wenn Sie die Fragen selbst beantwortet haben.

1. Beschreiben Sie das Trennungsprinzip!
2. Welche Rechtsgeschäfte sind notwendig, um eine Zeitung zu erwerben? Nennen Sie auch die Paragraphen!
3. Erklären Sie, was ein Grundgeschäft, ein Erfüllungsgeschäft, ein kausales Geschäft, ein abstraktes Geschäft, ein Verpflichtungsgeschäft, ein Verfügungsgeschäft ist!
4. In welcher Beziehung stehen die in Frage 3 genannten Geschäfte zueinander?
5. Nennen Sie ein abstraktes Verpflichtungsgeschäft.
6. Erklären Sie das Abstraktionsprinzip!
7. Nach welchen Vorschriften muss eine rechtsgrundlose Bereicherung herausgegeben werden?
8. Unterscheiden Sie Eigentümer und Besitzer!
9. Welches Recht steht dem Eigentümer gegenüber dem Besitzer gemäß § 985 BGB zu?
10. Was versteht man unter Fehleridentität?

8. Lektion
Fallbearbeitung

Die besten Rechtskenntnisse nutzen wenig, wenn sie nicht angewandt werden können. Angewandt werden müssen die Rechtskenntnisse meistens in einer Fallbearbeitung. Leider kann die Falllösung und die Klausurtechnik im Rahmen dieses Buches nicht erschöpfend behandelt werden. Es wird daher auf die zahlreiche Literatur, die sich auch speziell an Anfänger wendet, verwiesen[99]. Jedenfalls bekannt sein müssen aber die folgenden Grundbegriffe:

I. Sachverhalt

Die Falllösung muss das, was tatsächlich gegeben ist, rechtlich beurteilen. Das, was tatsächlich geschehen ist, ist der **Sachverhalt**.

Beispiel: A streicht seinen Gartenzaun. Als B vorbei kommt, stößt A aus Unachtsamkeit gegen den Farbtopf, so dass B's Mantel bekleckert wird. Der Mantel hatte einen Wert von 500 €. Eine Reinigung ist nicht möglich.

In der Praxis bereitet die Feststellung des Sachverhalts oft mehr Schwierigkeiten als die rechtliche Würdigung. In den Übungen oder Klausuren der Grundkurse ist das anders. Hier steht der Sachverhalt fest. Man darf keine Umstände unterstellen, die im Sachverhalt nicht genannt sind. Der Sachverhalt ist aber lebensnah auszulegen, wenn es auf nicht genannte Umstände ankommt.

Beispiel (Fortsetzung): Im Sachverhalt ist weder gesagt, wie alt A und B sind, noch, in welcher Farbe der Zaun gestrichen wird. Bei lebensnaher Sachverhaltsauslegung ist davon auszugehen, dass A und B volljährig sind. Auf die Farbe kommt es nicht an.

II. Anspruch

In der Praxis wird der Sachverhalt vorgetragen, weil der Kläger vom Beklagten aufgrund der Geschehnisse etwas verlangt. Auch bei Klausuren und Übungsarbeiten endet der Sachverhalt mit einer Frage, in der meistens der eine vom anderen etwas will.

Beispiel (Fortsetzung): Kann B von A Schadensersatz verlangen? Muss A zahlen? Hat B einen Anspruch auf Schadensersatz in Höhe von 500 €?

Gefragt ist damit nach einem Anspruch. Ein **Anspruch** ist das Recht, von einem anderen ein Tun oder ein Unterlassen zu verlangen[100]. Wird ganz allgemein nach

---

99 Z. B.: Raimund Brühl, Die juristische Fallbearbeitung in Klausur, Hausarbeit und Vortrag, 3. Auflage 1992; Hermann Fahse/Uwe Hansen, Übungen für Anfänger im Zivil- und Strafrecht. Eine Anleitung zur Anfertigung von Klausuren und Hausarbeiten, 9. Auflage 2001.

100 Legaldefinition aus § 194 BGB.

der **Rechtslage** gefragt, müssen **alle** Ansprüche gegen **alle** beteiligten Personen geprüft werden.

III. Anspruchsgrundlage

Der Anspruch ist nur dann begründet, wenn eine Anspruchs**grundlage** vorhanden ist. Eine **Anspruchsgrundlage** ist ein Rechtssatz (Paragraph, Gewohnheitsrecht, Vertrag o. ä.), der als Rechtsfolge das gewährt, was verlangt wird.

IV. Tatbestand und Rechtsfolge

Wie die Definition zeigt, hat die Anspruchsgrundlage eine Rechtsfolgenseite. Auf der anderen Seite steht der Tatbestand. Der **Tatbestand** beschreibt abstrakt die Umstände, unter denen der Rechtssatz eingreift. Die **Rechtsfolge** sagt, was rechtens ist, wenn der Rechtssatz eingreift. Anders ausgedrückt: Eine Anspruchsgrundlage ist ein "wenn-dann"-Satz. Der "wenn"-Satz ist der Tatbestand, der "dann"-Satz beschreibt die Rechtsfolge.

Beispiel: Der **Tatbestand** des § 823 I BGB lautet: "Wer vorsätzlich oder fahrlässig das Leben, den Körper, die Gesundheit, die Freiheit, das Eigentum oder ein anderes Recht eines anderen widerrechtlich verletzt". Die **Rechtsfolge** des § 823 I BGB lautet: "ist dem anderen zum Ersatze des daraus entstehenden Schadens verpflichtet."

V. Subsumtion

Die Arbeit bei der Falllösung besteht nun vor allem darin, erstens die geeignete Anspruchsgrundlage zu finden und zweitens den abstrakten Tatbestand der Anspruchsgrundlage mit dem konkreten Sachverhalt zu vergleichen. Den Vergleich des Tatbestands mit dem Sachverhalt nennt man **Subsumtion**. Beim subsumieren muss der Tatbestand ausgelegt werden. Es muss geprüft werden, ob jedes einzelne Tatbestandsmerkmal mit dem gegebenen Sachverhalt erfüllt ist.

Beispiel (Fortsetzung): In § 823 I BGB sind mehrere Rechtsgüter (Leben, Körper, Gesundheit, Freiheit, Eigentum, "ein anderes Recht") genannt. Eines dieser Rechtsgüter muss "verletzt" sein. Es muss in der Falllösung u. a. begründet werden, dass das Bekleckern des Mantels mit Farbe eine Eigentumsverletzung darstellt.

VI. Gutachtenstil und Urteilsstil

Bei der Falllösung werden zwei Stilarten unterschieden: Gutachtenstil und Urteilsstil.

Der **Gutachtenstil** wird üblicherweise in Klausuren und Übungsarbeiten verlangt. Hier werden die Anspruchsgrundlage und die einzelnen Ausgangspunkte erst einmal unverbindlich genannt.

Beispiel: A **könnte** gemäß § 823 I BGB von A Schadensersatz verlangen. **Voraussetzung dafür ist,** dass .... **Fraglich ist**, ob .... **Dazu ist erforderlich**, dass .... .

Die darauf folgenden Überlegungen führen zum Ergebnis. Das Ergebnis ist die Schlussfolgerung aus den Vorüberlegungen.

Beispiel: Daraus folgt, dass .... . A muss **daher (somit, demnach)** an B 500 € zahlen.

Beim **Urteilsstil** wird zuerst und bestimmt das Ergebnis gesagt.

Beispiel: A **muss** an B 500 € Schadensersatz zahlen. ...

Im folgenden wird dann das Ergebnis begründet.

Beispiel: ... **da (weil)** A Eigentum des B verletzt hat. ... **denn (nämlich)** .... . **Daraus folgt**, dass .... .

Gegenargumente werden mit einem "zwar-aber"-Satz eingeflochten.

Beispiel: ... Zwar hat A die Farbe nur aus Unachtsamkeit verschüttet; gemäß § 823 I BGB reicht aber fahrlässiges Verhalten. Fahrlässig handelt, wer die im Verkehr erforderliche Sorgfalt außer Acht lässt, § 276 II BGB. ...

VII. Wiederholungsfragen

Schauen Sie bitte erst dann auf Seite 238 in die Lösung, wenn Sie die Fragen selbst beantwortet haben.

1. Was beschreibt der Sachverhalt?
2. Was ist eine Anspruchsgrundlage?
3. Unterscheiden Sie Sachverhalt und Tatbestand!
4. Welche Bedeutung hat der Tatbestand für die Rechtsfolge?
5. Was versteht man unter Subsumtion?
6. Welche Verbindungswörter sind für den Gutachtenstil typisch?
7. Welche Verbindungswörter sind für den Urteilsstil typisch?
8. Wie werden im Urteilsstil Gegenargumente eingeflochten?
9. Lesen Sie §§ 275 I und 280 I 1 BGB! Unterscheiden Sie Tatbestand und Rechtsfolge.
10. Was gewähren die §§ 812, 985, 1004 BGB in ihrer Rechtsfolge?

Hauptteil

Im Hauptteil werden die wichtigsten Schwerpunkte des Privatrechts einzeln vorgestellt. Es wird z. B. gezeigt, wie und mit welchem Inhalt ein Vertrag zustande kommt, unter welchen Voraussetzungen er wirksam wird und wie mögliche Störungen bei der Erfüllung des Vertrages behandelt werden. Weitere Lektionen sind den sogenannten gesetzlichen Schuldverhältnissen gewidmet. Nicht nur durch Vertrag, sondern z. B. auch durch ungerechtfertigte Bereicherung oder unerlaubte Handlung können Ansprüche entstehen. Schließlich wird auf die für das Wirtschaftsleben besonders wichtigen Sicherungsgeschäfte eingegangen.

Sie gewinnen am meisten, wenn Sie den Hauptteil von vorne bis hinten durcharbeiten. Die einzelnen Lektionen sind aber so geschrieben, dass sie notfalls - etwa zur Vorbereitung auf eine Vorlesung - auch einzeln herausgegriffen werden können. Soweit andere Lektionen des Hauptteils Voraussetzung sind, wird darauf verwiesen.

9. Lektion
Willenserklärung

Die Willenserklärung wurde schon oben in der 6. Lektion[101] kurz angesprochen. Daher ist bekannt, dass die Willenserklärung die **Äußerung** des auf die Herbeiführung einer Rechtswirkung gerichteten **Willens** ist. Der Wille allein reicht nicht. Er muss geäußert werden. Man unterscheidet in diesem Sinne den subjektiven (inneren) Tatbestand und den objektiven (äußeren) Tatbestand einer Willenserklärung.

I. Erklärungshandlung

Zur Verwirklichung des objektiven Tatbestands reicht grundsätzlich jede erkennbare **Erklärungshandlung**. Die Erklärung bedarf grundsätzlich[102] keiner Form. Es reicht das gesprochene Wort oder eine konkludente (schlüssige) Äußerung.

Beispiele: Der gesprochene Satz: "Ja, ich kaufe."; das Abholen der Ware; das Nicken; die Mimik.

---

[101] 6. Lektion, III. 1. a) Willenserklärung.

[102] Sie aber unten die 15. Lektion, I. Form.

Schweigen ist bis auf wenige Ausnahmen[103] keine Äußerung eines Willens. Schweigen im Rechtssinne ist nicht nur nicht reden, sondern ein sich nicht (auch nicht konkludent) äußern.

Beispiel: V schickt K unaufgefordert 10 handgemalte Ansichtskarten zum Preis von 20 €. Es liegt eine Zahlkarte und ein Brief bei, in dem V erklärt, dass er von dem Kauf der Karten durch K ausgehe, wenn K nicht innerhalb von 14 Tagen ablehne.

Unternimmt hier K nichts, so schweigt er. Auch soweit er die Karten ausgepackt und angesehen hat, ist eine Erklärungshandlung und damit ein Willenserklärung nicht gegeben. Ein Kaufvertrag zwischen V und K kommt nicht zustande. K muss den Kaufpreis nicht zahlen[104].

II. Handlungswille

Eine Willenserklärung ist erst dann gegeben, wenn auch der subjektive Tatbestand erfüllt ist. Zum subjektiven Tatbestand einer Willenserklärung gehört der Handlungswille. Der **Handlungswille** ist der Wille, überhaupt zu handeln. Der Handlungswille bezieht sich ausschließlich auf die Erklärungs**handlung**. Auf einen Rechtserfolg der Erklärung ist er nicht gerichtet.

Beispiel: V ist im Zug eingeschlafen. K fragt den V, ob er ihm sein Gepäck für 1 € verkaufe. Da die Fahrstrecke uneben ist, nickt der schlafende V mit dem Kopf.

Hier verwirklicht das Kopfnicken zwar den objektiven Tatbestand einer Willenserklärung zur Annahme des Kaufangebots. V hat aber nicht gemerkt, dass er mit dem Kopf nickt. Es fehlt dem schlafenden V der Handlungswille. Eine Willenserklärung ist nicht gegeben. Ein Kaufvertrag ist nicht zustande gekommen.

Der Handlungswille ist in jedem Fall eine unabdingbare Voraussetzung für eine Willenserklärung. Fehlt der Handlungswille, liegt unstreitig keine Willenserklärung vor.

III. Erklärungsbewusstsein

Umstritten ist die Frage, ob das Erklärungsbewusstsein eine notwendige Tatbestandvoraussetzung für eine Willenserklärung ist. Das **Erklärungsbewusstsein** ist das Bewusstsein, dass die gewollte Erklärungshandlung als (irgendeine) **rechtsgeschäftliche** Erklärung verstanden wird.

1. **Beispiel:** In einer Vereinssitzung werden zwei Listen herumgegeben. In die eine Liste soll sich eintragen, wer eine Vereinsmütze zum Preis von 20 € bestellen will. In die andere Liste soll sich

---

[103] Sie unten die 12. Lektion: Schweigen im Rechtsverkehr.

[104] Das galt schon nach bisheriger Rechtsprechung und wird jetzt von § 241a I BGB ausdrücklich klargestellt. § 241a BGB geht aber noch weiter: danach darf der Verbraucher die unbestellte Ware eines Unternehmers sogar benutzten und verbrauchen, ohne dafür zahlen zu müssen.

eintragen, wer einem Vereinsmitglied zum Geburtstag gratulieren will. E will nur gratulieren, trägt sich aber versehentlich in die Bestelliste ein.

2. **Beispiel:** E kommt in einem fremden Ort abends in ein Hotel mit Gaststätte. Als er eine Tischglocke betätigt, um den Nachtportier herbeizuholen, bricht in der Gaststätte Jubel aus. Der Wirt schenkt eine Lokalrunde aus und legt dem E die Rechnung vor. E erfährt nun, dass das Betätigen der Tischglocke in dem Ort das übliche Zeichen ist, um eine Lokalrunde auszugeben.

In beiden Beispielen fehlt dem E das Erklärungsbewusstsein. Im 1. Beispiel hat er mit dem Eintrag in die Liste, im 2. Beispiel mit Läuten der Tischglocke eine Erklärung abgegeben. Er hatte auch den Handlungswillen hierzu. Er wollte sich ja eintragen und die Glocke läuten. Er wusste aber nicht, dass er damit aus Sicht des Vereins oder des Wirts eine **rechtsgeschäftliche** Erklärung abgab.

Nach heute herrschender Meinung[105] liegt trotz fehlenden Erklärungsbewusstseins eine Willenserklärung vor, wenn der Erklärende mit der erforderlichen Sorgfalt hätte erkennen und verhindern können, dass seine Äußerung als Willenserklärung aufgefasst werden durfte, und wenn der Empfänger sie auch tatsächlich so verstanden hat.

Im 1. Beispiel hätte E erkennen und verhindern können, sich in die falsche Liste einzutragen. Der Verein musste von einer rechtsgeschäftlichen Erklärung des E ausgehen. Die Eintragung in die Bestellliste ist daher eine Willenserklärung des E. E muss die Mütze abnehmen und bezahlen[106].

Im 2. Beispiel konnte der ortsfremde E die eigenartige Bedeutung der Tischglocke nicht kennen. Der Wirt durfte das Läuten der Glocke durch einen Fremden nicht als Bestellung einer Lokalrunde auffassen. Eine Willenserklärung des E ist nicht gegeben.

Ist eine Willenserklärung trotz fehlenden Erklärungsbewusstseins anzunehmen, kann sie vom Erklärenden angefochten werden, § 119 BGB. Das Rechtsgeschäft ist mit der Anfechtung nichtig, § 142 BGB. Der Anfechtende muss aber dem Erklärungsempfänger gegebenenfalls Schadensersatz leisten, § 122 BGB.[107]

IV. Geschäftswille

Unstreitig kein notwendiges Tatbestandsmerkmal einer Willenserklärung ist der Geschäftswille. Der **Geschäftswille** ist der auf eine bestimmte Rechtsfolge gerichtete Wille. Es ist der Wille, dem mit der Willenserklärung Geltung verschafft werden soll.

Beispiel: V möchte sein Auto für 7.000 € verkaufen. Er schreibt dem K einen Brief, in dem er sein Auto versehentlich für 700 € anbietet. K nimmt erfreut an.

Hier hat V mit dem Brief eine Erklärung zum Verkauf seines Autos abgegeben. Er wollte den Brief schreiben und hatte daher den nötigen Handlungswillen. Das Erklärungsbewusstsein fehlte ihm nicht, da er wusste, dass er eine rechtsgeschäftliche Erklärung abgab. Er wollte aber nicht eine Erklärung

---

105 Siehe z. B. BGH, Urt.v. 7.6.1984 - IX ZR 66/83, in BGHZ 91, 324, 330 m.N.; Armbrüster, Willenserklärung und Erklärungsbewusstsein, in JuS 1987, S. 168 m.N.

106 E kann seine Willenserklärung aber anfechten, §§ 119, 121, 143 BGB. Zur Anfechtung siehe unten die 10. Lektion: Anfechtung.

107 Zur Anfechtung siehe unten die 10. Lektion: Anfechtung.

über 5.000 €, sondern eine Erklärung über 7.000 € abgeben. Ihm fehlte der Geschäftswille zu dieser Erklärung. Trotz des fehlenden Geschäftswillens liegt eine Willenserklärung vor.

Bei fehlendem Geschäftswillen kann der Erklärende unter den Voraussetzungen der §§ 119 ff. BGB das Rechtsgeschäft anfechten. Er muss dann gegebenenfalls an den Erklärungsempfänger Schadensersatz leisten, § 122 BGB[108].

V. Wirksamwerden der Willenserklärung

Beim Wirksamwerden der Willenserklärungen ist zwischen den empfangsbedürftigen und den nicht empfangsbedürftigen Willenserklärungen zu unterscheiden.

Die **nicht empfangsbedürftigen** Willenserklärungen müssen nicht gegenüber einem anderen abgegeben werden, damit sie wirksam werden. Es muss nur der Erklärungsvorgang beendet werden.

Beispiel: Das Testament ist wirksam, wenn es der Erblasser vor seinem Tod fertig gestellt hat. Er muss es niemandem zeigen. Es reicht, wenn es erst nach seinem Tod gefunden wird.

Die **empfangsbedürftigen** Willenserklärungen müssen dem Empfänger zugehen, damit sie wirksam werden, § 130 I 1 BGB.

Beispiel: Die Kündigung eines Mietvertrages[109] muss dem Vermieter oder Mieter zugehen, damit das Mietverhältnis beendet wird.

Der Zugang einer Willenserklärung setzt voraus, dass die Willenserklärung abgegeben wurde.

1. Abgabe

Abgegeben wurde eine empfangsbedürftige Willenserklärung, wenn sie mit dem Willen des Erklärenden in den Rechtsverkehr gelangt ist. Das ist nicht der Fall, wenn die Willenserklärung zwar fertiggestellt wurde, der Erklärende sie aber nicht abgesandt hat.

Beispiel: M schreibt seinem Vermieter V eine Kündigung. Das Kündigungsschreiben liegt fertig auf seinem Schreibtisch. M überlegt es sich dann doch anders und schickt den Brief nicht ab. Seine Freundin findet den Brief auf dem Schreibtisch, glaubt, M habe ihn vergessen, und bringt ihn zur Post. V erhält die Kündigung des M.

Hier ist zwar eine Willenserklärung des M gegeben: Das Schreiben des Briefes ist die Erklärungshandlung. M wollte den Brief schreiben, hatte also den Handlungswillen. Er wusste, dass die Kündigung eine rechtsgeschäftliche Handlung ist. Er hatte damit das Erklärungsbewusstsein. Der Brief wurde aber ohne seinen Willen abgesandt.

---

[108] Zur Anfechtung siehe unten die 10. Lektion: Anfechtung.

[109] Vgl. § 542 BGB (für Wohnraum § 568 BGB)

Ist die Willenserklärung ohne Willen des Erklärenden in den Rechtsverkehr gelangt, wird sie nach herrschender Meinung[110] dennoch wie eine abgegebene behandelt, wenn der Erklärende mit der erforderlichen Sorgfalt hätte erkennen und verhindern können, dass seine Willenserklärung in den Rechtsverkehr gelangt, und wenn der Empfänger die Abgabe der Willenserklärung voraussetzen durfte[111]. Der Erklärende kann gemäß § 119 I 2. Alt. BGB die Erklärung anfechten. Er muss dann aber gegebenenfalls gemäß § 122 BGB Schadensersatz leisten.

Im eben genannten Beispiel hätte M bei entsprechender Sorgfalt erkennen können, dass ein fertig geschriebener Brief von seiner Freundin gefunden und abgesandt wird. V dagegen waren diese Umstände unbekannt. Er musste von einer willentlichen Abgabe der Willenserklärung ausgehen. M ist daher an die Kündigung gebunden. Er kann aber mit dem Risiko, nach § 122 BGB Schadensersatz leisten zu müssen, gemäß § 119 I 2. Alt. BGB anfechten.

2. Zugang

Beim Zugang wird zwischen Willenserklärungen unter Anwesenden und Willenserklärungen unter Abwesenden unterschieden. **Anwesend** ist der Empfänger, wenn die Erklärung mündlich übermittelt werden kann.

Beispiel: Der Erklärende spricht oder telefoniert mit dem Erklärungsempfänger.

Abwesend oder der Abwesenheit gleichgestellt ist der Empfänger, wenn die Willenserklärung in verkörperter Form übermittelt wird.

Beispiel: Die Erklärung erfolgt schriftlich in einem Brief, einem Telegramm, einem Fernschreiben, einem Telefax, einer E-Mail oder sie wird auf einen Anrufbeantworter gesprochen.

Beim Zugang einer Willenserklärung kommt es nicht nur darauf an, ob, sondern auch wann sie zugegangen ist. Unter **Abwesenden** ist die Willenserklärung **zugegangen**, wenn sie so in den Bereich des Empfängers gelangt ist, dass dieser unter normalen Verhältnissen die Möglichkeit hat, von ihrem Inhalt Kenntnis zu nehmen.

Beispiele: Ein in der Nacht in den Briefkasten geworfener Brief ist erst am nächsten Werktag Vormittag zur üblichen Postzeit zugegangen. Ein Einschreibebrief geht erst zu, wenn er zu Hause oder auf der Post ausgehändigt wird; der Benachrichtigungszettel reicht nicht. Eine E-Mail ist zugegangen, wenn sie zur üblichen Tageszeit vom Empfänger hätte abgerufen werden können.

Aber Vorsicht: Zustellungen durch Gericht oder Gerichtsvollzieher, Polizei oder Behörde sind schon mit dem Benachrichtigungszettel zugegangen. Auch private Erklärungen wie z. B. eine Kündigung kann durch Gerichtsvollzieher und damit durch Niederlegung zugestellt werden. Auch wenn die niedergelegte Zustellung nicht abgeholt wird, gilt sie als zugegangen und kann Fristen in Lauf setzen, § 182 ZPO.

---

110 Vgl. z. B. Dieter Medicus, Allgemeiner Teil des BGB, 7. Auflage 1997, Rn. 266; Palandt/Heinrichs, Bürgerliches Gesetzbuch, 61. Auflage 2002, § 130, Rn. 4.

111 Es handelt sich um das gleiche Prinzip wie bei fehlendem Erklärungsbewusstsein.

Unter **Anwesenden** ist die Willenserklärung **zugegangen**, wenn sie der Empfänger wahrnimmt ("Vernehmungstheorie"). Sprachunkenntnisse, Taubheit oder Störungen in der Telefonleitung gehen zu Lasten des Erklärenden. Der Empfänger muss aber notfalls nachfragen.

Verhindert der Empfänger den Zugang der Willenserklärung, z. B. weil er sich die Ohren zuhält oder den Briefkasten entfernt, darf er sich später nicht darauf berufen, die Erklärung sei nicht oder zu spät zugegangen, § 242 BGB.

3. Auslegung

Die Willenserklärungen sind nicht immer eindeutig. Es kommt vor, dass der Empfänger etwas anderes versteht, als der Erklärende meint. Es muss dann entschieden werden, welcher Inhalt der Willenserklärung gelten soll. Die Willenserklärung muss ausgelegt werden.

Welche Grundsätze bei der Auslegung von Erklärungen zu beachten sind, regeln die §§ 133 und 157 BGB. Zwar betrifft § 133 BGB die Auslegung von Willenserklärungen, § 157 BGB die Auslegung von Verträgen. Es herrscht aber Einigkeit, dass beide Vorschriften für die Auslegung von Verträgen **und** Willenserklärungen gelten. Gemäß § 133 BGB ist bei der Auslegung der wirkliche Wille zu erforschen und nicht an dem buchstäblichen Sinne des Ausdrucks zu haften. Nach § 157 BGB hat die Auslegung nach Treu und Glauben mit Rücksicht auf die Verkehrssitte zu erfolgen.

Das heißt nun nicht, dass tiefenpsychologische Analysen angestellt werden müssten, um den wahren Willen des Erklärenden zu erforschen. Andererseits darf der Erklärungsempfänger den Erklärenden nicht auf jedem Versprecher oder erkennbaren Irrtum festhalten. Entscheidend für die **Auslegung** ist der **objektivierte Empfängerhorizont**. Inhalt der Willenserklärung ist das, was der Empfänger mit zumutbarer Sorgfalt unter Berücksichtigung aller ihm erkennbarer Umstände verstehen konnte.

Beispiel: K, der von V ein Auto kaufen möchte, fragt den V, was es kosten solle. V hebt die Hand, zeigt K vier Finger und sagt, "Dafür kannst Du es haben". K nimmt das Angebot an.

Die Erklärung des V ist nicht eindeutig. Als Preis können 4 €, 400 €, 4.000 € 40.000 etc. gemeint sein. K muss die Erklärung des V auslegen, indem er alle ihm bekannten Umstände berücksichtigt. Handelt es sich um einen neuen Mercedes, werden wohl 40.000 € gemeint sein. Handelt es sich um ein kleines Spielzeugauto, werden 4 € gemeint sein.

Eine falsche Bezeichnung schadet nicht, wenn beide darunter dasselbe verstehen (falsa demonstratio non nocet).

V verkauft dem K Haakjöringsköd. Beide verstehen darunter Walfleisch. Haakjöringsköd heißt aber Haifischfleisch. Hier kann sich weder V noch K, wenn sie später den wahren Wortsinn erfahren, auf den buchstäblichen Sinn berufen. Es gilt das, was vorher beide übereinstimmend gemeint haben: Walfleisch.

VI. Wiederholungsfragen

Schauen Sie bitte erst dann auf Seite 238 in die Lösung, wenn Sie die Fragen selbst beantwortet haben.

1. Was ist zur Verwirklichung des objektiven Tatbestands einer Willenserklärung notwendig?
2. Welches Merkmal des subjektiven Tatbestands muss für das Vorliegen einer Willenserklärung unstreitig erfüllt sein?
3. Was versteht man unter Erklärungsbewusstsein?
4. Unter welchen Umständen liegt trotz fehlenden Erklärungsbewusstseins eine Willenserklärung vor?
5. Was ist und welche Bedeutung hat der Geschäftswille?
6. Nennen Sie ein Beispiel für eine nicht empfangsbedürftige Willenserklärung.
7. Unter welchen Umständen wird eine Willenserklärung wirksam?
8. Unter welchen Umständen ist eine empfangsbedürftige Willenserklärung abgegeben?
9. Wann ist eine Willenserklärung unter Abwesenden zugegangen?
10. Wann ist eine Willenserklärung unter Anwesenden zugegangen?

10. Lektion
Anfechtung

Nach dem Grundsatz der Privatautonomie soll jeder seine Lebensverhältnisse im Rahmen der Rechtsordnung eigenverantwortlich regeln und insbesondere frei darüber entscheiden, ob und mit welchem Inhalt er Verträge schließen will. Die Rechtsordnung knüpft an den **Willen** die entsprechenden Rechtsfolgen. Die Willenserklärung ist die Äußerung des auf die Herbeiführung der Rechtswirkung gerichteten Willens.

Es kann nun vorkommen, dass die Äußerung, so wie sie verstanden werden muss, nicht dem Willen entspricht. Es ist auch möglich, dass schon der Wille auf falschen Vorstellungen beruht oder aus anderen Gründen beeinträchtigt ist. Die entsprechenden Willenserklärungen sind in Wirklichkeit nicht so gemeint, wie sie zu verstehen sind.

Wenn allein der wirkliche, unbeeinträchtigte Wille maßgeblich wäre, müssten diese Willenserklärungen unbeachtlich sein. Die Rechtsordnung kann diese Willenserklärungen aber nicht einfach ignorieren. Der Empfänger der Willenserklärung hat sich ja auf die entsprechende Rechtsfolge eingestellt. Sein Vertrauen muss ebenso geschützt werden wie der freie Wille des Erklärenden.

Die Willenserklärungen sind daher unabhängig von etwaigen Willensmängeln **erst einmal gültig**. Unter bestimmten, im Gesetz genannten Gründen, kann der Erklärende seine Willenserklärung aber anfechten. Das Gesetz lässt bei bestimmten Arten von Irrtümern, § 119 BGB, bei falscher Übermittlung, § 120 BGB, und bei arglistiger Täuschung oder widerrechtlicher Drohung, § 123 BGB, die Anfechtung der Willenserklärung zu.

I. Irrtum als Anfechtungsgrund

Eine Willenserklärung kann auf verschiedenen Irrtümern beruhen. So kann schon die Entscheidung, dieses Rechtgeschäft vornehmen zu wollen, auf einem Irrtum beruhen. Der Wille wurde dann falsch gebildet. Es handelt sich um einen **Motivirrtum**. Auch wenn die Entscheidung, das Rechtsgeschäft vornehmen zu wollen, richtig getroffen wurde, kann ein Irrtum bei der Umsetzung des Willens in die Erklärung vorkommen. Möglich ist, das sich der Erklärende über den Inhalt seiner Erklärung irrt, die er ansonsten richtig ausdrückt, und damit einem **Inhaltsirrtum** erliegt oder, dass er den richtigen Ausdruck wählt, diesen aber nicht richtig ausdrückt und die Willenserklärung damit auf einem **Erklärungsirrtum** beruht.

<table>
<tr><th>Wille</th><th colspan="2">Willensäußerung</th></tr>
<tr><td>Entscheidung ⇒</td><td>Erklärungsinhalt ⇒</td><td>Erklärungshandlung</td></tr>
<tr><td>Motivirrtum</td><td>Inhaltsirrtum</td><td>Erklärungsirrtum</td></tr>
</table>

1. Inhaltsirrtum

Der Inhaltsirrtum berechtigt gemäß § 119 I 1. Alt. BGB zur Anfechtung. Danach kann anfechten, wer bei der Abgabe der Willenserklärung über deren Inhalt im Irrtum war. Ein **Inhaltsirrtum** ist gegeben, wenn sich der Erklärende über den Bedeutungsinhalt seiner Erklärung irrt; diese falsche Erklärung aber richtig ausdrückt. Der Erklärende weiß, was er sagt; er weiß aber nicht, was er damit sagt. Der Inhaltsirrtum tritt leicht bei einem doppeldeutigen Begriff auf, der aus Sicht des Empfängers anders verstanden werden muss, als er vom Erklärenden gemeint ist.

Beispiel: E benötigt 25 große Rollen Toilettenpapier. Sie bestellt bei V "25 Gros Rollen". V liefert 3600 Rollen Toilettenpapier, da ein "Gros" 12 x 12, also 144 Rollen umfasst. Hier kann E ihre Erklärung anfechten[112].

Die **Auslegung**[113] der Willenserklärung geht der Anfechtung vor. Eine Anfechtung ist nicht möglich und auch nicht nötig, wenn der Empfänger die vom Erklärenden gemeinte Bedeutung des Begriffs richtig verstehen musste. Das Rechtsgeschäft gilt dann mit dem vom Erklärenden gemeinten Inhalt.

Beispiel: Musste V im Gespräch mit E erkennen, dass E nur 25 große Rollen Toilettenpapier bestellen wollte, ist der Kaufvertrag nur über diese Menge Toilettenpapier zustande gekommen. Eine Anfechtung scheidet aus.

2. Erklärungsirrtum

Der Erklärungsirrtum berechtigt zur Anfechtung. Gemäß § 119 I 2. Alt. BGB kann anfechten, wer eine Erklärung dieses Inhalts überhaupt nicht abgeben wollte. Beim **Erklärungsirrtum** weiß der Erklärende, was er will und wie er seinen Willen richtig erklären muss; bei der Erklärung unterläuft ihm aber ein Fehler. Er weiß nicht, was er sagt. Ein typischer Erklärungsirrtum liegt vor, wenn sich der Erklärende verspricht, verschreibt oder vergreift.

Beispiel: A möchte bei der Bank B ein Darlehen über 5.000 € aufnehmen. Beim Ausfüllen des Kreditantrages trägt er versehentlich 50.000 € ein. Die Bank B nimmt den Antrag an und berechnet entsprechend hohe Zinsen. Hier kann A seine Erklärung in dem Kreditantrag gemäß § 119 I 2. Alt. BGB anfechten.

---

[112] Vgl. LG Hanau, Urt.v. 30.6.78 - 1 0 175/78, in NJW 1979, S. 721.

[113] Siehe oben die 9. Lektion, V. 3. Auslegung.

Ein Fall des Erklärungsirrtums ist auch die **falsche Übermittlung** der Erklärung durch einen Boten[114] oder eine Anstalt, wie z. B. die Telekom oder Post. Die falsch übermittelte Willenserklärung kann gemäß § 120 BGB angefochten werden.

3. Irrtum über verkehrswesentliche Eigenschaften

Bei einem Irrtum über solche Eigenschaften der Person oder der Sache, die im Verkehr als wesentlich angesehen werden, kann die Erklärung gemäß § 119 II BGB angefochten werden. Es handelt sich um einen Fall des Motivirrtums. Allerdings ist nicht jeder Motivirrtum erfasst. Zur Anfechtung berechtigt nur der Irrtum über verkehrswesentliche Eigenschaften. **Verkehrswesentliche Eigenschaften** betreffen die Beschaffenheit und solche Umstände der Person oder Sache, die für die Wertschätzung oder Verwendbarkeit von Bedeutung sind. Der Irrtum über andere Motive berechtigt nicht zur Anfechtung. So ist der Wert des Gegenstandes zwar meistens ein sehr wichtiges Motiv zur Vornahme des Rechtsgeschäfts; er ist aber keine verkehrswesentliche Eigenschaft. Ein Irrtum über den Wert berechtigt nicht zur Anfechtung.

Beispiel: A findet beim Aufräumen auf seinem Dachboden ein Bild. Er glaubt, es sei von seiner verstorbenen Großmutter gemalt und verkauft es als solches an den Trödelhändler T zum Preis von 200 €.

Stellt sich nun heraus, dass das Bild von Rembrandt stammt, hat sich A über eine verkehrswesentliche Eigenschaften des Bildes geirrt; denn der Umstand, dass das Bild von Rembrandt stammt, bestimmt den Wert des Bildes. A kann den Kaufvertrag mit T gemäß § 119 II BGB anfechten.

Stellt sich dagegen heraus, dass das Bild zwar tatsächlich von der Großmutter stammt, aber zum Preis von 1000 € gehandelt wird, irrt sich A nur über den Preis. Der Preis ist keine verkehrswesentliche Eigenschaft. A kann nicht gemäß § 119 II BGB anfechten.

II. Täuschung oder Drohung als Anfechtungsgrund

Die rechtsgeschäftliche Selbstbestimmung im Rahmen der Privatautonomie ist nur dann möglich, wenn der Wille frei von Täuschung oder Drohung gefasst werden kann. Wer zur Abgabe einer Willenserklärung durch arglistige Täuschung oder widerrechtlich durch Drohung bestimmt worden ist, kann daher die Erklärung anfechten, § 123 I BGB.

1. Arglistige Täuschung

Eine **Täuschung** ist das Vorspiegeln oder Entstellen von Tatsachen. **Tatsachen** sind nur solche Umstände der Gegenwart oder Vergangenheit, die nachprüfbar sind. Werturteile oder Reklame beinhalten keine Tatsachenbehauptungen.

---

114 Zum Boten siehe oben die 14. Lektion, I. Bote.`

Beispiel: V möchte sein Auto, einen alten VW-Golf, verkaufen. Erklärt er dem Käufer K, der Golf fahre auch bei Gegenwind gute 160 km/Std., ist das eine Tatsachenbehauptung über die gegenwärtige Leistung des Autos. Behauptet er dagegen, mit dem Golf könne K "tieffliegen", ist das eine reklamehafte Anpreisung und keine Tatsachenbehauptung.

Auch das **Verschweigen von Tatsachen** kann eine Täuschung darstellen, wenn eine Pflicht zur Aufklärung besteht. Ein Pflicht zur Aufklärung kann sich aus der Stellung der Parteien ergeben, z. B. wenn der Verkäufer als "Fachmann" auftritt. Auch müssen solche Umstände, die den Vertragszweck vereiteln oder erheblich gefährden können und die daher für den anderen Teil erkennbar von großer Bedeutung sind, offenbart werden.

Beispiel: Ein Unfallschaden muss beim Verkauf eines Autos auch ohne ausdrückliche Frage offenbart werden. Verschweigt der Verkäufer den Unfallschaden, so täuscht er.

Die Täuschung berechtigt nur dann gemäß § 123 I BGB zur Anfechtung, wenn sie arglistig ist. **Arglistig** ist die Täuschung, wenn der andere damit zur Abgabe der gewünschten Willenserklärung veranlasst werden soll.

Beispiel: Kommt V beim Verkauf seines Autos ins Plaudern und erklärt, er sei Nichtraucher, in Wirklichkeit qualmt er jeden Tag mehrere Zigarren, ist das zwar die Vorspiegelung einer falschen Tatsache und damit eine Täuschung; die Täuschung ist aber nicht arglistig, wenn sie von V nicht abgegeben wurde, um den anderen zum Kauf des Autos zu bewegen. Es etwas anderes gilt aber dann, wenn K erkennbar nur das Auto eines Nichtrauchers kaufen will und V daher als Nichtraucher auftritt.

Hat ein **Dritter** die Täuschung verübt, ist die Willenserklärung nur dann anfechtbar, wenn der Erklärungsempfänger die Täuschung kannte oder kennen musste, § 123 II 1 BGB. Die Möglichkeit zur Anfechtung ist damit eingeschränkt. Günstiger für den Getäuschten ist es, wenn der Täuschende nicht Dritter im Sinne des § 123 II BGB ist, sondern dem Erklärungsempfängers zugerechnet wird. Es kommt dann nicht darauf an, ob der Erklärungsempfänger die Täuschung kannte. Dem Erklärungsempfänger zugerechnet werden die Personen, die auf seiner Seite beim Abschluss des Vertrages maßgeblich beteiligt sind.

Beispiel: Der Verkäufer V des Autohändlers H erklärt dem Kunden K, das Auto sei erst 50.000 Kilometer gefahren. In Wirklichkeit hat es bereits 150.000 Kilometer hinter sich. K kauft darauf von H das Auto.

Hier kann K den Kaufvertrag mit H wegen Täuschung, § 123 I BGB anfechten, egal, ob H von der Täuschung weiß. V hat auf Seiten des H als am Vertragsschluss maßgeblich Beteiligter die Täuschung verübt. Er ist daher nicht Dritter im Sinne des § 123 II BGB.

2. Widerrechtliche Drohung

Nach § 123 I BGB stellt auch die widerrechtliche Drohung einen Grund zur Anfechtung dar. Eine **Drohung** ist das Inaussichtstellen eines Übels, auf das der Drohende vorgibt, Einfluss zu haben und dessen Verwirklichung er vom Verhalten des Bedrohten abhängig macht. Durch diese etwas umständliche Definition wird die Drohung von der Warnung unterschieden. Eine Warnung ist das

Inaussichtstellen eines Übels, auf das der Drohende keinen Einfluss hat oder dessen Eintritt der Warnende nicht vom Verhalten des Gewarnten abhängig macht. Eine Warnung berechtigt nicht zur Anfechtung. Bei der Unterscheidung zwischen Drohung und Warnung kommt es nicht nur auf den Wortlaut an. Die Umstände entscheiden mit darüber, ob eine versteckte Drohung vorliegt. Es ist auch egal, von wem die Drohung ausgeht.

Beispiel: Als K sich nicht bereit erklärt, das Motorrad zu dem genannten Preis zu kaufen, erklärt ihm V, er solle sehr vorsichtig sein, wenn er die Straße überquert.

Fand das Verkaufsgespräch in einem Haus an einer verkehrsreichen Ausfallstraße statt, ist der Hinweis eine freundliche Warnung.

Wartet aber erkennbar eine Gruppe der mit V befreundeten Rocker mit ihren Motorrädern vor der Tür, handelt es sich um eine Drohung.

Die Drohung muss widerrechtlich sein, damit sie gemäß § 123 I BGB zur Anfechtung berechtigt. Widerrechtlich ist die Drohung nicht nur, wenn das angedrohte Verhalten (Mittel) oder der mit der Drohung angestrebte Erfolg (Zweck) rechtswidrig ist. Die Widerrechtlichkeit der Drohung kann sich auch aus der Mittel-Zweck-Relation ergeben.

Beispiel: Der Verkauf eines Grundstücks ist nicht rechtswidrig. Ebenso wenig rechtswidrig ist eine Anzeige bei der Staatsanwaltschaft bei Verdacht einer Steuerhinterziehung[115]. Rechtswidrig ist aber die Drohung des Nachbarn mit einer Anzeige wegen Steuerhinterziehung, um damit den Grundstückseigentümer zum Verkauf seines Grundstücks an ihn zu bewegen.

III. Anfechtungsfrist

Das Recht zur Anfechtung hat derjenige, der die anfechtbare Willenserklärung abgegeben hat. Da bei Vorliegen eines Anfechtungsgrundes nur ein Recht, aber keine Pflicht zur Anfechtung besteht, muss sich der Erklärungsempfänger darauf einstellen können, ob das Geschäft nun angefochten wird und damit nichtig ist oder ob es bestehen bleibt. Das Recht zur Anfechtung besteht daher nur innerhalb eines bestimmten Zeitraums.

Eine **Anfechtung wegen eines Irrtums** im Sinne des § 119 BGB oder wegen falscher Übermittlung gemäß § 120 BGB kann gemäß § 121 I BGB nur **unverzüglich** nach Erkennen des Irrtums erfolgen. Der Begriff "unverzüglich" wird vom Gesetz auch an anderen Stellen[116] gebraucht. Er bedeutet nach der Legaldefinition des § 121 I 1 BGB, dass die Anfechtung **ohne schuldhaftes Zögern** erfolgen muss. Wenn das Zögern nicht schuldhaft ist, kann es lange[117]

115 Steuerhinterziehung ist gemäß § 370 AO strafbar.

116 Vgl. z. B. § 362 I 1 HGB. Näher zu § 362 I 1 HGB oben die 12. Lektion, II. Schweigen auf einen Antrag gemäß § 362 HGB.

117 allerdings nicht länger als 10 Jahre, § 121 II BGB

dauern. Schuldhaft ist ein Handeln gemäß § 276 I 1 BGB bei Vorsatz oder Fahrlässigkeit. Fahrlässig handelt, wer die im Verkehr erforderliche Sorgfalt außer acht lässt, § 276 II BGB.

Beispiel: A nimmt bei der Bank B ein Darlehen auf wobei er sich verschreibt indem er 50.000 € statt 5.000 € als Darlehenssumme angibt. Als die Bank B ihm die Annahme des Darlehensvertrages zuschickt, bemerkt er seinen Irrtum. Er kann der Bank B aber keine Anfechtungserklärung schicken, da er schwer erkrankt ist.

Hier trifft den A kein Verschulden an dem Umstand, dass er der Bank B keine Nachricht zukommen lassen kann. Die mit "unverzüglich" beschriebene Frist dauert daher solange, bis A unter zumutbaren Umständen der Bank B die Anfechtungserklärung übermitteln kann[117].

Die **Anfechtung wegen arglistiger Täuschung oder widerrechtlicher Drohung** gemäß § 123 BGB muss nicht unverzüglich, sondern **innerhalb eines Jahres** erfolgen, § 124 BGB. Sie beginnt im Falle der Täuschung, wenn der Anfechtungsberechtigte von seinem Irrtum aufgrund der Täuschung erfährt. Im Fall der Drohung beginnt die Frist, wenn die durch die Drohung hervorgerufene Zwangslage für den Anfechtungsberechtigten vorüber ist.

Die Anfechtung ist sowohl bei einer Anfechtung wegen Irrtums als auch bei einer Anfechtung wegen Täuschung oder Drohung spätestens dann **ausgeschlossen**, wenn seit der Abgabe der Willenserklärung **10 Jahre** verstrichen sind, §§ 121 II, 124 III BGB.

IV. Anfechtungserklärung

Die Anfechtung muss gegenüber dem Anfechtungsgegner erklärt werden, § 143 I BGB. **Anfechtungsgegner** ist bei einem Vertrag der Vertragspartner § 143 II BGB. Bei einem einseitigen Rechtsgeschäft ist der Empfänger der Erklärung oder derjenige, der aus dem Rechtsgeschäft unmittelbar einen Vorteil erlangt, der Anfechtungsgegner, § 143 III, IV BGB.

Die **Anfechtungserklärung** ist eine empfangsbedürftige Willenserklärung. Eine bestimmte Form ist nicht vorgeschrieben. Es muss nur **deutlich** werden, dass der Anfechtende das Geschäft wegen eines Willensmangels rückwirkend nicht gelten lassen will. Das Wort "Anfechtung" muss nicht genannt werden.

Beispiel: A nimmt bei der Bank B ein Darlehen auf. In dem Darlehensantrag verschreibt er sich und trägt 50.000 € statt 5.000 € als Darlehenssumme ein. Hier reicht als Anfechtungserklärung, wenn A der Bank B mitteilt, er habe sich verschrieben und wolle nur ein Darlehen in Höhe von 5.000 € aufnehmen.

Weiter muss die Anfechtungserklärung nicht begründet werden.

V. Rückwirkende Nichtigkeit

Mit der Anfechtungserklärung ist das angefochtene Rechtsgeschäft **von Anfang an nichtig**, § 142 I BGB. Die Anfechtung hat damit rückwirkende Kraft (Wirkung "ex tunc"). Eine **Ausnahme** gilt für **vollzogene Gesellschafts- oder Arbeitsverträge**. Bei derartigen Verträgen sind bereits zahlreiche Leistungen unwiederbringlich ausgetauscht. Zwischen den Parteien besteht ein Verhältnis, das nicht sinnvoll rückabgewickelt werden kann. Eine Anfechtung wirkt daher nur ab dem Zeitpunkt der Anfechtung (Wirkung "ex nunc") und hat gegebenenfalls nur die Wirkung einer außerordentlichen Kündigung.

Die Anfechtung bezieht sich gemäß dem Abstraktionsprinzip[118] nur auf das angefochtene Grund- **oder** Erfüllungsgeschäft.

Beispiel: Wenn E ihre Willenserklärung zum Kauf von "25 Gros" Rollen Toilettenpapier gegenüber V anficht, weil sie nur 25 große Rollen bestellen wollte, ist nur der **Kaufvertrag**, § 433 BGB, von Anfang nichtig, § 142 I BGB.

Wurden die 3600 Rollen Toilettenpapier von V bereits geliefert und hat E die Lieferung angenommen und bezahlt, werden diese **Erfüllungsgeschäfte** von der Anfechtung nicht erfasst. Die entsprechenden Übereignungen, § 929 BGB, bleiben gültig.

Die Rückabwicklung der Erfüllung des nichtigen Grundgeschäfts erfolgt nach Bereicherungsrecht, §§ 812 ff. BGB.

Beispiel (Fortsetzung): V hat gemäß § 812 I 2 1. Fall BGB einen Anspruch gegenüber E auf Rückübereignung des Toilettenpapiers. E muss diesen Anspruch erfüllen, indem sie die 3600 Rollen Toilettenpapier dem V gemäß § 929 BGB zurückübereignet. Das gleiche gilt umgekehrt bezüglich des Kaufpreises.

Es kann auch das Erfüllungsgeschäft angefochten werden. Dann muss sich der Anfechtungsgrund aber auf das Erfüllungsgeschäft beziehen.

Beispiel: A bestellt bei V 2 Kisten Weinbrand, Marke Billig, zum Preis von 60 €. V nimmt die Bestellung an, vergreift sich aber in den Kisten und liefert dem A als Erfüllung des Kaufvertrages 2 Kisten Weinbrand der Marke Delikat. A nimmt die Lieferung entgegen und entrichtet den Kaufpreis in Höhe von 60 €.

Hier entspricht der durch die Bestellung zustande gekommene Kaufvertrag, § 433 BGB, als Grundgeschäft dem Willen der Vertragsparteien. Er kann nicht angefochten werden. Bei dem Erfüllungsgeschäft, der Übereignung der 2 Kisten Weinbrand gemäß § 929 BGB, ist dem V aber ein Erklärungsirrtum gemäß § 119 I 2. Alt. BGB unterlaufen. Er wollte dem A Weinbrand der Marke Billig und nicht der Marke Delikat übereignen. V kann daher seine Willenserklärung zur Übereignung des Weinbrands anfechten, § 143 I BGB. Die Übereignung ist damit nichtig, § 142 I BGB. V ist wieder (rückwirkend) Eigentümer des Weinbrands. Er kann die 2 Kisten Weinbrand von dem Besitzer A gemäß § 985 BGB herausverlangen. Allerdings ist damit seine Verpflichtung aus dem Kaufvertrag, § 433 I 1 BGB, noch nicht erloschen. Er muss A noch die 2 Kisten Weinbrand der Marke Billig liefern.

---

118 Zum Trennungs- und Abstraktionsprinzip siehe oben die 7. Lektion: Trennungs- und Abstraktionsprinzip.

Bei einer arglistigen Täuschung oder widerrechtlichen Drohung sind meistens das Grund- und die Erfüllungsgeschäfte aus demselben Grund anfechtbar. Hier vernichtet eine Anfechtungserklärung sowohl das Grund- als auch die Erfüllungsgeschäfte rückwirkend.

VI. Schadensersatzpflicht

Bei einer Anfechtung wegen arglistiger Täuschung oder widerrechtlicher Drohung muss zwar gegebenenfalls der Täuschende oder Drohende dem Anfechtenden Schadensersatz leisten[119], nicht aber der Anfechtende dem Täuschenden oder Drohenden. Den Grund der Anfechtung hat ja der Täuschende oder Drohende selbst gesetzt.

Bei einer Anfechtung aufgrund eines Irrtums gemäß §§ 119, 120 BGB ist der Grund der Anfechtung dem Anfechtenden zuzurechnen. Hier ist der Anfechtende gemäß § 122 BGB zum Ersatz des Schadens verpflichtet, den der andere oder ein Dritter dadurch erleidet, dass er auf die Gültigkeit der Erklärung **vertraut** hat. Zu ersetzen ist damit der Vertrauensschaden. Allerdings ist der Schadensersatzanspruch begrenzt auf das Interesse, das der andere oder der Dritte an der Gültigkeit der Erklärung hat. Es muss nur der **Vertrauensschaden** ersetzt werden, der den **Nichterfüllungsschaden** nicht übersteigt.

1. Vertrauensschaden

Der Vertrauensschaden wird auch als **negatives Interesse** bezeichnet. Er umfasst die Kosten und Nachteile, die dem Geschäftspartner wegen seines Vertrauens auf die Gültigkeit des Geschäfts entstanden sind. Durch den Ersatz des Vertrauensschadens muss der Geschäftspartner so gestellt werden, als habe er von dem ungültigen Geschäft nie etwas gehört. Zur Berechnung des Vertrauensschadens muss die hypothetische Vermögenslage des Geschäftspartners ohne Kenntnis von dem nunmehr ungültigen Geschäft mit der tatsächlichen Vermögenslage verglichen werden.

hypothetische Vermögenslage ohne Kenntnis vom Geschäft	-	tatsächliche Vermögenslage jetzt	=	Vertrauens-schaden

Beispiel: V verkauft K ein Fass Wein zum Preis von 800 €. Als V den Wein an K vereinbarungsgemäß liefert, ficht K den Kaufvertrag gemäß § 119 BGB wirksam an. Für den Transport musste V 50 € aufwenden. Außerdem hatte V wegen des bereits mit K geschlossenen

[119] Z. B. gemäß §§ 823 II BGB in Verbindung mit § 263 StGB (Betrug) oder § 253 StGB (Erpressung).

Vertrages ein Angebot des D zum Kauf des Weines für 900 € ab Lager ausgeschlagen. Der Wein hat für V einen Wert von 500 €.

Hätte hier V von dem Geschäft mit K nie etwas gehört, hätte er keine Transportkosten in Höhe von 50 € für die Lieferung des Weines an K gehabt. Außerdem hätte er das Geschäft mit D schließen und einen Gewinn in Höhe von 400 € erzielen können. Sein Vertrauensschaden beläuft sich auf 450 €.

Der Vertrauensschaden ist nur dann durch den Nichterfüllungsschaden begrenzt, wenn die entsprechende Anspruchsgrundlage, wie hier § 122 I BGB, das vorsieht.

2. Nichterfüllungsschaden

Der Nichterfüllungsschaden umfasst das **positive Interesse**. Es ist der Schaden, den der Geschäftspartner erleidet, weil der Vertrag nicht erfüllt wird. Durch den Ersatz des Nichterfüllungsschadens muss der Vertragspartner so gestellt werden, als sei der Vertrag erfüllt worden. Zur Berechnung des Nichterfüllungsschadens muss die hypothetische Vermögenslage des Vertragspartners nach erfülltem Vertrag mit der tatsächlichen Vermögenslage verglichen werden.

hypothetische Vermögenslage nach erfülltem Vertrag	-	tatsächliche Vermögenslage jetzt	=	Nichterfüllungs-schaden

Beispiel (Fortsetzung): Auch wenn der von K angefochtene Vertrag erfüllt worden wäre, hätte V die Transportkosten in Höhe von 50 € aufwenden und das Angebot des D ausschlagen müssen. Er hätte aber für den Wein im Wert von 500 € von K 800 € erhalten und so insgesamt einen Gewinn in Höhe von 250 € erzielt. Sein Erfüllungsschaden beläuft sich auf 250 €.

Ist in diesem Fall der höhere Vertrauensschaden, wie in § 122 I BGB, durch den Erfüllungsschaden begrenzt, besteht der Vertrauensschaden nur in Höhe von 250 €.

VII. Prüfungsschema

Wird ein Rechtsgeschäft angefochten, empfiehlt sich **in Gedanken** folgendes Prüfungsschema. In der Fallbearbeitung ausformuliert werden nur die Punkte, auf die es nach der Sachverhaltsfrage ankommt!

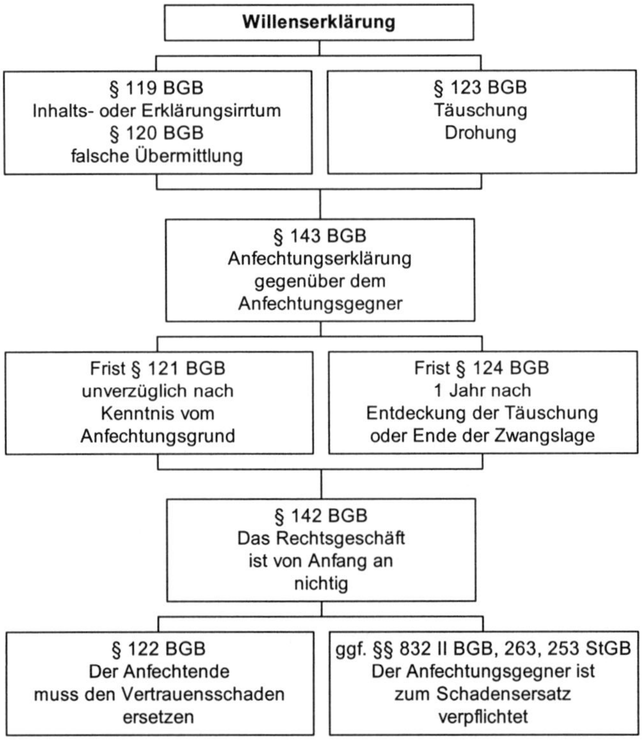

VIII. Wiederholungsfragen

Schauen Sie bitte erst dann auf Seite 239 in die Lösung, wenn Sie die Fragen selbst beantwortet haben.

1. Was ist ein Erklärungsirrtum?
2. Was ist ein Inhaltsirrtum?
3. Berechtigt ein Motivirrtum zur Anfechtung?
4. Was ist eine arglistige Täuschung?
5. Was ist eine widerrechtliche Drohung?
6. In welcher Frist muss die Anfechtung wegen Irrtums oder wegen arglistiger Täuschung oder widerrechtlicher Drohung erfolgen?
7. Was kann länger dauern: "unverzüglich" oder "sofort"? Was bedeutet "unverzüglich"?
8. Wem gegenüber muss die Anfechtung erklärt werden?
9. Welche Rechtsfolgen hat die Anfechtung?
10. Unterscheiden Sie den Vertrauensschaden und den Nichterfüllungsschaden! Wie wird der Schaden jeweils berechnet?

11. Lektion
Vertrag

Aus der 4. Lektion[120] ist bekannt, dass die Vertragsfreiheit ein wesentlicher Teil der das Privatrecht beherrschenden Privatautonomie ist. Es steht grundsätzlich[121] allen frei, ob, mit wem und mit welchem Inhalt sie Verträge schließen wollen. Die Freiheit, einen oder keinen Vertrag abzuschließen, nennt man **Abschlussfreiheit**. Die Freiheit, den Inhalt des Vertrages zu gestalten, nennt man **Inhaltsfreiheit**.

I. Zustandekommen des Vertrages

Ein Vertrag kommt durch mindestens zwei **übereinstimmende** Willenserklärungen zustande. Im gesetzlichen Regelfall werden beim Vertragsschluss Antrag und Annahme unterschieden[122].

Beispiel: V fragt den K, ob er sein Fahrrad für 300 € kaufen wolle (Antrag). K sagt "Ja" (Annahme).

Aufgrund der übereinstimmenden Willenserklärungen ist damit zwischen V und K ein Kaufvertrag über das Fahrrad des V zum Preis von 300 € zustande gekommen.

Haben sich die Parteien nicht über alle Punkte eines Vertrages geeinigt, über die nach der Erklärung einer Partei eine Vereinbarung getroffen werden sollte (**Dissens**), kommt es darauf an, ob das den Parteien bewusst ist. Wissen die Parteien, dass sie sich noch nicht vollständig geeinigt haben, ist der Vertrag im Zweifel nicht geschlossen, § 154 I BGB; wissen sie es nicht, gilt das bis dahin Vereinbarte, wenn anzunehmen ist, dass sie den Vertrag auch so geschlossen hätten, § 155 BGB.

1. Antrag

Der Antrag ist eine empfangsbedürftige Willenserklärung. Einzelheiten zum Antrag sind in den §§ 145 ff. BGB geregelt. Danach ist der Anbietende an sein Angebot gebunden, § 145 BGB. Nimmt der andere den Antrag gleich an, kann der Anbietende nicht mehr zurück. Der Vertrag ist geschlossen. Die Verpflichtungen und Ansprüche aus dem Vertrag bestehen.

---

[120] 4. Lektion, I. Privatrecht, oben Seite 40.

[121] Zu den Grenzen der Vertragsfreiheit siehe insbesondere unten die 15. Lektion: Form und Inhalt der Rechtsgeschäfte.

[122] Vgl. § 151 S. 1 BGB: "Der Vertrag kommt durch die Annahme des Antrags zustande, ...". Möglich und in der Praxis üblich ist auch ein Vertragsschluss durch gemeinsame Zustimmung zu einem vorher ausgehandelten Vertrag. Siehe Detlef Leenen, Abschluss, Zustandekommen und Wirksamkeit des Vertrages - zugleich ein Beitrag zur Lehre vom Dissens -, in AcP 188 (1988). S. 381 - 418.

Von diesem verbindlichen Antrag ist die **Aufforderung zum Angebot** (invitatio ad offerendum) zu unterscheiden. Aufforderungen zum Angebot sind typischerweise Schaufensterauslagen, Anpreisungen in Katalogen, "Sonderangebote" usw. Hier kommt der Vertrag erst zustande, wenn der Kunde die angepriesene Ware verlangt (Antrag) und der Verkäufer diesen Antrag annimmt (Annahme).

Beispiele: K sieht in einem Schaufenster eine Flasche echten Champagner, die mit einem Preis von 4,55 € ausgewiesen ist. Als K in den Laden geht und den Champagner zum Preis von 9,99 € verlangt, weigert sich der Verkäufer, den Champagner zu diesem Preis zu verkaufen. Das Preisschild war von dem daneben stehenden Sekt verrutscht. Der Champagner kostet 39,98 €.

Hier ist die Ausstellung der Flasche Champagner nur eine Aufforderung zum Angebot (invitatio ad offerendum). K konnte also kein Angebot annehmen und so den Kaufvertrag mit dem günstigen Preis zustande bringen. Sein Verlangen nach dem Champagner war erst das Angebot. Der Verkäufer hat das Angebot nicht angenommen. Ein Kaufvertrag ist nicht zustande gekommen. K hat keinen Anspruch auf die Flasche Champagner zum Preis von 4,55 €.

2. Annahme

Die Annahme ist, wie der Antrag, eine empfangsbedürftige Willenserklärung. Sie muss dem Antragenden in der **Frist** des § 147 BGB **zugehen**[123]. Wird der Antrag gegenüber einem Anwesenden gemacht, muss die Annahme sofort zugehen. Bei Abwesenden kommt es auf die Art der Erklärung und die Umstände an.

Beispiel: Bietet V dem K per Telefax frische Erdbeeren an, beträgt die Annahmefrist höchstens ein paar Stunden. Bietet V dem K aber mit normaler Post Eisenerz an, kommt der Vertrag auch noch zustande, wenn die Annahmeerklärung des K erst nach zwei Tagen bei V eintrifft.

Geht die Annahmeerklärung **verspätet** zu, gilt sie als neuer Antrag, § 150 I BGB. Der ursprüngliche Anbieter kann nun wählen, ob er diesen neuen Antrag seinerseits annimmt.

Nach § 151 S. 1 BGB muss die Annahmeerklärung dem Antragenden **ausnahmsweise nicht zugehen**, wenn das nach der **Verkehrssitte** nicht zu erwarten ist oder wenn der Antragende darauf **verzichtet** hat. Eine Willenserklärung muss also auch nach § 151 S. 1 BGB abgegeben werden; sie muss aber nicht zugehen.

Beispiel: R hat ein Hotelzimmer gemietet. In diesem Hotelzimmer befindet sich eine Minibar. Auf dem Tisch steht eine Preiskarte. Es ist damit ein Angebot des Hoteliers H zum Verkauf des Inhalts der Minibar gegeben.

---

[123] Zum Zugang einer Willenserklärung siehe oben die 9. Lektion, V. 2. Zugang.

Nimmt nun R am Abend eine Cola aus dieser Minibar und trinkt sie aus, erklärt[124] er damit konkludent die Annahme des Angebots durch H. Gemäß § 151 S. 1 BGB muss diese Erklärung dem H nicht zugehen. Das entspricht der Verkehrssitte. Der Kaufvertrag über die Cola kommt auch so zustande. R muss den Kaufpreis zahlen.

Nimmt R aber nichts aus der Minibar, so schweigt[125] er. Eine Erklärungshandlung und damit eine Willenserklärung ist nicht gegeben. § 151 S. 1 BGB ändert daran nichts. Ein Kaufvertrag zwischen R und H kommt nicht zustande. R muss keinen Kaufpreis für eine Cola oder sonst etwas aus der Minibar zahlen.

Eine Annahme, die nicht dem Angebot entspricht, sondern Erweiterungen, Einschränkungen oder sonstige **Änderungen** enthält, gilt als Ablehnung des Angebots verbunden mit einem neuen Antrag, § 150 II BGB. Nur wenn der ursprüngliche Anbieter seinerseits dieses neue Angebot annimmt, kommt ein entsprechender Vertrag zustande.

II. Wirksamkeit des Vertrages

In den meisten Fällen, aber nicht immer, ist ein Vertrag, wenn er zustande gekommen ist, auch wirksam. So hängt die Wirksamkeit des Vertrages ab z. B. von der Geschäftsfähigkeit der beteiligten Personen (§ 108 BGB), der Vertretungsmacht (§ 164 BGB) oder ausnahmsweise von einer besonderen Form (z. B. §§ 311b I 1, 766 BGB).

1. Schwebende Unwirksamkeit

Wenn der Vertrag nicht wirksam ist, kann er unter Umständen wirksam werden. Man nennt diesen Zustand **schwebend unwirksam**.

Beispiel: V schließt im Namen des A mit D einen Kaufvertrag. V ist von A aber nicht bevollmächtigt worden.

Hier ist zwar ein Kaufvertrag zwischen A und D zustande gekommen. Der Vertrag ist aber nicht wirksam. Nur wenn A den Vertrag genehmigt, § 177 I BGB, wird der Kaufvertrag wirksam.

2. Schwebende Wirksamkeit

Entgeltliche Verträge, die zwischen einem Unternehmer und einem Verbraucher z. B. an der Haustüre geschlossen werden, sind wirksam; sie können jedoch widerrufen werden. Man spricht insoweit von **schwebend wirksam**[126]. So hat der Verbraucher einerseits schon vor Ablauf der Widerrufsfrist einen Anspruch auf Erfüllung des Vertrages gegenüber dem Unternehmer; andererseits kann der

[124] Zur Willenserklärung siehe oben die 9. Lektion, I. Erklärungshandlung.

[125] Zum Schweigen siehe oben die 9. Lektion, I. Erklärungshandlung.

[126] Vgl. RegE, BT-Drucks 14/2658, S. 47

Verbraucher den Vertrag trotzdem innerhalb von zwei Wochen schriftlich widerrufen, §§ 312, 355 BGB. Die Vorschrift dient dem Verbraucherschutz und soll vor Überrumpelung schützen. § 355 BGB gilt nicht nur für Verträge an der Haustüre, sondern auch für Verbraucherverträge, die in ähnlichen Situationen wie z. B. am Arbeitsplatz, in öffentlichen Verkehrsmitteln, bei sogenannten Kaffeefahrten (§ 312 BGB), Fernabsatzverträgen, die z. B. über das Internet geschlossen werden (§ 312b BGB), Verbraucherdarlehen (§§ 488, 495 BGB) oder Teilzeit-Wohnrechteverträge (§§ 481, 485 BGB).

Die Widerrufsfrist beträgt zwei Wochen, § 355 I 2 BGB. Sie beginnt erst, wenn der Verbraucher über sein Widerrufsrecht deutlich und Textform belehrt worden ist, und endet spätestens sechs Monate nach Vertragsschluss. Bei der Lieferung von Waren beginnt die Frist jedoch nicht bevor der Verbraucher die Ware erhalten hat, § 355 III BGB. Es reicht die rechtzeitige Absendung des Widerrufs, § 355 I 2 a. E. BGB.

Der Widerruf wird nicht dadurch ausgeschlossen, dass die Sache mittlerweile bestimmungsgemäß benutzt wurde, § 357 BGB.

Wurde der Verbraucher aber spätestens bei Vertragsschluss in Textform darauf hingewiesen, so muss er dem Unternehmer den Betrag zahlen, um den die Sache durch seine Benutzung an Wert verloren hat, § 357 III BGB.

III. Arten der Verträge

Von den verschiedenen Arten des Vertrages können hier nur einige wichtige herausgegriffen werden. Erst einmal ist festzustellen, dass bei einem Vertrag immer **mindestens zwei** Personen beteiligt sind. Mehr als zwei Personen können z. B. bei einem Gesellschaftsvertrag, § 705 BGB, beteiligt sein. In jedem Fall ist der Vertrag ein mehrseitiges Rechtsgeschäft[127].

---

[127] Zu den mehrseitigen Rechtsgeschäften siehe oben die 6. Lektion, III. 1. b) Unterscheidung nach der Zahl der Beteiligten. Die folgende Übersicht ergänzt insoweit die Übersicht in der 6. Lektion, III. Rechtliches Handeln.

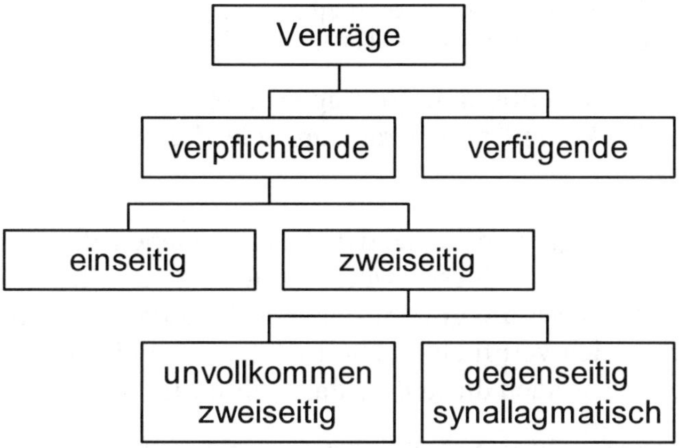

Je nach ihrer Rechtsfolge werden verfügende und verpflichtende Verträge unterschieden.

Verfügende Verträge sind Rechtsgeschäfte, durch die auf ein bestehendes Recht eingewirkt wird, um es zu verändern, zu belasten, zu übertragen oder aufzuheben.

1. **Beispiel:** Die Übereignung gemäß § 929 BGB ist ein verfügender Vertrag zwischen dem bisherigem Eigentümer und neuem Eigentümer, da auf das an der Sache bestehende Recht Eigentum eingewirkt wird, um es zu übertragen.

2. **Beispiel:** Die Abtretung eines Anspruchs gemäß § 398 BGB ist ein verfügender Vertrag zwischen dem bisherigen Gläubiger und dem neuen Gläubiger, da auf ein bestehendes Recht, den Anspruch, eingewirkt wird, um es zu übertragen.

Verpflichtende Verträge sind Rechtsgeschäfte, durch die eine Leistungspflicht begründet wird. Je nach dem, ob sich nur eine oder beide Parteien verpflichten, werden einseitig und zweiseitig verpflichtende Verträge unterschieden. Die zweiseitig verpflichtenden Verträge können unvollkommen zweiseitig oder gegenseitig verpflichtend sein. Die Unterscheidung ist z. B. dann sehr wichtig, wenn eine Leistung aus dem Vertrag nicht richtig erbracht wird. Die gesetzlichen Regelungen dieser Leistungsstörungen sind entsprechend unterschiedlich[128].

Bei einem **einseitig verpflichtenden** Vertrag sind zwar mindestens zwei Vertragsparteien beteiligt - es handelt sich insoweit um ein mehrseitiges Rechtsgeschäft - aber nur eine von ihnen übernimmt eine Verpflichtung. Die andere Partei erwirbt einen Anspruch.

Beispiel: Zum Abschluss eines Schenkungsvertrages (§§ 516/518 BGB) sind zwar zwei Personen erforderlich, der Schenker und der Beschenkte, aber nur eine, der Schenker, übernimmt eine

[128] Näheres hierzu steht unten in der 18. Lektion: *Unmöglichkeit* und der 19. Lektion: *Verzug*.

Verpflichtung. Der Beschenkte hat einen Anspruch auf Erfüllung der Verpflichtung. (Der Schenkungsvertrag ist ein mehrseitiges, einseitig verpflichtendes Rechtsgeschäft.)

Bei **zweiseitig verpflichtenden** Verträgen übernehmen beide Vertragsparteien Verpflichtungen. Es kommt nun darauf an, wie die Verpflichtungen zueinander stehen.

Bei einem **gegenseitig** verpflichtenden Vertrag stehen die Verpflichtungen im Gegenseitigkeitsverhältnis. Diese wechselseitige Verpflichtung wird in der Rechtswissenschaft als **Synallagma** bezeichnet. Jede Partei verpflichtet sich, damit und weil die andere sich verpflichtet. Die Erfüllung der eigenen Pflicht wird davon abhängig gemacht, dass auch die andere Partei ihre Pflicht erfüllt.

Beispiel: Bei einem Kaufvertrag (§ 433 BGB) verpflichtet sich der Verkäufer zur Übereignung der Kaufsache, damit sich der Käufer verpflichtet, den Kaufpreis zu zahlen.

Bei den **unvollkommen zweiseitig** verpflichtenden Verträgen trifft nur eine Partei die für den Vertrag typische Pflicht. Zwar hat auch die andere Partei Pflichten; die Verpflichtungen stehen aber nicht im Gegenseitigkeitsverhältnis.

Beispiel: In einem Leihvertrag (§ 598 BGB) verpflichtet sich der Verleiher, dem Entleiher den Gebrauch der Sache unentgeltlich zu gewähren. Das ist die Hauptpflicht des Vertrages. Der Entleiher ist zwar nicht zu einer Gegenleistung verpflichtet; ihn treffen aber die Pflichten, die entliehene Sache zu unterhalten (§ 601 I BGB) und zurückzugeben (§ 604 I BGB).

IV. Wiederholungsfragen

Schauen Sie bitte erst dann auf Seite 240 in die Lösung, wenn Sie die Fragen selbst beantwortet haben.

1. Welche Freiheiten beinhaltet die Vertragsfreiheit?
2. Wie kommt ein Vertrag zustande?
3. In welcher Frist muss der Antrag angenommen werden, damit ein Vertrag zustande kommt?
4. Unter welchen Voraussetzungen kommt ein Vertrag zustande, ohne dass die Annahmeerklärung zugehen muss?
5. Wie kommt ein Vertrag zustande, wenn die Annahme nicht dem Angebot entspricht?
6. In welcher Frist kann ein Haustürgeschäft nach dem HaustürWG widerrufen werden?
7. Unterscheiden Sie verfügende und verpflichtende Verträge!
8. Nennen Sie ein Beispiel für einen einseitig verpflichtenden Vertrag!
9. Was ist ein Synallagma?
10. Wie wird ein zweiseitig verpflichtender Vertrag bezeichnet, bei dem die Verpflichtungen nicht im Gegenseitigkeitsverhältnis stehen?

12. Lektion
Schweigen im Rechtsverkehr

Schweigen im Rechtssinne ist nicht nur nicht reden, sondern ein sich nicht (auch nicht konkludent) äußern[129]. **Grundsätzlich** hat das Schweigen im Rechtsverkehr **keine Bedeutung**. Es bedeutet weder eine Zustimmung noch eine Ablehnung. Es gibt aber einige wichtige Ausnahmen.

In einigen ausdrücklich im Gesetz[130] bestimmten Fällen kann dem anderen eine Frist zur Genehmigung oder zur Annahme gesetzt werden. Verstreicht die Frist, ohne dass der andere reagiert, gilt sein Schweigen als Genehmigung oder als Annahme.

I. Annahme einer Schenkung

Ein Fall betrifft die Schenkung. Der Schenkungsvertrag ist zwar nur einseitig verpflichtend. Nur der Schenker muss dem anderen etwas unentgeltlich zuwenden. Der Schenkungsvertrag ist aber ein mehrseitiges Rechtsgeschäft. Er kommt nur mit zwei übereinstimmenden Willenserklärungen zustande. Bietet der Schenker dem anderen den Abschluss eines Schenkungsvertrages an, muss dieser das Angebot annehmen, damit der Schenkungsvertrag zustande kommt. Der Schenker kann den Abschluss eines Schenkungsvertrages anbieten, indem er dem anderen etwas zuwendet.

Beispiel: A bezahlt für seinen Freund F die geschuldete Miete für dessen Wohnung.

Da die Zuwendung nur ein Angebot zum Abschluss eines Schenkungsvertrages ist, ist sie rechtsgrundlos geleistet. Die Zuwendung im Sinne des § 516 II BGB ist im Rahmen des Abstraktionsprinzips[131] das Erfüllungsgeschäft. Das Grundgeschäft wäre der Schenkungsvertrag. Der kommt aber erst mit der Annahme des Angebots zustande. Es besteht ein Schwebezustand.

Diesen Schwebezustand kann der Schenker abkürzen, indem er dem anderen eine Frist zur Annahme setzt, § 516 II 1 BGB. Der andere kann nun innerhalb der Frist die Schenkung ausdrücklich annehmen oder ablehnen. Reagiert er innerhalb der Frist nicht, also schweigt er, gilt die Schenkung als angenommen, § 516 II 2 BGB.

---

129 Siehe oben die 9. Lektion, I. Erklärungshandlung.

130 §§ 416 I 2, 455 S. 2, 516 II 2 BGB, § 362 HGB.

131 Zum Trennungs- und Abstraktionsprinzip siehe oben die 7. Lektion: Trennungs- und Abstraktionsprinzip.

II. Schweigen auf einen Antrag gemäß § 362 HGB

Ein anderer Fall des Schweigens als Annahme ist in § 362 HGB genannt. Danach gilt unter bestimmten Umständen das Schweigen eines Kaufmanns auf ein Angebot zum Abschluss eines Geschäftsbesorgungsvertrages als Annahme.

§ 362 HGB gilt nur für Kaufleute[132]. Der Gewerbebetrieb des Kaufmanns muss die **Besorgung von Geschäften für andere** mit sich bringen. Das Angebot muss sich auf den Abschluss eines solchen Geschäftsbesorgungsvertrages, § 675 BGB, beziehen. Der Kaufmann muss auf dieses Angebot nur dann unverzüglich[133] antworten und sein Schweigen gilt nur dann als Annahme, wenn er mit dem Anbietenden in **Geschäftsverbindung** steht, § 362 I 1 HGB, oder wenn er sich dem anderen gegenüber zur Besorgung solcher Geschäfte **erboten** hat, § 362 I 2 HGB.

Beispiel: K schickt seiner Bank einen Brief mit der Bitte, für ihn 100 Aktien der X.AG zu kaufen. Antwortet die Bank nicht, kommt ein Geschäftsbesorgungswerkvertrag, §§ 675, 631 BGB, zum Kauf der Aktien zustande. Die Bank ist verpflichtet, die Aktien für K zu kaufen. Aber: Schickt K dem Großhändler G einen Brief mit der Bitte, ihm 50 Anrufbeantworter der Marke X zu liefern, kommt kein Kaufvertrag zustande, bis G das Angebot des K ausdrücklich annimmt. Für G gilt hier § 362 HGB nicht, da sein Gewerbebetrieb die Anschaffung und Weiterveräußerung von Waren, nicht aber die Besorgung von Geschäften für andere mit sich bringt.

III. Bestätigungsschreiben

Nicht im Gesetz geregelt, aber auch ein Fall des Schweigens im Rechtsverkehr ist das Schweigen auf ein Bestätigungsschreiben. Das Bestätigungsschreiben ist als Handelsbrauch gemäß § 346 HGB von Bedeutung. Heute ist es auch gewohnheitsrechtlich anerkannt. Danach ist es üblich, das Ergebnis mündlicher Vertragsschlüsse schriftlich zu bestätigen. Mündliche Verträge haben den Vorteil, dass sie sehr schnell in unmittelbarer Reaktion auf den Markt geschlossen werden können. Sie haben den Nachteil, dass nicht immer zweifelsfrei ist, ob und mit welchem Inhalt ein Vertrag geschlossen wurde. Etwaige Zweifel am Zustandekommen oder am Inhalt des mündlichen Vertrages soll das Bestätigungsschreiben beseitigen. Danach gilt der Inhalt des Bestätigungsschreibens als Vertragsinhalt, wenn der Empfänger nicht unverzüglich widerspricht.

1. Abgrenzung

Haben die Parteien von vornherein vereinbart, dass der mündlich geschlossene Vertrag nur wirksam sein soll, wenn er schriftlich bestätigt wird, handelt es sich

---

132 Zum Kaufmann siehe oben die 4. Lektion, IV. 2. Handelsrecht.

133 Zum Begriff "unverzüglich" siehe oben die 10. Lektion, III. Anfechtungsfrist.

um ein **konstitutives** (begründendes) Bestätigungsschreiben. Es handelt sich insoweit um eine besondere Wirksamkeitsvoraussetzung des Vertrages, die hier nicht näher behandelt werden muss.

Soll dagegen das Bestätigungsschreiben einen bereits wirksamen Vertrag bestätigen, spricht man von einem **deklaratorischen** (klarstellenden) Bestätigungsschreiben. Das deklaratorische Bestätigungsschreiben hält den Inhalt des mündlich geschlossenen Vertrages zum Beweis fest. Es gilt der bereits wirksame Vertrag mit dem Inhalt des unwidersprochen hingenommenen Bestätigungsschreibens. Weicht der Inhalt von dem tatsächlich Vereinbarten ab, gilt der Inhalt des unwidersprochen hingenommenen deklaratorischen Bestätigungsschreibens so, als sei es vereinbart gewesen. Das gilt selbst dann, wenn gar kein Vertrag zustande gekommen war. Auch das deklaratorische (klarstellende) Bestätigungsschreiben hat insoweit eine konstitutive (begründende) Wirkung. Das deklaratorische Bestätigungsschreiben ist das eigentliche Bestätigungsschreiben im engeren Sinne. Wenn im Folgenden von Bestätigungsschreiben die Rede ist, ist nur das deklaratorische Bestätigungsschreiben gemeint.

Das Bestätigungsschreiben darf **nicht** mit der Auftragsbestätigung verwechselt werden. Die **Auftragsbestätigung** ist die Annahme eines entsprechenden Angebots. Der Absender der Auftragsbestätigung geht davon aus, dass noch kein Vertrag geschlossen wurde. Der Vertrag kommt erst mit der Auftragsbestätigung zustande. Weicht die durch die Auftragsbestätigung erklärte Annahme vom Angebot ab, gilt § 150 II BGB: sie wird als neues Angebot behandelt[134]. Ein Vertrag kommt nur zustande, wenn die andere Partei ihrerseits dieses neue Angebot annimmt, also nicht schweigt. Dagegen geht der Absender beim Bestätigungsschreiben davon aus, dass ein Vertrag aufgrund einer bereits erklärten Annahme geschlossen sei. Diesen bereits geschlossenen Vertrag will er bestätigen.

2. Voraussetzungen

Ein Bestätigungsschreiben liegt nur unter folgenden Voraussetzungen vor:

Die Beteiligten müssen Kaufleute sein oder **wie Kaufleute** am Rechtsverkehr teilnehmen. Vom Empfänger muss zu erwarten sein, dass er den Handelsbrauch kennt. Das Schreiben kann nur dann vom Empfänger als Bestätigungsschreiben verstanden werden, wenn auch der Absender wie ein Kaufmann am Rechtsverkehr teilnimmt und die Annahme nahe liegt, dass das Schreiben als Bestätigungsschreiben gemeint ist. Diese Umstände treffen neben Kaufleuten

[134] Zur Annahme eines Angebots zum Abschluss eines Vertrages siehe oben die 11. Lektion, I. 2. Annahme.

gemäß §§ 1 ff. HGB auch z. B. für Grundstücksmakler, Architekten, Rechtsanwälte und Insolvenzverwalter zu.

Es müssen mündliche Vertragsverhandlungen vorausgegangen sein, die nach der verständlichen Ansicht des Absenders zu einem **Vertragsschluss** geführt haben.

Der Inhalt des Schreibens muss den Vertragsschluss **bestätigen**. Es kommt dabei nicht auf die Bezeichnung des Schreibens oder die Überschrift an. Auch wenn das Schreiben als "Auftragsbestätigung" bezeichnet ist, inhaltlich aber erkennbar von einem bereits geschlossenen Vertrag ausgeht, handelt es sich möglicherweise um ein Bestätigungsschreiben.

Es muss **zeitlich unmittelbar** auf den vermeintlichen Vertragsschluss folgen. Später muss der Empfänger nicht mehr mit einer Bestätigung rechnen.

Das Bestätigungsschreiben darf **keine wesentlichen Abweichungen** von dem Vereinbarten haben. Mit solchen Abweichungen braucht der Empfänger nicht zu rechnen. Insbesondere darf der Absender nicht bewusst etwas Unrichtiges "bestätigen". Üblich ist aber die Einbeziehung der eigenen Allgemeinen Geschäftsbedingungen[135], auch wenn vorher nicht darüber gesprochen wurde.

3. Rechtsfolgen

Meint der Empfänger, dass der Inhalt des Bestätigungsschreibens nicht mit dem tatsächlich Vereinbarten übereinstimmt, muss er gegenüber dem Absender unverzüglich Widerspruch erheben. Das Bestätigungsschreiben ist dann wirkungslos. Der mündliche Vertrag gilt mit dem Inhalt, mit dem er tatsächlich geschlossen wurde; auch wenn das möglicherweise schwer zu recherchieren ist.

Das **Schweigen** des Empfängers auf das Bestätigungsschreibens gilt als Zustimmung. Die mündliche Vereinbarung gilt mit dem Inhalt des Bestätigungsschreibens; auch wenn tatsächlich etwas anderes vereinbart oder gar kein Vertrag zustande gekommen war.

[135] Zu den Allgemeinen Geschäftsbedinungen siehe unten die 16. Lektion: Allgemeine Geschäftsbedingungen.

IV. Wiederholungsfragen

Schauen Sie bitte erst dann auf Seite 241 in die Lösung, wenn Sie die Fragen selbst beantwortet haben.

1. Was ist Schweigen im Rechtssinne?
2. Welche Bedeutung hat das Schweigen im Rechtssinne grundsätzlich?
3. Nennen Sie drei Fälle, in denen das Schweigen ausnahmsweise rechtlich von Bedeutung ist!
4. Ist die Zuwendung im Sinne des § 516 II BGB das Grund- oder das Erfüllungsgeschäft?
5. Unter welchen Voraussetzungen gilt gemäß § 362 HGB das Schweigen als Annahme?
6. Auf welcher Rechtsgrundlage beruht das Bestätigungsschreiben?
7. Unterscheiden Sie das konstitutive und das deklaratorische Bestätigungsschreiben.
8. Unterscheiden Sie Auftragsbestätigung und Bestätigungsschreiben!
9. Unter welchen Voraussetzungen ist ein Bestätigungsschreiben gegeben?
10. Was gilt zwischen den Parteien, wenn der Empfänger dem Bestätigungsschreiben widerspricht?

13. Lektion
Geschäftsfähigkeit

Die Geschäftsfähigkeit darf nicht mit der Rechtsfähigkeit[136] verwechselt werden. Die Rechtsfähigkeit ist die Fähigkeit, Träger von Rechten und Pflichten zu sein. Rechtsfähig ist jede Person. Es kommt nicht darauf an, wie alt sie ist, ob sie geistesgestört ist, oder ob es sich um eine juristische Person handelt. Die Geschäftsfähigkeit ist dagegen nur gegeben, wenn die Person eigenverantwortlich handeln kann. Die **Geschäftsfähigkeit** ist die Fähigkeit, Rechtsgeschäfte selbst wirksam vorzunehmen.

Nach dem Grundsatz der Privatautonomie, nach dem jeder seine Lebensverhältnisse eigenverantwortlich soll regeln können, sind grundsätzlich alle Menschen geschäftsfähig. Davon geht auch das Gesetz aus. Ausnahmen gelten aber zum Schutz der Personen, denen typischerweise die notwendige Einsicht in die Tragweite rechtsgeschäftlichen Handelns fehlt.

Beispiel: Ein Kleinkind ist zwar rechtsfähig und kann etwa aufgrund einer Erbschaft Eigentümer eines Mietshauses sein; es überblickt aber (noch) nicht die Bedeutung, die der Abschluss eines Mietvertrages hat.

Die Geschäftsfähigkeit kann daher fehlen oder eingeschränkt sein. Im ersten Fall spricht man von Geschäftsunfähigkeit, im zweiten Fall von beschränkter Geschäftsfähigkeit.

I. Geschäftsunfähigkeit

Die **Geschäftsunfähigkeit** ist in den §§ 104, 105 BGB geregelt. Gemäß § 104 BGB ist geschäftsunfähig, wer noch **nicht sieben Jahre** alt ist oder an einer **krankhaften Störung der Geistestätigkeit** leidet. Die Willenserklärung eines Geschäftsunfähigen ist **nichtig**, § 105 I BGB.

Beispiel: Der 6jährige A findet 5 €, geht damit in das Eiscafé des E und bestellt einen Eisbecher Hawaii zum Preis von 5 €. E serviert den Eisbecher. Nachdem A das Eis gegessen hat, fällt ihm ein, dass er die 5 € doch lieber zu Hause in sein Sparschwein werfen möchte.

Hier hat E gegen A keinen Anspruch auf Zahlung der 5 €. A hat zwar mit der Bestellung des Eises ein Angebot zum Abschluss eines (Kauf-/Dienst-) Vertrages abgegeben, das E mit dem Servieren des Eisbechers konkludent angenommen hat; die Willenserklärung (das Angebot) des A ist aber wegen dessen Geschäftsunfähigkeit gemäß § 105 I BGB nichtig. Der Vertrag ist daher unwirksam und begründet keinen Anspruch des E[137].

---

[136] Zur Rechtsfähigkeit siehe oben die 5. Lektion, I. Rechtssubjekte.

[137] Ein Anspruch des E gegen A aus § 812 BGB besteht auch nicht, da A das Eis gegessen hat und damit entreichert ist, § 818 III BGB. Siehe auch unten die 25. Lektion: Bereicherungsausgleich.

Nichtig ist gemäß § 105 II BGB auch die Willenserklärung eines Geschäftsfähigen, wenn sie im Zustande der **Bewusstlosigkeit** oder der **vorübergehenden Störung der Geistestätigkeit** abgegeben wird. Unter Bewusstlosigkeit ist dabei nicht das völlige Fehlen des Bewusstseins gemeint. Dann könnte ja mangels Handlungswillens keine Willenserklärung abgegeben werden[138]. Für die **Bewusstlosigkeit** im Sinne des § 105 II BGB reicht eine sehr starke Bewusstseinstrübung. Hauptanwendungsfall ist die Trunkenheit. Allerdings muss eine Blutalkoholkonzentration von weit mehr als 2 ‰ erreicht sein[139]. Möglich ist eine Bewusstlosigkeit im Sinne des § 105 II BGB auch aufgrund von Drogen, Fieber oder Hypnose.

II. Beschränkte Geschäftsfähigkeit

Beschränkt geschäftsfähig sind **Minderjährige**, die das siebente Lebensjahr vollendet haben, aber noch nicht achtzehn Jahre alt sind, § 106 und § 2 BGB. Die Willenserklärungen Minderjähriger sind gemäß § 107 BGB grundsätzlich nur mit der **Einwilligung** der gesetzlichen Vertreter wirksam. **Gesetzliche Vertreter** der Minderjährigen sind normalerweise die Eltern[140]. Da die Beschränkung der Geschäftsfähigkeit dem Schutz der Minderjährigen dienen soll, sind gemäß § 107 BGB auch die Willenserklärungen wirksam, durch die der Minderjährige lediglich einen **rechtlichen Vorteil** erlangt.

1. Einwilligung

Die Einwilligung ist die **vorherige Zustimmung**[141]. Die Einwilligung des gesetzlichen Vertreters kann ausdrücklich für ein **bestimmtes** Geschäft oder für eine **Art** von Geschäften gegeben werden.

Beispiel: Die Eltern erlauben dem 8jährigen M, bei dem Versandhaus V ein bestimmtes oder irgendein Spielzeugauto zu bestellen.

Die Einwilligung kann auch dadurch erfolgen, dass dem Minderjährigen ein Geldbetrag zur freien Verwendung überlassen wird. Nach § 110 BGB, dem sogenannten **Taschengeldparagraphen**, ist ein Vertrag, den ein Minderjähriger mit seinem Taschengeld erfüllt, wirksam. Aber Vorsicht! § 110 BGB ist eine beliebte Klausurfalle!

---

138 Zum Handlungswillen als Tatbestandsmerkmal einer Willenserklärung siehe oben die 9. Lektion, II. Handlungswille.

139 Vgl. BGH NJW 1991, 852; OLG Nürnberg, NJW 1977, 1496: 3,4 ‰

140 §§ 1626, 1629 BGB; siehe auch die Vertretungsberechtigung des Vormunds, §§ 1773, 1793 BGB.

141 Siehe die Legaldefinition in § 183 BGB.

Beispiel: Der 16jährige M bekommt von seinen Eltern jeden Monat 50 € Taschengeld. Er spart 450 € und kauft von V ein Fahrrad zum Preis von 500 €; die restlichen 50 € soll er im nächsten Monat bezahlen. Ist der Kaufvertrag zwischen V und M wirksam? Hat V einen Anspruch auf Zahlung der restlichen 50 €?

Lesen Sie § 110 BGB! Der (Kauf-) Vertrag gilt nur dann als von Anfang an wirksam, wenn der Minderjährige die vertragsmäßige Leistung mit seinen Mitteln "bewirkt". Bewirkt ist die Leistung erst, wenn sie vollständig erfüllt ist. Hier hat M den Kaufpreis noch nicht vollständig gezahlt; er hat die vertragsmäßige Leistung noch nicht bewirkt. Der Kaufvertrag ist (noch) nicht wirksam. V hat daher aus dem Vertrag keinen Anspruch auf Zahlung der restlichen 50 €. Der Kaufvertrag wird erst wirksam, wenn M die restlichen 50 € aus seinem Taschengeld zahlt oder wenn die Eltern den Vertrag genehmigen.

Eine Einwilligung in eine bestimmte Art von Rechtsgeschäften des Minderjährigen ist in der Ermächtigung des gesetzlichen Vertreters zum **Betrieb eines Erwerbsgeschäfts** gegeben, wenn es das Vormundschaftsgericht genehmigt, § 112 BGB. Der Minderjährige ist dann für fast[142] alle Geschäfte, die der Betrieb dieses Erwerbsgeschäfts mit sich bringt, geschäftsfähig.

Beispiel: Die Eltern erlauben mit Genehmigung des Vormundschaftsgerichts dem 17jährigen M einen „Raver-shop" zu betreiben. Mit dieser Erlaubnis kann M nicht nur wirksam MCs, CDs, MDs u. ä. ein- und verkaufen; er kann auch z. B. eine Verkäuferin einstellen, einen Mietvertrag für weitere Ladenräume schließen usw. Er kann aber nicht für private Zwecke wirksam ein Motorrad kaufen.

Ähnliches gilt für den Eintritt in ein **Arbeitsverhältnis**. Die Erlaubnis des gesetzlichen Vertreters zum Eintritt in ein Dienst- oder Arbeitsverhältnis, § 113 BGB, umfasst nicht nur den Abschluss oder die Kündigung des Dienst- oder Arbeitsvertrages, sondern auch fast[143] alle Geschäfte, die damit notwendigerweise zusammenhängen.

Beispiel: Die Eltern erlauben dem 16järigen M in den Schulferien als Lagerarbeiter zu jobben. Wenn der Lohn nur unbar gezahlt wird, kann M mit einer Bank wirksam einen Girovertrag (§§ 676 f. BGB) schließen und so ein Konto eröffnen. Das Ausgeben des verdienten Geldes gehört aber nicht zur Arbeit. Hierzu braucht M eine besondere Einwilligung seiner Eltern.

2. Genehmigung

Schließt der Minderjährige ohne Einwilligung des gesetzlichen Vertreters einen für ihn nicht lediglich rechtlich vorteilhaften Vertrag, so ist der Vertrag zwar zustande gekommen, er ist aber nicht wirksam. Er ist schwebend unwirksam[144]. Er wird wirksam, wenn der gesetzliche Vertreter den Vertrag genehmigt, § 108 I BGB. Die nachträgliche Zustimmung heißt Genehmigung[145].

---

[142] Zu den Ausnahmen siehe §§ 112 I 2, 1643 I, 1821 f. BGB.

[143] Zu den Ausnahmen siehe §§ 113 I 2, 1643 I, 1821 f. BGB.

[144] Zum Begriff "schwebend unwirksam" siehe auch oben die 11. Lektion, II. 1. Schwebende Unwirksamkeit.

[145] Siehe die Legaldefinition in § 184 BGB.

Die Lage ist für den Vertragspartner des Minderjährigen misslich. Er weiß ja nicht, ob die Genehmigung noch erfolgt und er an den Vertrag gebunden ist. Er kann daher den gesetzlichen Vertreter des Minderjährigen zur Erklärung über die Genehmigung auffordern. Der gesetzliche Vertreter muss innerhalb von zwei Wochen antworten, sonst gilt die Genehmigung als verweigert, § 108 II BGB. Bis zur Genehmigung kann der Vertragspartner seinerseits den Vertrag gegenüber dem Minderjährigen oder dem gesetzlichen Vertreter widerrufen, § 109 I BGB. Einzelheiten stehen in § 109 II BGB.

3. Einseitige Rechtsgeschäfte

Besonders auf Klarheit angewiesen ist der Geschäftspartner bei einseitigen Rechtsgeschäften, wie z. B. einer Kündigung durch einen Minderjährigen. Hier muss der Geschäftspartner möglichst schnell wissen, ob das einseitige Rechtsgeschäft, z. B. die Kündigung, wirksam ist. § 111 BGB trägt dem Rechnung und bestimmt, dass einseitige Rechtsgeschäfte, die ein Minderjähriger ohne die Einwilligung des gesetzlichen Vertreters vornimmt, unwirksam sind. Selbst wenn die Einwilligung gegeben ist, ist das einseitige Rechtsgeschäft unwirksam, wenn der Minderjährige die Einwilligung nicht in schriftlicher Form vorlegt und der andere das Rechtsgeschäft deshalb zurückweist.

Wenn der gesetzliche Vertreter den Geschäftspartner über die Einwilligung informiert hat, kann dieser sicher sein, dass das Geschäft trotz der Minderjährigkeit wirksam ist. Er kann es dann nicht zurückweisen, § 111 S. 3 BGB.

4. Rechtlicher Vorteil

Gemäß § 107 BGB sind die Willenserklärungen des Minderjährigen wirksam, durch die er ausschließlich einen rechtlichen Vorteil erlangt. Es kommt hier allein auf die **rechtlichen** Folgen des Geschäfts an; ein wirtschaftlicher Vorteil zählt nicht.

Beispiel: Der 12jährige M bekommt von V ein Fahrrad im Wert von 400 € zum Preis von 100 € angeboten. M nutzt die günstige Gelegenheit und schließt mit V einen Kaufvertrag über das Fahrrad zum Preis von 100 €. Zu Hause angekommen, berichtet er seinen Eltern stolz von dem Kauf. Die Eltern reagieren aber barsch. Sie verlangen von V das Geld zurück. V möchte darauf das Fahrrad wieder haben. Zu Recht?

Zur Lösung dieses Falles ist die Beherrschung des Trennungs- und Abstraktionsprinzips[146] eine unerlässliche Voraussetzung. Es müssen der schuldrechtliche Kaufvertrag und die beiden dinglichen Übereignungen unterschieden werden.

Der schuldrechtliche Kaufvertrag, § 433 BGB, zwischen V und M begründet sowohl für V als auch für M Verpflichtungen: V ist verpflichtet, das Fahrrad zu übereignen, § 433 I BGB. Insoweit gewinnt

---

[146] Zum Trennungs- und Abstraktionsprinzip siehe oben die 7. Lektion: Trennungs- und Abstraktionsprinzip.

M einen Anspruch gegen V. Das ist ein rechtlicher Vorteil für M. M ist aber seinerseits verpflichtet, den Kaufpreis zu zahlen, § 433 II BGB. Diese Verpflichtung zur Zahlung des Kaufpreises ist unabhängig von der Höhe des Kaufpreises als Verpflichtung rechtlich nachteilig. Der Kaufvertrag ist daher nicht ausschließlich rechtlich vorteilhaft. Er ist nicht gemäß § 107 BGB wirksam, sondern gemäß § 108 I BGB schwebend und mit Ablehnung durch die Eltern endgültig unwirksam.

Die Übereignung des Geldes an V ist ein abstraktes Verfügungsgeschäft gemäß § 929 BGB. Durch dieses Geschäft verliert M das Eigentum am Geld. Es ist daher rechtlich nicht vorteilhaft. Die Übereignung ist gemäß § 108 I BGB schwebend unwirksam. V wird nicht Eigentümer des Geldes; er erhält lediglich den Besitz (§ 854 BGB) des Geldes. M, vertreten durch seine Eltern, kann daher als Eigentümer gemäß § 985 BGB von dem Besitzer V das Geld heraus verlangen.

Die Übereignung des Fahrrads von V an M ist ebenfalls ein abstraktes Verfügungsgeschäft gemäß § 929 BGB. Dieses Geschäft ist für M rechtlich ausschließlich vorteilhaft. Er erhält das Recht Eigentum am Fahrrad. Die Übereignung des Fahrrads ist daher gemäß § 107 BGB wirksam. M ist Eigentümer des Fahrrads. Er hat das Eigentum am Fahrrad aber rechtsgrundlos erlangt. Der Rechtsgrund der Übereignung, der schuldrechtliche Kaufvertrag, ist ja unwirksam. V kann daher gemäß § 812 BGB von M die Rückübereignung des Fahrrads verlangen[147]. M muss aber nur das zurückübereignen, um das er noch bereichert ist, § 818 III BGB. Ist das Fahrrad mittlerweile verrostet, hat V nur einen Anspruch auf Rückübereignung des verrosteten Fahrrads. Schadensersatz bekommt er nicht.

Ein ausschließlich rechtlich vorteilhafter schuldrechtlicher Vertrag ist nur die Schenkung, §§ 516/518 BGB. Mit der Schenkung nur mittelbar zusammenhängende Nachteile sind nicht entscheidend.

Beispiel: Onkel O schenkt und übereignet dem 10jährigen M ein Grundstück. Nimmt M die Schenkung an, ist sie auch ohne Zustimmung der Eltern des M wirksam, da sie für M rechtlich ausschließlich vorteilhaft ist. Zwar begründet das Eigentum an einem Grundstück gegebenenfalls Verpflichtungen zur Zahlung von Steuern und Anliegerbeiträgen; für die Anwendung des § 107 BGB kommt es darauf aber nicht an.

III. Empfangszuständigkeit

Die Verpflichtungen aus dem Schuldverhältnis und damit das Schuldverhältnis erlöschen, wenn die geschuldeten Leistungen an den jeweiligen Gläubiger bewirkt werden, § 362 I BGB. Wie dieser eigentlich selbstverständliche Satz im Einzelnen zu begründen ist, ist streitig[148]. Einigkeit herrscht aber insoweit, als gegenüber Geschäftsunfähigen und beschränkt Geschäftsfähigen selbst nicht erfüllt werden kann. Nach herrschender Meinung[149] fehlt ihnen die Empfangszuständigkeit.

Beispiel: S schuldet dem 12jährigen M aus irgendeinem Grund Schadensersatz in Höhe von 100 €. Als S den M trifft, gibt er ihm das Geld. M verjubelt die 100 €. Die Eltern verlangen von S erneut Zahlung der 100 €.

Die Eltern haben recht. S muss noch einmal zahlen. M fehlt die Empfangszuständigkeit. Die Verpflichtung des S zur Zahlung des Schadensersatzes ist daher mit der Zahlung an M nicht gemäß § 362 I BGB erloschen.

---

147 Zu den §§ 812 ff. BGB siehe unten die 25. Lektion: Bereicherungsausgleich.

148 Einen Überblick bietet Palandt/Heinrichs, BGB, § 362, Rn. 5 m. w. N.

149 Vgl. Larenz, Lehrbuch des Schuldrechts. Erster Band. Allgemeiner Teil, 14. Auflage 1987, § 18 I, S. 240; Palandt/Heinrichts, BGB, § 362, Rn. 3.

Nur der gesetzliche Vertreter ist empfangszuständig. Wird die Leistung dennoch an den Geschäftsunfähigen oder beschränkt Geschäftsfähigen erbracht, erlischt das Schuldverhältnis erst, wenn der Leistungsgegenstand an den gesetzlichen Vertreter gelangt oder wenn dieser den Empfang genehmigt.

IV. Wiederholungsfragen

Schauen Sie bitte erst dann auf Seite 242 in die Lösung, wenn Sie die Fragen selbst beantwortet haben.

1. Unterscheiden Sie Rechtsfähigkeit und Geschäftsfähigkeit!
2. Unterscheiden Sie Geschäftsfähigkeit, Geschäftsunfähigkeit und beschränkte Geschäftsfähigkeit!
3. Aus welchem Grund sind nicht alle Menschen voll geschäftsfähig?
4. Wer ist geschäftsunfähig?
5. Wer ist beschränkt geschäftsfähig?
6. Unter welcher Voraussetzung ist oder wird ein mehrseitiges Rechtsgeschäft eines Minderjährigen wirksam?
7. Was kann der Vertragspartner eines Minderjährigen unternehmen, um Klarheit über die Wirksamkeit des Vertrages zu erhalten?
8. Unter welcher Voraussetzung kann ein einseitiges Rechtsgeschäfts eines Minderjährigen zurückgewiesen werden?
9. Welcher schuldrechtliche Vertrag ist typischerweise ausschließlich rechtlich vorteilhaft?
10. Was versteht man unter Empfangszuständigkeit?

14. Lektion
Stellvertretung

Nicht immer kann oder will man selbst das Rechtsgeschäft mit dem Geschäftspartner abschließen. Nicht nur wenn die Geschäftsfähigkeit fehlt oder eingeschränkt ist, sondern auch aus organisatorischen Gründen kann es in der heutigen arbeitsteiligen Wirtschaft notwendig sein, dass jemand anderes für einen Geschäfte abschließt. Das Gesetz lässt daher die Stellvertretung zu.

Gemäß § 164 I BGB wirkt eine Willenserklärung, die jemand innerhalb der ihm zustehenden Vertretungsmacht im Namen des Vertretenen abgibt, unmittelbar für und gegen den Vertretenen. § 164 I BGB nennt damit drei Voraussetzungen einer wirksamen Vertretung: Erstens muss der Vertreter eine **eigene Willenserklärung** abgeben. Zweitens muss er im Rahmen der ihm zustehenden **Vertretungsmacht** handeln. Und drittens muss er **im Namen des Vertretenen** auftreten. Liegen diese drei Voraussetzungen vor, wird der durch den Vertreter geschlossene Vertrag unmittelbar zwischen dem Vertretenen und dem Dritten wirksam.

I. Bote

Das erste Tatbestandmerkmal ist wichtig, um den Vertreter vom Boten zu unterscheiden. Der Vertreter gibt eine **eigene Willenserklärung** ab, der Bote überträgt eine **fremde Willenserklärung**. Der Bote könnte auch durch ein Tonband oder einen Brief ersetzt werden.

Beispiel: A trägt dem B auf, bei H einen bestimmten Hut zum Preis von 100 € zu kaufen.

Der Vertreter hingegen hat im Rahmen der Vertretungsmacht einen eigenen Entscheidungsspielraum.

Beispiel: A bittet den B, für ihn einen Hut zu kaufen. Er nennt ihm die Maße, im Übrigen bleibt es aber B überlassen, wo und welchen Hut er kauft.

Der Vertrag kommt zwar immer zwischen dem Botenabsender oder dem Vertretenen und dem Dritten zustande; die Unterscheidung zwischen Bote und Vertreter ist aber z. B. bei der Frage nach der Geschäftsfähigkeit wichtig. Der Bote muss nicht geschäftsfähig sein, da er ja keine eigene Willenserklärung abgibt. Der Vertreter hingegen muss mindestens beschränkt geschäftsfähig sein, § 165 BGB.

II. Grundverhältnis

Wenn der Vertreter eine eigene Willenserklärung abgibt und Vertretungsmacht hat, **kann** er im Namen des Vertretenen Rechtsgeschäfte tätigen. Er **muss** es aber nicht. Die Frage, ob der Vertreter verpflichtet ist, für den Vertretenen tätig zu werden, richtet sich nicht nach dem Vertretungsrecht, sondern nach dem davon zu unterscheidenden Rechtsverhältnis zwischen Vertretenem und Vertreter, dem **Grundverhältnis**. Im Grundverhältnis kann z. B. ein Arbeitsvertrag (Geschäftsbesorgungs-Dienstvertrag), §§ 611, 675 BGB, oder ein Auftrag, § 662 BGB, bestehen[150].

Beispiel: B ist bei A als Gärtner eingestellt. A weist B an, den Garten neu zu bepflanzen und bevollmächtigt ihn, dafür die notwendigen Blumen und Sträucher einzukaufen.

Hier ist B aufgrund des Arbeitsvertrages mit A **verpflichtet**, die Blumen und Sträucher zu kaufen. Aufgrund der Bevollmächtigung **kann** er die entsprechenden Kaufverträge im Namen des A schließen, so dass nicht er, sondern unmittelbar A aus den Kaufverträgen zur Zahlung des Kaufpreises verpflichtet wird.

Da das **Grundverhältnis**, aufgrund dessen der Vertreter zum Handeln verpflichtet ist, nur zwischen dem Vertretenen und dem Vertreter wirkt, wird es auch als **Innenverhältnis** bezeichnet. Die Vertretungsmacht dagegen hat Wirkungen auch nach außen für den Dritten. Allein von der Vertretungsmacht hängt es ab, ob die Willenserklärung des Vertreters einen Vertrag zwischen dem außenstehenden Dritten und dem Vertretenen begründet. Die Vertretungsmacht ist abstrakt.

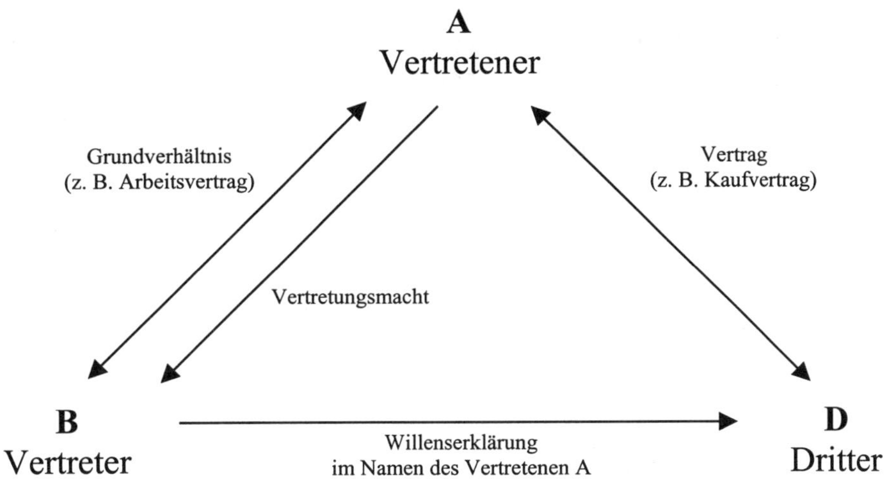

Im Grundverhältnis kann auch ein Gefälligkeitsverhältnis bestehen[151]. Der Vertretene hat dann keinen Anspruch darauf, dass der Vertreter tatsächlich für ihn tätig wird. Dennoch kann der Vertreter für den Vertretenen Verträge schließen, wenn er Vertretungsmacht hat. Überhaupt können Grundverhältnis und Vertretungsmacht von einander unabhängig bestehen.

---

150 Zu den einzelnen Vertragstypen siehe unten die 24. Lektion: Schuldrechtliche Verträge über Tätigkeiten.

151 Zum Gefälligkeitsverhältnis siehe oben die 6. Lektion, II. Gefälligkeitsverhältnisse.

Beispiel: Zwischen A und B kann ein Arbeitsvertrag bestehen, ohne dass A den B auch bevollmächtigt. Oder: A kann den B bevollmächtigen, ohne dass zwischen ihnen ein Arbeitsvertrag oder ein anderer Vertrag besteht.

III. Vertretungsmacht

Vertretungsmacht kann der Vertreter entweder aufgrund eines Gesetzes oder aufgrund eines Rechtsgeschäfts haben.

1. Gesetzliche Vertretungsmacht

Gesetzliche Vertretungsmacht haben z. B. der Vorstand eines Vereins für den Verein, § 26 II BGB, oder der einer AG für die AG[152]; die Geschäftsführer für die GmbH[153]; die Eltern für ihre Kinder, §§ 1626, 1629 BGB; die Ehegatten als sogenannte Schlüsselgewalt gemäß § 1357 I BGB für den anderen Ehegatten usw. Diese gesetzliche Vertretungsmacht besteht allein aufgrund der Stellung des Vertreters. Sie muss nicht besonders erteilt werden.

2. Vollmacht

Die **rechtsgeschäftliche** Vertretungsmacht muss von dem Vertretenen erteilt werden. Sie wird als **Vollmacht** bezeichnet[154]. Eine bestimmte Form der Vollmacht ist grundsätzlich[155] nicht vorgeschrieben, § 167 II BGB. Man nennt die Erteilung der Vollmacht Bevollmächtigung. Die Bevollmächtigung ist eine einseitige, empfangsbedürftige Willenserklärung.

a) Widerruf und Erlöschen

Die Vollmacht kann unabhängig vom Fortbestand des Grundverhältnisses jederzeit widerrufen werden, § 168 S. 2 BGB. Der **Widerruf** muss in der Art erfolgen, in der die Vollmacht erteilt wurde, §§ 168 S. 1, 171 II BGB. Die Vollmacht kann als **Innenvollmacht** gegenüber dem Vertreter, § 167 I 1. Alt. BGB, als **Außenvollmacht** gegenüber dem Dritten, § 167 I 2. Alt. BGB oder durch **Bekanntmachung an die Öffentlichkeit**, vgl. § 171 BGB, etwa durch eine Zeitungsanzeige, erklärt werden. Die Innenvollmacht darf nicht mit dem bisweilen

---

152 § 78 AktG.

153 § 35 GmbHG.

154 Legaldefinition in § 166 II BGB.

155 Die formlose Bevollmächtigung darf aber nicht zur Umgehung von Formvorschriften führen. Das wäre z. B. bei einer als **unwiderruflich** vereinbarten Bevollmächtigung zum Grundstücksverkauf (§ 311b BGB) oder zum Abschluss eines Bürgschaftsvertrages (§ 766 BGB) der Fall. Es gibt auch besondere Vorschriften, die eine Form für die Bevollmächtigung vorschreiben, vgl. z. B. §§ 1945 III BGB, 134 III AktG, 2 II GmbHG.

als Innenverhältnis bezeichneten Grundverhältnis verwechselt werden. Die Vollmacht, auch die Innenvollmacht, wirkt immer im Außenverhältnis. Sie beruht auf einem eigenen Rechtsgeschäft. Nur weil die für dieses Rechtsgeschäft notwendige Willenserklärung von dem Vertretenen dem Vertreter und nicht nach außen dem Dritten oder der Öffentlichkeit erklärt wird, heißt sie Innenvollmacht.

Beispiel: A weist den B an, für ihn Blumen und Sträucher zu kaufen. Bevor B einkaufen kann, ruft A den B an und teilt ihm mit, dass er es sich anderes überlegt habe. B solle für ihn keine Pflanzen kaufen.

Hier hat A dem B eine Innenvollmacht erteilt. Er kann daher in einem Telefongespräch mit B die Vollmacht wiederrufen. B kann nun A nicht mehr wirksam vertreten.

Die Vollmacht kann auch befristet werden oder es können mit der Bevollmächtigung andere Vereinbarungen getroffen werden, nach denen die Vollmacht erlischt. Ist im Rahmen der Bevollmächtigung nicht bestimmt, wann die Vollmacht endet, greift § 168 S. 1 BGB ein. Danach erlischt die Vollmacht, wenn das der Bevollmächtigung zugrundeliegende Rechtsverhältnis (Grundverhältnis), also z. B. der Arbeitsvertrag, erlischt. § 168 S. 1 BGB verbindet in diesem Fall die Vollmacht mit dem Grundverhältnis.

Beispiel: Wenn B den Arbeitsvertrag mit A kündigt, wird nicht nur der Arbeitsvertrag beendet. Es erlischt auch die Vollmacht des B, den A wirksam zu vertreten.

b) Umfang

Den **Umfang der Vollmacht** bestimmt der Bevollmächtigende. Er kann den Vertreter zu einem bestimmten Geschäft bevollmächtigen. Man nennt diese Vollmacht **Einzel-** oder **Spezialvollmacht**. Möglich ist auch eine Bevollmächtigung für mehrere Geschäfte einer bestimmten Art. Diese Vollmacht heißt **Gattungs-** oder **Artvollmacht**.

Beispiel: A bittet B, für ihn ein Auto zu kaufen und das Auto regelmäßig aufzutanken.

Der Autokauf im Namen des A ist nur ein bestimmtes Geschäft. Es handelt sich um eine Spezialvollmacht. Das Tanken dagegen muss häufiger geschehen. Die entsprechenden Kaufverträge müssen entsprechend oft neu und gegebenenfalls mit verschiedenen Tankstelleninhabern (Vertragspartnern) geschlossen werden. B darf im Namen des A aber nur tanken und keine anderen Geschäfte schließen. Er hat Artvollmacht.

Schließlich kann der Vertreter auch zu allen Geschäften bevollmächtigt sein, die in Vertretung möglich sind. Er hat dann **Generalvollmacht**.

c) Handelsrechtliche Vollmachten

Während die Spezial-, Art- und Generalvollmacht von jedermann grundsätzlich formfrei erklärt werden kann, können die **handelsrechtlichen Vollmachten** nur von Kaufleuten erteilt werden.

Die bekannteste handelsrechtliche Vollmacht ist die **Prokura**. Die Prokura kann nur von dem Inhaber eines Handelsgeschäfts oder seinem gesetzlichen Vertreter erteilt werden, § 48 I HGB. Inhaber eines Handelsgeschäfts sind Kaufleute, § 1 I HGB[156]. Zu beachten ist, dass das Erteilen und Erlöschen der Prokura in das **Handelsregister eingetragen** werden muss, § 53 HGB. Die Eintragung ist allerdings nur deklaratorisch (klarstellend). Das heißt, auch wenn die Prokura nicht eingetragen wird, ist sie wirksam erteilt. Der Kaufmann muss dann aber mit Zwangsgeld rechnen, § 14 HGB. Außerdem kann er einem Dritten nicht entgegenhalten, dass die Prokura erteilt oder wieder erloschen ist, § 15 I HGB.

Beispiel: Kaufmann K widerruft die Prokura seines Angestellten P. Das Erlöschen der Prokura wird nicht eingetragen. Dennoch schließt P im Namen des K mit D einen Vertrag, in dem K zur Zahlung von 10.000 € verpflichtet wird. D verlangt von K 10.000 €.

Der Anspruch des D gegenüber K ist nur dann begründet, wenn zwischen D und K ein Vertrag zustande gekommen ist, der K wirksam zur Zahlung von 10.000 € verpflichtet. Der Vertrag ist nur dann wirksam, wenn P den K wirksam vertreten hat. Eine Voraussetzung für eine wirksame Vertretung ist die Vertretungsmacht, § 164 I 1 BGB.

K hatte die Prokura des D widerrufen. D hatte daher keine Vertretungsmacht mehr. Das Erlöschen der Prokura wurde aber nicht in das Handelsregister eingetragen, obwohl es eintragungspflichtig war, § 53 III HGB. Wird eine eintragungspflichtige Tatsache nicht eingetragen, kann sie dem Dritten nicht entgegengesetzt werden, § 15 I HGB. K kann daher dem D nicht entgegenhalten, er sei aus dem Vertrag nicht zur Zahlung von 10.000 € verpflichtet, weil P mangels Vertretungsmacht ihn nicht habe wirksam vertreten können. K wird so behandelt, als sei er aus einem mit D geschlossenen Vertrag wirksam verpflichtet. Er muss 10.000 € an D zahlen.

Der **Umfang der Prokura** ist gesetzlich festgelegt. Gemäß § 49 I HGB bevollmächtigt sie zu allen Arten von Geschäften, die der **Betrieb eines Handelsgewerbes** mit sich bringt.

Beispiel: Der Prokurist eines Autohandels ist mit der Prokura bevollmächtigt, den Betrieb auf einen Gemüsehandel umzustellen und mit Dritten entsprechende Lieferverträge im Namen des Kaufmanns abzuschließen.

Der Prokurist kann aber ohne besondere Bevollmächtigung keine Grundstücke veräußern oder belasten, § 49 II HGB. Grundstücksgeschäfte sind besonders gefährlich, da Grundstücke nur in begrenzter Zahl vorhanden sind und nicht einfach nachgekauft werden können. Auch Privatgeschäfte des Kaufmanns darf der Prokurist nicht tätigen, da er ja nur zu Geschäften, die der Betrieb eines Handelsgewerbes mit sich bringt, bevollmächtigt ist.

---

156 Zu Kaufmann und Handelsgewerbe siehe oben die 4. Lektion, IV. 2. Handelsrecht.

Eine andere handelsrechtliche Vollmacht ist die **Handlungsvollmacht**, § 54 HGB. Die Handlungsvollmacht kann von Kaufleuten erteilt werden. Sie muss nicht in das Handelsregister eingetragen werden. Sie bevollmächtigt zu allen Geschäften, die der **Betrieb eines derartigen Handelsgewerbes gewöhnlich** mit sich bringt. Erfasst sind also nur branchenübliche Geschäfte.

Beispiel: Kaufmann K betreibt einen Autohandel. Möchte sein Handlungsbevollmächtigter den Betrieb auf einen Gemüsehandel umstellen und schließt einen Vertrag über die Lieferung von 100 Kisten Salat, wird K daraus nicht verpflichtet. Der Handlungsbevollmächtigte kann nur alle gewöhnlichen Geschäfte im Zusammenhang mit dem Autohandel im Namen des K wirksam schließen.

3. Duldungsvollmacht und Anscheinsvollmacht

Im Gesetz nicht geregelt sind die Fälle, in denen der Vertretene den Vertreter nicht bevollmächtigen wollte und auch nicht bevollmächtigt hat, es für den Dritten aber so aussieht, als sei der Vertreter vom Vertretenen bevollmächtigt. Wenn der Dritte auf diesen Rechtsschein vertraut und mit dem Vertreter Geschäfte mit dem vermeintlich Vertretenen abschließt, stellt sich die Frage, ob diese Geschäfte gegenüber dem Vertretenen wirksam sind.

Beispiel: B ist bei A angestellt. Obwohl er von A nicht bevollmächtigt ist und A ihn auch nicht bevollmächtigen wollte, schickt er an die Kunden Angebote unter dem Briefkopf des A und schließt entsprechende Lieferverträge im Namen des A. Es fragt sich nun, ob A aus diesen Lieferverträgen verpflichtet ist.

Die Rechtsprechung und die Lehre machen die Antwort von dem Kenntnisstand und dem Verhalten des Vertretenen abhängig. **Weiß** der Vertretene, dass ein anderer für ihn als Vertreter auftritt und duldet es, obwohl ein Dritter annehmen muss, der Vertreter sei bevollmächtigt, liegt eine sogenannte **Duldungsvollmacht** vor.

Beispiel: A weiß, dass B, obwohl er nicht dazu bevollmächtigt ist, Angebote unter seinem (des A) Briefkopf verschickt und entsprechende Lieferverträge in seinem (des A) Namen schließt. A duldet es aber.

Eine **Anscheinsvollmacht** liegt vor, wenn der Vertretene nicht weiß, dass der andere als Vertreter für ihn auftritt, er es aber hätte **erkennen und verhindern können**.

Beispiel: A kümmert sich nicht um seinen Betrieb. Er weiß daher nicht, dass der bei ihm angestellte B ohne dazu bevollmächtigt zu sein, Angebote unter seinem (des A) Briefkopf verschickt und entsprechende Lieferverträge in seinem (des A) Namen schließt. A hätte das aber leicht merken und unterbinden können, wenn er sich mehr um die Tätigkeit seiner Angestellten gekümmert hätte.

In beiden Fällen, dem der Duldungsvollmacht und dem der Anscheinsvollmacht, wird der Vertretene nach herrschender Meinung so behandelt, als habe er willentlich Vollmacht erteilt (str.[157]). Die durch den scheinbaren Vertreter geschlossenen Verträge verpflichten den Vertretenen.

IV. Offenkundigkeitsgrundsatz

Neben der eigenen Willenserklärung und der Vertretungsmacht des Vertreters ist das Auftreten **im Namen des Vertretenen** die dritte Voraussetzung für eine wirksame Stellvertretung. Letzteres nennt man Offenkundigkeitsgrundsatz. Es muss offenkundig sein, dass der Vertreter nicht für sich, sondern für den Vertretenen handeln will. Der Vertreter muss das nicht immer ausdrücklich sagen. Es reicht, wenn es die Umstände zeigen, § 164 I 2 BGB.

1. "Geschäft für den, den es angeht"

Eine Ausnahme gilt für Geschäfte, bei denen es für den Vertragspartner gleichgültig ist, mit wem er das Geschäft schließt. Bei Geschäften des täglichen Lebens, die sofort in bar bezahlt werden, ist das anzunehmen. Hier muss der Vertreter nicht deutlich machen, dass er für den Vertretenen auftritt. Der Vertrag kommt dennoch mit der Person zustande, die es angeht. Man spricht von einem "Geschäft für den, den es angeht".

Beispiel: B geht für die gehbehinderte Nachbarin A Lebensmittel einkaufen. Hier muss B dem Verkäufer D nicht ausdrücklich erklären, dass er für A einkauft. Wenn B sofort in bar zahlt, ist es dem Verkäufer D egal, ob B für sich oder für A die Lebensmittel kauft. Der Kaufvertrag kommt dennoch gemäß §§ 164, 433 BGB unmittelbar zwischen A und D zustande.

2. Unter fremdem Namen

Etwas schwieriger ist die Rechtslage, wenn der Handelnde das Geschäft nicht offen als Vertreter **im fremden Namen** eines Vertretenen, sondern **unter fremdem Namen** für sich selbst abschließt. Hierbei kann es sich entweder um eine Namenstäuschung oder um eine Identitätstäuschung handeln.

Eine **Namenstäuschung** ist gegeben, wenn der Name nicht eine falsche Vorstellung über die Identität des Handelnden hervorruft und der Vertragspartner mit dem Handelnden abschließen will. Es ist dann kein Fall der Stellvertretung gegeben.

Beispiel: Herr Müller reist inkognito. Er mietet daher unter dem Namen Schulz ein Hotelzimmer. Er möchte selbst das Zimmer und den Service in Anspruch nehmen und die Rechnung bezahlen. Dem Hotelier ist es egal, ob ein Herr Müller oder ein Herr Schulz das Zimmer mietet. Der Vertrag ist

---

[157] BGHZ 86, 275; streitig! Siehe die Nachweise bei Dieter Medicus, Bürgerliches Recht, 18. Auflage 1999, Rn. 100 f., wonach die Anscheinsvollmacht nur eine Vertrauenshaftung begründet.

zwischen dem Hotelier und Herrn Müller, wenn auch unter der falschen Bezeichnung Schulz, wirksam.

Eine **Identitätstäuschung** ist gegeben, wenn der fremde Name auf eine bestimmte andere Person hinweist und der Vertragspartner annehmen durfte, der Vertrag komme mit dieser anderen Person zustande.

Beispiel: D möchte sein geliebtes Reitpferd an den als fürsorglich und zuverlässig bekannten A preisgünstig verkaufen. B, bekannt wegen seiner rauen Trainingsmethoden, möchte das Pferd selbst erwerben. Er tritt als A auf und schließt mit D einen Kaufvertrag über das Pferd.

Obwohl der Handelnde hier nicht für den wahren Namensträger als Vertreter auftritt, sondern für sich selbst, wird er wie ein Vertreter ohne Vertretungsmacht behandelt[158].

V. Vertreter ohne Vertretungsmacht

Tritt jemand als Vertreter im Namen eines Vertretenen auf, obwohl er keine Vertretungsmacht hat, liegt keine wirksame Stellvertretung vor. Der angeblich Vertretene weiß vielleicht gar nicht, dass und welche Geschäfte in seinem Namen geschlossen werden. Andererseits kann es sein, dass der angeblich Vertretene das Geschäft ganz gerne geschlossen hätte, es aber leider an einer Gelegenheit zur Bevollmächtigung des Vertreters fehlte.

Beispiel: B findet bei dem Händler D eine wertvolle Briefmarke, von der er weiß, dass sein Freund A sie schon lange erwerben will. A ist aber leider im Urlaub nicht zu erreichen. B kauft dennoch im Namen des A die Briefmarke von D.

Diesen Fall regelt § 177 I BGB. Die Wirksamkeit des von einem Vertreter ohne Vertretungsmacht geschlossenen Vertrages hängt von der **Genehmigung** durch den Vertretenen ab. Genehmigt der Vertretene den Vertrag, wird er wirksam. Verweigert er die Genehmigung, wird der Vertrag endgültig unwirksam.

Solange der angeblich Vertretene nicht genehmigt hat, ist die Lage für den Dritten misslich[159]. Er weiß ja nicht, ob die Genehmigung noch erfolgt und er an den Vertrag gebunden ist. Er kann daher den angeblich Vertretenen zur Erklärung über die Genehmigung auffordern, § 177 II BGB. Der angeblich Vertretene muss innerhalb von zwei Wochen antworten, sonst gilt die Genehmigung als verweigert, § 177 II 2 BGB. Bis zur Genehmigung kann der Dritte seinerseits den Vertrag widerrufen, § 178 BGB. Einzelheiten stehen in den §§ 177, 178 BGB.

---

158 Außerdem kommt für den Handelnden eine Strafbarkeit wegen Betruges, § 263 StGB, in Betracht.

159 Vgl. die Situation des Geschäftspartners eines beschränkt Geschäftsfähigen in der 13. Lektion, II. 2. Genehmigung.

Kann der Vertreter keine Vertretungsmacht nachweisen und wird der Vertrag vom angeblich Vertretenen nicht genehmigt, hat der Dritte die Rechte aus § 179 BGB. Nach § 179 I BGB kann der Dritte nach seiner Wahl von dem Vertreter die Erfüllung des Vertrages oder Schadensersatz verlangen.

Beispiel: A genehmigt nicht den ohne Vertretungsmacht in seinem Namen geschlossenen Kaufvertrag des B über eine Briefmarke zum Preis von 2.000 €. Der Dritte kann dann von B entweder Abnahme der Briefmarke gegen Zahlung von 2.000 € oder Schadensersatz in Höhe des Gewinns, den er aus dem Geschäft gezogen hätte, verlangen.

Hat der Vertreter den Mangel der Vertretungsmacht nicht gekannt, muss er nur den Vertrauensschaden[160] ersetzen, § 179 II BGB.

VI. Insichgeschäft

Es sind Fälle möglich, in denen der Vertreter ein Geschäft für den Vertretenen mit sich selbst abschließen möchte. Der Vertreter ist gleichzeitig der Dritte. Es besteht dann ein Interessenkonflikt. Einerseits muss der Vertreter das Günstigste für den Vertretenen herausholen; andererseits hat er ein eigenes Interesse daran, das Geschäft für sich selbst günstig zu gestalten.

Beispiel: B ist Geschäftsführer und damit Vertreter der A-GmbH, § 35 I GmbHG. Es soll ein Firmenwagen verkauft werden, den B gerne selbst erwerben möchte. Könnte hier B mit sich als Vertreter der A-GmbH einen Kaufvertrag schließen, bestünde die Gefahr, dass der Preis nicht im Sinne der A-GmbH angemessen ist.

Die gleiche Gefahr besteht, wenn jemand für zwei verschiedene Parteien Vertreter ist, die durch ihn vertreten miteinander einen Vertrag schließen wollen.

Beispiel: B ist Geschäftsführer der A-GmbH und der D-GmbH. Die D-GmbH möchte von der A-GmbH den Firmenwagen kaufen. Könnte hier B als Vertreter der A-GmbH und der D-GmbH den Kaufvertrag schließen, wäre sehr fraglich, ob der Preis für die A-GmbH und die D-GmbH gleichermaßen angemessen wäre.

In beiden Fällen spricht man von einem Insichgeschäft oder Selbstkontrahieren. Der Vertreter muss ja das Geschäft nicht mit jemand anderem, sondern mit sich selbst, also in sich selbst, abschließen. Gemäß § 181 BGB kann der Vertreter grundsätzlich **keine** Insichgeschäfte schließen.

Es gibt aber zwei **Ausnahmen**: Erstens ist es möglich, dass der Vertretene dem Vertreter dennoch **ausdrücklich** das Insichgeschäft gestattet.

Beispiel: Die Gesellschafter ändern die Satzung der A-GmbH dahin, dass der Geschäftsführer B vom Verbot des Selbstkontrahierens befreit wird.

---

[160] Zum Vertrauensschaden siehe oben die 10. Lektion, VI. 1. Vertrauensschaden.

Zweitens gilt eine Ausnahme, wenn das Geschäft nur in der **Erfüllung einer Verbindlichkeit** besteht, § 181 a. E. BGB.

Beispiel: Die A-GmbH schuldet dem Geschäftsführer B das Gehalt für den Monat Januar. Hier kann sich B das Geld selbst auszahlen (§ 929 BGB), ohne vom Verbot des § 181 BGB befreit sein zu müssen.

VII. Wiederholungsfragen

Schauen Sie bitte erst dann auf Seite 243 in die Lösung, wenn Sie die Fragen selbst beantwortet haben.

1. Nennen Sie die drei Voraussetzungen einer wirksamen Stellvertretung!
2. Unterscheiden Sie Bote und Vertreter!
3. Ist der Vertreter nach dem Vertretungsrecht verpflichtet, für den Vertretenen tätig zu werden?
4. Wie nennt man die rechtsgeschäftlich erteilte Vertretungsmacht?
5. Unterscheiden Sie die Vollmachten nach ihrem Umfang!
6. Nennen Sie zwei handelsrechtliche Vollmachten!
7. Unterscheiden Sie Generalvollmacht und Prokura!
8. Definieren Sie die Duldungsvollmacht und die Anscheinsvollmacht!
9. Was versteht man unter dem Offenkundigkeitsgrundsatz? Welche Einschränkung des Offenkundigkeitsgrundsatzes ist Ihnen bekannt?
10. Was ist ein Insichgeschäft? Unter welchen Umständen darf ein Vertreter ein Insichgeschäft vornehmen?

15. Lektion
Form und Inhalt der Rechtsgeschäfte

Die Privatautonomie[161] und die Vertragsfreiheit sind nicht grenzenlos. Zum Schutz der an den Rechtsgeschäften Beteiligten und zum Schutz der Allgemeinheit müssen sowohl für die Form als auch für den Inhalt mancher Rechtsgeschäfte Beschränkungen hingenommen werden.

I. Form

Grundsätzlich sind Rechtsgeschäfte formlos wirksam. Sie können mündlich oder stillschweigend (konkludent) geschlossen werden.

Beispiel: K geht in einen Zeitungsladen, nimmt eine Zeitung und legt 5 € auf den Tisch. Der Zeitungshändler H gibt 4 € heraus.

Ohne dass hier ein Wort gesprochen, etwas aufgeschrieben oder unterschrieben wurde, ist hier ein Kaufvertrag gemäß § 433 BGB über die Zeitung zum Preis von 1 €, die Übereignung der Zeitung gemäß § 929 BGB und die Übereignung des Geldes gemäß § 929 BGB wirksam geworden.

Die **Formfreiheit** hat den Vorzug, dass Rechtsgeschäfte schnell und ohne Umstände abgeschlossen werden können. Es gibt aber auch Nachteile. Ein formlos geschlossenes Geschäft lässt sich im Streit nur schwer nachweisen. Vielleicht hat der andere etwas anderes verstanden. Für Dritte sind die Rechtswirkungen nicht zu erkennen und der Einzelne kann durch ein formloses Geschäft schnell übertölpelt werden.

Für manche Geschäfte ist daher gesetzlich eine **besondere Form** vorgeschrieben. Sie dient fast immer dem Schutz vor einer übereilten Bindung (**Warnfunktion**) und dem Beweis (**Beweisfunktion**). In manchen Fällen stellt sie auch sicher, dass die Beteiligten sachkundig belehrt und beraten werden (**Beratungsfunktion**) oder dass eine wirksame behördliche Überwachung stattfindet (**Kontrollfunktion**). Weitere Funktionen sind möglich. So kann auch einfach nur die **Dokumentation** bezweckt sein.

Die wichtigsten Formen sind die Schriftform, die Textform, die öffentliche Beglaubigung und die notarielle Beurkundung.

1. Schriftform

Die **Schriftform** ist z. B. in § 111 BGB für die Einwilligung des gesetzlichen Vertreters, in § 492 BGB für Verbraucherdarlehensverträge, in § 568 BGB für die

[161] Zur Privatautonomie siehe oben die 4. Lektion, I. Privatrecht.

Kündigung von Mietverhältnissen über Wohnraum, in § 623 BGB für die Kündigung von Arbeitsverhältnissen, in § 766 BGB für die Bürgschaftserklärung und in §§ 780, 781 BGB für Schuldversprechen und Schuldanerkenntnis vorgeschrieben. Die Formvorschriften der §§ 766, 780, 781 BGB gelten gemäß § 350 HGB allerdings nicht für Kaufleute. Möglich ist auch, dass die Parteien freiwillig Schriftform vereinbaren, § 127 BGB.

Ist für das Rechtsgeschäft Schriftform vorgeschrieben oder vereinbart, muss eine Urkunde aufgesetzt werden, die unterschrieben werden muss. Bei einem Vertrag müssen beide Parteien unterschreiben, § 126 BGB. Einzelheiten stehen in §§ 126, 127 BGB.

Die Schriftform kann, soweit sich aus dem Gesetz nichts anderes ergibt, gemäß § 126 III BGB durch **elektronische Form ersetzt** werden. Der Aussteller der Erklärung muss dann der Erklärung (z. B. einer E-Mail) seinen Namen hinzufügen und das elektronische Dokument mit einer qualifizierten elektronischen Signatur nach dem Signaturgesetz versehen, § 126a BGB.

Es kann aber nicht immer die Schriftform durch die elektronische Form ersetzt werden; so z. B. nicht bei der Kündigung von Arbeitsverhältnissen, § 623 BGB, der Bürgschaft, § 766 S. 2 BGB, dem Schuldversprechen, § 780 S. 2 BGB, dem Schuldanerkenntnis, § 781 S. 2 BGB. Eine besonders strenge Schriftform, die nicht durch die elektronische Form ersetzt werden kann, ist für das eigenhändige Testament vorgesehen. Das Testament muss von oben bis unten handschriftlich erstellt und unterschrieben werden, § 2247 I BGB. Auch Maschinenschrift reicht nicht.

Insbesondere beim Testament dient die Schriftform zu Beweiszwecken. Sie schützt aber auch vor Übereilung. Denn muss man etwas unterschreiben, überlegt man es sich vielleicht doch noch einmal. Die Tragweite der Erklärung wird einem eher bewusst, als wenn man die Erklärung nur so dahinsagt.

2. Textform

Die Textform ist z. B. in § 312c BGB zur Information des Verbrauchers über den abzuschließenden Fernabsatzvertrag, in §§ 355 ff. BGB für die Information über das Widerrufsrecht bei Verbraucherverträgen, in § 492 BGB für die Information über die Konditionen des Überziehungskredits, in § 560 BGB für die Änderung der Betriebskosten, in § 455 HGB für die Mitteilungspflichten beim Speditionsgeschäft, in § 47 GmbHG für die Vollmacht bei Abstimmungen und in § 3 PflVersG für die Schadensanzeige bei der Pflichtversicherung vorgesehen. Wie diese Aufzählung zeigt, handelt es sich meistens um Informationen, die in

Textform erfolgen müssen. Die Textform kann auch rechtsgeschäftlich vereinbart werden.

Inhaltlich unterscheidet sich die Textform von der Schriftform vor allem in der Unterschrift, die bei der Textform fehlt. Es muss aber die Person des Erklärenden genannt und der Abschluss der Erklärung durch Nachbildung der Namensunterschrift oder anders erkennbar gemacht sein.

Äußerlich kann die Erklärung, muss aber nicht auf Papier stehen. Der große und moderne Vorteil der Textform besteht darin, dass die Erklärung nur irgendwie für den Empfänger dauerhaft in Schriftzeichen vorliegen muss. Es reicht, wenn die Zeichen erst vom Empfänger lesbar gemacht werden. Das kann z. B. durch Ausdruck von einer Website, einer E-Mail, einer Diskette, CD o. ä. geschehen. Umgekehrt reicht es nicht, wenn die Erklärung zwar zugänglich ist, aber nicht in den Machtbereich des Empfängers gelangt. So genügt z. B. ein Aushang an einem schwarzen Brett nicht der Textform.

Die Textform dient vor allem der Dokumentation von rechtlich bedeutsamen Informationen und Mitteilungen.

3. Öffentliche Beglaubigung

Die öffentliche Beglaubigung ist z. B. in § 77 BGB für die Anmeldung des Vereins zum Vereinsregister und in § 12 HGB für die Anmeldungen zur Eintragung ins Handelsregister vorgeschrieben. Zur öffentlichen Beglaubigung muss die Erklärung schriftlich abgefasst werden. Beglaubigt wird allein die Unterschrift, nicht der Erklärungsinhalt[162]. Die öffentliche Beglaubigung dient vor allem der Identitätsprüfung. Es wird so sichergestellt, dass die Erklärung wirklich von demjenigen stammt, in dessen Namen unterschrieben wurde (Kontrollfunktion).

4. Notarielle Beurkundung

Die notarielle Beurkundung ist z. B. in § 311b I BGB für den Kaufvertrag über Grundstück und in § 518 I BGB für das Schenkungsversprechen vorgeschrieben. Zur notariellen Beurkundung findet eine Verhandlung vor dem Notar statt, in der der Notar die Beteiligten berät und über die Tragweite des Geschäfts aufklärt[163]. Die Beteiligten geben dann ihre Willenserklärungen ab. Über die Verhandlung wird eine Urkunde aufgesetzt, die vorgelesen, genehmigt und von den Beteiligten

162 Zum Verfahren siehe §§ 39, 40 BeurkG.

163 §§ 17 ff. BeurkG.

und dem Notar unterschrieben wird[164]. Die notarielle Beurkundung schützt so nicht nur vor Übereilung, sondern stellt auch sicher, dass die Beteiligten sachkundig beraten werden (Beratungsfunktion).

5. Weitere Formvorschriften

Es gibt noch weitere Formvorschriften. Z. B. wird die Ehe vor dem Standesbeamten bei gleichzeitiger persönlicher Anwesenheit geschlossen, § 1310 BGB. Die Einigung gemäß § 925 I 1 BGB über die Eigentumsübertragung an einem Grundstück (Auflassung) muss bei gleichzeitiger Anwesenheit[165] vor einem Notar[166] erklärt werden, § 925 I 2 BGB.

5. Rechtsfolgen bei Formverstoß

Wird die vorgeschriebene oder vereinbarte Form nicht eingehalten, ist das Rechtsgeschäft **nichtig**, § 125 BGB. Für Verbraucherdarlehen bestimmt entsprechendes § 494 BGB. In besonderen Fällen kann die Nichtigkeit aber **geheilt** werden. Ob der Formverstoß geheilt werden kann, folgt aus dem Gesetz. So wird z. B. die nicht schriftliche Bürgschaftserklärung wirksam, wenn der Bürge die Hauptverbindlichkeit erfüllt, § 766 S. 2 BGB. Der nicht notariell beurkundete Grundstückskaufvertrag wird wirksam, wenn die Auflassung und Eintragung in das Grundbuch erfolgt, § 311b I S. 2 BGB. Das mündliche Schenkungsversprechen wird wirksam, wenn die versprochene Leistung erbracht wird, § 518 II BGB. In diesen Fällen ist z. B. der Schutz vor Übereilung durch die vorgeschriebene Form nicht mehr notwendig. Der Schuldner hat ja freiwillig erfüllt. Verschiedene Heilungsmöglichkeiten sieht auch § 494 II BGB für Verbraucherdarlehen vor.

II. Inhalt

Nicht nur wegen ihrer Form, sondern auch wegen ihres Inhalts können Rechtsgeschäfte nichtig sein. Nichtig ist ein Rechtsgeschäft, das gegen ein gesetzliches Verbot verstößt, wenn sich nicht aus dem Gesetz ein anderes ergibt, § 134 BGB. Das Verbotsgesetz muss gerade die Nichtigkeit dennoch

---

164 Einzelheiten siehe §§ 8 ff. BeurkG.

165 Beide Parteien können sich aber vertreten lassen, § 164 BGB. Die Vollmacht hierzu kann gemäß § 167 II BGB zwar formlos erteilt werden; für die Eintragung muss dann gemäß § 29 I 1 GBO aber doch die Vollmacht durch eine öffentlich beglaubigte Urkunde nachgewiesen werden.

166 Möglich ist auch die Auflassung vor einem Gericht im Rahmen eines Vergleichs, § 925 I 3 BGB, oder in einem rechtskräftig bestätigten Insolvenzplan, § 254 InsO.

abgeschlossener Rechtsgeschäfte bezwecken. Ein **Verbotsgesetz** kann jede Rechtsnorm sein[167].

Beispiel: Ein Verbotsgesetz ist § 259 StGB. Danach ist die Hehlerei, wozu der Kauf oder Verkauf gestohlener Sachen gehört, unter Strafe gestellt und damit verboten. Hehlereigeschäfte sind daher gemäß § 134 BGB nichtig.

Das Verbot muss in dem Gesetz nicht ausdrücklich ausgesprochen sein. Es reicht, wenn es sich nach Auslegung aus dem Gesetz ergibt. Die Auslegung kann im Einzelfall sehr schwierig sein. Es kommt darauf an, ob das Gesetz die **Nichtigkeit des Rechtsgeschäfts bezweckt** oder ob es nur die äußeren Umstände des Rechtsgeschäfts betrifft[168].

Beispiel: Art. 32 I ScheckG lässt den Widerruf eines Schecks erst nach Ablauf der Vorlegungsfrist zu. Damit wird aber nur klargestellt, dass die im Scheck enthaltene Anweisung an die bezogene Bank zur Zahlung des Scheckbetrages und die Haftung des Scheckausstellers wirksam bleibt, auch wenn der Scheck vor Ablauf der Vorlegungsfrist widerrufen wird. Art. 32 I ScheckG bezweckt dagegen nicht, dass ein Rechtsgeschäft, durch das sich die bezogene Bank dennoch verpflichtet, den Widerruf zu beachten, gemäß § 134 BGB nichtig ist.[169]

Bezweckt das Verbotsgesetz die Nichtigkeit des Rechtsgeschäfts, muss weiter durch Auslegung ermittelt werden, ob nur das Verpflichtungsgeschäft oder auch die Erfüllungsgeschäfte gemäß § 134 BGB nichtig sind. In der Regel ist zwar nur das Verpflichtungsgeschäft nichtig. Aus dem Zweck des Verbotsgesetzes kann sich aber auch die Nichtigkeit des Erfüllungsgeschäfts ergeben.

Beispiel: Beim verbotenen Rauschgifthandel, § 29 I Nr. 1 BtMG, ist nicht nur der schuldrechtliche Kaufvertrag (§ 433 BGB), sondern auch die Übereignung des Rauschgifts und des Geldes (je § 929 BGB) gemäß § 134 BGB nichtig. Weder der Käufer noch der Verkäufer sollen die Möglichkeit haben, durch den Rauschgifthandel Eigentum am Rauschgift oder am Geld zu erlangen.

III. Verstoß gegen die guten Sitten

Ein Rechtsgeschäft kann auch wegen Verstoßes gegen die guten Sitten nichtig sein, § 138 I BGB. Es kommt insoweit also nicht auf den Inhalt eines Verbotsgesetzes an. Die "guten Sitten" sind maßgeblich. Unter "guten Sitten" versteht die Rechtsprechung[170] das "Anstandsgefühl aller billig und gerecht Denkenden". Damit ist leider nicht viel gesagt, denn offen bleibt, wer billig und gerecht denkt und was deren Anstandsgefühl sagt. Griffiger als die Definition der guten Sitten sind Fallgruppen, die die Rechtsprechung bislang als sittenwidrig bewertet hat.

---

167 Art. 2 EGBGB.

168 Sehr anschaulich ist die Entscheidung des BGH, Urt.v. 23.4.1968 - VI ZR 217/65, in NJW 1968, S. 2286 - 2287 zum Arzneimittelgesetz.

169 Vgl. BGH, Urt.v. 8.6.1961 - II ZR 54/60, in: BGHZ 35, 217, 220.

170 RGZ 80, 221; „billig“ bedeutet hier nicht im heutigen Sinne „preiswert“, sondern im damaligen Sinne „angemessen“

Die bekannteste aber am wenigsten bedeutsame Fallgruppe betrifft die **Sexualsphäre**. Hier ist vieles im Wandel. Früher waren alle außerehelichen geschlechtlichen Beziehungen sittenwidrig. Bis vor kurzem[171] sittenwidrig waren noch alle Rechtsgeschäfte, die den Geschlechtsverkehr gegen Entgelt (Prostitution) betrafen. Heute gibt es kaum noch Fälle, die allein wegen der Sexualität sittenwidrig sind. Soweit die Strafgesetze[172] eingreifen, folgt die zivilrechtliche Nichtigkeit der Geschäfte schon aus § 134 BGB.

Weitere Fallgruppen sind z. B. **Knebelungsverträge**, die den anderen so sehr einschränken, dass er seine rechtliche Selbstbestimmung verliert; Zahlung von **Schmiergeldern** an Angestellte; **Ausnutzung** einer Machtstellung oder eines Monopols usw.

Die wichtigste Fallgruppe der sittenwidrigen Rechtsgeschäfte betrifft die **wucherähnlichen Rechtsgeschäfte**. Die wucherähnlichen Rechtsgeschäfte sind vom Wucher zu unterscheiden.

1. Wucher

Der Wucher ist in § 138 II BGB geregelt. Danach ist Wucher nur unter zwei Voraussetzungen gegeben: Zum einen muss das Rechtsgeschäft unter Ausbeutung einer Zwangslage, der Unerfahrenheit, des Mangels an Urteilsvermögen oder der erheblichen Willensschwäche des Vertragspartners geschlossen werden. **Ausbeutung** heißt dabei, dass die Situation bewusst ausgenutzt wird. Zum anderen muss die Leistung im Verhältnis zur Gegenleistung in einem **auffälligen Missverhältnis** stehen.

Beispiel: Der Verkauf einer Insulinspritze im Wert von 3 € zum Preis von 100 € an einen akut Zuckerkranken ist Wucher gemäß § 138 II BGB. Aber: Der Verkauf einer Insulinspritze zum Preis von 3 € an einen akut Zuckerkranken ist kein Wucher. Hier ist zwar die Zwangslage gegeben, es fehlt aber das auffällige Missverhältnis zwischen Leistung und Gegenleistung. Oder: Der Verkauf einer Insulinspritze zum Preis von 100 € aus dem Nachlass eines Opernstars an einen nicht zuckerkranken Musikverehrer ist kein Wucher. Hier ist zwar das auffällige Missverhältnis zwischen Leistung und Gegenleistung gegeben, es fehlt aber die Zwangslage.

Das Missverhältnis zwischen Leistung und Gegenleistung muss **auffällig** sein. Sind die Geschäfte lediglich ungünstig, fallen sie nicht unter § 138 II BGB. Hinzukommen muss das **Ausbeuten** der in § 138 II BGB genannten Situation des Vertragspartners. Das ist schwer zu beweisen. Es fehlt, wenn der Vertragspartner lediglich intellektuell oder wirtschaftlich unterlegen ist und darum einen Kredit mit einem auffälligen Missverhältnis zwischen Leistung und Gegenleistung aufnimmt.

---

171 Am 01.01.2002 ist das Gesetz zur Regelung der Rechtsverhältnisse der Prostituierten (Prostitutionsgesetz – ProstG) vom 20.12.2001, BGBl I, 3983, in Kraft getreten. Danach begründen Vereinbarungen über sexuelle Handlungen gegen Entgelt eine Forderung; die Vereinbarungen sind nicht wegen Sittenwidrigkeit nichtig.

172 Z. B. §§ 174 ff. StGB wie sexueller Mißbrauch von Kindern, Verbreitung von Pornografie usw.

Diese in der Praxis der Teilzahlungsbanken sehr häufigen Fälle sind von § 138 II BGB nicht erfasst. Es handelt sich hierbei aber möglicherweise um wucherähnliche Geschäfte.

2. Wucherähnliche Geschäfte

Wucherähnliche Geschäfte sind gemäß § 138 I BGB sittenwidrig. Nach den von der Rechtsprechung entwickelten Grundsätzen[173] liegt ein wucherähnliches Geschäft vor, wenn zwischen Leistung und Gegenleistung ein auffälliges Missverhältnis besteht und der Kreditgeber die schwächere Lage des Kreditnehmers bewusst zu seinem Vorteil ausnutzt. Es reicht, wenn der Kreditgeber sich leichtfertig der Erkenntnis verschließt, dass der Kreditnehmer sich nur wegen seiner schwächeren Lage auf die drückenden Bedingungen des Kreditgeschäfts einlässt.

Ein **auffälliges Missverhältnis** zwischen Leistung und Gegenleistung ist bei einem Kredit anzunehmen, wenn der effektive Vertragszins doppelt so hoch ist wie der Vergleichs- oder Marktzins oder wenn der effektive Vertragszins den Vergleichs- oder Marktzins um 12 % übersteigt[174]. Diese Grenzen sind nicht starr. Es kommt auf eine Gesamtwürdigung aller Umstände an.

Ist ein auffälliges Missverhältnis zwischen Leistung und Gegenleistung gegeben, wird **vermutet**, dass der Kreditgeber die schwächere Lage des Kreditnehmers bewusst zu seinem Vorteil **ausnutzt**.

3. Rechtsfolge des Sittenverstoßes

Verstößt das Rechtsgeschäft wegen Wuchers, wegen eines wucherähnlichen Geschäfts oder aus einem anderen Grund gegen die guten Sitten, ist es nichtig, § 138 BGB. Von der Sittenwidrigkeit wird aber grundsätzlich nur das Verpflichtungsgeschäft erfasst. Die abstrakten Erfüllungsgeschäfte sind meistens "sittlich neutral".

> **Beispiel:** A nimmt bei der B-Bank ein Darlehen zu einem effektiven Jahrszins von 30% auf, während der Marktzins bei 8% liegt. Die Bank übereignet (§ 929 BGB) A die Darlehenssumme, A zahlt (§ 929 BGB) die erste Rate.

---

173 Zur Rechtsprechung des BGH siehe den Aufsatz von Steinmetz, Sittenwidrige Ratenkreditverträge in der Rechtspraxis auf der Grundlage der BGH-Rechtsprechung, in NJW 1991, S. 881 - 887.

174 BGHZ 110, 338; Der **effektive Vertragszins** wird errechnet aus den Kosten für den Kreditnehmer wie Zinsen, Bearbeitungsgebühren, Spesen (Gesamtkosten) im Verhältnis zu den tatsächlichen Leistungen des Kreditgebers (Nettokredit). Eine Restschuldversicherung wird bei der Berechnung des Vertragszinses nicht berücksichtigt. Der **Vergleichs- oder Marktzins** entspricht dem in den Monatsberichten der Deutschen Bundesbank veröffentlichten druchschnittlichen Zinssatz für Ratenkredite. Gegebenenfalls muss eine Bearbeitungsgebühr hinzugerechnet werden.

Hier ist zwar der Darlehensvertrag, § 488 BGB, gemäß § 138 I BGB als wucherähnliches Rechtsgeschäft nichtig. Die Übereignung der Darlehenssumme und der ersten Rate ist aber sittlich neutral und daher gültig. Die entsprechenden Leistungen müssen nach den Vorschriften über die ungerechtfertigte Bereicherung, §§ 812 ff. BGB, herausverlangt werden[175].

Im Einzelfall ist es aber möglich, dass auch die Erfüllungsgeschäfte sittenwidrig sind.

IV. Wiederholungsfragen

Schauen Sie bitte erst dann auf Seite 244 in die Lösung, wenn Sie die Fragen selbst beantwortet haben.

1. Welchen Funktionen dienen Formvorschriften?
2. Nennen Sie Rechtsgeschäfte, für die die Schriftform vorgeschrieben ist.
3. Was wird im Rahmen einer öffentlichen Beglaubigung beglaubigt?
4. Was umfasst die notarielle Beurkundung?
5. Welche Folgen hat ein Formverstoß?
6. Was ist ein Verbotsgesetz im Sinne des § 134 BGB?
7. Was versteht die Rechtsprechung unter "guten Sitten" im Sinne des § 138 I BGB?
8. Welche beiden Voraussetzungen hat der Wucher gemäß § 138 II BGB?
9. Unter welchen Voraussetzungen liegt ein wucherähnliches Rechtsgeschäft vor?
10. Unter welchen Umständen besteht ein auffälliges Missverhältnis zwischen Leistung und Gegenleistung bei einem wucherähnlichen Kreditgeschäft?

[175] Zu den §§ 812 ff. BGB siehe unten die 25. Lektion: Bereicherungsausgleich.

16. Lektion
Allgemeine Geschäftsbedingungen

Die Vertragsfreiheit setzt voraus, dass die Parteien den Vertrag gemeinsam aushandeln, so dass jede Partei ihren rechtsgeschäftlichen Willen einbringen kann. In der von Massengeschäften gekennzeichneten Wirtschaft hat sich jedoch schon seit langem die Verwendung von sogenannten **Allgemeinen Geschäftsbedingungen (AGB)** durchgesetzt. Die AGB werden nicht bei jedem Geschäft neu ausgehandelt, sondern für viele Geschäfte vorformuliert. Der Vertragspartner muss die vom Anbieter formulierten AGB akzeptieren, wenn er das Geschäft abschließen will. Es handelt sich bei den AGB also nicht um Gesetz, sondern um frei formulierte Vertragsklauseln. Die zahlreichen Klauseln stehen oft als "Kleingedrucktes" auf der Rückseite des vom Verwender benutzten Vertragsformulars.

Mit den AGB werden typischerweise drei **Zwecke** verfolgt: Erstens soll durch die vorformulierten Vertragsbedingungen der Geschäftsablauf vereinfacht werden. Es handelt sich insoweit um **Rationalisierung**. Zweitens sind im Gesetz nicht alle möglichen Vertragstypen geregelt. Hier dienen die in den AGB formulierten Klauseln der **Lückenfüllung und Rechtsfortbildung**. Drittens verfolgt der Verwender der AGB regelmäßig das Ziel, mit seinen AGB seine Pflichten aus dem Vertrag zu verringern und die des Vertragspartners zu erweitern. Auf diese **Risikoabwälzung** lässt sich der Vertragspartner meistens ein, weil er die AGB entweder nicht zur Kenntnis nimmt oder weil er keine Chance sieht, seine Interessen gegenüber dem meist wirtschaftlich überlegenen Verwender der AGB durchzusetzen.

Der Gesetzgeber hatte daher mit dem Ziel, die wirtschaftlich schwächere Position des Vertragspartners zu stützen, der Geltung der Allgemeinen Geschäftsbedingungen eine gesetzlichen Rahmen[176] gegeben (AGB-Recht). Dem Missbrauch der AGB soll dadurch entgegengewirkt werden, dass unangemessene Regelungen für nichtig erklärt werden und die Einbeziehung der AGB in den Einzelvertrag von bestimmten Voraussetzungen abhängig gemacht wird. Trotz dieser Zwecksetzung ist der sachliche Geltungsbereich dieser Bestimmungen gemäß § 310 BGB eingeschränkt. Das AGB-Recht gilt z. B. nicht für Verträge auf den Gebieten des Erb-, Familien- und Gesellschaftsrechts[177] und nicht für Versorgungsunternehmen wie Strom-, Fernwärme-, Gas- und Wasserlieferanten[178].

[176] Gesetz zur Regelung der Allgemeinen Geschäftsbedingungen (AGB-Gesetz) vom 9. Dezember 1976 (BGBl. I S. 3317), welches dann mit der Schuldrechtsmodernisierung zum 01.01.2002 inhaltlich nahezu gleichlautend in das BGB (§§ 305 bis 310 BGB) aufgenommen wurde.

[177] § 310 IV BGB

[178] § 310 II BGB

Arbeitsverträge unterliegen jetzt zwar grundsätzlich der Kontrolle durch das AGB-Recht, wobei allerdings die im Arbeitsrecht geltenden Besonderheiten angemessen zu berücksichtigen sind. Die AGB können auch leichter als bei anderen Verträgen in den Arbeitsvertrag einbezogen werden[179]. Tarifverträge, Betriebs- und Dienstvereinbarungen unterliegen nicht dem AGB-Recht[180].

Das AGB-Recht nennt denjenigen, der die AGB verwendet, **Verwender**[181]. Der andere ist der **Vertragspartner**.

I. Begriff

Das AGB-Recht gilt nur für AGB. AGB sind für **viele Verträge vorformulierte Vertragsbedingungen**, § 305 I 1 BGB. Die Vertragsbedingungen müssen vorformuliert sein. Werden die Vertragsbedingungen mit dem Vertragspartner ausgehandelt, findet das AGBG keine Anwendung, § 305 I 3 BGB. Die AGB müssen für viele Verträge vorformuliert sein. Es reicht nicht, wenn die Vertragsbedingungen nur für einen einzigen Vertrag im Vorhinein formuliert werden.

Beispiel: Jurastudent S möchte sein Auto verkaufen. Er tüftelt daher einen schriftlichen Kaufvertrag aus. Der Käufer muss nur noch unterschreiben. Hier findet das AGB-Recht keine Anwendung.

Es ist aber egal, wer die AGB vorformuliert. Der Verwender kann sich AGB für seine Vertragsformulare z. B. von einem Rechtsanwalt formulieren lassen oder fertige Formularverträge verwenden.

Beispiel: Zum Verkauf von Gebrauchtwagen gibt es Formularverträge vom ADAC oder im Schreibwarenhandel. Verwendet Student S zum Verkauf seines Autos einen solchen Vertrag, ist er Verwender von AGB. Das AGB-Recht findet Anwendung (str.[182]).

Strengere Regeln gelten, wenn ein Unternehmer (§ 14 BGB) vorformulierte Vertragsbedingungen gegenüber einem Verbraucher (§ 13 BGB) verwendet und der Verbraucher auf den Inhalt keinen Einfluss nehmen konnte. Dann reicht jedenfalls schon einmalige Verwendung, § 310 III Nr. 2 BGB.

---

179 § 310 IV 2 BGB

180 § 310 IV 3 BGB

181 § 305 I 1 BGB.

182 Heinrichs, Der Rechtsbegriff der Allgemeinen Geschäftsbedingungen, in NJW 1977, S. 1506 unter II. 3. m. N.; Ulmer/Brandner/Hensen, AGB-Gesetz, 5. Auflage 1987, § 1, Rn. 24 m.N.; a.A. Zöllner, Die politische Rolle des Privatrechts, in JuS 1988, S. 329, 333.

II. Einbeziehung in den Vertrag

Nur wenn die AGB Bestandteil des Einzelvertrages geworden sind, können sie die Situation der Vertragsparteien beeinflussen. Andernfalls sind sie unbeachtlich. Gemäß § 305 II BGB werden AGB nur unter drei Voraussetzungen Vertragsbestandteil. Alle drei Voraussetzungen müssen kumulativ (gehäuft) vorliegen.

Erstens muss gemäß § 305 II Nr. 1 BGB der Verwender der AGB auf die AGB **hinweisen**. Zweitens muss gemäß § 305 II Nr. 2 BGB der Vertragspartner die Möglichkeit haben, die AGB zur **Kenntnis zu nehmen**. Drittens muss der Vertragspartner mit den AGB **einverstanden** sein, § 305 II a.E. BGB.

Beispiel: K unterschreibt beim Kauf einer Waschmaschine die Erklärung: "Ich habe die AGB auf der Rückseite zur Kenntnis genommen und bin mit ihrer Geltung einverstanden". Die AGB sind damit Bestandteil des Vertrages.

Es reicht die **Möglichkeit**, in zumutbarer Weise von dem Inhalt der AGB Kenntnis zu nehmen. Es genügt auch ein Aushang. Die AGB müssen nicht wirklich durchgelesen werden.

Beispiel: K kauft einen Fotoapparat. Hinter der Kasse hängt deutlich sichtbar ein Schild: "Es gelten unsere AGB, die an der Kasse eingesehen werden können.". Die AGB liegen an der Kasse aus, so dass K sie in Ruhe vor Abschluss des (mündlichen) Kaufvertrages durchlesen kann. Auch wenn K die AGB nicht durchliest, werden sie Vertragsbestandteil.

Nicht Vertragsbestandteil werden AGB, die so ungewöhnlich sind, dass der Vertragspartner nicht mit ihnen rechnen muss, § 305c BGB. Vereinbaren die Parteien etwas, was den AGB widerspricht, sind die AGB insoweit nicht wirksam. Die Individualabrede hat Vorrang vor den AGB, § 305b BGB.

Beispiel: Beim Kauf einer Matratze erklärt der Verkäufer des Bettengeschäfts, dass "für den Federkern selbstverständlich 10 Jahre Garantie besteht". In den AGB auf dem Kaufvertrag wird die Gewährleistung auf 6 Monate begrenzt. Hier besteht gemäß § 305b BGB die Garantie für den Federkern entgegen den AGB für 10 Jahre.

Ist eine AGB nicht Vertragsbestandteil geworden, bleibt der Vertrag im Übrigen wirksam, § 306 I BGB.

III. Inhaltsprüfung

Sind die AGB Bestandteil des Vertrages, muss geprüft werden, ob sie Bestimmungen enthalten, die von der gesetzlichen Regelung, z. B. im BGB, abweichen oder gesetzliche Regelungen ergänzen, § 307 III BGB. Diese Bestimmungen der AGB sind nur wirksam, wenn sie einer Prüfung anhand der §§ 307 bis 309 BGB standhalten.

Beispiel: Werden bei einem Kaufvertrag die Rechte des Käufers in den AGB beschränkt, weicht diese Bestimmung von § 437 BGB ab, wonach der Verkäufer für alle Mängel der Kaufsache einzustehen hat. Die Bestimmung der AGB muss anhand der §§ 307 ff. BGB geprüft werden. Aber: Es gibt keine gesetzliche Regelung, die Art und Umfang der Wartung durch den Leasinggeber[183] regelt. Eine entsprechende Bestimmung in den AGB eines Leasingvertrages kann nicht anhand der §§ 307 ff. BGB überprüft werden.

Bei der Prüfung einer AGB fängt man bei der speziellen Regelung des § 309 BGB an. Fällt die Klausel unter § 309 BGB, ist sie sicher unwirksam. Greift § 309 BGB nicht ein, wird die Klausel anhand von § 308 BGB überprüft. § 308 BGB beschreibt die unwirksamen Klauseln mit Begriffen, die einen weiten Anwendungsbereich haben. Fällt die Klausel auch nicht unter den weiten Anwendungsbereich der unbestimmten Rechtsbegriffe in § 308 BGB, muss die Klausel noch vor der Generalklausel des § 307 BGB Bestand haben.

Gemäß § 307 BGB ist eine Bestimmung in den AGB unwirksam, die den Vertragspartner unangemessen benachteiligt. Die unangemessene Benachteiligung kann darin liegen, dass in den AGB von einem wesentlichen Grundgedanken der gesetzlichen Regelung abgewichen wird.

Beispiel: In § 652 BGB kommt der gesetzliche Grundgedanke zum Ausdruck, dass der Makler nur bei Erfolg einen Provisionsanspruch hat. Wird in einer Bestimmung der AGB eine erfolgsunabhängige Provision verlangt, widerspricht diese Bestimmung dem wesentlichen Grundgedanken der gesetzlichen Regelung.

Es kommt aber auch auf den Gegenstand und den Zweck des Vertrages an. Im Zweifel ist eine Bestimmung unwirksam, die wesentliche Rechte oder Pflichten des Vertrages so einschränkt, das der Vertragszweck gefährdet ist.

Beispiel: In den AGB eines Heizöllieferanten wird jede Haftung für Schäden beim Einfüllen des Heizöls ausgeschlossen.

IV. Gegenüber Unternehmern

Die §§ 305 II, III, 308, 309 BGB finden keine Anwendung, wenn die AGB gegenüber einem Unternehmer verwendet werden. Unternehmer ist gemäß § 14 BGB eine Person, die ein Rechtsgeschäft für ihre gewerbliche oder selbständige Tätigkeit schließt.

Aber auch wenn § 305 II BGB keine Anwendung findet, müssen die AGB doch in den Vertrag **einbezogen** werden. Die Einbeziehung ist nur nicht an so strenge Voraussetzungen geknüpft, wie in § 305 II BGB. Die AGB müssen nicht ausdrücklich einbezogen werden. Es reicht, wenn sie schlüssig (stillschweigend) Bestandteil des Vertrages werden oder branchenüblich sind. Man geht davon aus,

---

[183] Zum Leasingvertrag siehe unten die 23. Lektion, VII. Leasing.

dass Unternehmer wissen, dass AGB verwendet werden und welche AGB branchenüblich sind.

Bei der Wirksamkeitsprüfung gelten gegenüber einem Unternehmer zwar die §§ 308 und 309 BGB nicht; Prüfungsmaßstab bleibt aber § 307 BGB.

Beispiel: Unternehmer U betreibt einen Uhrenhandel. Er kauft bei dem Großhändler G neue Uhren für den Weiterverkauf. In den AGB des G ist jede Gewährleistung ausgeschlossen. Ist dieser Ausschluss wirksam?

Nein! § 309 Nr. 8 b BGB, wonach der Ausschluss jeder Gewährleistung unwirksam ist, gilt zwar nicht gegenüber U. Prüfungsmaßstab bleibt jedoch § 307 BGB. Gemäß § 307 II Nr. 1 BGB ist eine unangemessene Benachteiligung anzunehmen, wenn die Bestimmung mit wesentlichen Grundgedanken der gesetzlichen Regelung, von der abgewichen wird, nicht zu vereinbaren ist. In §§ 437 BGB kommt der wesentliche Grundgedanke der Mängelhaftung zum Ausdruck. Mit diesem Grundgedanken ist ein völliger Ausschluss der Gewährleistung nicht zu vereinbaren. Der völlige Ausschluss der Gewährleistung in AGB ist daher gemäß § 307 I, II Nr. 1 BGB unwirksam. Es spielt keine Rolle, dass das gleiche in dem für Kaufleute nicht geltenden § 308 Nr. 8 b BGB steht, § 310 I 2 BGB.

In § 310 BGB sind weitere Einschränkungen des Anwendungsbereichs des AGBG genannt.

V. Prüfungsschema

Ist in einem Sachverhalt von vorformulierten Vertragsklauseln die Rede, empfiehlt sich **in Gedanken** folgendes Prüfungsschema. In der Fallbearbeitung ausformuliert werden nur die Punkte, auf die es nach der Sachverhaltsfrage ankommt!

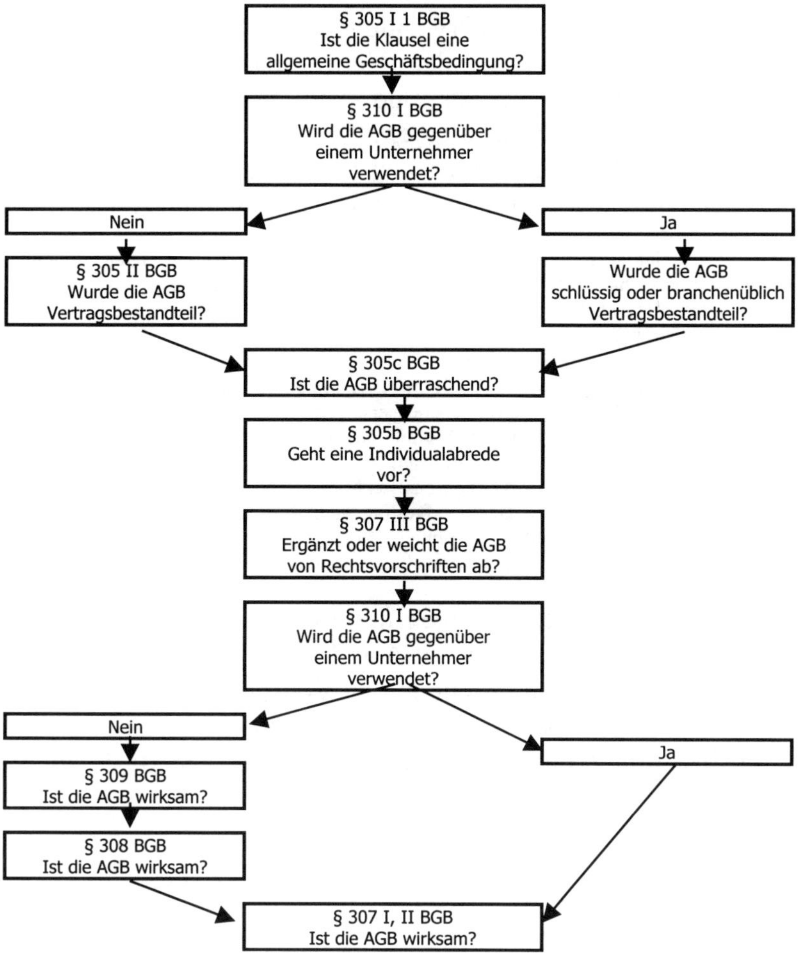

VI. Rechtsfolge

Ist eine Bestimmung in den AGB nicht Vertragsbestandteil geworden oder ist sie unwirksam, bestimmt § 306 BGB die Rechtsfolge. Der Vertrag bleibt, abgesehen von der Klausel, die nicht einbezogen wurde oder unwirksam ist, im Übrigen wirksam, § 306 I BGB.

Das ist eine Ausnahme von dem in § 139 BGB niedergelegten Grundsatz. Nach § 139 BGB ist im Zweifel das ganze Rechtsgeschäft nichtig, wenn ein Teil nichtig ist. § 139 BGB geht jedoch davon aus, dass die Parteien das Rechtsgeschäft in allen seinen Teilen frei ausgehandelt haben. Ist hier ein Teil nichtig, entspricht das ganze Rechtsgeschäft nicht mehr dem ursprünglichen Willen der Parteien. Es ist daher im Zweifel ganz nichtig.

Anders ist die Situation bei der Verwendung von AGB. Hier ist der Vertrag nicht frei ausgehandelt. Die AGB wurden dem Vertragspartner vorgesetzt. Er soll durch das AGB-Recht geschützt werden und von der nicht einbezogenen oder unwirksamen Klausel verschont bleiben; die Vorteile aus dem Vertrag aber dennoch behalten. Der Vertrag bleibt daher im Übrigen wirksam. Die unwirksame Regelung aus den AGB wird durch die gesetzliche Regelung ersetzt, § 306 II BGB.

Beispiel: K kauft eine neue Waschmaschine. In den AGB des V, mit deren Geltung er sich einverstanden erklärt hat, ist die Mängelhaftung auf Nacherfüllung beschränkt. Weitere Bestimmungen zur Mängelhaftung enthalten die AGB nicht. Welche Rechte hat K, wenn die neue Waschmaschine defekt ist?

Er kann die Rechte aus dem Gesetz, § 437 BGB, nämlich Nacherfüllung und nach erfolgloser Fristsetzung Rücktritt, Minderung und Schadensersatz geltend machen. Die Beschränkung der Mängelhaftung auf Nachbesserung ist gemäß § 309 Nr. 8 b) bb) BGB unwirksam. Danach kann die Mängelhaftung für neue Sachen nur dann auf Nacherfüllung beschränkt werden, wenn bei Fehlschlagen der Nacherfüllung ausdrücklich das Recht auf Minderung vorbehalten wird. Das ist in den AGB des V nicht vorgesehen. Der Kaufvertrag über die Waschmaschine bleibt im Übrigen wirksam, § 306 I BGB. Die Mängelhaftung richtet sich nach den gesetzlichen Vorschriften des BGB, § 306 II BGB.

Dabei spielt es keine Rolle, dass sich der Vertragspartner mit der Geltung der AGB einverstanden erklärt hat. Das ist nur für die Einbeziehung in den Vertrag gemäß § 305 II a. E. BGB wichtig. Die in den Vertrag einbezogenen AGB müssen, auch wenn sich der Vertragspartner mit ihrer Geltung einverstanden erklärt hat, vor der Wirksamkeitsprüfung des AGBG Bestand haben. Sind sie nicht wirksam, gelten über § 306 II BGB die gesetzlichen Regelungen.

VII. Wiederholungsfragen

Schauen Sie bitte erst dann auf Seite 245 in die Lösung, wenn Sie die Fragen selbst beantwortet haben.

1. Welches sind die typischen Zwecke bei der Verwendung von AGB?
2. Welchem Zweck dient das AGB-Recht?
3. Was sind AGB?
4. Unter welchen Voraussetzungen werden AGB Bestandteil des Einzelvertrages?
5. Für welche in den Einzelvertrag einbezogenen Bestimmungen der AGB gelten die §§ 307 bis 309 BGB?
6. Wann ist im Zweifel durch eine Bestimmung in den AGB eine unangemessene Benachteiligung des Vertragspartners anzunehmen?
7. Wie prüft man die Wirksamkeit der AGB?
8. Gilt das AGB-Recht für Unternehmer?
9. Lesen Sie § 309 Nr. 8 b) bb) BGB! Darf für neu hergestellte, bewegliche Sachen in AGB die Mängelhaftung auf Nacherfüllung beschränkt werden?
10. Welche Rechtsfolge tritt ein, wenn eine Bestimmung der AGB nicht Bestandteil des Einzelvertrages wurde oder unwirksam ist?

17. Lektion
Grundbegriffe der Leistungsstörungen

Nicht immer wird die in einem Vertrag versprochene Leistung so erbracht, wie sie erbracht werden muss. Es kann eine **Leistungsstörung** vorliegen. Es fragt sich dann, welche Rechte der Gläubiger hat und welche Pflichten den Schuldner treffen. Die Antwort hängt erst einmal davon ab, welche Leistung geschuldet ist.

I. Geschuldete Leistung

Welcher Schuldner welche Leistung schuldet, ergibt sich aus dem Vertrag. Bei zweiseitig verpflichtenden Verträgen dürfen Schuldner und Gläubiger nicht verwechselt werden. Hier kann schnell ein Fehler unterlaufen, da bei zweiseitig verpflichtenden Verträgen jede Partei sowohl Schuldner als auch Gläubiger ist.

Beispiel: Verkauft A sein Auto an B, besteht zwischen A und B ein Kaufvertrag mit zwei Leistungspflichten, zwei Gläubigern und zwei Schuldnern. B ist Gläubiger der Leistungspflicht des Schuldners A, das Auto zu übereignen. A ist Gläubiger der Leistungspflicht des Schuldners B, den Kaufpreis zu zahlen.

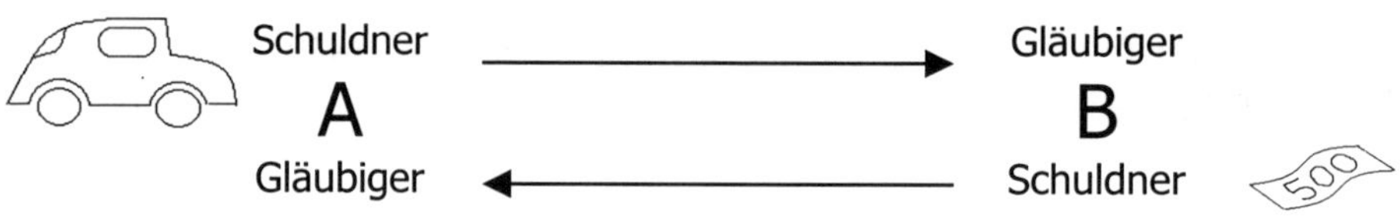

Ist von einer Leistungsstörung die Rede, muss immer zuerst festgestellt werden, **welche** Leistung gestört ist, wer Schuldner und wer Gläubiger **dieser** Leistung ist.

1. Stückschuld und Gattungsschuld

Als nächstes muss festgestellt werden, ob es sich bei der geschuldeten Leistung um eine Stückschuld oder um eine Gattungsschuld handelt. Eine **Stückschuld** liegt vor, wenn der geschuldete Gegenstand im Vertrag nach individuellen Merkmalen konkret bestimmt ist.

Beispiel: K geht zu V und sucht sich einen Ballen Baumwolle aus. V verkauft dem K diesen Ballen Baumwolle.

Eine **Gattungsschuld** ist begründet, wenn der geschuldete Gegenstand im Vertrag nach generellen Merkmalen abstrakt beschrieben ist, wie z. B. nach Art, Maß oder Gewicht. Alle Gegenstände, die unter diese Beschreibung fallen, bilden die Gattung, aus der geschuldet wird.

Beispiel: K bestellt bei V einen Zentner Baumwolle. V liefert einen Ballen Baumwolle zu einem Zentner.

Ist keine Einschränkung der Gattung vorgesehen, handelt es sich um eine sogenannte **marktbezogene Gattungsschuld**. Geschuldet wird danach ein Stück der Gattung, wenn es nur irgendwo im Handel erhältlich ist oder sonst rechtmäßig unter zumutbaren Umständen erworben werden kann.

Möglich ist auch eine **begrenzte Gattungsschuld**, wenn im Vertrag die Leistung nur aus einem bestimmten Teil der Gattung erbracht werden soll. Es handelt sich dann meistens um eine sogenannte Vorratsschuld. Bei der **Vorratsschuld** beschränkt sich die Gattungsschuld auf den Vorrat des Schuldners.

Beispiel: A verkauft dem B einen Ballen Baumwolle aus seinem Lager.

Der Schuldner muss, um seine Leistung zu erbringen, aus der beschriebenen Gattung eine Sache **mittlerer Art und Güte** leisten, § 243 I BGB.

2. Konkretisierung

Zur Erfüllung seiner Schuld muss der Schuldner eine Sache aus der beschriebenen Gattung auswählen. Die Leistung aus der Gattung beschränkt sich auf diese von ihm ausgewählte Sache, wenn er das nach dem Vertrag Erforderliche zur Leistung getan hat, § 243 II BGB. Die Gattungsschuld wird damit zur Stückschuld; sie wird konkretisiert.

Die Konkretisierung tritt erst ein, wenn der Schuldner das zur Leistung einer solchen Sache seinerseits Erforderliche getan hat, § 243 II BGB. Wann der Schuldner das zur Leistung einer solchen Sache seinerseits Erforderliche getan hat, hängt davon ab, ob eine Holschuld, Bringschuld oder Schickschuld vereinbart ist.

Ist weder aus dem Schuldverhältnis noch aus anderen Umständen etwas anderes zu entnehmen, ist eine Holschuld anzunehmen, § 269 I BGB. Bei einer **Holschuld** muss der Gläubiger die Sache beim Schuldner holen. Der Schuldner hat das seinerseits Erforderliche getan, wenn er die Sache aus der Gattung ausgesondert hat und der Gläubiger sie auf seine Nachricht hin abholen kann.

Es kann aber auch eine Bringschuld vereinbart sein. Bei einer **Bringschuld** muss der Schuldner dem Gläubiger die geschuldete Sache bringen. Der Schuldner hat das seinerseits Erforderliche getan, wenn er die Sache beim Gläubiger so anbietet, dass der Gläubiger nur noch zuzugreifen braucht.

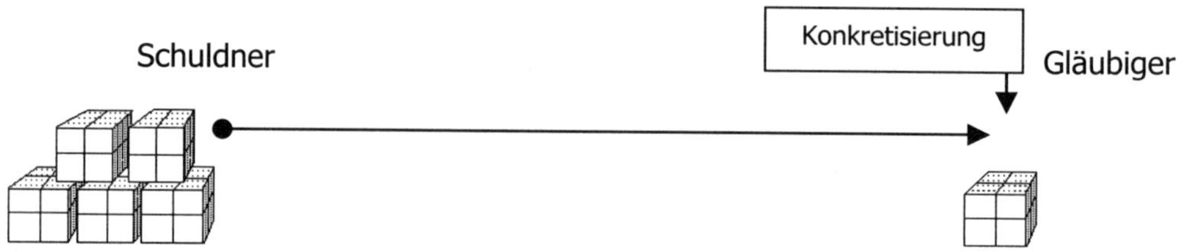

Bei einer **Schickschuld** muss der Schuldner die Sache dem Gläubiger nicht selber bringen, sondern kann sie durch einen Dritten schicken. Der Schuldner hat das seinerseits Erforderliche getan, wenn er die Sache an die Transportperson übergeben hat.

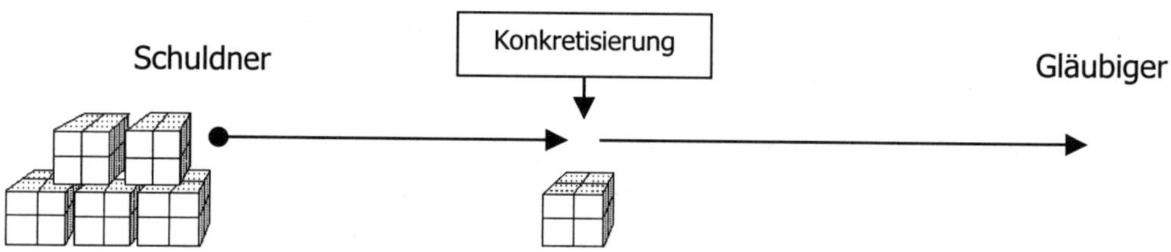

Ist die Gattungsschuld konkretisiert, umfasst die geschuldete Leistung wie bei der Stückschuld nur noch diesen bestimmten Gegenstand. Auf die geschuldeten Leistung kommt es an, welche Art der Leistungsstörung anzunehmen ist.

II. Anspruch bei Pflichtverletzung

Die Leistungsstörungen lassen sich in vier Arten unterteilen: Kann die Leistung nicht (mehr) erbracht werden, liegt ein Fall der **Unmöglichkeit** vor. Ist die Leistung zwar möglich, wird aber nicht rechtzeitig erbracht oder entgegengenommen, kann es sich um **Verzug** handeln. Wird die Leistung nicht richtig erbracht, kann eine Leistungsstörung wegen **Schlechtleistung** gegeben sein.

Alle drei Arten der Leistungsstörung können gemäß § 280 BGB als **Pflichtverletzung** zum Schadensersatz führen. **§ 280 BGB** ist die zentrale **Anspruchsgrundlage** für **Schadensersatz** bei Pflichtverletzung.

Das gilt nicht, wenn der Schuldner die Pflichtverletzung nicht zu vertreten hat, § 280 I 2 BGB. Mit der doppelten Verneinung enthält § 280 I 2 BGB eine Beweislastumkehr. Das Gesetzt geht grundsätzlich davon aus, dass bei Leistungsstörung der Schuldner eine Pflichtverletzung zu vertreten hat. Ist eine Leistungsstörung gegeben, muss der Schuldner vortragen und beweisen, dass er keine Pflichtverletzung zu vertreten hat. Beachten Sie auch bei Klausuren: ist im Sachverhalt (ggf. auch nach Auslegung) nichts zu Vertretenmüssen gesagt, müssen Sie im Rahmen des § 280 BGB davon ausgehen, dass der Schuldner die Leistungsstörung als Pflichtverletzung zu vertreten hat. Sind aber Hinweise im Sachverhalt gegeben, die ein Vertretenmüssen ausschließen könnten, müssen Sie gemäß § 280 I 2 BGB prüfen, ob ein Schadensersatzanspruch an § 280 I 2 BGB scheitert.

III. Vertretenmüssen

Der Schuldner hat, sofern nichts anderes aus dem Schuldverhältnis zu entnehmen ist, Vorsatz und Fahrlässigkeit zu vertreten, § 276 I 1 BGB. § 276 I BGB umschreibt damit das Verschulden. Das **Verschulden** umfasst Vorsatz und Fahrlässigkeit.

Darüber hinaus haftet der Schuldner insbesondere, wenn er eine Garantie oder das Beschaffungsrisiko übernommen hat. Es kommt auf den Inhalt des Schuldverhältnisses an.

1. Vorsatz

Vorsatz ist das Wissen und Wollen des tatbestandlichen Erfolgs.

Beispiel: V zerschlägt die an K verkaufte Vase, damit die Übereignung unmöglich wird. V hat damit die Unmöglichkeit der Übereignung der Vase wegen Vorsatzes zu vertreten.

2. Fahrlässigkeit

Fahrlässig handelt, wer die im Verkehr erforderliche Sorgfalt außer Acht lässt, § 276 II BGB.

Beispiel: V stellt die an K verkaufte Vase auf einen wackeligen Schrank. Die Vase fällt leider herunter und zerbricht. Hier hat V die erforderliche Sorgfalt, zerbrechliche Sachen nicht auf wackelige Unterlagen zu stellen, außer Acht gelassen. Er hat fahrlässig gehandelt und muss daher die Unmöglichkeit der Übereignung der Vase an K vertreten.

Wird die erforderliche Sorgfalt in besonders schwerem Maße verletzt, ist **grobe Fahrlässigkeit** gegeben. Andernfalls **ist mittlere, leichte oder leichteste Fahrlässigkeit** anzunehmen.

§ 276 I BGB gilt entsprechend für den Gläubiger, wenn es auf sein Vertretenmüssen ankommt.

3. Erfüllungsgehilfe

Das Vertretenmüssen umfasst nicht nur das eigene Verschulden des Schuldners. Der Schuldner hat ein Verschulden der Personen, deren er sich zur Erfüllung seiner Verbindlichkeiten bedient, in gleichem Umfang zu vertreten wie eigenes Verschulden, § 278 S. 1 BGB.

Die Personen, deren sich der Schuldner zur Erfüllung seiner Verbindlichkeiten bedient, nennt man **Erfüllungsgehilfen**. Erfüllungsgehilfe ist nur, wer eine Verbindlichkeit des Schuldners erfüllt. Es muss zwischen Schuldner und Gläubiger ein **Schuldverhältnis** bestehen, das eine solche Verbindlichkeit begründet. Der Erfüllungsgehilfe muss mit dem Willen des Schuldners für den Schuldner die Verbindlichkeit aus diesem Schuldverhältnis erfüllen.

Beispiel: V verkauft dem K ein Auto. Er schickt seinen Angestellten A, das Auto an K zu liefern und damit zu übereignen. A ist damit Erfüllungsgehilfe des V.

Der Erfüllungsgehilfe **muss nicht** vom Schuldner **weisungsabhängig** sein. Er kann mit dem Willen des Schuldners auch selbständig tätig sein.

Beispiel: Schließt U mit B einen Werkvertrag zum Bau eines Hauses, kann U den Subunternehmer S einsetzen, um das Fundament zur errichten. Mit der Errichtung des Fundaments erfüllt S eine Verpflichtung des U aus dem Werkvertrag mit B. S ist damit Erfüllungsgehilfe des U.

Trifft nun den Erfüllungsgehilfen ein Verschulden, wird dieses Verschulden über § 278 S. 1 BGB dem Schuldner zugerechnet. Der Schuldner wird so behandelt, als habe er selbst mit Vorsatz oder Fahrlässigkeit gehandelt.

Beispiel (Fortsetzung): Verursacht A fahrlässig einen Unfall, so dass das Auto nicht mehr übereignet werden kann, hat V die Unmöglichkeit der Übereignung zu vertreten. Oder: Errichtet S das Fundament aus Fahrlässigkeit mangelhaft, hat U den Mangel zu vertreten.

§ 278 BGB ist jedoch **keine** selbständige Anspruchsgrundlage[184]. Der Geschäftsherr haftet nur, wenn eine Anspruchsgrundlage zur Verfügung steht. § 278 S. 1 BGB ersetzt dann gegebenenfalls das im Tatbestand vorausgesetzte Verschulden des Geschäftsherrn durch das Verschulden des Erfüllungsgehilfen.

---

184 Zur Anspruchsgrundlage siehe oben die 8. Lektion, III. Anspruchsgrundlage.

IV. Wiederholungsfragen

Schauen Sie bitte erst dann auf Seite 246 in die Lösung, wenn Sie die Fragen selbst beantwortet haben.

1. Wer ist bei einem Kaufvertrag Schuldner welcher Leistung? Wer ist Gläubiger welcher Leistung?
2. Unter welchen Voraussetzungen ist eine Stückschuld vereinbart?
3. Unter welchen Umständen ist eine Gattungsschuld vereinbart?
4. Was ist eine Vorratsschuld?
5. Was ist zur Konkretisierung einer Gattungsschuld erforderlich und welches sind die Rechtsfolgen?
6. Was ist eine Hol-, Bring-, Schickschuld?
7. Welche Arten der Leistungsstörung gibt es?
8. Nennen Sie die Anspruchsgrundlage für Schadensersatz bei Pflichtverletzung.
9. Was ist unter **Verschulden** zu verstehen?
10. Wer ist Erfüllungsgehilfe des Schuldners?

18. Lektion
Unmöglichkeit

Eine Art der Leistungsstörung ist die Unmöglichkeit. Unmöglichkeit ist gegeben, wenn die Leistung nicht oder nicht mehr erbracht werden kann. Die Rechtsfolgen der Unmöglichkeit hängen davon ab, wann in welchem Schuldverhältnis die Unmöglichkeit eingetreten ist. Um das beurteilen zu können muss die Ursache der Unmöglichkeit festgestellt werden.

I. Ursache der Unmöglichkeit

Die Unmöglichkeit der Leistung kann auf verschiedenen Ursachen beruhen. So kann die geschuldete Leistung aus tatsächlichen, rechtlichen oder zeitlichen Gründen unmöglich sein.

1. Tatsächliche Unmöglichkeit

Die Leistung ist tatsächlich nicht möglich, wenn sie aus naturgesetzlichen Gründen oder nach dem Stand von Wissenschaft und Technik nicht erbracht werden kann.

Beispiel: Das verkaufte Auto ist bei einem Unfall mit Totalschaden verbrannt. Die aus dem Kaufvertrag geschuldete Leistung, dieses Auto zu übereignen, ist daher aus tatsächlichen Gründen nicht möglich.

Bei einer Stückschuld reicht es, wenn die Leistung der einen geschuldeten Sache unmöglich ist. Bei einer Gattungsschuld bleibt auch bei Untergang einer oder mehrerer Sachen die Leistung möglich, solange noch ein Stück aus der Gattung verfügbar ist.

Beispiel: K sucht bei V einen Ballen Baumwolle aus und kauft ihn von V (Stückschuld). Wird nun bei einem Kabelbrand im Lager des V dieser Ballen vernichtet, ist die Leistung des V aus dem Kaufvertrag unmöglich.

Aber: K bestellt bei V einen Ballen Baumwolle (Gattungsschuld). Brennt nun das Lager des V ab, ist die Leistung des V nicht unmöglich, solange auch nur ein Ballen Baumwolle auf dem Markt erhältlich ist.

Ist bei einer Gattungsschuld die Sache bereits konkretisiert, ist die Leistung unmöglich, wenn die konkretisierte Sache untergeht. Die Gattungsschuld wurde ja damit zur Stückschuld.

Beispiel: K bestellt bei V einen Ballen Baumwolle aus dessen Lager (Gattungsschuld als Vorratsschuld). V sondert einen Ballen aus und benachrichtigt K zum Abholen. Verbrennt nun dieser ausgesonderte Ballen, ist die Leistung des V unmöglich, auch wenn V noch ein ganzes Lager voller Baumwollballen hat.

2. Wirtschaftliche Unmöglichkeit

Auch wenn die Leistung zwar tatsächlich möglich ist, aber einen Aufwand bedeutet, der in keinem vernünftigen Verhältnis zu dem Leistungsinteresse des Gläubigers steht, ist Unmöglichkeit gegeben. Diese Unmöglichkeit nennt man wirtschaftliche Unmöglichkeit. Sie ist in § 275 II BGB ausdrücklich als Unmöglichkeit anerkannt und gibt dem Schuldner das Recht, die Leistung zu verweigern.

Beispiel: A verkauft B eine einzigartige, aber nicht sehr wertvolle Vase. Auf dem Transport von Hongkong nach Hamburg sinkt das Schiff. Hier wäre es zwar mit erheblichem Aufwand möglich, das Schiff und damit die Vase zu bergen; die Kosten hierfür stünden aber in keinem wirtschaftlich vertretbarem Verhältnis zu dem Interesse des B, sich am Anblick der Vase zu erfreuen. A kann die Übereignung der Vase wegen wirtschaftlicher Unmöglichkeit verweigen.

2. Persönliche Unmöglichkeit

Persönliche oder psychische Unmöglichkeit ist gegeben, wenn der Schuldner in Person zu leisten hat, die Leistung aber aufgrund der gegebenen Umstände für ihn unzumutbar ist. Die persönliche Unmöglichkeit darf nicht mit der subjektiven Unmöglichkeit verwechselt werden. Die persönliche Unmöglichkeit ist in § 275 III BGB ausdrücklich anerkannt und gibt dem Schuldner das Recht, die Leistung zu verweigern.

Beispiel: Ist das Kind der Opernsängerin lebensgefährlich verunglückt, hat O gemäß § 275 III BGB das Recht, den Opernauftritt wegen persönlicher Unmöglichkeit abzusagen.

3. Rechtliche Unmöglichkeit

Auch wenn die Leistung tatsächlich möglich ist, kann eine rechtliche Unmöglichkeit gegeben sein. Rechtliche Unmöglichkeit ist gegeben, wenn die Leistung verboten ist oder von der Rechtsordnung nicht anerkannt ist.

Beispiel: A verkauft B ein Fahrrad, das ohnehin schon B gehört, weil es ihm vorher gestohlen worden war. Die in dem Kaufvertrag begründete Leistungspflicht des A, dem B das Fahrrad zu übereignen, ist rechtlich unmöglich.

4. Zeitliche Unmöglichkeit

Zeitliche Unmöglichkeit tritt ein, wenn die Leistung nur zu einem bestimmten Zeitpunkt erbracht werden kann, dieser Zeitpunkt aber verstrichen ist.

Beispiel: A bestellt B zum Babysitten am Samstag von 19.00 bis 23.00 Uhr, um sorgenfrei ins Theater gehen zu können. Erscheint B erst um 23.00 Uhr, ist die Erfüllung seiner Pflicht aus dem Babysitter-Vertrag (Dienstvertrag, § 611 BGB) zeitlich unmöglich.

Oder: Bestellt K bei V einen Weihnachtsbaum zum 24. Dezember, ist die Leistung nach dem 24. Dezember unmöglich. Liefert V den Baum später, ist es kein Weihnachtsbaum, sondern nur ein abgehackter Tannenbaum.

II. Zeitpunkt der Unmöglichkeit

Nachdem festgestellt ist, dass die Leistung unmöglich ist, kann festgestellt werden, **wann** sie unmöglich geworden ist. Das Gesetz unterscheidet die anfängliche und die nachträgliche Unmöglichkeit. Für die Unterscheidung ist die Begründung des Schuldverhältnisses, aus dem die unmögliche Leistung folgt, der maßgebliche Zeitpunkt.

Die Leistung ist **anfänglich unmöglich**, wenn sie schon **vor** Begründung des Schuldverhältnisses unmöglich war. Sie ist **nachträglich unmöglich**, wenn die Leistung erst **nach** Begründung des Schuldverhältnisses unmöglich wurde.

Beispiel: V verkauft sein Auto an K. Verbrannte das Auto schon vor dem Abschluss des Kaufvertrages bei einem Verkehrsunfall, ist die Leistung des V, das Auto zu übereignen, anfänglich unmöglich. Verbrennt das Auto erst nach Abschluss des Kaufvertrages, aber vor der Übereignung an K bei einem Verkehrsunfall, ist die Leistung des V, das Auto zu übereignen, nachträglich unmöglich.

III. Objektive und subjektive Unmöglichkeit

Die objektive und subjektive Unmöglichkeit wurde vom Gesetz gleichgestellt[185]; die Unterscheidung ist aber für das Verständnis und auch für die Bestimmung des Zeitpunktes wichtig.

Die Leistung ist **objektiv unmöglich**, wenn sie weder vom Schuldner noch von einem anderen erbracht werden kann.

Beispiel: Ist das verkaufte Auto verbrannt, kann es niemand als Auto übereignen.

Die Leistung ist **subjektiv unmöglich**, wenn zwar der Schuldner die Leistung nicht erbringen kann, ein anderer es aber könnte.

Beispiel: Ist nicht der Verkäufer, sondern jemand anderes Eigentümer des verkauften Autos, ist die Übereignung für den Käufer subjektiv unmöglich. Der andere, dem das Auto gehört, könnte es ja übereignen.

IV. Rechtsfolgen der Unmöglichkeit

Die Regelung der Leistungsstörung ist mit der Schuldrechtsmodernisierung erheblich erleichtert worden, aber noch immer nicht einfach. Die folgende Darstellung ist zum besseren Verständnis auf die Grundzüge konzentriert.

---

[185] § 275 I BGB: „... soweit für den Schuldner oder für jedermann unmöglich ...“

Die Rechtsfolgen der Unmöglichkeit hängen erst einmal davon ab, wann die Leistungsstörung eingetreten ist und ob eine einseitige oder gegenseitige (synallagmatische) Leistung gestört ist[186]. Entscheidend ist dabei, ob und von wem die nachträgliche Unmöglichkeit zu vertreten ist.

1. Anfängliche Unmöglichkeit

Im Falle der anfänglichen Unmöglichkeit muss der **Schuldner nicht leisten, § 275 BGB**. Er könnte es ja gar nicht. Es kommt nicht darauf an, ob die Leistung objektiv oder subjektiv, 275 I BGB, unmöglich oder von wem die Unmöglichkeit zu vertreten ist. Ist sie wirtschaftlich, § 275 II BGB, oder persönlich, § 275 III BGB, unmöglich, kann der Schuldner die Leistung verweigern.

Es besteht ein **Leistungshindernis bei Vertragsschluss, § 311a BGB**. Der Vertrag ist wirksam. Es liegt keine Pflichtverletzung im Sinne des § 280 BGB vor, weil die Leistungspflicht des Schuldners gar nicht entstanden ist und somit auch nicht verletzt werden konnte. Ein Verschulden liegt aber in dem Versprechen zur unmöglichen Leistung, soweit der Schuldner die Unmöglichkeit kannte oder kennen musste. Dies gilt nicht, wenn der Schuldner die Unmöglichkeit nicht kannte und seine Unkenntnis nicht zu vertreten hat, § 311a II 2 BGB. Wir haben es hier wieder mit einer Beweislastumkehr zu tun. Das Gesetz geht davon aus, dass der Schuldner sein Versprechen zur unmöglichen Leistung zu vertreten hat.

Der Gläubiger hat die Wahl: er kann statt der unmöglichen, vom Schuldner versprochenen Leistung **Schadensersatz** (Erfüllungsschaden) oder **Ersatz seiner Aufwendungen** (Vertrauensschaden im Rahmen des § 284 BGB) verlangen, §§ 311a II, 283 BGB.

Ist bei gegenseitigen Verträgen die Unmöglichkeit vom Schuldner zu vertreten, entfällt der Anspruch des Schuldners auf die **Gegenleistung**, § 326 I BGB. Ist die Unmöglichkeit vom Gläubiger zu vertreten oder befindet sich der Gläubiger in Annahmeverzug, behält der Schuldner den Anspruch auf die Gegenleistung, § 326 II BGB.

Bei gegenseitigen Verträgen kann der Gläubiger auch neben oder anstelle des Schadensersatzes **vom Vertrag zurücktreten, § 326 V, 323 BGB**. Auf Vertretenmüssen kommt es nicht an.

---

186 Zur einseitigen und gegenseitigen Leistungspflicht vgl. oben die 11. Lektion, III. Arten der Verträge.

2. Nachträgliche Unmöglichkeit

Auch im Falle der nachträglichen Unmöglichkeit muss der **Schuldner nicht leisten, § 275 BGB**. Er könnte es ja ohnehin nicht. Es kommt nicht darauf an, ob die Leistung objektiv oder subjektiv, 275 I BGB, unmöglich ist. Ist sie wirtschaftlich, § 275 II BGB, oder persönlich, § 275 III BGB, unmöglich, kann der Schuldner die Leistung verweigern.

Das Gesetz geht grundsätzlich davon aus, dass die Unmöglichkeit von dem Schuldner **zu vertreten** ist. Der Schuldner kann aber geltend machen, dass er die Unmöglichkeit ausnahmsweise doch nicht zu vertreten hat, § 280 I 2 BGB.

Hat der Schuldner die Unmöglichkeit zu vertreten, kann der Gläubiger statt der Leistung **Schadensersatz** verlangen, wenn er dem Schuldner eine angemessen **Frist** zur Leistung oder Nacherfüllung gesetzt hat, §§ 280 I 1, 281 I 1, 283 BGB.

Ist bei gegenseitigen Verträgen die Unmöglichkeit vom Schuldner zu vertreten, entfällt der Anspruch des Schuldners auf die **Gegenleistung**, § 326 I BGB. Ist die Unmöglichkeit vom Gläubiger zu vertreten oder befindet sich der Gläubiger in Annahmeverzug, behält der Schuldner den Anspruch auf die Gegenleistung, § 326 II BGB.

Bei gegenseitigen Verträgen kann der Gläubiger auch neben oder anstelle des Schadensersatzes **vom Vertrag zurücktreten, § 326 V, 323, 325 BGB**. Auf Vertretenmüssen kommt es nicht an.

V. Übersicht

In der folgenden Übersicht wird nur der gesetzliche Regelfall gezeigt. Nicht berücksichtigt sind die Ausnahmen, wie z. B. dass der Schuldner die anfängliche Unmöglichkeit nicht kannte und diese Unkenntnis nicht zu vertreten hat, § 311a II 2 BGB, oder dass der Schuldner bei nachträglicher Unmöglichkeit die Pflichtverletzung nicht zu vertreten hat, § 280 I 2 BGB, oder dass der Gläubiger das Leistungshindernis zu vertreten hat, § 326 II 1 BGB, usw.

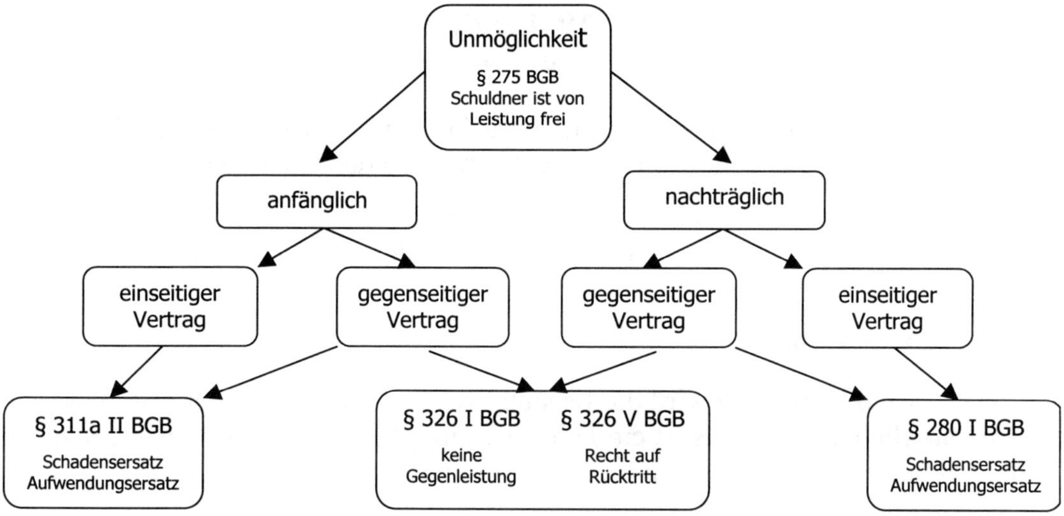

VI. Wiederholungsfragen

Schauen Sie bitte erst dann auf Seite 247 in die Lösung, wenn Sie die Fragen selbst beantwortet haben.

1. Unter welchen Umständen ist eine Leistung tatsächlich unmöglich?
2. Weshalb kommt es bei der Frage nach der Unmöglichkeit der Leistung darauf an, ob eine Stückschuld, Gattungsschuld oder konkretisierte Gattungsschuld gegeben ist?
3. Unter welchen Umständen hat der Schuldner das Recht, die Leistung zu verweigern?
4. Unter welchen Umständen ist ein Leistung rechtlich unmöglich?
5. Unter welchen Umständen ist eine Leistung zeitlich unmöglich?
6. Wann ist eine Leistung anfänglich, wann nachträglich unmöglich?
7. Muss der Schuldner die versprochene Leistung bei anfänglicher/nachträglicher, objektiver/subjektiver Unmöglichkeit erbringen?
8. Welche Rechte hat der Gläubiger, wenn die Leistung für den Schuldner anfänglich, unmöglich ist?
9. Welche Rechte hat der Gläubiger bei Unmöglichkeit der gegenseitigen Leistung?
10. Welche Unterschiede bestehen je nach dem, vom wem die nachträgliche Unmöglichkeit bei einer einseitigen Leistung zu vertreten ist?

19. Lektion
Verzug

Wird die Leistung nicht rechtzeitig erbracht, kann Verzug vorliegen. Verzug ist zum einen durch den Schuldner, zum anderen durch den Gläubiger möglich.

I. Schuldnerverzug

1. Voraussetzungen

Beim Schuldnerverzug wird die Leistung zu spät erbracht. Sie ist aber überhaupt noch **möglich**. Andernfalls ist ein Fall der Unmöglichkeit gegeben, der nach den in der Lektion[187] zuvor genannten Regeln zu lösen ist.

Der Schuldner kann nur in Verzug kommen, wenn die Leistung **fällig** ist. Grundsätzlich ist die Leistung sofort fällig, § 271 BGB. Aus den Umständen des Falles oder aus der Vereinbarung zwischen Schuldner und Gläubiger kann sich aber auch ein anderer Fälligkeitszeitpunkt ergeben.

Beispiel: B gibt sein Auto bei U in Reparatur. Die Rechnung soll zugeschickt werden. Hier ist die Leistung des B nicht fällig, bevor er die Rechnung erhalten hat.

Erst nach der Fälligkeit kann als weitere Voraussetzung des Verzugs eine **Mahnung** durch den Gläubiger erfolgen, § 286 I BGB. Eine Mahnung ist die an den Schuldner gerichtete Aufforderung, die geschuldete Leistung zu erbringen. Die Aufforderung muss bestimmt und eindeutig sein. Darüber hinaus ist eine besondere Form nicht vorgeschrieben. Sie kann schriftlich, mündlich oder konkludent erfolgen. Das Wort Mahnung muss nicht darin vorkommen.

Beispiel: Nachdem B von U die Rechnung erhalten hat, zahlt er nicht. U schickt ihm nun noch einmal eine gleiche Rechnung. Diese zweite Rechnung ist eine Mahnung im Sinne des § 284 I BGB.[188]

Eine strenge Form der Mahnung ist die Klage auf die verspätete Leistung oder die Zustellung eines Mahnbescheids, § 286 I 2 BGB.

Eine Mahnung ist für den Eintritt des Verzugs nicht notwendig, wenn gemäß § 286 II Nr. 1 BGB eine **nach dem Kalender bestimmte Zeit** für die Leistung in dem Vertrag vereinbart oder gesetzlich festgelegt ist. Nach dem Kalender bestimmt ist die Zeit nur, wenn unmittelbar oder mittelbar auf einen bestimmten Kalendertag Bezug genommen wird.

---

[187] 18. Lektion: Unmöglichkeit.

[188] Siehe auch oben Seite 23, Fußnote 6.

Beispiel: In dem Vertrag ist vereinbart, dass die Rechnung bis zum 15. Oktober zu begleichen ist. Dieser Vertrag beinhaltet mit "bis zum 15. Oktober" eine nach dem Kalender bestimmte Zeit im Sinne des § 286 II Nr. 1 BGB.

Es reicht auch bloße **Berechenbarkeit**, die an Ereignisse anknüpft, § 286 II Nr. 2 BGB.

Beispiel: In dem Vertrag ist vereinbart, dass der Rechnungsbetrag bis spätestens eine Woche nach Erhalt der Rechnung zu begleichen ist.

Es muss auch nicht gemahnt werden, wenn der Schuldner ohnehin ernsthaft und endgültig die Leistung verweigert. Der Schuldner befindet sich dann schon durch dieser Weigerung mit der Leistung in Verzug, § 286 II Nr. 3 BGB.

Verzug tritt schließlich auch 30 Tage nach Fälligkeit und Zugang einer Rechnung ein. Ist der Schuldner Verbraucher (§ 11 BGB), muss er allerdings darauf hingewiesen worden sein, § 286 III BGB.

Gemäß § 286 IV BGB kommt der Schuldner nicht in Verzug, solange die Leistung infolge eines Umstandes unterbleibt, den er nicht **zu vertreten** hat[189]. Die doppelte Verneinung regelt die Behauptungs- und Beweislast. Der Gläubiger muss nicht dartun und belegen, dass der Schuldner die Zuspätleistung zu vertreten hat. Es wird vermutet, dass der Schuldner, wenn die oben genannten Voraussetzungen gegeben sind, in Verzug ist. Hat er die Zuspätleistung nicht zu vertreten, muss **er** das dartun und belegen, wenn er den Verzugsfolgen entgehen will.

2. Ersatz des Verzögerungsschadens

Ist der Schuldner in Verzug, kann der Gläubiger weiterhin die **ursprünglich vereinbarte Leistung** und dazu gemäß §§ 280 I, II, 286 I BGB den **Verzögerungsschaden** vom Schuldner verlangen. Der Verzögerungsschaden umfasst alle Nachteile, die der Gläubiger durch den Verzug erleidet.

Beispiel: K bestellt bei V einen neuen VW Golf. Als Liefertermin wird der 1. August vereinbart. K hat zum 2. August einen Besuch bei seinen Verwandten auf dem Lande angemeldet. Weil das Auto nicht rechtzeitig geliefert wird, muss K einen Mietwagen nehmen, um den angemeldeten Besuch abstatten zu können. Hier muss V die Mietwagenkosten gemäß § 280 I BGB erstatten.

Aufwendungen, die der Gläubiger vor Eintritt des Verzugs macht, muss der Schuldner nicht ersetzen.

Beispiel: G beauftragt einen Rechtsanwalt, die fällige Leistung des S anzumahnen, um ihn so in Verzug zu setzen. Hier muss G die Kosten des Rechtsanwalts für diese Mahnung selbst tragen, da S erst mit der Mahnung in Verzug gerät. Aber: Hat G bereits selbst gemahnt oder ist ein anderer Grund gemäß § 286 II, III BGB gegeben, ist S in Verzug. Schaltet G jetzt einen Rechtsanwalt zur Durchsetzung seiner Forderung ein, muss S auch die Kosten für den Rechtsanwalt begleichen.

---

189 Zum Vertretenmüssen siehe oben die 17. Lektion, III. Vertretenmüssen.

Neben der Pflicht zum Ersatz des Verzögerungsschadens trifft den Schuldner während des Verzugs eine **Verschärfung der Haftung**, § 287 BGB. Wird die Leistung, die ja nach wie vor noch zu erbringen ist, zufällig unmöglich, hat der Schuldner das zu vertreten. Er kann sich dann nicht auf § 280 I 2 BGB berufen[190].

3. Schadensersatz wegen Nichterfüllung

Auch wenn der Gläubiger den Verzögerungsschaden gemäß §§ 280 I, II, 286 I BGB ersetzt verlangt, muss er die ursprünglich vom Schuldner zu erbringende Leistung weiterhin abnehmen. Will der Gläubiger die geschuldete Leistung nicht mehr abnehmen kann er unter den Voraussetzungen der §§ 280 III, 281 BGB die Leistung ablehnen und **Schadensersatz wegen Nichterfüllung** verlangen. Er kann auch **vom Vertrag zurücktreten,** §§ 323 BGB. Voraussetzung der §§ 280 I, III, 286, 323 BGB ist erst einmal, dass der Schuldner gemäß §§ 286 BGB in **Verzug** ist: die Leistung muss möglich und fällig, der Schuldner muss gemahnt oder sonst gemäß § 286 II, III in Verzug sein und der Schuldner bestreitet und widerlegt gegebenenfalls nicht sein Vertretenmüssen Darüber hinaus muss der Gläubiger dem Schuldner gemäß § 281 BGB für den Fall des Schadensersatzes und/oder gemäß § 323 I BGB "erfolglos eine angemessene Frist zur Leistung oder Nacherfüllung bestimmt hat." Man bezeichnet das kurz als **Nachfristsetzung**[191].

Beispiel: B bestellt bei U eine Einbauküche. Die Küche soll bis spätestens zum 30. September fertig installiert sein, da B am 1. Oktober in die Wohnung einziehen möchte. Ist die Einbauküche nicht bis zum 30. September fertig, kann B von U ab dem 1. Oktober erst einmal gemäß §§ 280 I, III, 286 I BGB den Verzögerungsschaden ersetzt verlangen. Hierzu zählen gegebenfalls die Mehrkosten für das Essen in einem Restaurant, da das Essen nicht in der eigenen Küche zubereitet werden kann. Er kann darüber hinaus dem U eine Nachfrist setzen: "... Ich bitte Sie dringend, die Küche nunmehr bis spätestens zum 15. Oktober fertigzustellen." Nach Ablauf der Frist kann nun B nach seiner Wahl die Leistung des U ablehnen und Schadensersatz wegen Nichterfüllung verlangen und/oder vom Vertrag mit U zurücktreten. Hat B die Möglichkeit, eine ähnliche, wenn auch teurere Küche durch den Unternehmer X einbauen zu lassen, ist ihm zu raten, die Leistung des U abzulehnen und von X die Küche einbauen zu lassen. Die Mehrkosten für die Küche kann er dann von U als Schadensersatz wegen Nichterfüllung ersetzt verlangen.

Die Nachfristsetzung ist nicht notwendig, wenn der Schuldner die Leistung ernsthaft und endgültig verweigert oder der Gläubiger infolge des Verzugs kein Interesse mehr an der Leistung hat, §§ 281 II, 323 II BGB. Das Interesse wird aus objektiver Sicht beurteilt. Dabei werden strenge Anforderungen gestellt, um eine Umgehung der Nachfristsetzung zu vermeiden. Ein **Interessewegfall** ist nur dann anzunehmen, wenn der Gläubiger gerade infolge des Verzugs die Leistung nicht mehr in der vorgesehenen Weise verwenden kann.

Beispiel: K bestellt bei V Saisonartikel. Ist die Saison vorüber, hat K kein Interesse im Sinne des § 326 II BGB mehr an der Lieferung des V.

---

190 Näher hierzu oben die 18. Lektion, IV. Regelung der Unmöglichkeit im Gesetz.

191 Eine Ablehnungsandrohung ist seit der Schuldrechtsreform vom 01.01.2002 nicht mehr notwendig.

Rücktritt ist darüber hinaus auch möglich, wenn die Leistung an einen bestimmten Termin gebunden war, § 323 II 2 BGB.

II. Gläubigerverzug

Der Gläubiger kann in Verzug kommen, wenn seine Mitwirkung bei der Leistung des Schuldners notwendig ist.

Beispiel: K kauft von V ein Grundstück, §§ 433, 311 b BGB. Zur Erfüllung der Übereignungspflicht des V muss K gemäß §§ 873 I, 925 I BGB vor einer zuständigen Stelle (z. B. Notar) die Auflassung erklären. Oder: B lässt sich von U ein Abendkleid schneidern, § 631 BGB. Hierzu muss sie ihre Maße nehmen lassen und zur Anprobe erscheinen. Oder: K kauft von V einen Kleiderschrank und lässt ihn sich liefern, § 433 BGB. Hier muss K zum Liefertermin den Schrank abnehmen.

1. Voraussetzungen

Voraussetzung für den Gläubigerverzug ist, dass die Leistung des Schuldners **möglich** ist und dass der Schuldner zur Leistung **berechtigt** ist. Im Zweifel darf der Schuldner die Leistung auch schon vor der vereinbarten Zeit bewirken, § 271 II BGB. Aus dem Schuldverhältnis kann sich aber auch ergeben, dass der Schuldner vor der vereinbarten Zeit nicht zur Leistung berechtigt ist.

Beispiel: B bestellt bei dem Taxiunternehmer U im Voraus zu 18 Uhr ein Taxi für eine Fahrt zum Flughafen. Kommt hier U schon um 17 Uhr, ist er zur Leistung noch nicht berechtigt.

Weitere Voraussetzung ist, dass der Schuldner **imstande** ist, die Leistung zu bewirken, vgl. § 297 BGB, und dass er sie so, wie sie geschuldet ist, dem Gläubiger **anbietet**, 294 ff. BGB.

Nimmt der Gläubiger die so angebotene Leistung nicht an, kommt er in Verzug, § 293 BGB. Auf ein Verschulden des Gläubigers kommt es nicht an. Ist er aber nur vorübergehend an der Annahme verhindert, kommt er nicht in Verzug, wenn die Leistungszeit nicht bestimmt war oder der Schuldner berechtigt war, vor der vereinbarten Zeit zu leisten, § 299 BGB.

Beispiel: K kauft von V einen Kleiderschrank und lässt ihn sich liefern, § 433 BGB. Kann V den Schrank nicht abgeben, weil K zum Liefertermin nicht zu Hause ist, kommt K in Gläubigerverzug, § 293 BGB. Das gilt auch, wenn K wegen eines unverschuldeten Unfalls zu dieser Zeit im Krankenhaus liegt. Etwas anderes gilt aber dann, wenn kein fester Termin vereinbart war und K nur kurz außer Haus ist, § 299 BGB.

2. Rechtsfolgen

Der Gläubigerverzug verpflichtet den Gläubiger nicht zum Schadensersatz. Der Schuldner bleibt weiter zur Leistung verpflichtet. Die **Haftung** des Schuldners für die Leistung wird aber **erleichtert**.

Er muss gemäß § 300 I BGB während des Gläubigerverzugs nur für Vorsatz und grobe Fahrlässigkeit[192] einstehen. Bei Gattungsschulden geht die Gefahr auf den Gläubiger über, § 300 II BGB. § 300 betrifft nur die **Leistungsgefahr**. Der Schuldner muss gemäß § 300 I, II, 275 I BGB nicht mehr leisten, wenn die Leistung bei Verzug des Gläubigers durch Zufall oder leichte Fahrlässigkeit unmöglich wird.

Die **Preisgefahr** regelt in diesem Fall § 326 II BGB. Danach behält der Schuldner den Anspruch auf die Gegenleistung.

Beispiel: Als V nach dem Annahmeverzug des K mit dem angebotenen Schrank zurück fährt, verursacht er aufgrund leichter Fahrlässigkeit mit seinem LKW einen Verkehrsunfall. Der Schrank auf der Ladefläche wird zerstört. Hier muss V an K keinen neuen Schrank liefern, §§ 275 I, 300 I BGB. K muss dennoch den Kaufpreis bezahlen, §§ 433 II, 326 II BGB.

III. Wiederholungsfragen

Schauen Sie bitte erst dann auf Seite 247 in die Lösung, wenn Sie die Fragen selbst beantwortet haben.

1. Nennen Sie die Voraussetzungen des Schuldnerverzugs!
2. Was ist eine Mahnung im Sinne des § 284 I BGB?
3. Wann ist eine Zeit nach dem Kalender bestimmt?
4. Was bedeutet die doppelte Verneinung in § 285 BGB?
5. Welche Rechte hat der Gläubiger bei Verzug des Schuldners?
6. Unter welchen Voraussetzungen kann der Gläubiger bei Verzug des Schuldners die Leistung ablehnen und Schadensersatz wegen Nichterfüllung verlangen und/oder vom Vertrag zurücktreten?
7. Unter welchen Umständen ist ein Interessewegfall im Sinne des § 326 II BGB anzunehmen?
8. Nennen Sie die Vorausetzungen des Gläubigerverzugs!
9. Welche Auswirkungen hat der Gläubigerverzug auf die Leistungsgefahr?
10. Welche Auswirkungen hat der Gläubigerverzug auf die Preisgefahr?

[192] Zur groben Fahrlässigkeit siehe oben die 17. Lektion, III. Vertretenmüssen.

20. Lektion
Schlechtleistung

Neben der Unmöglichkeit und dem Verzug ist die Schlechtleistung als dritte Art der Leistungsstörung zu nennen. Diese Leistungsstörung war bis zur Schuldrechtsmodernisierung am 01.01.2002 nicht gesetzlich geregelt. Die Gesetzeslücke war von Wissenschaft und Rechtsprechung durch die **positive Forderungsverletzung (pFV),** die auch **positive Vertragsverletzung (pVV)** genannt wurde, geschlossen worden. In älteren Lehrbüchern ist also zu diesen Stichwörtern zu suchen. Die zur pFV bzw. pVV entwickelten Grundsätze sind Grundlage des heute geltenden § 280 BGB.

I. Tatbestand

Voraussetzung eines Anspruchs wegen Schlechtleistung ist eine Pflichtverletzung, die zu einem Schaden führt, § 280 I 1 BGB. Eine Pflichtverletzung ist eine **Handlung**, die eine **Pflicht verletzt** und einen **Schaden** verursacht. Die Pflichtverletzung muss vom Schuldner **zu vertreten** sein, § 280 I 2 BGB.

1. Handlung

Eine Handlung ist ein menschliches Verhalten, das bei Bewusstsein vom Willen beherrschbar ist. Die Handlung kann in einem Tun oder in einem Unterlassen bestehen. Unterlassen ist aber nicht jedes Nichtstun. Nichtstun ist nur dann ein Unterlassen und damit eine Handlung im Rechtssinne, wenn eine Pflicht zum Tun besteht.

Beispiel: M ist bei dem Unternehmen U als Maschinist, B als Buchhalter eingestellt. Zu den Dienstpflichten des M gehört es, die Maschine zu schmieren. Er tut das aber nicht. Eine Welle läuft daher heiß; es kommt zu einem Schaden. Hier hat M das Schmieren der Welle unterlassen, da es zu seinen Dienstpflichten gehörte. B hingegen hat zwar die Welle auch nicht geschmiert. Das ist aber kein Unterlassen; denn zu seinen Dienstpflichten gehörte nicht das Schmieren der Maschine.

2. Pflichten

Als Pflichten, die durch Tun oder Unterlassen verletzt werden können, kommen neben den vereinbarten (Haupt-) Pflichten, wie sie sich aus dem Schuldverhältnis ergeben, § 240 I BGB, auch sogenannte Nebenpflichten in Betracht, § 241 II BGB. Das Schuldverhältnis kann nach seinem Inhalt jeden Teil zur Rücksichtnahme auf die Rechte, Rechtsgüter und Interessen des anderen Teils verpflichten.

So begründen Verträge für jede Partei eine Leistungstreuepflicht. **Leistungstreuepflicht** ist die Pflicht, den Vertragszweck nicht zu gefährden oder zu beeinträchtigen. So darf ein Vertragspartner nicht grundlos die Erfüllung seiner vertraglichen Pflicht verweigern. Auch eine unberechtigte Kündigung ist ein Verstoß gegen die Leistungstreuepflicht.

Den Beteiligten obliegen bei Abwicklung eines Schuldverhältnisses **Schutzpflichten**. Sie haben sich so zu verhalten, dass Personen, Eigentum und sonstige Rechte des anderen Teils nicht verletzt werden.

Aus Schuldverhältnissen können sich auch **Aufklärungspflichten** ergeben. Die Beteiligten eines Schuldverhältnisses müssen ihre Kenntnisse dem anderen mitteilen, wenn diese für den anderen nach dem Vertragszweck erkennbar von Bedeutung sind. Eine genaue Definition ist leider nicht möglich. Es kommt auf den Einzelfall an.

3. Kausalität

Die Handlung muss für die Verletzung der Pflicht und diese für den Schaden kausal (ursächlich) sein. Kausal ist erst einmal alles, was nicht hinweggedacht werden kann, ohne dass der konkrete Erfolg entfiele. Man spricht insoweit von **äquivalenter Kausalität**. Die Äquivalenztheorie allein ist für die rechtliche Beurteilung aber zu weit.

Beispiel: U repariert die Heizung des B. Dabei hantiert er mit dem Schweißgerät so unvorsichtig, dass der Teppichboden des B Feuer fängt und ein Wohnungsbrand ausbricht. Nach der Äquivalenztheorie ist hier nicht nur das Verhalten des U für die Verletzung der Schutzpflicht und den Schaden durch den Wohnungsbrand kausal. Ebenso kausal ist der Umstand, dass B die Wohnung mit einem Teppichboden und nicht mit einem Fliesenboden ausgestattet hat.

Die Äquivalenztheorie wird eingeschränkt durch die **Adäquanztheorie**. Danach ist kausal im Rechtssinne nur das, was die Möglichkeit des Erfolgs generell nicht unerheblich erhöht hat.

Beispiel: Im vorherigen Beispiel ist nur das unvorsichtige Hantieren des U mit dem Schweißgerät im Sinne der Adäquanztheorie generell nicht unerheblich gefahrerhöhend. Die Ausstattung einer Wohnung mit einem Teppichboden durch B ist dagegen nicht generell gefahrerhöhend. Nur das Verhalten des U ist daher für die Verletzung der Schutzpflicht und den Schaden kausal im Rechtssinne.

Darüber hinaus ist der Normzweck zu beachten. Die Handlung ist nur dann für den Erfolg kausal im Rechtssinne, wenn der Erfolg nach Art und Entstehungsweise unter den **Schutzzweck der verletzten Norm** fällt.

Beispiel: Wenn U als Heizungsmonteur die Reparatur der Heizung des B in Schwarzarbeit ausführt, ist das zwar eine Pflichtverletzung; das Gesetz gegen die Schwarzarbeit[193] soll aber nur Steuerhinterziehung, die Verkürzung von Sozialabgaben und die Konkurrenz durch Schwarzarbeit verhindern. Es bezweckt nicht die Verhinderung von Sorgfaltspflichtverletzungen und Wohnungsbränden. Der Umstand, dass U in Schwarzarbeit tätig war, ist daher nach dem Schutzzweck der Norm nicht kausal für die Pflichtverletzung, die den Schaden durch den Wohnungsbrand herbeigeführt hat.

4. Vertretenmüssen

Neben der Pflichtverletzung und der Kausalität zwischen Handlung, Pflichtverletzung und Schaden ist weitere Voraussetzung eines Anspruchs, dass der Schuldner die Pflichtverletzung zu vertreten hat, § 280 I 2 BGB[194]. Wie bereits dargestellt[195], beinhaltet § 280 I 2 BGB eine Beweislastumkehr. Das Gesetz geht grundsätzlich davon aus, dass der Schuldner die Pflichtverletzung zu vertreten hat. Der Schuldner kann aber darlegen und muss dann beweisen, dass er die Pflichtverletzung ausnahmsweise nicht zu vertreten hat. In der Praxis und in Klausuren ist hier insbesondere auch die Haftung für das Verschulden des Erfüllungsgehilfen, § 278 BGB, zu beachten[196].

II. Rechtsfolgen

Die Pflichtverletzung begründet für den anderen Teil einen **Schadensersatzanspruch**, der sich auf alle Nachteile bezieht, die durch die Pflichtverletzung des Schuldner entstanden sind.

Der Schaden muss auf der Pflichtverletzung beruhen. Diesen Kausalzusammenhang zwischen der Rechtsgutverletzung (Haftgrund) und dem Schaden nennt man **haftungsausfüllende Kausalität**. Davon zu unterscheiden ist **die haftungsbegründende Kausalität**, die den Kausalzusammenhang zwischen dem Verhalten des Schädigers und der Rechtsgutverletzung betrifft.

Beispiel: In den oben genannten Beispielen besteht eine haftungsbegründende Kausalität zwischen dem unvorsichtigen Hantieren des U mit dem Schweißgerät und dem Brand des Teppichs. U haftet aber nicht nur für den angebrannten Teppich. Er haftet darüber hinaus für alle Nachteile, die aus diesem Brand des Teppichs folgen, also für alle bei dem Wohnungsbrand beschädigten Gegenstände, für die Rauchvergiftung der Hausbewohner, die Kosten für einen Hotelaufenthalt, während der Zeit in der die Wohnung wieder hergestellt wird, usw. Er haftet für alle Schäden, die in haftungsausfüllender Kausalität mit dem Brand des Teppichs zusammenhängen.

Bei gegenseitigen Verträgen kann die Pflichtverletzung auch ein **Rücktrittsrecht,** § 323 BGB begründen oder der Gläubiger kann **Schadensersatz**

---

193 Gesetz zur Bekämpfung der Schwarzarbeit vom 30.03.1957 (BGBl. I S. 315); Nipperdey I, Nr. 110

194 Zum Vertretenmüssen siehe oben die 17. Lektion, III. Vertretenmüssen.

195 Siehe oben 17. Lektion, II. Anspruch bei Pflichtverletzung, Seite 131.

196 Näher zum Erfüllungsgehilfen oben die 17. Lektion, III. 1. Erfüllungsgehilfe.

statt der Leistung, § 281 BGB, verlangen. Voraussetzung ist dann aber, dass der Gläubiger dem Schuldner erfolglos eine angemessene Frist zur Leistung oder Nacherfüllung bestimmt hat, §§ 281 I, 323 I BGB. Die Pflichtverletzung muss allerdings erheblich sein, §§ 281 I 3, 323 V 2, 324 BGB..

III. Wiederholungsfragen

Schauen Sie bitte erst dann auf Seite 248 in die Lösung, wenn Sie die Fragen selbst beantwortet haben.

1. Nennen Sie die Anspruchsgrundlage für Schadensersatz bei Schlechtleistung!
2. Was ist eine Handlung im Rechtssinne?
3. Nennen Sie drei Gruppen von Pflichten, deren Verletzung gemäß §§ 241 II, 280 I BGB zum Schadensersatz führen können!
4. Was ist kausal im Rechtssinne?
6. Was verstehen Sie unter haftungsbegründender Kausalität?
5. Was verstehen Sie unter haftungsausfüllender Kausalität?
7. Beschreiben Sie die Adäquanztheorie!
8. Welche Bedeutung hat der Schutzzweck der Norm für die Kausalität?
9. Nennen Sie die Voraussetzungen eines Anspruchs wegen Schlechtleistung gemäß § 280 I 1 BGB!
10. Welche Ansprüche begründet die Schlechtleistung für den Geschädigten?

21. Lektion
Verträge für Dritte

Bisher war immer von Verträgen die Rede, die Wirkungen zwischen den beiden Beteiligten hatten. Das entspricht auch der Privatautonomie, nach der jeder über **seine** Rechte frei verfügen kann. Die Verfügung über eigene Recht geschieht in der Regel durch den Abschluss eines Vertrages, wobei es gleichgültig ist, ob der Abschluss durch eine eigene Willenserklärung oder durch die eines Vertreters erfolgt.

Verträge, in denen eine andere, nicht beteiligte Person verpflichtet werden soll, nennt man **Verträge zu Lasten Dritter**. Solche Verträge verstoßen gegen die Privatautonomie und sind in jedem Fall unwirksam.

Davon zu unterscheiden sind die Verträge, die nicht zum Nachteil, sondern zum Vorteil Dritter Wirkungen haben. Zu nennen sind hier vor allem der **Vertrag zugunsten Dritter** und der **Vertrag mit Schutzwirkung für Dritte**.

I. Vertrag zugunsten Dritter

Beim **echten Vertrag zugunsten Dritter** erwirbt der Dritte, obwohl er weder selbst noch durch einen Vertreter am Abschluss des Vertrages beteiligt war, einen eigenen Anspruch gegen den Schuldner, § 328 I BGB. Der echte Vertrag zugunsten Dritter wird daher auch als berechtigender Vertrag zugunsten Dritter bezeichnet, da der Dritte aus diesem Vertrag berechtigt wird, die Leistung vom Schuldner zu verlangen.

Beim **unechten Vertrag zugunsten Dritter** ist zwar der Schuldner mit schuldbefreiender Wirkung ermächtigt, an den Dritten zu leisten, der Dritte hat aber keinen Anspruch auf die Leistung. Das Recht, die Leistung an den Dritten zu verlangen, hat allein der Gläubiger. Wegen der Ermächtigung des Schuldners, an den Dritten zu leisten, wird der unechte Vertrag zugunsten Dritter auch als ermächtigender Vertrag zugunsten Dritter bezeichnet.

Ob ein echter oder ein unechter Vertrag zugunsten Dritter gegeben ist, ist durch Auslegung des Vertrages zu ermitteln. Die §§ 329, 330 BGB bieten hierbei Entscheidungshilfen.

1. Terminologie

Das Gesetz nennt die Vertragsschließenden beim Vertrag zugunsten Dritter Versprechenden und Versprechensempfänger, das Verhältnis zwischen ihnen heißt **Deckungsverhältnis**, da hier der Versprechende die Gegenleistung und damit die

Deckung für seine Leistung an den Dritten erhält. Das Verhältnis zwischen Versprechensempfänger und Drittem wird als **Zuwendungs- oder Valutaverhältnis** bezeichnet. Aus diesem Verhältnis ergibt sich der Rechtsgrund für die Leistung, die der Versprechensempfänger über den Versprechenden an den Dritten erbringt.

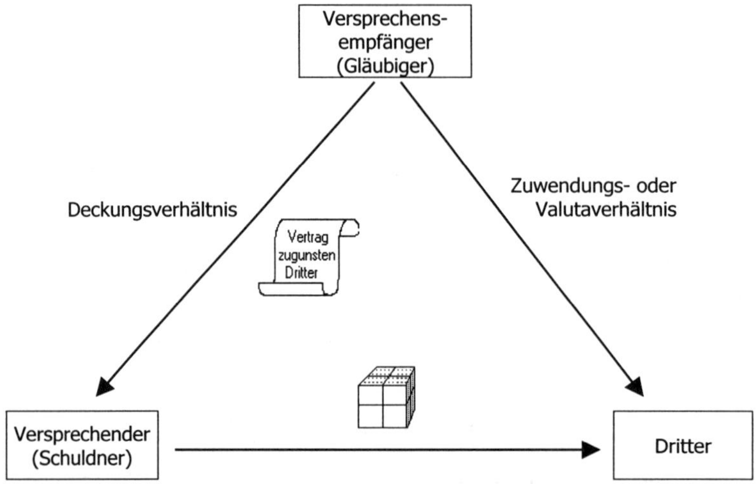

2. Voraussetzungen

Nahezu jeder Vertrag, wie Kaufvertrag (§ 433 BGB), Werkvertrag (§ 631 BGB) usw., kann durch eine entsprechende Abrede zwischen den Vertragsschließenden zu einem Vertrag zugunsten Dritter ausgestaltet werden. Voraussetzung hierfür ist, dass der Vertrag zwischen dem Versprechenden und dem Versprechensempfänger wirksam zustande kommt, und dass als begünstigter Dritter eine natürliche oder juristische Person eingesetzt wird.

3. Rechtsfolgen

Beim echten Vertrag zugunsten Dritter erwirbt der Dritte gegen den Schuldner einen Anspruch auf die Leistung. Bei Leistungsstörung kann er Schadensersatz aus § 280 BGB geltend machen. Der Schuldner kann ihm aber Einwendungen entgegenhalten, die ihm aus dem Vertrag gegenüber dem Gläubiger zustehen, § 334 BGB.

Der Dritte nimmt nicht die Stelle des Versprechensempfängers ein. Er ist nach wie vor am Vertrag nicht beteiligt. Nach herrschender Meinung kann er daher nicht ohne weiteres z. B. gemäß §§ 323 ff. BGB den Rücktritt erklären. Im Einzelfall kommt es auf die Auslegung des Vertrages zwischen Versprechendem und Versprechensempfänger an, welche Rechte dem Dritten insoweit zustehen sollen.

Beim unechten Vertrag zugunsten Dritter ist der Schuldner ermächtigt, an den Dritten zu leisten; der Dritte kann die Leistung aber nicht selbst fordern. Nur der Gläubiger kann die Leistung an den Dritten verlangen, vgl. § 335 BGB ("auch"). Im Übrigen unterscheidet sich der unechte Vertrag zugunsten Dritter nicht von einem Vertrag, in den kein Dritter einbezogen ist.

II. Vertrag mit Schutzwirkung für Dritte

Anders als der Vertrag zugunsten Dritter ist der Vertrag mit Schutzwirkung für Dritte nicht im Gesetz geregelt. Der Dritte erhält weder einen Anspruch auf die Leistung, noch ist der Schuldner ermächtigt, an den Dritten zu leisten. Der Dritte ist aber in den Schutzbereich des Vertrages insoweit einbezogen, als er bei Verletzung von Schutzpflichten gegenüber dem Schuldner eigene, vertragliche Schadensersatzansprüche geltend machen kann.

Beispiel: Nach einem Theaterbesuch nimmt B ein Taxi, um seine Freundin F nach Hause zu bringen. Hier ist F in den Schutzbereich des Beförderungsvertrages (§ 631 BGB) zwischen B und U einbezogen. Bei einem vom U verschuldeten Verkehrsunfall hat sie gegebenenfalls einen eigenen, vertraglichen Schadensersatzanspruch gegenüber U, obwohl sie nicht Vertragspartei des Beförderungsvertrages ist.

1. Voraussetzungen

Damit der Vertrag mit Schutzwirkung für Dritte den Schuldner nicht unvorhergesehen unangemessen belastet, ist die Einbeziehung Dritter an strenge Voraussetzungen gebunden.

Der Dritte muss nach dem Inhalt des Vertrages mit der Leistung des Schuldners in Berührung kommen und dadurch den Gefahren von Schutzpflichtverletzungen ebenso ausgesetzt sein, wie der Gläubiger selbst. Der Dritte muss in **Leistungsnähe** stehen.

Außerdem muss die Leistung nach dem Inhalt des Vertrages bestimmungsgemäß auch Dritten zugute kommen. Eine solche **Drittbezogenheit** kann sich unter besonderen Umständen des Einzelfalles auch stillschweigend ergeben.

Die beiden erstgenannten Umstände müssen für den Schuldner bei Abschluss des Vertrages **erkennbar** sein.

Schließlich muss der Dritte **schutzbedürftig** sein. Das ist er, wenn ihm kein vertraglicher Anspruch gegenüber dem Gläubiger zusteht, so dass er auf einen Anspruch gegen den Schuldner angewiesen ist.

2. Rechtsfolgen

Bei einer Schutzpflichtverletzung des Schuldners hat der Dritte einen eigenen, vertraglichen Schadensersatzanspruch gegenüber dem Schuldner. Er muss sich aber analog § 334 BGB Einwendungen des Schuldners gegenüber dem Gläubiger, wie z. B. vertragliche oder gesetzliche Haftungsbeschränkungen, entgegenhalten lassen.

III. Wiederholungsfragen

Schauen Sie bitte erst dann auf Seite 249 in die Lösung, wenn Sie die Fragen selbst beantwortet haben.

1. Unterscheiden Sie den echten und den unechten Vertrag zugunsten Dritter!
2. Welches Verhältnis bezeichnet man beim Vertrag zugunsten Dritter als Deckungsverhältnis?
3. Was ist unter Valutaverhältnis zu verstehen?
4. Unter welchen Voraussetzungen kommt ein Vertrag zugunsten Dritter zustande?
5. Welche Rechte hat der Dritte aus einem echten Vertrag zugunsten Dritter?
6. Welche Rechte hat der Dritte aus einem unechten Vertrag zugunsten Dritter.
7. Unterscheiden Sie den Vertrag zugunsten Dritter und den Vertrag mit Schutzwirkung für Dritte!
8. Nennen Sie die Voraussetzungen des Vertrages mit Schutzwirkung für Dritte schlagwortartig!
9. Was ist unter Leistungsnähe des Dritten zu verstehen?
10. Welche Ansprüche hat der Dritte bei einer Schutzpflichtverletzung des Schuldners aus dem Vertrag mit Schutzwirkung für Dritte?

22. Lektion
Abtretung

Bei einer Abtretung wird eine Forderung von dem Gläubiger durch Vertrag mit einem anderen auf diesen übertragen, § 398 S. 1 BGB. Obwohl der Schuldner an dem Vertrag nicht beteiligt ist, kann der neue Gläubiger nun den Schuldner direkt aus der abgetretenen Forderung in Anspruch nehmen.

Beispiel: K hat bei V ein neues Auto zum Preis von 60.000 € bestellt (§ 433 BGB). Die Lieferfrist beträgt 6 Monate. Nach 5½ Monaten ist er in finanziellen Schwierigkeiten. Er verkauft daher seine Forderung aus dem Kaufvertrag mit V auf Lieferung des Autos für 65.000 € an G und tritt ihm die Forderung ab. G kann nun direkt von V Lieferung des Autos in 2 Wochen verlangen.

Bei der Abtretung ist das Abstraktionsprinzip[197] zu beachten. Die Abtretung ist eine Verfügung[198], da durch sie unmittelbar auf ein bestehendes Recht, die Forderung, eingewirkt wird, indem es (sie) übertragen wird. Diese Verfügung ist abstrakt. Ihr liegt ein Kausalgeschäft zugrunde. Das Kausalgeschäft kann z. B. ein Kaufvertrag sein, in dem sich der alte Gläubiger verpflichtet hat, die Forderung abzutreten, und der neue Gläubiger sich verpflichtet hat, dafür einen Kaufpreis zu zahlen. Das Kausalgeschäft und die Abtretung sind zwei nach dem Abstraktionsprinzip voneinander unabhängige Rechtsgeschäfte.

Die Abtretung wird auch als **Zession** bezeichnet. Der alte Gläubiger wird **Zedent**, der neue Gläubiger **Zessionar** genannt.

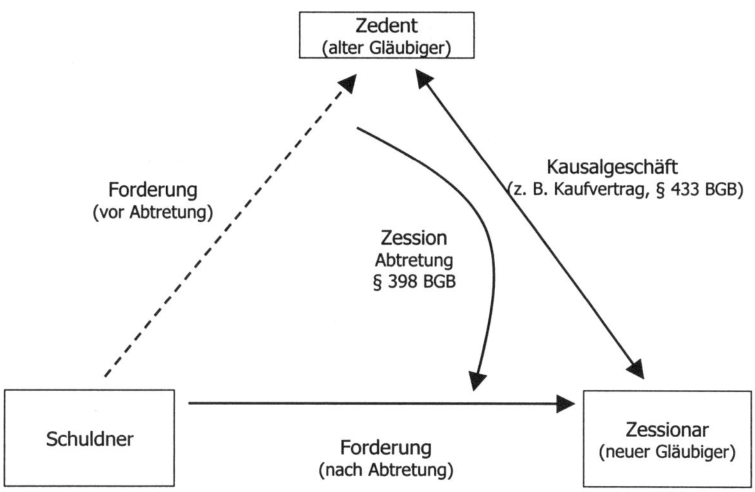

197 Zum Trennungs- und Abstraktionsprinzip siehe oben die 7. Lektion: Trennungs- und Abstraktionsprinzip.

198 Zur Verfügung siehe oben die 6. Lektion, III. 1. c) Unterscheidung nach der Rechtswirkung.

I. Voraussetzungen

Voraussetzung einer Abtretung ist erst einmal, dass die abgetretene Forderung überhaupt **besteht**. Besteht die Forderung gegenüber dem Schuldner nicht, kann sie der Zessionar auch nicht gutgläubig erwerben. Er hat dann aber gegebenenfalls gegenüber dem Zedenten einen Anspruch aus dem Kausalgeschäft, wie z. B. aus dem Kaufvertrag, §§ 437, 453 BGB[199].

Bei mehreren Abtretungen derselben Forderung durch denselben Gläubiger gilt das **Prioritätsprinzip**. Nur die erste Abtretung ist wirksam. Wurde die Forderung bereits an einen anderen abgetreten, kann sie der alte Gläubiger nicht noch einmal abtreten.

Beispiel: G tritt die Forderung gegen S zuerst an X, dann an Y und dann an Z ab. Hier wird nur X neuer Gläubiger der Forderung gegen S. Y und Z erwerben die Forderung nicht. Sie haben aber aus dem Kausalgeschäft gegebenenfalls Gewährleistungsansprüche gegenüber G.

Die Forderung muss **übertragbar** sein. Höchstpersönliche Ansprüche, wie z. B. der Anspruch auf Urlaub in einem Arbeitsverhältnis, sind nicht übertragbar. Gemäß § 399 1. Alt. BGB können auch Forderungen nicht abgetreten werden, wenn sich mit der Abtretung der Leistungsinhalt ändern würde, wie das z. B. bei Unterhaltsansprüchen der Fall ist. Nicht abtretbar sind schließlich Forderungen, wenn die Abtretung durch Vereinbarung mit dem Schuldner ausgeschlossen ist, § 399 2. Alt. BGB. Vgl. im Übrigen § 400 BGB.

Die Abtretung künftiger Forderungen ist möglich. Allerdings müssen sie dann **bestimmt oder bestimmbar** sein. Hierfür muss zwar weder der zukünftige Schuldner, noch der Betrag der Forderung bekannt sein; bestimmbar ist die Forderung aber nur, wenn sie sich klar abgrenzen lässt. Bestimmbar sind z. B. die Forderungen aus dem zukünftigen Verkauf bestimmter Sachen.

II. Rechtsfolgen

Mit der Abtretung tritt der neue Gläubiger an die Stelle des alten Gläubigers, § 398 S. 2 BGB.

Der neue Gläubiger erwirbt auch die Neben- und Vorzugsrechte der abgetretenen Forderung, § 401 BGB. Nebenrechte sind z. B. Hypotheken, Pfandrechte und Rechte aus einer Bürgschaft.

Beispiel: S schuldet G 100 €. B hat sich für die Schuld des S gegenüber G verbürgt. Tritt nun G seine Forderung gegen S an Z ab, erwirbt Z auch den Anspruch aus der Bürgschaft gegen B.

---

[199] Zu §§ 437, 453 BGB siehe unten die 23. Lektion, I. 1. Verzug und Unmöglichkeit beim Kaufvertrag.

Alle Einwendungen und Einreden, die für den Schuldner zur Zeit der Abtretung gegen den alten Gläubiger begründet waren, bleiben bestehen, § 404 BGB. (Zu den Ausnahmen siehe § 405 BGB). Der Schuldner kann sie auch dem neuen Gläubiger gegenüber geltend machen.

Beispiel: G verkauft sein Auto an S und verschweigt dabei, dass es sich um einen Unfallwagen handelt. Tritt nun G die Forderung auf Zahlung des Kaufpreises an Z ab, kann S den Kaufvertrag gemäß § 123 BGB gegenüber Z wegen arglistiger Täuschung anfechten[200].

Hat der Schuldner keine Kenntnis von der Abtretung, kann er weiterhin an den alten Gläubiger leisten, § 407 I BGB. Der neue Gläubiger muss diese Leistung gegen sich gelten lassen. Das gleiche gilt für alle Rechtsgeschäfte, die zwischen dem Schuldner und dem alten Gläubiger im Hinblick auf die (abgetretene) Forderung vorgenommen werden.

Beispiel: G tritt seine Forderung gegen S an Z ab. Nach einiger Zeit bittet S den G, ihm die Schuld für 2 Monate zu stunden. G, der nicht an die Abtretung der Forderung an Z denkt, gewährt dem S die Stundung. Hier wirkt die Stundung auch gegenüber Z.

III. Sicherungszession

Die Sicherungszession (Sicherungsabtretung) ist ähnlich wie eine Hypothek oder eine Bürgschaft eine Sicherheit[201]. Der Zedent tritt seine Forderung gegenüber dem Schuldner an den Zessionar ab, um ihm so eine Sicherheit für eine Forderung gegen ihn, den Zedenten, zu bieten. Der Sicherungszession liegt eine **Sicherungsabrede** als Kausalgeschäft zugrunde. In dieser Sicherungsabrede ist bestimmt, unter welchen Umständen der Sicherungsnehmer die abgetretene Forderung verwerten darf. Sinnvoll ist diese Art der Sicherung bei der Sicherungszession zukünftiger Forderungen.

Beispiel: G betreibt einen Großhandel mit Elektrogeräten. Er benötigt ein Darlehen von der Bank B, um sein Geschäft auszubauen. Die Bank B verlangt Sicherheiten. Hier können die Bank B und G eine Sicherungsabrede treffen, in der sich G verpflichtet, der Bank B seine zukünftigen Forderungen gegenüber seinen Kunden aus dem Verkauf bestimmter Artikel an die Bank B zur Sicherheit abzutreten. Wenn G zahlungsunfähig wird, soll die Bank B die Forderungen gegenüber den Kunden einziehen und verwerten dürfen. Kommt nun G in finanzielle Schwierigkeiten, kann die Bank sich aus den abgetretenen Forderungen befriedigen.

Bei der Sicherungszession muss auch geregelt sein, wie die abgetretene Forderung an den Sicherungsgeber zurückgelangt, wenn dieser seine Schulden begleicht. Es sind hier zwei Möglichkeiten denkbar: Zum einen kann in der Sicherungsabrede vereinbart sein, dass der Sicherungsnehmer die Forderung zurück abtreten muss, wenn die Schulden beglichen sind. Zum anderen ist es möglich, die Sicherungszession gleich unter der auflösenden Bedingung der

---

[200] Zur Anfechtung siehe oben die 10. Lektion: Anfechtung.

[201] Zur Sicherungszession (Sicherungsabtretung) siehe auch unten die 30. Lektion, II. 4. Sicherungszession.

Begleichung der Schulden vorzunehmen (vgl. § 158 II BGB). Begleicht nun der Sicherungsgeber seine Schulden, tritt die Bedingung ein und die zur Sicherheit abgetretene Forderung fällt ohne weiteres an ihn zurück.

IV. Factoring

Das Factoring ist im Gesetz nicht geregelt. Es hat sich Ende des 19. Jahrhunderts in den USA entwickelt und wird in Deutschland erst seit dem Jahre 1958 praktiziert. Seit dem hat es eine erhebliche wirtschaftliche Bedeutung erlangt.

Das Factoring ist ein besonderes Kausalgeschäft, das der Abtretung zugrunde liegt. Danach tritt ein Unternehmen laufend kurzfristige Forderungen gegenüber seinen Schuldnern an einen Factor ab. Ein **Factor** ist eine Bank oder ein Factorunternehmen. Der Factor zahlt an das Unternehmen, das **Klient** oder **Anschlusskunde** genannt wird, die Beträge in Höhe der ausstehenden Forderungen. Er übernimmt die Verwaltung und Einziehung der Forderungen gegenüber den Schuldnern. Der Klient spart so die mit der Einziehung der Forderungen verbundene Arbeit. Der Factor kann die Einziehung der zahlreichen Forderungen verschiedener Klienten, z. B. durch den Einsatz elektronischer Datenverarbeitung, kostengünstig rationalisieren.

Beim **echten Factoring** übernimmt der Factor neben der Verwaltung der Forderungen auch das Kreditrisiko. Nach herrschender Meinung handelt es sich um einen **Forderungskauf**, § 433 BGB. Der Klient erhält vom Factor für seine Forderungen einen Kaufpreis. Er haftet dem Factor nicht für die Zahlungsfähigkeit (Bonität) der Schuldner.

Das **unechte Factoring** ist nach herrschender Meinung ein Kreditgeschäft. Die Zahlung des Factors ist gemäß § 488 BGB ein Darlehen an den Klienten. Die Abtretung der Forderungen dient als Sicherheit. Anders als bei der Sicherungszession ist aber hier der Factor nicht erst bei Zahlungsunfähigkeit des Sicherungsgebers, sondern von vornherein berechtigt, die Forderungen einzuziehen. Es wird so bei der Rückzahlung des Darlehens der Umweg über den Klienten gespart. Können die Forderungen nicht eingezogen werden, trifft die Rückzahlungspflicht wieder den Klienten. Er trägt damit das Kreditrisiko.

V. Wiederholungsfragen

Schauen Sie bitte erst dann auf Seite 250 in die Lösung, wenn Sie die Fragen selbst beantwortet haben.

1. Ist die Abtretung ein Verfügungs- oder ein Verpflichtungsgeschäft?
2. Nennen Sie ein Beispiel für ein der Abtretung zugrundeliegendes Kausalgeschäft!
3. Was ist eine Zession? Wer ist Zedent? Wer ist Zessionar?
4. Welche Bedeutung hat das Prioritätsprinzip bei der mehrfachen Abtretung derselben Forderung?
5. Nennen Sie die Voraussetzungen einer wirksamen Abtretung!
6. Welche Rechtsfolgen hat die Abtretung?
7. Was ist eine Sicherungszession?
8. Beschreiben Sie das Kausalgeschäft der Sicherungszession!
9. Was ist Factoring?
10. Unterscheiden Sie das echte und das unechte Factoring!

23. Lektion
Schuldrechtliche Verträge über Gegenstände

Die Einteilung in **Verträge über Gegenstände** und **Verträge über Tätigkeiten**, die in der nächsten Lektion behandelt werden, soll den Überblick über die im Besonderen Schuldrecht des BGB geregelten Vertragstypen erleichtern. Nach dieser Einteilung sind Verträge über Gegenstände der Kaufvertrag, der Tausch, die Schenkung, die Miete, die Pacht, die Leihe, das Darlehen und die Verwahrung. Es handelt sich um Verträge, die dazu verpflichten, die Beziehungen zu Gegenständen (Sachen oder Rechte)[202] zu ändern. In diese Kategorie gehört auch das nicht im Gesetz geregelte Leasing. Im folgenden werden nur die wichtigsten Vertragstypen kurz vorgestellt.

I. Kaufvertrag

Durch den Kaufvertrag wird der Verkäufer einer Sache **verpflichtet**, dem Käufer die Sache zu übergeben und das Eigentum daran zu verschaffen, § 433 I 1 BGB. Der Käufer ist **verpflichtet**, dem Verkäufer den vereinbarten Kaufpreis zu zahlen, § 433 II BGB.

Ein Kaufvertrag kann nicht nur über Sachen, sondern auch über Rechte geschlossen werden. Berechtigt das Recht zum Besitz einer Sache, ist der Verkäufer **verpflichtet**, dem Käufer die Sache zu übergeben, § 453 III BGB.

Beispiel: V verkauft dem K seine Forderung gegenüber S, § 433 I 2 BGB. Er ist nun verpflichtet, die Forderung an S abzutreten, § 398 BGB. Hat V für die Forderung ein Pfand[203], so muss er auch das Pfand übergeben, §§ 401, 1251 BGB.

Die Erfüllungsgeschäfte, wie die Übereignung des Kaufpreises und der Kaufsache (§§ 929 ff. BGB) oder die Abtretung der Forderung (§ 398 BGB), müssen vom Kaufvertrag (§ 433 BGB) unterschieden werden[204].

Außer den Rechten können auch andere nicht körperliche Gegenstände, wie z. B. elektrische Energie oder Wasserkraft, verkauft werden.

Der Kaufvertrag ist ein Verpflichtungsgeschäft. Anders als im Sachenrecht gilt hier nicht der Spezialitätsgrundsatz[205]. Ein einziger Kaufvertrag kann daher über **viele** verschiedene Gegenstände geschlossen werden.

---

202 Zu dem Begriff "Gegenstand" siehe oben die 5. Lektion, II. Rechtsobjekte.

203 Vgl. §§ 1204 ff. BGB und unten die 30. Lektion, II. 1. Pfand.

204 Zum Trennungs- und Abstraktionsprinzip siehe oben die 7. Lektion: Trennungs- und Abstraktionsprinzip.

205 Zum Spezialitätsgrundsatz siehe oben die 5. Lektion, II. 1. Körperliche Gegenstände.

Beispiel: Ein Unternehmen kann mit einem Kaufvertrag verkauft werden. Der Kaufvertrag umfasst dann nicht nur die Verpflichtung zur Übereignung der Sachgüter, wie LKW, Büromaschinen usw., sondern auch die Verpflichtung zur Abtretung von Forderungen gegen Kunden und zur Übertragung des "good will". Die Erfüllung des Kaufvertrages muss dann allerdings durch entsprechend viele verschiedene Rechtsgeschäfte erfolgen[206].

2. Leistungsstörung beim Kaufvertrag

Bei **Verzug** und **Unmöglichkeit** gelten die allgemeinen Regeln[207].

Bei **Schlechtleistung** wegen eines Sach- oder Rechtsmangels liegt eine Pflichtverletzung vor. Der Verkäufer muss gemäß § 433 I 2 BGB dem Käufer die Sache frei von Sach- und Rechtsmängeln verschaffen. Die Mängelfreiheit gehört somit zur Leistungspflicht. Der Verkäufer haftet gemäß §§ 437 ff. BGB.

Ein **Sachmangel** ist entsprechend § 434 I 1 BGB gegeben, wenn die verkaufte Sache bei Gefahrübergang (§§ 446, 447 BGB) nicht die vereinbarte Beschaffenheit hat **(subjektiver Fehlerbegriff)**. Ist die Beschaffenheit nicht vereinbart, ist die Sache gemäß § 434 II 2 BGB mangelhaft, wenn sie sich nicht für die nach dem Vertrag vorausgesetzte Verwendung eignet, sonst wenn sie sich nicht für die gewöhnliche Verwendung eignet und nicht eine Beschaffenheit aufweist, die bei gleichen Sachen üblich ist und erwartet werden kann **(objektiver Fehlerbegriff)**.

Beispiel: V verkauft dem K ein Auto. Das Auto ist nicht mehr verkehrstauglich, da die tragenden Holme durchgerostet und die Bremsen defekt sind. Bei der Beurteilung, ob das Auto fehlerhaft ist, kommt es auf die Vereinbarung im Kaufvertrag an. Wurde das Auto zur weiteren Benutzung im Straßenverkehr verkauft, ist das Auto nach dem subjektiven Fehlerbegriff gemäß § 434 I 1 BGB mangelhaft, da die Tauglichkeit zum vertraglich vorausgesetzten Gebrauch aufgehoben ist. Wurde im Kaufvertrag diesbezüglich nichts vereinbart, ist ein Fehler auch nach dem objektiven Fehlerbegriff gemäß § 434 I 2 BGB anzunehmen, da das Auto sich nicht für die gewöhnliche Verwendung, nämlich zum Fahren im Straßenverkehr, eignet, was als gewöhnliche Verwendung eines Autos erwartet werden kann. Etwas anderes gilt aber, wenn das Auto zum Ausschlachten verkauft wurde. Dann ist es nach dem subjektiven Fehlerbegriff gemäß § 434 I 1 BGB nicht fehlerhaft. Seine Tauglichkeit zum vertraglich vorausgesetzten Gebrauch, dem Ausschlachten, ist gegeben. Auf den objektiven Fehlerbegriff gemäß § 434 I 2 BGB kommt es nicht mehr an.

Ein **Rechtsmangel** ist entsprechend § 435 BGB gegeben, wenn die verkaufte Sache bspw. einem anderen gehört oder mit einem Pfandrecht belastet ist.

Ist die verkaufte Sache mangelhaft, kann der Käufer erst einmal **Nacherfüllung** verlangen, §§ 437 Nr. 1, 439 BGB. Er kann wählen, ob der Mangel beseitigt oder gleich eine mangelfreie Sache geliefert werden soll, § 439 I BGB. Der Verkäufer hat die Kosten der Nacherfüllung zu tragen, insbesondere die Transport-, Wege-, Arbeits- und Materialkosten, § 439 II BGB.

Beispiel: K kauft bei V eine Waschmaschine. Die Waschmaschine ist defekt; es läuft Wasser aus.

---

[206] Zur Unterscheidung zwischen Grund- und Erfüllungsgeschäft siehe oben die 7. Lektion, I. Trennungsprinzip.

[207] Zum Verzug siehe oben die 19. Lektion: Verzug. Zur Unmöglichkeit siehe oben die 18. Lektion: Unmöglichkeit

Hier kann K von V verlangen, entweder eine andere, gleiche Waschmaschine zu liefern oder die gelieferte Waschmaschine zu reparieren. Der Austausch der Waschmaschine oder die Reparatur muss auf Kosten des V erfolgen.

Erst nach Fristsetzung oder wenn die Nachbesserung fehl schlägt, vom Verkäufer verweigert wird oder nicht (mehr) zumutbar ist, § 440 BGB, kann der Käufer nach den allgemeinen Regeln[208] **Rücktritt** erklären, § 323 BGB, und/oder **Schadensersatz** verlangen, §§ 280, 281 BGB. Ist Rücktritt erklärt, müssen beide Parteien das zurückgeben, was sie erhalten haben: der Verkäufer muss den Kaufpreis zurückgeben, der Käufer die gekaufte Sache, vgl. § 346 BGB.

Anstatt zurückzutreten, kann der Käufer bei Schlechtleistung **Minderung** erklären, § 441 I 1 BGB. Für die Minderung müssen alle Voraussetzungen wie für einen Rücktritt gegeben sein. Anders als bei Rücktritt ist Minderung aber auch schon bei kleinen Mängeln möglich, § 441 I 2 BGB. Die Minderung wird gemäß § 441 III BGB berechnet. Danach ist der Kaufpreis in dem Verhältnis herabzusetzen, in welchem zurzeit des Verkaufs der Wert der Sache in mangelfreiem Zustande zu dem wirklichen Wert gestanden haben würde. Der geminderte Kaufpreis errechnet sich also nach einem Dreisatz:

$$\frac{\text{Wert mit Mangel } \mathbf{x} \text{ gezahlter Kaufpreis}}{\text{Wert ohne Mangel}} = \text{geminderter Kaufpreis}$$

Das Recht auf Rücktritt oder Minderung und/oder Schadensersatzanspruch ist ausgeschlossen, wenn der Käufer bei Vertragsschluss den **Mangel kennt**, § 442 BGB. Hat der Käufer den Mangel nur infolge grober Fahrlässigkeit nicht gekannt, kann er die Rechte wegen des Mangels nur geltend machen, wenn der Verkäufer den Mangel arglistig verschwiegen hat.

3. Verbrauchsgüterkauf

Besonderheiten gelten beim **Verbrauchsgüterkauf**. Ein Verbrauchsgüterkauf liegt vor, wenn ein Verbraucher (§ 13 BGB) von einem Unternehmer (§ 14 BGB) eine bewegliche Sache kauft, § 474 BGB.

Liegt ein Verbrauchsgüterkauf vor, geht die Gefahr beim Versendungskauf nicht schon mit Auslieferung zum Transport, § 447 BGB, sondern erst mit Ankunft beim Verbraucher über, § 474 II BGB. Geht die Sache auf dem Transportweg verloren oder wird sie beschädigt, hat der Verbraucher die Rechte wegen Leistungsstörung gegenüber dem Verkäufer.

---

[208] Siehe oben, 20. Lektion, Schlechtleistung, II. Rechtsfolgen, Seite 147, verwiesen.

Beim Verbrauchsgüterkauf wird vermutet, das ein später sichtbarer Mangel schon bei Übergabe der Sache vorhanden war und nicht erst später aufgetreten ist, § 476 BGB. Es handelt sich insoweit um eine **Beweislastumkehr**. Der Verkäufer kann aber diese Vermutung widerlegen, wenn er nachweist, dass der Mangel nur nach Übergabe aufgetreten sein kann, insbesondere, wenn sich aus der Art der Sache oder des Mangels das ergibt.

Beispiel: K kauft von V ein Fahrrad. Einen Monat nach Übergabe des Fahrrads verlangt er Lieferung eines neuen Fahrrads, weil der Rahmen des gekauften Fahrrads gebrochen ist. Hier wird erst einmal gemäß § 476 BGB vermutet, dass der Rahmen schon bei Übergabe des Fahrrads angebrochen war und damit die Rechte des K gemäß §§ 439 BGB gegeben sind. V muss ein neues Fahrrad liefern. Zeigt sich aber, dass nicht nur der Rahmen gebrochen, sondern offenbar bei einem Unfall das Fahrrad beschädigt wurde, kann V die Vermutung anhand des Schadensbildes widerlegen. Er muss nicht nachliefern.

Im Übrigen dürfen beim **Verbrauchsgüterkauf** die Verjährungsfristen für Mängelgewährleistung nicht unter zwei Jahren bei neuen und einem Jahr bei gebrauchten Sachen, § 475 II BGB verkürzt werden. Garantieerklärungen müssen einfach und verständlich sein, § 477 BGB. Zweifel bei der Auslegung gehen zu Lasten des Unternehmers.

4. Handelskauf

Besonderheiten sind zu beachten, wenn der Kauf für beide Teile ein Handelsgeschäft ist. **Handelsgeschäfte** sind die Geschäfte eines Kaufmanns[209], die zum Betrieb seines Handelsgewerbes gehören, § 343 HGB. Hier gelten zwar auch erst einmal die §§ 433 ff. BGB; in den §§ 373 ff. HGB sind aber einige Besonderheiten bestimmt. Stehen dem Verkäufer bei Annahmeverzug des Käufers, § 373 HGB, bei Bestimmungskauf, § 375 HGB, und bei Fixhandelskauf, § 376 HGB, weitere Rechte zu.

Zu beachten ist vor allem die besondere **Untersuchungs- und Rügeobliegenheit**. Der Käufer muss die Ware unverzüglich nach der Ablieferung durch den Verkäufer untersuchen und, wenn sich ein Mangel zeigt, dem Verkäufer unverzüglich Anzeige machen, § 377 I HGB. Unterlässt der Käufer die Anzeige, so gilt die Ware als genehmigt, § 377 II BGB. Er verliert damit seine Rechte aus §§ 437 ff. BGB auf Nacherfüllung, Schadensersatz, Rücktritt oder Minderung.

II. Schenkung

Die Schenkung ist im Gegensatz zum Kaufvertrag unentgeltlich. Das Gesetz unterscheidet die **Handschenkung, § 516 I BGB**, und das **Schenkungsversprechen, § 518 BGB**. Nach herrschender Meinung handelt es

---

[209] Zum Kaufmann siehe oben die 4. Lektion, IV. 2. Handelsrecht.

sich in beiden Fällen um einen einseitig verpflichtenden Vertrag[210]. Zum Abschluss des Vertrages sind **zwei übereinstimmende Willenserklärungen**, eine vom Schenker, die andere vom Beschenkten, notwendig. Wenn der andere sich nichts schenken lassen will, muss er das Schenkungsangebot nicht annehmen. Um in diesen Fällen Klarheit zu schaffen, kann der Schenker dem anderen eine **Frist zur Erklärung über die Annahme** setzen. Nach dem Ablauf der Frist gilt die Schenkung als angenommen, wenn der andere sie vorher nicht abgelehnt hat, § 516 II BGB[211].

Das Schenkungsversprechen bedarf gemäß § 518 I BGB der **notariellen Beurkundung**[212]. Der Schenker soll so vor übereilter Großzügigkeit gewarnt werden. Das Schenkungsversprechen wird aber auch ohne Einhaltung dieser Form gültig, wenn die versprochene Leistung bewirkt, z. B. die versprochene Sache übereignet wird. Hier braucht der Schenker keinen Schutz vor Übereilung mehr; er sieht ja die Folgen.

Ist das Schenkungsversprechen als schuldrechtlicher Vertrag formgültig zustande gekommen, ist nur der Schenker zu einer unentgeltlichen Zuwendung verpflichtet.

Eine **unentgeltliche Zuwendung** ist gegeben, wenn der Schenker aus seinem Vermögen einen anderen unentgeltlich bereichert, § 516 I BGB. Das Vermögen des Schenkers muss durch die Zuwendung vermindert, dass des Beschenkten vermehrt werden. Keine Schenkung ist gegeben, wenn nur der Verzicht auf einen Vermögenserwerb gewährt wird.

Beispiel: A und B gehen über einen Flohmarkt. B sucht altes Geschirr für einen Polterabend und sieht in einer Kiste mit der Aufschrift "Für den Polterabend! Jedes Stück 1 €!" eine echte Meißner Porzellan-Untertasse, die A schon lange zur Vervollständigung seines Services sucht. B überlässt großzügig den Kauf der Untertasse dem A. Hier hat B dem A nichts im Sinne des § 516 BGB geschenkt. Eine Schenkung liegt nur vor, wenn B die Untertasse auf eigene Kosten erwirbt und dann dem A schenkt.

Von der Schenkung zu unterscheiden sind auch alle unentgeltlichen Verträge wie z. B. die Leihe, § 598 BGB und der Auftrag, § 662 BGB. Bei diesen Verträgen wird das Vermögen des Entleihers oder des Auftragnehmers nicht vermindert. Bei der Leihe erhält er die Sache ja zurück. Beim Auftrag tut er etwas. Dieses Tun mindert nicht sein Vermögen.

Der Schenker **haftet** für das Geschenk nur **eingeschränkt**, vgl. §§ 523, 524 BGB. Er kann das Geschenk **zurückfordern**, wenn er verarmt, § 528 BGB, oder die Schenkung **widerrufen**, wenn sich der Beschenkte wegen groben Undanks schuldig macht, § 530 BGB. Schenkungen, durch die auf eine sittliche Pflicht oder

210 Zum einseitig verpflichtenden Vertrag siehe oben die 11. Lektion, III. Arten der Verträge.

211 Zu dieser Ausnahme der Wirkung des Schweigens siehe oben die 12. Lektion, I. Annahme einer Schenkung.

212 Zur notariellen Beurkundung siehe oben die 15. Lektion, I. 1. b) Notarielle Beurkundung.

einer auf den Anstand zu nehmenden Rücksicht entsprochen wird, wie z. B. Geburtstags- und Weihnachtsgeschenke, können allerdings nicht zurückgefordert oder widerrufen werden, § 534 BGB.

III. Miete

Der Mietvertrag unterscheidet sich vom Kaufvertrag und von der Schenkung dadurch, dass die vermietete Sache nicht übereignet, sondern nur vorübergehend überlassen wird. Durch den Mietvertrag wird der Vermieter verpflichtet, dem Mieter den Gebrauch der vermieteten Sache während der Mietzeit zu gewähren. Der Mieter ist verpflichtet, dem Vermieter die vereinbarte Miete zu entrichten, § 535 BGB. Vermietet werden können bewegliche Sachen, wie z. B. Teppichreinigungsmaschinen oder Autos, und unbewegliche Sachen, wie z. B. Wohnungen, Grundstücke. Bei der Miete von Wohnräumen und Grundstücken sind aber zahlreiche Sondervorschriften[213] zu beachten. Rechte können nicht gemietet werden.

Der Vermieter muss die Mietsache dem Mieter in gebrauchsfähigem Zustand überlassen und während der Mietzeit in diesem Zustand erhalten, § 535 I 2 BGB. Man spricht insoweit von der **Gebrauchsüberlassungs- und Instandhaltungspflicht** des Vermieters. Die Instandhaltungspflicht des Vermieters umfasst auch die Beseitigung der vertragsgemäßen Abnutzung der Mietsache.

Beispiel: Der Vermieter V ist verpflichtet, die alten, durch Korrosion und Kalk zugesetzten Wasserrohre in dem von M gemieteten Haus zu erneuern.

Zur Instandhaltungspflicht gehört auch die Vornahme der sogenannten Schönheitsreparaturen. Die Schönheitsreparaturen wie Tapezieren, Wände und Decken Streichen werden mit den AGB[214] der Wohnraummietverträge aber meistens auf den Mieter abgewälzt.

Der Vermieter kann nicht immer wissen, ob Instandhaltungsmaßnahmen erforderlich sind. Er hat die vermietete Sache ja nicht. Der Mieter ist daher verpflichtet, den Vermieter von Mängeln der Sache zu unterrichten, § 536c I 1 BGB. Unterlässt er die **Mängelanzeige**, kann er bei daraus folgenden Leistungsstörungen keine Rechte gemäß § 536 f. BGB geltend machen und ist zum Ersatz des aus dem Unterlassen der Mängelanzeige entstehenden Schadens verpflichtet, § 536c I 2 BGB.

---

213 §§ 549 ff. BGB für Wohnräume, § 578 BGB für Grundstücke, § 578a BGB für eingetragene Schiffe.

214 Zu den Allgemeinen Geschäftsbedinungen (AGB) siehe oben die 16. Lektion: Allgemeine Geschäftsbedingungen.

1. Leistungsstörungen beim Mietvertrag

Leistungsstörungen beim Mietvertrag regeln vor den allgemeinen Bestimmungen zur Leistungsstörung[215] erst einmal die §§ 536 f. BGB. Danach muss der Mieter **keine oder weniger Miete** entrichten, wenn die Mietsache oder Mietwohnung einen Mangel hat, der ihre vertragsgemäße Tauglichkeit aufhebt oder mindert, § 536 I BGB.

Beispiel: Das gemietete Auto hat einen Motorschaden. Oder: Die Zentralheizung der gemieteten Wohnung fällt im Januar bei -20°C aus, so dass eine Raumtemperatur von -5°C herrscht. Hier muss der Mieter keinen Mietzins entrichten.

Darüber hinaus kann der Mieter **Schadensersatz wegen Nichterfüllung** verlangen, wenn der Mangel bei Abschluss des Vertrages vorhanden ist oder ein solcher Mangel später infolge eines Umstandes entsteht, den der Vermieter zu vertreten[216] hat, § 536a BGB. Das gleiche gilt, wenn der Vermieter mit der Beseitigung eines Mangels in Verzug[217] kommt. In diesem Fall kann der Mieter den Mangel auch selbst beseitigen und **Ersatz der erforderlichen Aufwendungen** verlangen, § 536a II BGB.

Beispiel (Fortsetzung): Hatte das gemietete Auto bereits **bei Abschluss** des Mietvertrages einen Motorschaden, kann der Mieter bei einer anderen Autovermietung ein gleichwertiges Auto mieten und die Mehrkosten als Schadensersatz wegen Nichterfüllung ersetzt verlangen. Fällt aber die Zentralheizung der gemieteten Wohnung **nach Abschluss** des Mietvertrages aus, kann der Mieter keinen Schadensersatz wegen Nichterfüllung verlangen, wenn der Vermieter den Ausfall nicht z. B. wegen schlechter Wartung der Heizungsanlage zu vertreten hat. Ist der Vermieter mit der Reparatur der Heizung in Verzug, kann der Mieter selbst einen Heizungsmonteur bestellen und die Kosten dem Vermieter in Rechnung stellen.

2. Beendigung des Mietverhältnisses

Das Mietverhältnis endet mit **Ablauf der Zeit**, für die es eingegangen ist. War keine Mietzeit bestimmt, kann es gekündigt werden, § 542 BGB.

Zu unterscheiden ist die ordentliche Kündigung und die außerordentliche Kündigung, 543 BGB. Beide Kündigungsarten sind bei der Wohnraummiete eingeschränkt, vgl. z. B. §§ 568 ff., 573 ff. BGB.

Von der Wohnraummiete abgesehen, ist die **ordentliche Kündigung** ohne besonderen Kündigungsgrund möglich. Die **außerordentliche Kündigung** ist nur bei vorliegen eines wichtigen Grundes gegeben. Das Gesetz nennt in den §§ 543,

---

[215] Zu den allgemeinen Bestimmungen zur Leistungsstörung siehe oben die 17. Lektion: *Grundbegriffe der Leistungsstörungen* und die dort folgenden Lektionen.

[216] Zum Vertretenmüssen siehe oben die 17. Lektion, III. Vertretenmüssen.

[217] Zum Verzug siehe oben die 19. Lektion: Verzug.

569 BGB solche Gründe. Die außerordentliche Kündigung ist, je nach Wichtigkeit des Grundes, fristlos.

IV. Leihe

Die Leihe, § 598 BGB, ist wie die Miete ein Vertrag, in dem der Gebrauch einer Sache gestattet wird. Anders als die Miete ist die Leihe aber unentgeltlich. Im täglichen Sprachgebrauch wird das nicht immer beachtet.

Beispiel: Umgangssprachlich spricht man von einem Leihwagen, obwohl dafür ein Preis zu entrichten ist. Juristisch handelt es sich um Miete.

Trotz der Unentgeltlichkeit handelt es sich um einen Vertrag und nicht nur um ein Gefälligkeitsverhältnis[218]. Der Entleiher hat einen klagbaren Anspruch gegen den Verleiher auf Gebrauchsüberlassung, § 598 BGB. Wegen der Unentgeltlichkeit ist aber die Haftung des Verleihers eingeschränkt. Er haftet nur, wenn er einen Mangel arglistig verschwiegen hat, § 600 BGB. Im Übrigen hat er nur Vorsatz und grobe Fahrlässigkeit[219] zu vertreten, § 599 BGB. Der Entleiher muss mit der Sache pfleglich umgehen, § 603 BGB, und muss die gewöhnlichen Erhaltungskosten tragen, § 601 BGB.

Die Leihe endet mit Ablauf der vereinbarten Zeit, § 604 I BGB. Unter bestimmten Umständen kann der Verleiher auch kündigen, § 605 BGB. Ist keine Zeit bestimmt, kann der Entleiher die Sache jederzeit zurückfordern, § 604 III BGB. Der Entleiher muss dann die Sache zurückgeben, § 604 I BGB.

V. Darlehen

Beim Darlehen muss der Darlehensnehmer anders als beim Kauf oder bei der Schenkung eine Sache zurückgeben, allerdings nicht wie bei der Miete oder Leihe dieselbe, sondern nur eine gleichartige Sache.

Beispiel: Hobbygärtner A gibt seinem Nachbarn B einen Blumentopf.

- Soll B den Blumentopf gegen Zahlung von 10 € behalten, ist ein Kaufvertrag gegeben, § 433 BGB.
- Soll B den Blumentopf unentgeltlich behalten, ist eine Schenkung gegeben, §§ 516, 518 II BGB.
- Soll B denselben Blumentopf nach einem Jahr an A zurückgeben und 10 € zahlen, ist ein Mietvertrag gegeben, § 535 BGB.
- Soll B denselben Blumentopf ohne Zahlung nach einem Jahr zurückgeben, ist ein Leihvertrag gegeben, § 598 BGB.
- Soll B nicht denselben, sondern einen anderen, gleichartigen Blumentopf nach einem Jahr zurückgeben, ist ein (Sach-) Darlehen gegeben, § 607 BGB.
- Geht es in der letztgenannten Fallvariante nicht um einen Blumentopf, sondern um Geld, ist ein (Geld-) Darlehen gegeben, § 488 ff. BGB.

---

[218] Zum Gefälligkeitsverhältnis siehe oben die 6. Lektion, II. Gefälligkeitsverhältnisse.

[219] Zu Vorsatz und grober Fahrlässigkeit siehe oben die 17. Lektion, III. Vertretenmüssen.

Der Darlehensvertrag ist ein Verpflichtungsgeschäft. Er kommt ausdrücklich oder konkludent durch Angebot und Annahme zustande (Konsensualvertrag) und wird erfüllt, indem der Darlehensgeber dem Darlehensnehmer das Geld oder die vertretbaren Sachen gemäß §§ 929 ff. BGB übereignet.

Ein Darlehen kann entgeltlich, oder unentgeltlich[220] sein. Es sind das Sachdarlehen und das Gelddarlehen zu unterscheiden. Eine besondere Art des Gelddarlehens ist das Verbraucherdarlehen.

1. Sachdarlehen

Das **Sachdarlehen** ist in §§ 607 ff. BGB geregelt. Danach ist der Darlehensgeber verpflichtet, dem Darlehensnehmer eine vereinbarte vertretbare Sache zu überlassen.

Vertretbare Sachen sind gemäß § 91 BGB bewegliche Sachen, die im Verkehr nach Zahl, Maß oder Gewicht bestimmt werden, wie z. B. Blumentöpfe, Waschmaschinen, Heizöl oder Kartoffeln.

Ist für die Rückerstattung der Sache keine Zeit vereinbart, kann das Darlehen jederzeit gekündigt werden, auch soweit für das Sachdarlehen ein Entgelt vereinbart ist, § 608 BGB. Der Darlehensnehmer ist dann verpflichtet, das Darlehensentgelt und eine Sache gleicher Art, Güte und Menge zurückzuerstatten, §§ 607 II, 609 BGB.

2. Gelddarlehen

Das Gelddarlehen ist mehr als Kredit oder Kreditvertrag bekannt. Während das Sachdarlehen wohl fast ausschließlich im Freundes- und Familienkreis vorkommt, hat das Gelddarlehen eine ganz erhebliche wirtschaftliche Bedeutung.

Durch das **Gelddarlehen** wird der Darlehensgeber verpflichtet, dem Darlehensnehmer einen Geldbetrag in der vereinbarten Höhe zur Verfügung zu stellen. Der Darlehensnehmer ist verpflichtet, die vereinbarten Zinsen zu entrichten und bei Fälligkeit die Darlehenssumme zurückzuzahlen, § 488 BGB.

---

220 Der Wortlaut des § 607 I 2 BGB zum Sachdarlehen ist insoweit missverständlich. Dass auch unentgeltliche Darlehen erfasst sind, folgt aus § 609 BGB, der „ein" und nicht „das" Entgelt nennt. Gleiches gilt für das Gelddarlehen gemäß § 488 BGB; die Verpflichtung erstreckt sich nur auf „einen geschuldeten" Zins. Es steht den Parteien frei, keine Zinsen zu vereinbaren.

Ist für die Rückerstattung der Sache keine Zeit vereinbart, kann das Darlehen gekündigt werden. Nur wenn keine Zinsen vereinbart sind, darf der Darlehensnehmer auch ohne Kündigung das Darlehen zurückerstatten. Sind Zinsen vereinbart, beträgt die Kündigungsfrist drei Monate, § 488 III BGB. Besondere Kündigungsgründe bei vereinbartem festen Zinssatz, bei veränderlichem Zinssatz, bei Verschlechterung der Vermögenslage oder bei Verwertung der beliehenen Sache sind in §§ 489 f. BGB genannt. So kann gemäß § 490 II BGB der Darlehensnehmer das Darlehen vorzeitig kündigen, wenn er ein berechtigtes Interesse hat, etwa weil er das Grundstück, auf dem die Grundschuld zur Sicherung des Kredits lastet, verkaufen will oder verkaufen muss. Er muss dann allerdings eine **Vorfälligkeitsentschädigung** an den Darlehensgeber, etwa die Bank, zahlen.

3. Verbraucherdarlehen

Verbraucherdarlehen sind entgeltliche Gelddarlehen, die von einem Unternehmer (§ 14 BGB) als Darlehensgeber an einen Verbraucher (§ 13 BGB) als Darlehensnehmer gewährt werden, § 491 I BGB. Für sie gelten die besonderen Schutzbestimmungen gemäß §§ 491 ff. BGB.

Entgeltlich sind Darlehen, wenn Zinsen, Disagio, Agio, „Barbeitungsgebühren" o. ä. verlangt werden.

Zins- und auch sonst kostenlose Darlehen sind keine Verbraucherdarlehen. Bei kostenlosen Darlehen bedarf es keines besonderen Schutzes. Auch Bagatelldarlehen bis 200 €, Arbeitgeberdarlehen und Förderdarlehen mit einem Zinssatz unter dem Marktzins fallen ebenfalls nicht unter die Schutzbestimmungen für Verbraucherdarlehen, § 491 II BGB.

a) Schriftform

Der Vertrag über einen Verbraucherkredit muss schriftlich geschlossen werden, § 492 I BGB. In dem Verbraucherdarlehensvertrag müssen genaue Angaben über das Darlehen, insbesondere den effektiven Jahreszins gemacht sein. Der **effektive Jahreszins** ist die in einem Prozentsatz des Nettodarlehensbetrages anzugebende Gesamtbelastung pro Jahr, § 492 II BGB. Weiter müssen angegeben sein der Nettokreditbetrag, die Teilzahlungen und der Zinssatz einschließlich sämtlicher sonstiger Kosten, § 492 I 5 BGB.

Wird die Form nicht eingehalten, ist der Kreditvertrag **nichtig**, § 494 I BGB. Der Vertrag wird jedoch wirksam, wenn der Verbraucher den Geldkredit in Anspruch nimmt. Die fehlenden Angaben werden dann durch die gesetzlichen Bestimmungen des § 494 II BGB ersetzt.

2. Widerrufsrecht

Der Verbraucher hat bei allen Verbraucherkreditverträgen ein Widerrufsrecht. Die Widerrufsfrist beträgt **zwei Wochen** und beginnt erst, wenn der Verbraucher darüber belehrt wurde. Einzelheiten stehen in §§ 495, 355 BGB.

3. Verbundene Geschäfte

Es ist auch möglich, dass der Kreditgeber den Kredit nicht an den Verbraucher, sondern an einen Verkäufer auszahlt. Ein so finanzierter Kaufvertrag bildet mit dem Kreditvertrag ein **verbundenes Geschäft**, wenn der Kredit der Finanzierung des Kaufpreises dient und beide Verträge als wirtschaftliche Einheit anzusehen sind. Eine wirtschaftliche Einheit ist insbesondere anzunehmen, wenn der Verkäufer bei der Vorbereitung oder dem Abschluss des Kreditvertrages mitwirkt, § 358 III BGB.

Beispiel: K möchte einen Videorecorder kaufen. Ihm fehlt jedoch das Geld. Der Verkäufer V legt ihm einen Kreditantrag der Bank B vor. Danach zahlt die Bank B den Kaufpreis an V. K verpflichtet sich, entsprechende Raten an die Bank B zu zahlen. Hier hat der Verkäufer durch die Vermittlung des Kredits bei dem Abschluss des Kreditvertrages zwischen der Bank B und K mitgewirkt. Damit sind der Kaufvertrag zwischen K und V und der Kreditvertrag zwischen K und B verbundene Geschäfte.

Das Widerrufsrecht gemäß §§ 495, 355 BGB gilt dann auch gegenüber dem Kaufvertrag, § 358 II BGB. Einwendungen aus dem Kaufvertrag gegenüber dem Verkäufer wie z. B. Wandelung oder Minderung wirken auch gegenüber dem Kreditgeber, § 358 I BGB.

Beispiel (Fortsetzung): Ist der Videorecorder mangelhaft, kann K gegenüber V die Wandelung erklären. Er muss dann, nachdem er den Videorecorder an V zurückgegeben hat, keine Raten mehr an die Bank B bezahlen und kann gegebenenfalls von B die bereits gezahlten Raten zurückverlangen, §§ 358 IV, 357, 346 ff. BGB.

3. Teilzahlungsgeschäfte

Teilzahlungsgeschäfte sind streng genommen keine Geld-, sondern Sachdarlehen. Es wird nicht Geld, sondern die Sache vorausgeleistet. Es gelten aber die wesentlichen Schutzbestimmungen wie beim Verbraucherdarlehen, §§ 501 f. BGB.

VII. Leasing

Das Leasing ist im Gesetz nicht geregelt. Es kommt aus den USA und wird in Deutschland seit 1962 praktiziert. Seit dem hat es im Wirtschaftsleben ständig an Bedeutung gewonnen. Es werden mittlerweile nicht nur EDV-Anlagen und

Industriemaschinen geleast, sondern auch Fernsehgeräte oder Autos für die private Nutzung.

Das **Leasing** ist ein schuldrechtlicher Vertrag. Der Leasinggeber, der die Sache von einem Dritte kauft, verpflichtet sich in dem Leasingvertrag, die Sache dem Leasingnehmer zum Gebrauch zu überlassen. Der Leasingnehmer verpflichtet sich, hierfür an den Leasinggeber Raten zu zahlen. Außerdem muss der Leasingnehmer meistens für die Instandhaltung, die Sachmängel, den Untergang und die Beschädigung der Sache aufkommen. Der Leasinggeber tritt ihm dafür alle Ansprüche gegen Dritte, vor allem gegen den Verkäufer, ab.

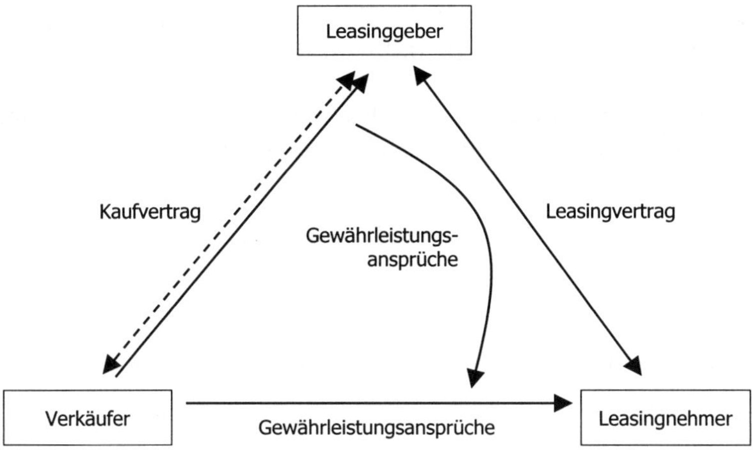

Es gibt verschiedene Arten des Leasing. Am häufigsten sind das Finanzierungsleasing und das Operatingleasing.

1. Finanzierungsleasing

Das **Finanzierungsleasing** wird für eine feste Grundlaufzeit von meistens 3 bis 7 Jahren abgeschlossen. Die Zeit ist so lange bemessen, dass die Anschaffungskosten und der Gewinn des Leasinggebers aus den insgesamt zu leistenden Raten gewonnen werden. Die Leasingsache ist danach meistens wertlos. Ist die Grundlaufzeit kürzer bemessen, erhält der Leasingnehmer das Recht, die Sache anschließend zu kaufen (Kaufoption); sonst wird sie anderweitig verwertet. Der Vorteil des Leasingnehmers liegt in der Finanzierungsfunktion. Er muss das Geld zum Kauf der Sache nicht auf einmal aufbringen. Außerdem wird in der Bilanz die Leasingsache nicht als den Gewinn erhöhendes Betriebsvermögen ausgewiesen. Die Leasingraten mindern statt dessen als Betriebsausgaben die Steuern.

Nach herrschender Meinung ist das Finanzierungsleasing eine Art Kredit. Bei einem Finanzierungsleasing mit einem Verbraucher sind jedenfalls gemäß § 500 BGB die wesentliche Schutzbestimmungen des Verbraucherdarlehens anzuwenden.

2. Operatingleasing

Das **Operatingleasing** wird nur für eine kurze Zeit geschlossen oder kann kurzfristig gekündigt werden. Der Leasingnehmer hat so mit geringem Kosten die Möglichkeit, die jeweils neueste Sache zu gebrauchen. Häufig übernimmt der Leasinggeber die Wartung. Die Raten sind das Entgelt für die Gebrauchsüberlassung und gegebenenfalls für die Wartung.

Nach herrschender Meinung ist das Operatingleasing wie ein **Mietvertrag** zu behandeln. Die Schutzbestimmungen des Verbraucherdarlehens gelten nicht.

VIII. Wiederholungsfragen

Schauen Sie bitte erst dann auf Seite 251 in die Lösung, wenn Sie die Fragen selbst beantwortet haben.

1. Erwirbt der Käufer durch den Kaufvertrag Eigentum an der Kaufsache?
2. Welche Rechte hat der Käufer einer fehlerhaften Sache?
3. Unter welchen Umständen liegt ein Verbrauchsgüterkauf vor?
4. Welche Obliegenheit trifft den Käufer bei einem Handelskauf?
5. Welcher Art ist der Schenkungsvertrag?
6. Welche Gegenstände können vermietet werden?
7. Welche Rechte hat der Mieter bei Mängel der Mietsache?
8. In welchem Umfang haftet der Verleiher?
9. Welche Arten des Darlehens gibt es? Wo sind sie im Gesetz geregelt?
10. Was ist ein Verbraucherdarlehen?

24. Lektion
Schuldrechtliche Verträge über Tätigkeiten

Der Dienstvertrag, der Werkvertrag, der Reisevertrag, der Maklervertrag, der Auftrag und der Geschäftsbesorgungsvertrag gleichen sich darin, dass die mit ihnen begründeten Hauptleistungspflichten der einen Seite auf die Vornahme von Tätigkeiten gerichtet sind. Über die wichtigsten dieser Verträge wird im Folgenden ein kurzer Überblick gegeben.

I. Dienstvertrag

Durch den Dienstvertrag verpflichtet sich der eine zur Leistung der versprochenen Dienste, der andere zur Gewährung der vereinbarten Vergütung, § 611 I BGB. Die **Vergütung** muss nicht ausdrücklich vereinbart sein. Sie gilt als stillschweigend vereinbart, wenn die Dienstleistung den Umständen nach nur gegen eine Vergütung zu erwarten ist, § 612 BGB.

1. Dienstvertrag im allgemeinen

Mit dem Dienstvertrag können **Dienste** jeder Art, das heißt freie und abhängige Dienste, vereinbart werden, § 611 II BGB. **Freie Dienste** sind solche der Ärzte, Rechtsanwälte, Steuerprüfer und anderer Freiberufler oder Gewerbetreibender wie z. B. Privatlehrer. Diese Dienstverpflichteten sind wirtschaftlich und sozial selbständig und unabhängig.

Die §§ 611 ff. BGB gelten auch für die **abhängigen Dienste** der Arbeitnehmer. Wegen der wirtschaftlichen und sozialen Abhängigkeit der Arbeitnehmer von den Arbeitgebern gelten jedoch viele Schutzvorschriften. Näheres hierzu wird beim Arbeitsvertrag behandelt[221].

a) Leistungsstörungen

Der Dienstvertrag ist ein gegenseitig verpflichtender Vertrag. Bei **Leistungsstörungen** der Dienstleistungspflicht oder der Vergütungspflicht sind grundsätzlich die allgemeinen Regeln über Leistungsstörungen[222] einschlägig. Es sind aber folgende Besonderheiten zu beachten.

---

221 Siehe auch die 4. Lektion, IV. 3. Arbeitsrecht.

222 18. Lektion: Unmöglichkeit, S. 134ff., 19. Lektion: Verzug, S. 140 ff., 20. Lektion: Schlechtleistung, S. 145 ff.

Bei beiderseits nicht zu vertretender **Unmöglichkeit**[223] der Dienstpflicht behält der Dienstverpflichtete gemäß § 616 BGB[224] seinen Anspruch auf Vergütung, wenn er für eine verhältnismäßig nicht erhebliche Zeit durch einen in seiner Person liegenden Grund ohne sein Verschulden an der Dienstleistung verhindert ist. § 616 BGB bildet insoweit eine Ausnahme von § 326 I BGB.

Kommt der Dienstberechtigte mit der Annahme der Dienste in **Verzug** (Gläubigerverzug[225]), so kann der Verpflichtete gemäß § 615 BGB für die infolge des Verzugs nicht geleisteten Dienste die vereinbarte Vergütung verlangen, ohne zur Nachleistung verpflichtet zu sein.

Beispiel: Versäumt S seine Klavierstunde bei K, kann K dennoch die vereinbarte Vergütung verlangen. K muss den Unterricht nicht nachholen.

Auch bei **Schlechtleistung** gelten die allgemeinen Regeln über Leistungsstörungen[226].

Beispiel (Fortsetzung): Als K die Vergütung für die ausgefallene Klavierstunde verlangt, lässt sich S von dem Rechtsanwalt R beraten. R rät S, die Klavierstunde nicht zu bezahlen und die Nachholung der Klavierstunde einzuklagen. S verliert den Prozess und muss nicht nur die Klavierstunde, sondern auch die Prozesskosten tragen. Hier hat S gegenüber R einen Anspruch aus § 280 I BGB. R hat seine Dienstleistungspflicht, S richtig zu beraten, schuldhaft verletzt; denn § 615 BGB muss jedem Rechtsanwalt bekannt sein. R muss daher dem S den Schaden ersetzen, den er durch die falsche Beratung erlitten hat. Das sind hier die Prozesskosten.

b) Beendigung

Das Dienstverhältnis **endet** mit Ablauf der Zeit, für die es eingegangen ist, § 620 I BGB. Der Ablauf der Zeit kann sich auch aus der Art und dem Zweck des Dienstvertrages ergeben.

Beispiel: P geht zum Zahnarzt Z, um seine Zähne vorsorglich untersuchen zu lassen. P bietet damit dem Zahnarzt Z den Abschluss eines Dienstvertrages an. Der Dienstvertrag kommt zustande, wenn Z den P als Patienten annimmt. Z ist nun verpflichtet, die Zähne des P zu untersuchen. P muss hierfür eine Vergütung (Honorar) leisten, wenn das nicht seine Krankenkasse für ihn tut. Der Dienstvertrag endet, wenn die Untersuchung beendet ist.

Ist der Dienstvertrag auf unbestimmte Zeit geschlossen, endet er durch **Aufhebungsvertrag**, der jederzeit einverständlich zwischen den Parteien geschlossen werden kann, oder durch **Kündigung**, § 620 II BGB. Wie bei der

---

223 Zur Unmöglichkeit siehe oben die 18. Lektion: *Unmöglichkeit.*

224 § 616 BGB gilt nur für freie Dienstverhältnisse, für Arbeitsverhältnisse siehe das Entgeltfortzahlungsgesetz (EFZG).

225 Zum Gläubigerverzug siehe oben die 19. Lektion, II. Gläubigerverzug.

226 20. Lektion: Schlechtleistung, S. 145 ff.

Miete[227] ist auch hier die ordentliche und die außerordentliche Kündigung zu unterscheiden.

Die **ordentliche Kündigung** ist an die in den §§ 621, 622, 624 BGB genannten Kündigungsfristen gebunden. Ein Kündigungsgrund ist, außer gegebenenfalls bei Arbeitsverträgen, nicht nötig.

Darüber hinaus ist die **außerordentliche Kündigung** aus **wichtigem Grund** ohne Einhaltung einer Kündigungsfrist möglich, wenn Tatsachen vorliegen, auf Grund derer dem Kündigenden unter Berücksichtigung aller Umstände des Einzelfalles und unter Abwägung der Interessen beider Vertragspartner die Fortsetzung des Dienstverhältnisses bis zum Ablauf der Kündigungsfrist oder bis zu der vereinbarten Beendigung des Dienstverhältnisses nicht zugemutet werden kann, § 626 I BGB. Bei einem Dienstverhältnis höherer Art, bei dem der Dienstvertrag aufgrund eines **besonderen Vertrauens** gegenüber dem Dienstverpflichteten geschlossen wurde, ist die außerordentliche Kündigung auch ohne die in § 626 I BGB genannten Voraussetzungen gemäß § 627 I BGB zulässig.

Beispiel: Angesichts des Zahnarztes Z bereut P seinen Entschluss, sich die Zähne vorsorglich untersuchen zu lassen. Er springt auf, verlässt das Behandlungszimmer und kündigt damit den Dienstvertrag mit Z gemäß § 627 I BGB.

Die Vergütung des Dienstverpflichteten richtet sich in diesem Fall nach § 628 BGB. Er kann einen seiner bisherigen Leistung entsprechenden Teil der Vergütung verlangen.

Der Dienstverpflichtete darf nur kündigen, wenn sich der Dienstberechtigte die Dienste anderweitig beschaffen kann. Etwas anderes gilt, wenn ein wichtiger Grund für die unzeitige Kündigung vorliegt, § 627 II BGB.

Beispiel: Wenn der Zahnarzt Z beim Patienten P den Backenzahn aufbohrt, darf er nicht plötzlich die Behandlung abbrechen und den Dienstvertrag gemäß § 627 I BGB kündigen. Er muss vorher das aufgebohrte Loch verplomben. Die Kündigung ist aber gemäß § 627 II 1 a. E. BGB zulässig, wenn P dem Z beim Bohren ständig auf die Hände beißt und gegen die Beine tritt, so dass die Fortsetzung der Behandlung dem Z nicht zuzumuten ist.

Kündigt der Dienstverpflichtete ohne wichtigen Grund zur Unzeit, muss er dem Dienstberechtigten den daraus entstehenden Schaden ersetzen, § 627 II 2 BGB. Im Übrigen richtet sich die Vergütung und der durch die außerordentlichen Kündigung veranlaßte Schadensersatz nach § 628 BGB.

---

[227] Zur Beendigung der Miete siehe oben die 23. Lektion, III. 2. Beendigung des Mietverhältnisses.

2. Arbeitsvertrag

Der Arbeitsvertrag ist ein Dienstvertrag gemäß §§ 611 ff. BGB, der auf die Leistung abhängiger Dienste gerichtet ist. Die wirtschaftliche und soziale Abhängigkeit der Arbeitnehmer von den Arbeitgebern erfordert nach dem Gebot der Sozialstaatlichkeit in Art. 20 I GG Schutzvorschriften zugunsten der Arbeitnehmer. Solche Schutzvorschriften sind z. B. in den §§ 611a, 611b, 612a, 613a, 622 BGB und in besonderen Gesetzen[228] gegeben. Darüber hinaus erfordert das Verhältnis zwischen Arbeitnehmer und Arbeitgeber besondere Problemlösungen. Einige dieser Besonderheiten müssen auch ohne tiefere Kenntnisse des (Individual-)Arbeitsrechts bekannt sein.

a) Direktionsrecht

Als grundsätzliche Besonderheit muss bekannt sein, dass der Arbeitnehmer dem **Weisungs- oder Direktionsrecht** des Arbeitgebers unterworfen ist. Andere Dienstverpflichtete sind zwar auch den Weisungen der Dienstberechtigten unterworfen; diese Weisungen können aber wegen der Selbständigkeit der Dienstverpflichteten nur grundsätzlicher Art sein. Der Arbeitgeber hingegen kann die im Arbeitsvertrag nur rahmenmäßig umschriebene Arbeit bis ins Einzelne regeln. Er kann bestimmen, an welchem Ort, zu welcher Zeit und in welcher Art die Arbeit zu erledigen ist. Der Arbeitnehmer muss den Weisungen Folge leisten. Er muss sich in die vom Arbeitgeber bestimmte Arbeitsorganisation einordnen.

Zum Schutz des Arbeitnehmers besteht das Direktionsrecht jedoch nur im Rahmen der gesetzlichen Vorschriften, vgl. z. B. § 611 a BGB. Auch z. B. Tarifvereinbarungen zwischen den Gewerkschaften und den Arbeitgebern können das Direktionsrecht einschränken.

b) Sphärentheorie

Bei Ausfall oder Verzögerung der Arbeitsleistung, die üblicherweise zu einer bestimmten Zeit erbracht werden muss, ist ein Fall der zeitlichen **Unmöglichkeit**[229] gegeben. Bei von beiden Seiten nicht zu vertretender Unmöglichkeit der Arbeit passt die Regelung des § 326 BGB jedoch nicht vorbehaltlos. Die Rechtsprechung hat daher die sogenannte Sphärentheorie entwickelt. Nach der **Sphärentheorie** hängt die Pflicht zur Zahlung des Lohns von der Ursache der Unmöglichkeit ab.

---

[228] Z. B. das Kündigungsschutzgesetz (KSchG) in der Fassung der Bekanntmachung vom 25. August 1969 (BGBl. I S. 1317), Schönfelder, Deutsche Gesetze, Nr. 84; siehe im übrigen auch das Arbeitszeitgesetz, das Bundesurlaubsgesetz, das Mutterschutzgesetz, das Jugendarbeitsschutzgesetz etc.

[229] Zur zeitlichen Unmöglichkeit siehe oben die 18. Lektion, I. 3. Zeitliche Unmöglichkeit.

Kann der Arbeitnehmer die Arbeitsleistung z. B. wegen Auftragsmangels oder wegen fehlender Betriebs- oder Rohstoffe nicht erbringen, fällt das als **Betriebsrisiko** in die Sphäre des Arbeitgebers. Der Arbeitgeber muss weiter den Lohn zahlen.

Liegt dagegen die Störung in der Sphäre des Arbeitnehmers, weil z. B. der Betrieb bestreikt wird oder weil die Arbeit wegen einer legalen Aussperrung der Arbeitnehmer desselben Betriebs nicht geleistet werden kann, muss der Arbeitnehmer das **Arbeitskampfrisiko** tragen. Er bekommt vom Arbeitgeber keinen Lohn.

Beruht die Störung der Arbeitsleistung auf einem (Schwerpunkt-) Streik in einem anderen Betrieb, etwa weil dadurch die Lieferung von Rohstoffen ausbleibt, kommt es auf den **tarifpolitischen Zusammenhang** an. Besteht ein tarifpolitischer Zusammenhang, weil der Streik Tarifforderungen unterstützt, die auch dem Arbeitnehmer zugute kommen sollen, trifft den Arbeitnehmer auch für diese Fernwirkung des (Schwerpunkt-) Streiks das Arbeitskampfrisiko. Er bekommt keinen Lohn. Besteht aber kein tarifpolitischer Zusammenhang, etwa weil der Streik in einem anderen Tarifgebiet stattfindet, fällt die Fernwirkung des Streiks unter das Betriebsrisiko. Der Arbeitgeber muss den Lohn weiterzahlen.

Bei **allgemeinen Ereignissen** wie Naturkatastrophen, Krieg oder innerer Unruhen ist die Unmöglichkeit der Arbeitsleistung weder auf das Betriebsrisiko noch auf das Arbeitskampfrisiko zurückzuführen. Hier bleibt es bei der Regelung des § 326 BGB. Der Anspruch auf die Gegenleistung entfällt. Der Arbeitnehmer bekommt keinen Lohn.

c) Haftung des Arbeitnehmers

Bei schuldhafter **Schlechtleistung** haftet der Arbeitnehmer dem Arbeitgeber gemäß § 280 I BGB[230]. Bei Arbeiten, die durch den Betrieb veranlasst sind und aufgrund eines Arbeitsverhältnisses geleistet werden kommt es für den Umfang des Schadensersatzes auf den Grad des Verschuldens[231] an.

Betrieblich veranlasste Arbeiten sind solche Tätigkeiten, die dem Arbeitnehmer für den Betrieb übertragen wurden oder im Interesse des Betriebes ausgeführt werden. Die Verfolgung betrieblicher Zwecke muss als entscheidende Schadensverursachung anzunehmen sein.

> **Beispiel:** Das Führen eines LKW, einer Taxe, einer Planierraupe oder eines Krans sind typische betrieblich veranlasste Arbeiten.

---

230 Siehe auch 20. Lektion: Schlechtleistung, S. 145 ff.

231 Zum Verschulden siehe oben die 17. Lektion, III. Vertretenmüssen.

Verursacht der Arbeitnehmer bei einer solchen Tätigkeit einen Schaden, haftet er gegenüber dem Arbeitgeber nicht, wenn der Schaden schon bei **leichtester Fahrlässigkeit** eingetreten ist. Er haftet in vollem Umfang, wenn ihm **Vorsatz oder grobe Fahrlässigkeit** zur Last fällt. Beruht der Schaden auf **leichter oder mittlerer Fahrlässigkeit**, wird der Schaden zwischen Arbeitnehmer und Arbeitgeber je nach den Umständen des Einzelfalls geteilt. Neben dem Grad des Verschuldens ist bei der Verteilung des Schadens aber auch zu berücksichtigen, ob es sich um gefahrgeneigte Arbeit gehandelt hat, wie hoch der Schaden im Verhältnis zum Lohn/Gehalt des Arbeitnehmers ist, welche Ausbildung und Stellung der Arbeitnehmer im Betrieb hat, die Dauer der Betriebszugehörigkeit usw.

d) Kündigung

Bei **ordentlicher Kündigung** durch den Arbeitgeber gegenüber einem Arbeitnehmer ist das Kündigungsschutzgesetz (KSchG)[232] zu beachten, wenn das Arbeitsverhältnis länger als 6 Monate bestanden hat und der Betrieb in der Regel mehr als 5 Arbeitnehmer beschäftigt[233]. Die Kündigung ist dann nur wirksam, wenn sie sozial gerechtfertigt ist[234]. **Sozial gerechtfertigt** ist die Kündigung, wenn sie durch Gründe in der Person oder in dem Verhalten des Arbeitnehmers oder durch dringende betriebliche Erfordernisse, die einer Weiterbeschäftigung in diesem Betrieb entgegenstehen, bedingt ist[235]. Man spricht insoweit von personen, verhaltens- oder betriebsbedingter Kündigung.

Auch wenn das KSchG nicht eingreift, sind von Arbeitgeber und Arbeitnehmer bei der ordentlichen Kündigung die Kündigungsfristen in § 622 BGB zu beachten. Bei einem **Aufhebungsvertrag**, der jederzeit einverständlich zwischen Arbeitnehmer und Arbeitgeber geschlossen werden kann, kommt es auf die Kündigungsfristen nicht an.

Die **außerordentliche Kündigung** ist gemäß § 626 BGB auch bei Arbeitsverhältnissen für beide Seiten möglich.

232 Kündigungsschutzgesetz (KSchG) in der Fassung der Bekanntmachung vom 25. August 1969 (BGBl. I S. 1317), Schönfelder, Deutsche Gesetze, Nr. 84.

233 Vgl. § 23 KSchG.

234 Vgl. § 1 I KSchG.

235 Vgl. § 1 II KSchG.

II. Werkvertrag

Die Parteien eines Werkvertrages werden **Unternehmer** und **Besteller** genannt. Der Unternehmer wird durch den Werkvertrag zur Herstellung eines Werkes, der Besteller zur Entrichtung der vereinbarten Vergütung verpflichtet, § 631 BGB.

Die Bezeichnung **Unternehmer** ist hier nicht wie in § 14 BGB definiert zu verstehen. Unternehmer eines Werkvertrages kann auch ein Verbraucher, § 13 BGB, sein.

Ein **Werk** kann die Herstellung oder Veränderung einer Sache oder ein anderer durch Arbeit oder Dienstleistung herbeizuführender **Erfolg** sein.

Beispiel: Reparaturen, Installationen, Taxifahrten, Gutachten oder Pläne sind typische, im Rahmen eines Werkvertrages geschuldete Erfolge.

Auch wenn der Erfolg durch Arbeit oder Dienstleistung herbeigeführt werden kann, § 631 II BGB, wird nicht wie beim Dienstvertrag Arbeit oder Dienstleistung geschuldet, sondern der vereinbarte Erfolg. Solange der Erfolg nicht eintritt, hat der Unternehmer seine Pflicht aus dem Werkvertrag nicht erfüllt; der Besteller muss keine Vergütung entrichten. Die Vergütung kann allerdings nach der aufgewendeten Zeit und Arbeit berechnet werden.

Beispiel: B bestellt den Klempner U zum Auswechseln eines Wasserhahns. Hier hat U seine Pflicht aus dem Werkvertrag, § 631 BGB, erst erfüllt, wenn der Wasserhahn ausgewechselt ist. Das gilt auch, wenn U die Vergütung vereinbarungsgemäß nach der aufgewendeten Zeit berechnet.

Der Unternehmer ist verpflichtet, das Werk mangelfrei herzustellen, § 631 I, 633 I BGB. Hierauf hat der Besteller bis zur Abnahme einen Anspruch. Ist das Werk in Ordnung, ist der Besteller gemäß § 640 BGB zur Abnahme des Werkes verpflichtet. **Abnahme** ist die Entgegennahme und Billigung des Werkes als vertragsgemäße Leistung.

1. Mängelgewährleistung

Das Werk ist – wie beim Kauf[236] – nicht mangelhaft, wenn es die vereinbarte Beschaffenheit hat , § 633 II 1 BGB (subjektiver Fehlerbegriff). Ist nichts vereinbart, kommt es auf die gewöhnliche Verwendung an, § 633 II 2 BGB (objektiver Fehlerbegriff).

Ist das Werk mangelhaft, kann der Besteller gemäß § 634 BGB erst einmal Nacherfüllung verlangen. Anders als beim Kauf kann aber nicht der Besteller,

---

[236] Zum Fehlerbegriff beim Kaufvertrag siehe oben 23. Lektion, I. Kaufvertrag, 2. Leistungsstörung beim Kaufvertrag, S. 159

sondern der Unternehmer wählen, ob er das Werk repariert oder gleich ein anderes als Ersatz liefert, § 635 I BGB.

Nach erfolgloser Fristsetzung kann der Besteller den Mangel **selbst beseitigen** und Ersatz der erforderlichen Aufwendungen verlangen, § 637 I BGB, oder vom Vertrag **zurücktreten**, §§ 634 I 3, 636, 323 I BGB, oder den Werklohn **mindern**, § 638 BGB.

Außerdem kann der Besteller **Schadensersatz** nach den allgemeinen Regeln gemäß §§ 280, 281 BGB geltend machen. Der Schadensersatz umfasst die Mangelschäden und die darüber hinaus gehenden Schäden, die sogenannten **Mangelfolgeschäden**, gleichermaßen.

Beispiel: U hat die Heizung im Haus des B repariert. Kurze Zeit danach leckt eine von U unsorgfältig gelötete Rohrverbindung. Das austretende Oel entzündet sich, so dass ein Wohnungsbrand die Einrichtung vernichtet. Hier ist das Leck in der Leitung ein Mangelschaden. Der durch den Wohnungsbrand verursachte Schaden an der Einrichtung ist der Mangelfolgeschaden. U haftet gemäß §§ 280, 281 BGB für den gesamten Schaden. Beachte: Die in älteren Lehrbüchern beschriebenen Unterschiede nach der alten Rechtslage vor der Schuldrechtsmodernisierung (01.01.2002) für Mangel- und Mangelfolgeschaden gibt es nicht mehr.

Die Ansprüche auf Nachlieferung, auf Aufwendungsersatz für die selbstständige Mängelbeseitigung und auf Schadensersatz **verjähren** in zwei Jahren, bei Arbeiten an einem Bauwerk in fünf Jahren, sonst in drei Jahren, § 634a, 195 BGB. Entsprechendes gilt für den Rücktritt und die Minderung, §§ 634a IV, V, 218 BGB.

2. Werklieferungsvertrag

Auf einen Vertrag, wonach neu herzustellende oder zu erzeugende, bewegliche Sachen geliefert werden sollen, findet Kaufrecht Anwendung, § 651 BGB. Zusätzlich gelten einige Vorschriften aus dem Werkvertragsrecht.

Beispiel: Bringt B seinen Anzug zum Ändern zum Schneider U, handelt es sich um einen Werkvertrag gemäß § 631 BGB. Soll U aber aus eigenem oder von ihm zu besorgenden Stoff einen Maßanzug herstellen, liegt ein Werklieferungsvertrag gemäß § 651 BGB vor. Kaufrecht, §§ 433 ff. BGB, ist maßgeblich. Ergänzend sind die in § 651 BGB genannten Vorschriften aus dem Werkvertragsrecht zu berücksichtigen.

III. Auftrag

Der Auftrag ist nicht etwa ein Gefälligkeitsverhältnis[237], sondern gemäß § 662 BGB ein unvollkommen zweiseitig[238] verpflichtender **Vertrag**, in dem sich der Beauftragte verpflichtet, ein ihm von dem Auftraggeber übertragenes Geschäft für

[237] Zum Gefälligkeitsverhältnis siehe oben die 6. Lektion, II. Gefälligkeitsverhältnisse.

[238] Zur Bezeichnung als unvollkommen zweiseitiger Vertrag siehe oben die 11. Lektion, III. Arten der Verträge.

diesen unentgeltlich zu besorgen. Die durch den Auftragsvertrag begründete Pflicht, ein Geschäft zu besorgen, kann eingeklagt werden. Als zu besorgende **Geschäfte** kommen nicht nur Rechtsgeschäfte und geschäftsähnliche Handlungen[239], sondern auch tatsächliche Handlungen jeder Art in Betracht.

1. Abgrenzung

Anders als bei der Schenkung schuldet der Beauftragte eine Tätigkeit und keine Vermögenszuwendung. Vom Dienst- und Werkvertrag unterscheidet sich der Auftrag durch seine Unentgeltlichkeit.

Im täglichen Leben wird der Begriff "Auftrag" oft nicht im juristischen Sinne gebraucht. Man spricht z. B. von einer Auftragserteilung, wenn damit der Abschluss eines Kaufvertrages zur Lieferung von Sachen oder der Abschluss eines Werkvertrages gemeint ist. Auch der "Auftrag" an einen Arbeitnehmer, eine bestimmte Arbeit auszuführen, ist kein Auftrag im Sinne der §§ 662 ff. BGB; es ist eine Weisung. Der "Überweisungsauftrag" an eine Bank ist das Angebot zum Abschluss eines Überweisungsvertrages, § 676a BGB. Der Auftrag als ein Vertrag im Grundverhältnis muss auch von der Vollmacht unterschieden werden[240]. Häufig sieht man vor Unterschriften den Zusatz "i. A. (im Auftrag)". Gemeint ist aber meist "i.V. (in Vollmacht) als Zeichen dafür, dass als Vertreter[241] im Sinne des § 164 BGB unterschrieben wurde.

2. Zustandekommen und Inhalt

Der Auftragsvertrag kommt wie jeder andere Vertrag durch Angebot und Annahme zustande[242]. § 663 BGB macht hiervon keine Ausnahme. Wer zur Besorgung von Geschäften öffentlich bestellt ist oder sich hierzu öffentlich oder dem Auftraggeber gegenüber erboten hat, muss jedoch gemäß § 663 BGB dem Auftraggeber seine **Ablehnung unverzüglich anzeigen**. Andernfalls muss er dem Auftraggeber den Vertrauensschaden[243] ersetzen.

Der Beauftragte muss alles, was er zur Ausführung des Auftrages erhalten hat und aus der Geschäftsbesorgung erlangt hat, dem Auftraggeber **herausgeben**, § 667 BGB. Andererseits bekommt er von dem Auftraggeber gemäß § 670 BGB

---

[239] Zum Rechtsgeschäft und zu geschäftsähnlichen Handlungen siehe oben die 6. Lektion: Rechtsverhältnisse und rechtliches Handeln.

[240] Zum Grundverhältnis und zur Vollmacht siehe oben die 14. Lektion, II. Grundverhältnis und abstrakte Vertretungsmacht.

[241] Zum Vertreter siehe oben die 14. Lektion: Stellvertretung.

[242] Zum Zustandekommen eines Vertrages siehe oben die 11. Lektion, I. Zustandekommen des Vertrages.

[243] Zum Vertrauensschaden siehe oben die 10. Lektion, VI. 1. Vertrauensschaden.

die Aufwendungen ersetzt, die er den Umständen nach für erforderlich halten durfte. **Aufwendungen** sind freiwillige Vermögensopfer. **Schäden**, also unfreiwillige Vermögensopfer, sind nach herrschender Meinung gemäß § 670 BGB als Aufwendungen zu ersetzen, wenn sie aufgrund der spezifischen Gefahren der Geschäftsbesorgung entstanden sind.

Beispiel: A bittet den B, ihm beim Löschen des Wohnungsbrandes zu helfen. Wird beim Löschen die Kleidung des B beschädigt, muss A dem B gemäß § 670 BGB die Kleidung ersetzen.

3. Beendigung

Der Auftrag kann gemäß § 671 I BGB vom Auftraggeber jederzeit **widerrufen** oder von dem Beauftragten jederzeit **gekündigt** werden. Der Beauftragte muss jedoch beachten, ob der Auftraggeber das Geschäft anderweit besorgen lassen kann. Ist das nicht der Fall, darf er nur bei einem wichtigen Grund kündigen. Kündigt er ohne wichtigen Grund zu dieser Unzeit, so hat er dem Auftraggeber den daraus entstehenden Schaden zu ersetzen, § 671 II BGB.

IV. Geschäftsbesorgungsvertrag

Ein Geschäftsbesorgungsvertrag ist ein gegenseitig verpflichtender Dienst- oder Werkvertrag, der eine Geschäftsbesorgung zum Gegenstand hat, vgl. § 675 BGB. **Geschäftsbesorgung** im Sinne des § 675 BGB ist eine selbständige Tätigkeit wirtschaftlicher Art, für die ursprünglich der Geschäftsherr selbst zu sorgen hatte, die ihm aber durch einen anderen, den Geschäftsführer, abgenommen wird. Es muss sich um eine Tätigkeit aus dem Bereich des Geschäftsherren handeln, deren Folgen den Geschäftsherrn treffen.

Die meisten Bankgeschäfte sind Geschäftsbesorgungsverträge. Hier sind aber die besonderen Regelungen für z. B. den Überweisungsvertrag, §§ 676a BGB, den Zahlungsvertrag, §§ 676d BGB und den Girovertrag §§ 676f ff. BGB zu beachten.

Ein Geschäftsbesorgungsvertrag kommt wie jeder Vertrag durch zwei übereinstimmende Willenserklärungen zustande. Allerdings gilt gemäß § 362 HGB eine **Besonderheit für Kaufleute**, deren Gewerbebetrieb die Besorgung von Geschäften für andere mit sich bringt, wie das z. B. bei Banken der Fall ist. Geht ihnen ein Antrag über die Besorgung von Geschäften von jemandem zu, mit dem sie in Geschäftsverbindung stehen oder gegenüber dem sie sich zur Besorgung von solchen Geschäften erboten haben, müssen sie unverzüglich antworten. Ihr Schweigen gilt als Annahme des Antrags[244]. Erfüllen sie ihre Geschäftsbesorgungspflichten aus dem so ausnahmsweise durch Schweigen

[244] Siehe auch oben die 12. Lektion, II. Schweigen auf einen Antrag gemäß § 362 HGB.

zustande gekommenen Vertrag nicht, haften sie gegebenenfalls auf Schadensersatz wegen Nichterfüllung.

Beispiel: Ein langjähriger Kunde schickt seiner Bank einen Brief mit der Bitte, für ihn sofort Aktien der Glückauf-AG zu kaufen. Die Bank antwortet nicht. Einige Zeit später, als die Aktien der Glückauf-AG gestiegen sind, stellt sich heraus, dass die Bank die Geschäftsbesorgung nicht ausgeführt hat. Hier hat der Kunde einen Anspruch aus einem Geschäftsbesorgungsvertrag zwischen ihm und der Bank. Der Geschäftsbesorgungsvertrag war durch seinen Brief als Angebot und dem Schweigen der Bank, das gemäß § 362 I 1 a. E. HGB als Annahme gilt, zustande gekommen. Die Bank hat ihre Pflicht aus dem Geschäftsbesorgungsvertrag, die nunmehr zeitlich unmöglich ist, nicht erfüllt. Sie haftet daher dem Kunden aus § 280 BGB auf Schadensersatz und muss dem Kunden den Kursgewinn ersetzen.

Für den Geschäftsbesorgungsvertrag gelten neben den Vorschriften zum Dienst- oder Werkvertrag die in § 675 BGB genannten Vorschriften zum Auftrag. Damit ist auch bei einem Geschäftsbesorgungsvertrag der Geschäftsführer gemäß § 667 BGB verpflichtet, alles **herauszugeben**, was er aus der Geschäftsbesorgung erlangt hat. Der Geschäftsherr ist verpflichtet, dem Geschäftsführer die **Aufwendungen zu ersetzen**, wenn diese nicht bereits durch das Entgelt gemäß §§ 611 I, 631 I BGB abgegolten sind.

V. Wiederholungsfragen

Schauen Sie bitte erst dann auf Seite 252 in die Lösung, wenn Sie die Fragen selbst beantwortet haben.

1. Über welche Art von Diensten kann ein Dienstvertrag geschlossen werden?
2. Welche Regelungen gelten bei Leistungsstörungen im Dienstvertrag?
3. Unter welchen Umständen ist eine außerordentliche Kündigung des Dienstvertrages möglich?
4. Erklären Sie die Sphärentheorie!
5. Unter welchen Umständen ist die Arbeit betrieblich veranlasst im Sinne des Schadensrechts?
6. Was ist unter dem "versprochenen Werk" im Sinne des § 631 I BGB zu verstehen?
7. Nennen Sie die Rechte des Bestellers bei mangelhafter Werkleistung!
8. Welche Besonderheiten sind beim Werklieferungsvertrag zu beachten?
9. Was ist ein Auftrag?
10. Was ist eine Geschäftsbesorgung im Sinne des § 675 BGB?

25. Lektion
Bereicherungsausgleich

Es kann vorkommen, dass ein Kausalgeschäft fehlt oder unwirksam ist. Aufgrund des Abstraktionsprinzips[245] ist dann die durch das Erfüllungsgeschäft vorgenommene Vermögensverschiebung dennoch wirksam. Denkbar ist auch, dass aus anderen Gründen eine Vermögensverschiebung stattgefunden hat, die letztlich dem Empfänger nicht zusteht. Durch die §§ 812 ff. BGB sollen derartig ungerechtfertigte Bereicherungen ausgeglichen werden. Das, was der andere zuviel hat, muss er herausgeben. Es geht nicht um Schadensersatz. Etwaige Nachteile werden von § 812 ff. BGB nicht (immer) ausgeglichen. Es wird nur das Zuviel, nicht das Zuwenig ausgeglichen.

Beispiel: V verkauft und übereignet dem K einen neuen Personal Computer. Ist nun der Kaufvertrag, § 433 BGB, aus irgendeinem Grund nichtig, wurde K gemäß § 929 BGB dennoch rechtswirksam Eigentümer des PC. Dieses Eigentum steht ihm aber nicht zu. Der Rechtsgrund, nämlich der Kaufvertrag, fehlt ja. K muss daher das Eigentum am PC gemäß §§ 812 ff. BGB als ungerechtfertigte Bereicherung an V herausgeben. Er muss ihn gemäß § 929 BGB zurückübereignen. Hat V einen Schaden erlitten, weil der PC in der Zwischenzeit technisch überholt ist und daher kaum noch einen Wert hat, bekommt er diesen Schaden gegebenenfalls aus anderen Vorschriften[246], aber grundsätzlich nicht gemäß §§ 812 ff. BGB ersetzt.

§ 812 I 1 BGB unterscheidet zwei Grundtatbestände, bei deren Vorliegen ein Anspruch auf Bereicherungsausgleich besteht. Zum einen besteht der Anspruch gegenüber dem, der "durch die Leistung eines anderen" "etwas ohne rechtlichen Grund erlangt". Man bezeichnet diesen Grundtatbestand als **Leistungskondiktion**. Zum anderen hat jemand einen Anspruch auf Bereicherungsausgleich gegenüber dem, der "in sonstiger Weise auf dessen Kosten" etwas erlangt. Zur Unterscheidung von der Leistungskondiktion fasst man diese Fälle unter dem Begriff **Bereicherung in sonstiger Weise** (Nichtleistungskondiktion) zusammen.

I. Bereicherung

Voraussetzung ist in beiden Alternativen des § 812 I 1 BGB, dass jemand "etwas erlangt" hat. Er muss bereichert sein, indem er irgendeinen Vermögensvorteil erhalten hat. Ein **Vermögensvorteil** ist nicht nur der Erwerb von Eigentum, einer Forderungen oder die Befreiung von einer Schuld. Auch wenn jemand Aufwendungen, die er eigentlich selbst hätte bestreiten müssen, erspart, ist er im Sinne des § 812 I 1 BGB bereichert.

---

245 Zum Trennungs- und Abstraktionsprinzip siehe oben die 7. Lektion: Trennungs- und Abstraktionsprinzip.

246 Hat V den Kaufvertrag z. B. gemäß § 123 BGB wegen arglistiger Täuschung angefochten, kommt für ihn ein Schadensersatzanspruch gemäß § 823 II BGB i.V.m. § 263 StGB in Betracht.

Beispiel: P fliegt als blinder Passagier von Hamburg nach New York. Hier ist das Vermögen des P zwar vorher und nachher gleich groß. Er hat aber die Aufwendungen für den Flug gespart. Um den Wert der Flugreise ist er daher im Sinne des § 812 I 1 BGB bereichert.

II. Leistungskondiktion

Bei der Leistungskondiktion, § 812 I 1 1. Alt. BGB, muss die Bereicherung durch die **Leistung** eines anderen eingetreten sein.

Nach heute herrschender Meinung ist eine **Leistung** im Sinne des § 812 I 1 BGB die bewusste, zweckgerichtete Vermehrung fremden Vermögens. Als Vermehrung fremden Vermögens kommt dabei jede Bereicherung im oben genannten Sinne in Betracht. Die Vermehrung des fremden Vermögens muss **bewusst**, also mit dem Willen des Entreicherten, erfolgt sein. Ohne Willen des Entreicherten liegt keine Leistung vor. Es kommt eine Bereicherung in "sonstiger Weise" in Betracht.

Beispiel: Student S sortiert seine Nachlieferung neuer Gesetzestexte in, wie er glaubt, seine Gesetzessammlung. Später stellt sich heraus, dass er in der Bibliothek die Gesetzessammlung seines Platznachbarn X mit der seinen verwechselt hat. Hier hat S seine Nachlieferung neuer Gesetzestexte und die Arbeit des Einsortierens nicht an X im Sinne des § 812 I 1 1. Alt. BGB "geleistet". In Betracht kommt aber eine Bereicherung des X in "sonstiger Weise".

Zweckgerichtet ist die Leistung, wenn sie darauf zielt, eine Schuld zu tilgen. Möglich sind auch andere Zwecke.

Beispiel: R wirft ein 3 mal 2-€-Stücke in einen Zigarettenautomaten. Zweck dieser Übereignung des Geldes an den Inhaber des Automaten ist der Abschluss eines Kaufvertrages über eine Schachtel Zigaretten mit der anschließenden Übereignung der Zigaretten. Eine Schuld bestand vor Einwurf des Geldes nicht.

Durch die Leistung wird ein **Leistungsverhältnis** begründet. Aus diesem Leistungsverhältnis ergibt sich, wer Gläubiger und wer Schuldner des Bereicherungsanspruchs ist. Der Leistende ist **Gläubiger**; der Leistungsempfänger der **Schuldner** des Bereicherungsausgleichs. Sind nur zwei Personen beteiligt, ist das noch ganz einfach:

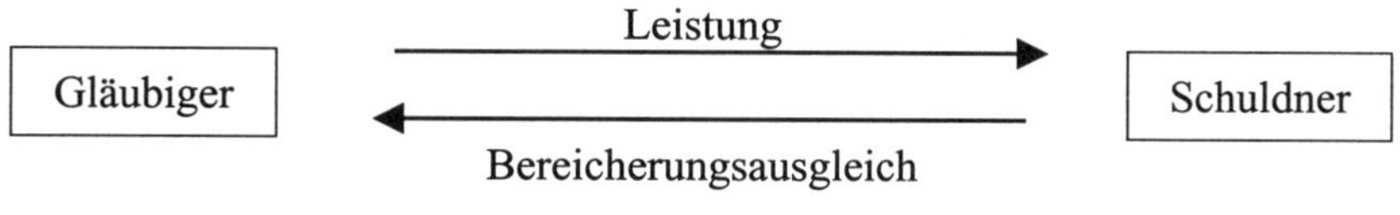

Das gleiche Schema gilt, wenn eine oder mehrere Hilfspersonen oder Zahlstellen beteiligt sind. Die Hilfspersonen oder Zahlstellen verfolgen keinen eigenen Leistungszweck. Auch wenn sie die Leistung ausführen, sind sie nicht Leistende. Umgekehrt werden sie beim Empfang der Leistung nicht bereichert.

Beispiel: Die Sekretärin S des Unternehmers U bezahlt die Lieferung beim Fahrer F des Lieferanten L. Ist nun der zugrundeliegende Kaufvertrag nichtig, erfolgt gemäß § 812 I 1 1. Alt. BGB der Bereicherungsausgleich unmittelbar zwischen L und U.

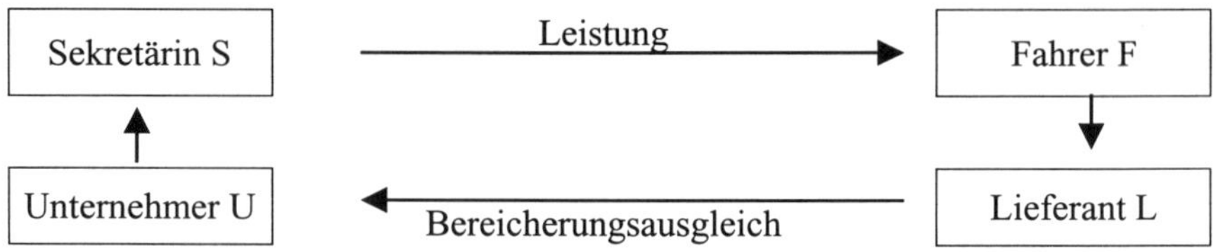

1. Leistung im Dreiecksverhältnis

Schwierig wird die Beteiligung mehrerer Personen, wenn an eine Person die Zuwendung erbracht wird; der Leistungszweck aber gegenüber einer anderen Person besteht. Solche Fälle kommen bei sogenannten Anweisungen, Bezahlungen fremder Schulden oder Verträgen zugunsten Dritter[247] vor. Diesen Fällen ist gemeinsam, dass der Schuldner die Zuwendung nicht an den Gläubiger erbringt, sondern in dessen Interesse direkt an den Dritten. Der Schuldner begleicht damit seine Schuld gegenüber dem Gläubiger; der Gläubiger seine Schuld gegenüber dem Dritten.

In diesen Fällen liegen einer Zuwendung zwei (schuldrechtliche) Rechtsverhältnisse, nämlich das Deckungsverhältnis und das Valutaverhältnis zugrunde. Bereicherungsrechtlich sind dementsprechend zwei Leistungen zu unterscheiden.

Beispiel: A verkauft eine Sache an B, der sie an C weiterveräußert. B bittet A, die Sache direkt an C zu liefern. In diesem Fall besteht zwischen A und B im Deckungsverhältnis und zwischen B und C im Valutaverhältnis je ein Kaufvertrag gemäß § 433 BGB. Mit der Lieferung von A an C begleicht A seine Schuld im Deckungsverhältnis gegenüber B und B seine Schuld im Valutaverhältnis gegenüber C. Es werden damit zwei Leistungen, eine von A an B und eine von B an C bewirkt.

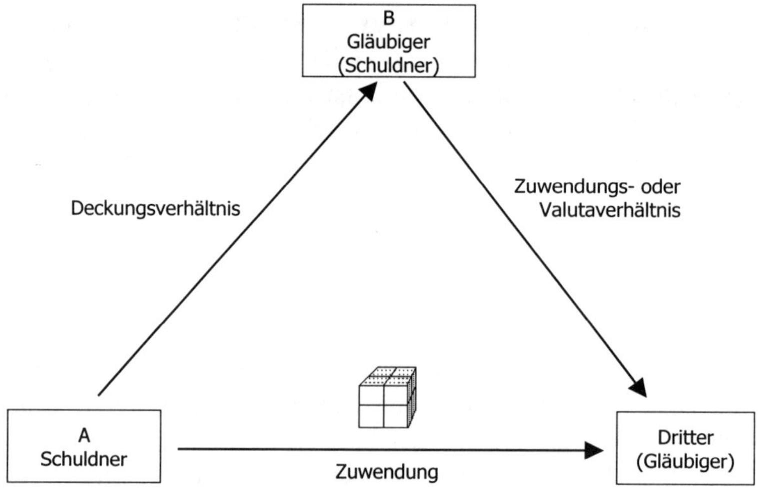

247 Zum Vertrag zugunsten Dritter siehe oben die 21. Lektion, I. Vertrag zu Gunsten Dritter.

In diesen Fällen findet der Bereicherungsausgleich immer nur zwischen den Parteien der jeweiligen Leistung statt.

Beispiel (Fortsetzung): Ist der Kaufvertrag zwischen A und B nichtig, findet der Bereicherungsausgleich zwischen A und B statt. B muss A die Sache herausgeben. Da er sie nicht mehr hat - sie wurde ja an C geliefert - muss er gegebenenfalls den Wert ersetzen, § 818 II BGB. Ist der Kaufvertrag zwischen B und C nichtig, findet der Bereicherungsausgleich zwischen B und C statt. C muss die Sache, die er von A bekommen hat, an B herausgeben.

Das gilt auch bei einem sogenannten Doppelmangel, wenn beide Kausalverhältnisse aus irgendeinem Grund unwirksam sind. Ein Durchgriff kommt nach herrschender Meinung nicht in Betracht.

Beispiel (Fortsetzung): Sind sowohl der Kaufvertrag zwischen A und B, als auch der zwischen B und C unwirksam, kann nicht A gemäß § 812 I 1 1. Alt. BGB von C die Sache herausverlangen; er muss sich an B halten. B hat seinerseits einen Bereicherungsanspruch gemäß § 812 I 1 1 Alt. BGB gegenüber C.

Nur so können etwaige Einwendungen aus dem Kausalverhältnis und das Insolvenzrisiko zwischen den Parteien erhalten bleiben, die sich mit der Begründung des jeweiligen Kausalverhältnisses darauf eingelassen haben.

Beispiel (Fortsetzung): Ist bei einem Doppelmangel C insolvent, kann A dennoch seinen Bereicherungsanspruch gegenüber B gemäß §§ 812 I 1 1. Alt., 818 II BGB durchsetzen. Das Insolvenzrisiko realisiert sich bei B. B hat sich ja auf den (nun unwirksamen) Kaufvertrag mit dem jetzt insolventen C eingelassen.

Nicht immer ist eindeutig, wer an wen leistet . Es kann vorkommen, dass aus der Sicht des Leistenden ein anderes Leistungsverhältnis besteht, als aus der Sicht des Leistungsempfängers. Nach herrschender Meinung entscheidet die objektive Betrachtungsweise aus der Sicht des Empfängers.

Beispiel: C bestellt bei A Lieferung und Einbau von Installationsmaterial, § 651 BGB. A kauft bei B im Namen des C, jedoch ohne von ihm bevollmächtigt zu sein, das Installationsmaterial und baut es in das Haus des C ein. Hier hat B aus seiner Sicht an C geleistet. Er wollte ja den vermeintlichen, aber mangels Vertretungsmacht des A unwirksamen Kaufvertrag mit C erfüllen. Aus Sicht des C hat A geleistet, um seine Pflicht aus dem Werklieferungsvertrag zu erfüllen. Nach herrschender Meinung entscheidet die Sicht des C. B hat keinen Bereicherungsanspruch gemäß § 812 I 1 BGB gegenüber C. B muss sich an den Vertreter ohne Vertretungsmacht A halten, § 179 BGB.

2. Fehlen des rechtlichen Grundes

Von der Leistung und deren Zweck hängt es ab, welcher rechtliche Grund maßgeblich ist. Nur wenn der rechtliche Grund fehlt, besteht ein Anspruch auf Bereicherungsausgleich gemäß § 812 I 1 1. Alt. BGB. Der rechtliche Grund kann fehlen, weil der zugrundeliegende, verpflichtende Vertrag z. B. wegen Geschäftsunfähigkeit einer der Parteien nichtig, § 105 I BGB, oder wegen fehlender Genehmigung, vgl. § 177 BGB, unwirksam ist. Es kann auch sein, dass der rechtliche Grund gleich gar nicht zustande gekommen ist.

Beispiel: R wirft 3 mal 2-€-Stücke in einen Zigarettenautomaten. Der Automat ist aber leer und die Geldstücke verklemmen im Einwurfkanal. Hier hat R einen Anspruch auf Herausgabe der 3 2-€-Stücke gegenüber dem Automateninhaber gemäß § 812 I 1 1. Alt. BGB, da der rechtliche Grund, nämlich der Kaufvertrag über eine Schachtel Zigaretten, nicht zustande gekommen ist.

Besteht der rechtliche Grund zuerst und fällt später weg, kommt ein Bereicherungsanspruch gemäß § 812 I 2 1. Alt. BGB in Betracht. Ebenso besteht ein Bereicherungsanspruch, wenn der mit der Leistung nach dem Inhalt des Rechtsgeschäfts bezweckte Erfolg nicht eintritt, § 812 I 2 2. Alt. BGB oder wenn der Verbindlichkeit, die mit der Leistung erfüllt werden sollte, eine dauernde Einrede[248] entgegensteht, § 813 BGB.

3. Ausschluss der Leistungskondiktion

Die Rückforderung ist gemäß § 817 S. 2 BGB ausgeschlossen, wenn der Leistende und der Empfänger durch die Leistung gegen ein gesetzliches Verbot oder gegen die guten Sitten verstoßen haben. Entsprechendes gilt, wenn nur dem Leistenden ein solcher Verstoß zur Last fällt.

Beispiel: Der Darlehensvertrag eines wucherähnlichen Darlehens ist gemäß § 138 I BGB nichtig. Der Rechtsgrund der Darlehenshingabe fehlt damit. Der Darlehensnehmer ist um die Überlassung des Darlehens für die vereinbarte Zeit bereichert. Dennoch kann der Darlehensgeber nach herrschender Rechtsprechung das Darlehen während der vereinbarten Laufzeit nicht gemäß § 812 I 1 BGB zurückfordern, da er mit dem wucherähnlichen Darlehen gegen die guten Sitten verstoßen hat, § 817 S. 2 BGB.

Vergleiche im Übrigen zum Ausschluss der Leistungskondiktion die §§ 814, 815 BGB. § 817 S. 1 BGB geht diesen Vorschriften jedoch vor.

III. Bereicherung in sonstiger Weise

Ist die Bereicherung nicht durch eine Leistung erfolgt, kommt ein Bereicherungsausgleich gemäß § 812 I 1 2. Alt. BGB wegen Bereicherung in sonstiger Weise in Betracht. Er ist subsidiär (nachrangig) gegenüber der Leistungskondiktion. Eine Bereicherung in sonstiger Weise kann durch einen Eingriff in fremdes Vermögen erfolgen. Es ist dann ein Fall der **Eingriffskondiktion** gegeben.

Beispiel: D stiehlt beim Bäcker B eine Torte und isst sie auf.

Möglich ist auch, dass der Eigentümer unbewusst eine fremde Sache verbessert, z. B. darauf Verwendungen macht. Der Bereicherungsausgleich erfolgt dann durch die sogenannte **Verwendungskondiktion**.

---

[248] Vgl. z. B. §§ 821, 853 BGB.

Beispiel: Student S sortiert seine Nachlieferung neuer Gesetzestexte in, wie er glaubt, seine Gesetzessammlung. Später stellt sich heraus, dass er in der Bibliothek die Gesetzessammlung seines Platznachbarn X mit der seinen verwechselt hat.

Schließlich liegt eine Bereicherung in sonstiger Weise vor, wenn ein Dritter den Schuldner von dessen Schulden gegenüber dem Gläubiger befreit. Dieser Fall der **Rückgriffskondiktion** ist aber sehr selten.

In allen Fällen der Bereicherung in sonstiger Weise verliert der Bereicherungsgläubiger ein Recht, das nach dessen **Zuweisungsgehalt** dem Bereicherten nicht zusteht.

1. Fehlen des rechtlichen Grundes

Der Zuweisungsgehalt des Rechts, um das der andere bereichert ist, bestimmt auch, ob für diese Bereicherung ein rechtlicher Grund gegeben ist. Die Bereicherung ist **ohne rechtlichen Grund** erfolgt, wenn dem Bereicherten der erlangte Vorteil **nach der Rechtsordnung nicht gebührt**.

Beispiel: S benutzt das Bild des berühmten G ohne dessen Einwilligung im Rahmen einer Werbesendung. Hier gebührt das Recht am eigenen Bild dem G, vgl. § 22 KunstUrhG. S muss gemäß § 812 I 1 2. Alt. BGB das, was er aus der Verwertung des Bildes erlangt hat, an G herausgeben.

2. Verfügung eines Nichtberechtigten

Ein besonderer Fall der Eingriffskondiktion ist die Verfügung eines Nichtberechtigten, die gegenüber dem Berechtigten wirksam ist.

Beispiel: B leiht dem A für eine Ferienfahrt sein Fernglas. A verkauft das Fernglas im eigenen Namen für 100 € an den gutgläubigen C und übereignet es ihm. Hier erwirbt C gemäß §§ 929, 932 BGB das Eigentum am Fernglas, obwohl A nicht zur Verfügung über das Fernglas berechtigt ist. B verliert damit sein Eigentum.

Gemäß § 816 I 1 BGB ist der Nichtberechtigte zur Herausgabe des "durch die Verfügung Erlangten" verpflichtet. Da durch eine Verfügung[249] nichts als Gegenleistung erlangt werden kann, ist gemeint, dass das aus dem der Verfügung zugrundeliegenden Kausalgeschäft Erlangte herausgegeben werden muss.

Beispiel (Fortsetzung): A muss die 100 €, die er als Kaufpreis erhalten hat, dem B gemäß § 816 I 1 BGB herausgeben.

Hat der Nichtberechtigte durch das der Verfügung zugrundeliegenden Kausalgeschäft nichts erlangt, weil er z. B. den Gegenstand verschenkt hat, ist die Person, die dadurch einen Vorteil erlangt hat, also z. B. die Beschenkte, gemäß § 816 I 2 BGB zur Herausgabe verpflichtet.

---

[249] Zur Verfügung siehe oben die 6. Lektion, III. 1. c) Unterscheidung nach der Rechtswirkung.

IV. Umfang des Bereicherungsausgleichs

Gemäß §§ 812 ff. BGB ist grundsätzlich das Erlangte in original herauszugeben. Im Übrigen bestimmen §§ 818 ff. BGB Art und Umfang des Bereicherungsausgleichs. Hierzu stellt § 818 I BGB erst einmal klar, dass auch die gezogenen Nutzungen (§§ 99, 100 BGB) und das, was der Bereicherte aus dem Erlangten oder für das Erlangte erhalten hat, herauszugeben ist.

Beispiel: K hat von V einen Personal Computer aufgrund eines unwirksamen Kaufvertrages übereignet bekommen und seit 3 Monaten in Besitz. Er muss, von V gemäß §§ 812 I 1 1. Alt., 818 I BGB auf Herausgabe in Anspruch genommen, nicht nur den PC, sondern auch den Gebrauchsvorteil für die 3 Monate ersetzen. Den Gebrauchsvorteil muss er allerdings nur dann ersetzen, wenn er den PC benutzt hat. Nicht ersetzen muss er einen Wertverlust, den der PC durch Abnutzung oder aufgrund einer neuen technischen Entwicklung erlitten hat. Ist der PC in der Zwischenzeit bei einem Wohnungsbrand zerstört worden, muss K gegebenenfalls seinen Anspruch aus der Hausratversicherung an V abtreten.

Ist die Herausgabe wegen der Art des Erlangten nicht möglich oder kann der Bereicherte das Erlangte aus einem anderen Grund nicht herausgeben, muss er gemäß § 818 II BGB den Wert ersetzen.

Beispiel: Geleistete Arbeit, ein ausgeführter Transport, verbrauchter Kraftstoff, eine aufgegessene Torte können nicht (mehr) herausgegeben werden; hier muss gemäß § 818 II BGB der Wert ersetzt werden, soweit nicht gemäß § 818 III BGB eine Entreicherung eingetreten ist.

Gemäß § 818 III BGB besteht keine Pflicht zur Herausgabe, soweit der Empfänger nicht mehr bereichert ist. Die Herausgabe der Bereicherung soll für den Bereicherten ja nicht zu einer Verminderung seines Vermögens führen. Es soll nur das abgeschöpft werden, was bei einer Gegenüberstellung der erlangten Vorteile und der erlittenen Nachteile als Überschuss bleibt.

Beispiel: Ist der herauszugebende PC in der Zwischenzeit bei einem Wohnungsbrand zerstört worden, ist K insoweit nicht mehr bereichert. Er muss nicht aus eigenen Mitteln hierfür Ersatz leisten. (Einen Anspruch aus der Hausratversicherung muss er aber gegebenenfalls an V abtreten; insoweit ist er ja bereichert, vgl. § 818 I BGB.)

Eine verschärfte Haftung besteht aber, wenn der Bereicherte auf Herausgabe verklagt wird. Ab Rechtshängigkeit[250] der Klage haftet er gemäß § 818 IV BGB nach den allgemeinen Vorschriften. Das gleiche gilt, wenn der Empfänger bei der Bereicherung weiß oder später erfährt, dass er ungerechtfertigt bereichert ist, § 819 I BGB, oder wenn er durch die Annahme der Leistung gegen ein gesetzliches Verbot oder gegen die guten Sitten verstoßen hat, § 819 II BGB. Er muss dann gemäß § 291 BGB eine Geldschuld verzinsen und gemäß §§ 292, 987 II BGB Wertersatz auch für die Nutzungen leisten, die er nicht gezogen hat, aber hätte ziehen können. Insgesamt haftet er dem Bereicherungsgläubiger gemäß §§ 292, 989 BGB auf Ersatz des Schadens, der durch sein Verschulden entsteht.

---

[250] Vgl. § 261 ZPO; siehe zur Klageerhebung und Rechtshängigkeit auch oben die 2. Lektion, VII. Klage und IX. Rechtshängigkeit.

Beispiel: Wird der herauszugebende PC nach Rechtshängigkeit der Herausgabeklage oder bei Bösgläubigkeit des K bei einem von K fahrlässig verursachten Wohnungsbrand zerstört, muss K dem V Schadensersatz leisten; unabhängig davon, ob er einen Anspruch aus einer Hausratversicherung hat.

V. Wiederholungsfragen

Schauen Sie bitte erst dann auf Seite 254 in die Lösung, wenn Sie die Fragen selbst beantwortet haben.

1. Aufgrund welcher beiden Grundtatbestände gewährt § 812 I 1 BGB einen Anspruch auf Ausgleich der Bereicherung?
2. Unter welchen Umständen ist jemand im Sinne des § 812 I 1 BGB bereichert?
3. Was ist eine Leistung im Sinne des § 812 I 1 1. Alt. BGB?
4. Wer ist bei einer Bereicherung durch Leistung eines anderen Schuldner des Bereicherungsausgleichs, wer ist Gläubiger?
5. Welche Sicht entscheidet, wenn aus der Sicht des Leistenden ein anderes Leistungsverhältnis besteht, als aus der Sicht des Leistungsempfängers?
6. In welchem Verhältnis steht der Bereicherungsausgleich gemäß § 812 I 1 2. Alt. BGB wegen Bereicherung in sonstiger Weise zur Leistungskondiktion?
7. Unterscheiden Sie die verschiedenen Fälle der Bereicherung in sonstiger Weise stichwortartig!
8. Unter welchen Umständen ist die Bereicherung in sonstiger Weise ohne rechtlichen Grund erfolgt?
9. Was ist gemäß §§ 812 ff. BGB herauszugeben?
10. Unter welche Umständen besteht keine Pflicht zur Herausgabe und unter welchen Umständen besteht eine verschärfte Haftung?

26. Lektion
Deliktsrecht

Das Deliktsrecht begründet wie das Bereicherungsrecht ein gesetzliches Schuldverhältnis. Es soll jedoch nicht, wie das Bereicherungsrecht, eine ungerechtfertigte Vermögensvermehrung abschöpfen, sondern den Schaden ausgleichen. Es wird das Zuwenig, nicht das Zuviel ausgeglichen.

Hierzu begründet das Deliktsrecht zum einen die **Verschuldenshaftung**. Danach haftet der Schädiger für sein schuldhaftes, unerlaubtes Verhalten. Den daraus folgenden Schaden muss er ersetzen.

Beispiel: Gemäß § 823 BGB (unerlaubte Handlung), § 823 II BGB (Verstoß gegen ein Schutzgesetz), § 824 BGB (Kreditgefährdung), § 825 BGB (Bestimmung zu sexuellen Handlungen), § 826 BGB (sittenwidrige vorsätzliche Schädigung), Art. 34 GG i.V.m. § 839 BGB (Amtspflichtverletzung) ist ein Verschulden Voraussetzung der Schadensersatzpflicht.

In einigen Vorschriften ist die Haftung so gestaltet, dass ein Verschulden des Schädigers vermutet wird; es besteht eine **Haftung aus widerleglich vermutetem Verschulden**. Der Schädiger kann sich im Einzelfall exculpieren (entschuldigen), das heißt, er kann nachweisen, dass ihn kein Verschulden trifft. Er haftet dann nicht.

Beispiel: In § 831 BGB (Haftung für Verrichtungsgehilfen), § 832 BGB (Haftung des Aufsichtspflichtigen), § 833 S. 2 BGB (Haftung des Tierhalters eines Berufshaustiers), § 834 BGB (Haftung des Tieraufsehers), § 836 ff. BGB (Haftung bei Einsturz eines Bauwerks), § 18 I StVG (Haftung des Fahrzeugführers) wird ein Verschulden des Schadensersatzpflichtigen vermutet. Er kann sich aber exculpieren.

Schließlich kommt eine Haftung auch ganz unabhängig von einem Verschulden in Betracht. Grund der Haftung ist nicht ein schuldhaftes Verhalten, sondern die Verursachung eines erlaubten Risikos, das sich verwirklicht und zu einem Schaden führt. Für den aus dem Risiko folgenden Schaden besteht eine **Gefährdungshaftung**.

Beispiel: § 231 BGB (irrtümliche Selbsthilfe), § 833 S. 1 BGB (Haftung des Tierhalters), § 7 I StVG (Haftung des Fahrzeughalters) und § 1 ProdHaftG sind Vorschriften, die eine Gefährdungshaftung begründen.

Im folgenden wird über die wichtigsten Vorschriften des Deliktsrechts ein kurzer Überblick gegeben.

I. Unerlaubte Handlung

Gemäß § 823 I BGB ist zum Schadensersatz verpflichtet, wer vorsätzlich oder fahrlässig das Leben, den Körper, die Gesundheit, die Freiheit, das Eigentum oder ein sonstiges Recht eines anderen widerrechtlich verletzt.

Es lassen sich, wie bei jeder Anspruchsgrundlage, Rechtsfolge und Tatbestand unterscheiden[251]. Die Rechtsfolge, nämlich die Verpflichtung zum Schadensersatz, ist nur gegeben, wenn der Tatbestand verwirklicht ist.

Der Tatbestand des § 823 I BGB lässt sich in den objektiven Tatbestand, die Rechtswidrigkeit und den subjektiven Tatbestand unterteilen. Der **objektive Tatbestand** umfasst die äußerlich erkennbaren Tatbestandsmerkmale. Danach muss eine Handlung zur Verletzung einer der genannten Rechtsgüter geführt haben. Die **Rechtswidrigkeit** ist gegeben, wenn die Verletzung einer der genannten Rechtsgüter der Rechtsordnung widerspricht. Der **subjektive Tatbestand** verlangt Vorsatz oder Fahrlässigkeit, also Verschulden. Das Verschulden setzt Verschuldensfähigkeit voraus. Zwischen Handlung und Verletzung eines der genannten Rechtsgüter einerseits und Verletzung und dem daraus entstandenen Schaden andererseits muss ein Kausalzusammenhang bestehen[252].

Objektiver Tatbestand
Handlung
Verletzung eines Rechtsguts

\+

Rechtswidrigkeit

\+

Subjektiver Tatbestand
Verschuldensfähigkeit
Verschulden

=

Schadensersatz

1. Handlung

Eine **Handlung** ist ein menschliches Verhalten, das vom Willen beherrschbar ist. Die Handlung kann in einem Tun oder in einem Unterlassen bestehen. Unterlassen ist aber nicht jedes Nichtstun. Nichtstun ist nur dann ein **Unterlassen** und damit eine Handlung im Rechtssinne, wenn eine Pflicht zum Tun besteht. Eine Pflicht zum Tun kann aus Gesetz, Vertrag oder vorangegangenem Tun folgen.

Beispiel: K ist bei der Familie F als Kindermädchen angestellt, § 611 BGB. Bei einem Spaziergang mit der Familie fällt das 5jährige Kind in eine nicht gesicherte Baugrube. Hier hat es K unterlassen, das Kind vor dem Sturz zu bewahren, da sie gemäß dem Kinderbetreuungs**vertrag** mit der Familie F zur Aufsicht über das Kindes verpflichtet war. Das gleiche gilt für die Eltern. Sie sind aufgrund **Gesetzes**, §§ 1626 I, 1631 I BGB, zur Aufsicht über ihre Kinder verpflichtet. Derjenige, der die Baugrube ausgehoben, aber nicht gesichert hat, hat es unterlassen, den Unfall durch Sicherheitsmaßnahmen zu verhindern. Hierzu war er aufgrund seines **vorangegangenen Tuns**, dem Ausheben der Baugrube, verpflichtet.

---

251 Zu Tatbestand und Rechtsfolge siehe auch oben die 8. Lektion, I. Anspruchsgrundlage.

252 Zur Kausalität siehe oben die 20. Lektion, I. 3. Kausalität.

Zwar haben sich auch andere, entfernte Spaziergänger nicht um das Kind gekümmert. Sie waren hierzu aber nicht verpflichtet. Ihr Nichtstun ist kein Unterlassen.

2. Verletzung der Rechtsgüter

Durch die Handlung muss ein in § 823 I BGB genanntes Rechtsgut verletzt worden sein.

Das **Leben** ist verletzt, wenn der Lebende durch die Handlung getötet wird. Die Hinterbliebenen haben dann gegebenenfalls einen Anspruch auf Schadensersatz, vgl. §§ 844 f. BGB.

Der **Körper** oder die **Gesundheit** werden durch jeden Eingriff verletzt, der die körperlichen, geistigen oder seelischen Lebensvorgänge stört.

Die **Freiheit** ist verletzt, wenn die körperliche Bewegungsfreiheit entzogen oder wenn zu einer Handlung genötigt wird.

Das **Eigentum** kann durch Zerstörung, Beschädigung, Verunstaltung oder Entzug der Sache verletzt werden. Auch die Beeinträchtigung der Gebrauchsmöglichkeit kann eine Eigentumsverletzung sein. Die Gebrauchsmöglichkeit muss aber nicht nur für den Eigentümer und nicht nur vorübergehend ganz aufgehoben sein.

Beispiel: R ist Eigentümer zweier Binnenschiffe, die eine an einem Kanal gelegene Mühle beliefern. Durch den von S verschuldeten Einsturz eines Teils der Kanalmauer wird ein Schiff bei der Mühle eingesperrt, das andere Schiff wird ausgesperrt. Beide Schiffe werden nicht beschädigt.

Hier ist nur das Eigentum am eingesperrten Schiff, nicht aber am ausgesperrten Schiff verletzt. Die Gebrauchsmöglichkeit des eingesperrten Schiffs ist völlig aufgehoben. Es kann keinen Transport unternehmen. Die Gebrauchsmöglichkeit des ausgesperrten Schiffs ist dagegen nicht ganz aufgehoben. Es kann zwar die Mühle nicht mehr beliefern; es kann aber andere Transporte ausführen.

Als **sonstige Rechte** im Sinne des § 823 I BGB sind vor allem das Recht am eingerichteten und ausgeübten Gewerbebetrieb und das allgemeine Persönlichkeitsrecht zu beachten.

Das **Recht am eingerichteten und ausgeübten Gewerbebetrieb** wurde von der Rechtsprechung entwickelt. Es ist ein Auffangtatbestand, der die unternehmerische Tätigkeit schützen soll, soweit sie nicht durch spezielle Vorschriften[253] geschützt ist.

---

[253] Z. B. Gesetz gegen den unlauteren Wettbewerb (UWG) vom 7. Juni 1909 (RGBl. S. 499), Schönfelder, Deutsche Gesetze, Nr. 73; Gesetz gegen Wettbewerbsbeschränkungen (GWB) in der Fassung der Bekanntmachung vom 20. Februar 1990 (BGBl. I S. 235); § 824 BGB.

Schadensersatz gemäß § 823 I BGB wegen Verletzung des Rechts am eingerichteten und ausgeübten Gewerbebetrieb kommt daher nur in Betracht, wenn **nicht ein anderes Rechtsgut**, vor allem das Eigentum, verletzt ist.

Beispiel: S beschädigt ein Stromkabel. Wegen des Stromausfalls verderben in der Tiefkühltruhe im Betrieb des G 500 Portionen Speiseeis. Hier kommt nur ein Anspruch auf Schadensersatz gemäß § 823 I BGB wegen Verletzung des Eigentums des S an dem Speiseeis in Betracht.

Außerdem muss der Eingriff in den eingerichteten und ausgeübten Gewerbebetrieb **unmittelbar, betriebsbezogen** erfolgen. Keine Verletzung des Rechts am eingerichteten und ausgeübten Gewerbebetrieb ist die nur mittelbare Schädigung des Betriebs.

Beispiel (Fortsetzung): Musste der Betrieb wegen des Stromausfalls ruhen, ist auch wegen des Gewinnausfalls kein Anspruch auf Schadensersatz gemäß § 823 I BGB wegen einer Verletzung des Rechts am eingerichteten und ausgeübten Gewerbebetrieb gegeben, wenn die Zerstörung des Kabels, z. B. bei Bauarbeiten auf einem Nachbargrundstück, nicht gegen den Betrieb gerichtet war. Ein Eingriff in den eingerichteten und ausgeübten Gewerbebetrieb ist aber dann gegeben, wenn S, z. B. als Konkurrent oder als Streikposten eines illegalen Streiks, den Betrieb durch die Unterbrechung der Stromleitung lahm legen wollte.

Das **allgemeine Persönlichkeitsrecht** ist schon in Artt. 1 I, 2 I GG genannt. In verfassungskonformer Auslegung wird es als ein subjektives Recht auf Achtung und Entfaltung der Persönlichkeit anerkannt und als sonstiges Recht durch § 823 I BGB geschützt. Es umfasst in Fallgruppen den Schutz der persönlichen Ehre und abgestuft den Schutz der Intim-, Privat- und Individualsphäre. Die **Intimsphäre** umfasst die Gedanken und Gefühle. Sie äußert sich z. B. in Krankengeschichten, in Tagebüchern, in privaten Briefen und im Sexualleben. Die **Privatsphäre** ist der private Lebensraum, vor allem im Haus und in der Familie. Die **Individualsphäre** beinhaltet die persönliche Eigenart im Verhältnis zur Umwelt, wie im Berufsleben und in der Öffentlichkeit.

Die persönliche Ehre wird z. B. bei Beleidigungen verletzt. Die Intim-, Privat- und Individualsphäre kann verletzt werden, wenn in sie z. B. durch heimliche Bild- oder Tonaufnahmen eingedrungen wird oder wenn Angelegenheiten aus ihr der Öffentlichkeit preisgegeben werden; insbesondere, wenn dabei ein falscher Eindruck erweckt wird.

Beispiel: G lässt sich für ein Biologiebuch nackt fotografieren. Später wird ohne sein Einverständnis das Bild in einer Illustrierten veröffentlicht. Hier liegt eine Verletzung seiner Intimsphäre vor.

3. Rechtswidrigkeit

Bei Verletzung der in § 823 I BGB genannten Rechtsgüter Leben, Körper, Gesundheit, Freiheit und Eigentum wird die Rechtswidrigkeit durch die

Verwirklichung des objektiven Tatbestandes indiziert. Sie ist nur[254] ausgeschlossen, wenn für die Verletzungshandlung ein Rechtfertigungsgrund besteht. Als Rechtfertigungsgründe kommen z. B. in Betracht: Notwehr (§ 227 BGB), Verteidigungsnotstand (§ 228 BGB), Selbsthilfe (§ 229 BGB), Angriffsnotstand (§ 904 BGB) oder die Einwilligung des Verletzten.

Eine Verletzung des Rechts am eingerichteten und ausgeübten Gewerbebetrieb oder des allgemeinen Persönlichkeitsrechts ist nicht von vornherein widerrechtlich. Es handelt sich um sogenannte **offene Tatbestände**. Die Rechtswidrigkeit muss besonders begründet werden, da schützenswerte Interessen an einem Eingriff in einen Gewerbebetrieb oder in das allgemeine Persönlichkeitsrecht bestehen können. Nur im Einzelfall kann nach Abwägung der Interessen darüber entschieden werden, ob der Eingriff rechtswidrig war. Je intensiver der Eingriff war, um so wichtigere Interessen sind zur Rechtfertigung nötig.

Beispiel: Das öffentliche Interesse an Information über politische Ereignisse rechtfertigt sicher die Veröffentlichung einer Fotografie, auf der ein Politiker im öffentlichen Leben, z. B. beim Treffen mit anderen Politikern, abgebildet ist (Individualsphäre); sie rechtfertigt aber nicht ohne weiteres die Veröffentlichung einer Fotografie aus der Intimshäre des Politikers, auf der er z. B. in der Badewanne zu sehen ist.

4. Verschulden

Das in § 823 I BGB verlangte Verschulden setzt **Verschuldensfähigkeit** voraus. Nicht verschuldensfähig sind vor allem Kinder unter 7 Jahren. Beschränkt verschuldensfähig sind Kinder zwischen dem 7. und 18. Lebensjahr. Sie haften nur, wenn sie bei der Tat die zur Erkenntis der Verantwortlichkeit erforderliche Einsicht hatten. Näheres zur Verschuldensfähigkeit steht in den §§ 827, 828 BGB. Zu beachten ist, dass auch bei fehlender Verantwortlichkeit eine Ersatzpflicht aus Billigkeitsgründen in Betracht kommt, § 829 BGB.

Das **Verschulden** umfasst Vorsatz und Fahrlässigkeit[255]. **Vorsatz** ist das Wissen und Wollen des tatbestandlichen Erfolgs bei Bewusstsein der Rechtswidrigkeit. **Fahrlässig** handelt, wer die im Verkehr erforderliche Sorgfalt außer Acht lässt, § 276 I 2 BGB.

5. Schadensersatz

Ist der Tatbestand des § 823 I BGB erfüllt, muss der Täter Schadensersatz leisten. Der Umfang des Schadensersatzes richtet sich erst einmal nach §§ 249 ff.

---

[254] Mit der herrschenden Meinung ist das Erfolgsunrecht entscheidend. Dagegen stellt die neuerer Ansicht auf das Handlungsunrecht ab. Danach ist die Rechtswidrigkeit nur gegeben, wenn die Verletzungshandlung gegen ein Gebot verstoßen hat oder wenn die zu beachtende Sorgfalt außer acht gelassen wurde.

[255] Zum Verschulden vgl. auch oben die 17. Lektion, III. Vertretenmüssen.

BGB. Danach ist grundsätzlich der ursprüngliche Zustand herzustellen. Bei **Personenschäden** regeln darüber hinaus die §§ 842 ff. BGB den Umfang des Schadensersatzes. Unter den dort genannten Umständen ist der Schädiger z. B. zur Zahlung einer Geldrente verpflichtet. Bei **Sachschäden** sind die Bestimmungen in §§ 848 ff. BGB zu beachten.

Immaterielle Schäden werden - mit Ausnahme der Schäden aufgrund einer Verletzung des allgemeinen Persönlichkeitsrechts - nur in den durch das Gesetz bestimmten Fällen erstattet, § 253 BGB. Ein solcher Fall ist das Schmerzensgeld gemäß § 847 BGB.

II. Schmerzensgeld

Gemäß § 847 BGB wird bei Verletzung des Körpers, der Gesundheit oder der Freiheit eine "billige" Entschädigung in Geld gewährt. Der Begriff "billig" darf dabei nicht im heutigen Sinn verstanden werden. Gemeint ist eine angemessene Entschädigung für immaterielle Einbußen am körperlichen oder seelischen Wohlbefinden. Das Schmerzensgeld soll diese Einbußen ausgleichen und dem Verletzten Genugtuung bieten.

§ 847 BGB bestimmt nicht nur den Umfang des Schadensersatzes, sondern ist eine **eigene Anspruchsgrundlage**. Der Anspruch auf Schmerzensgeld besteht neben dem Anspruch auf Ersatz des Personen- oder Sachschadens aus unerlaubter Handlung gemäß §§ 823 ff. BGB.

Voraussetzung für den Anspruch auf Schmerzensgeld ist die Verletzung des Körpers, der Gesundheit oder der Freiheit. Bei einer **schweren Verletzung des Persönlichkeitsrechts** wird darüber hinaus Schmerzensgeld gewährt, wenn nicht auf andere Weise, z. B. durch Unterlassen, Gegendarstellung oder Widerruf, der in Artt. 1 I, 2 I GG vorgesehene Schutz des Persönlichkeitsrechts erreicht werden kann.

III. Vorsätzliche sittenwidrige Schädigung

Während gemäß § 823 I BGB nur die Verletzung der dort genannten Rechtsgüter zum Schadensersatz verpflichtet, begründet § 826 BGB eine Schadensersatzpflicht für jeden **Vermögensschaden**. Der Vermögensschaden muss jedoch durch eine **vorsätzliche sittenwidrige Handlung** verursacht worden sein. Wegen der Sittenwidrigkeit der Handlung muss die Rechtswidrigkeit nicht besonders festgestellt werden. Sie versteht sich von selbst.

Objektiver Tatbestand
Sittenwidrige Handlung

\+

Subjektiver Tatbestand
Verschuldensfähigkeit
Vorsatz

=

Schadensersatz

Sittenwidrige Handlungen sind solche, die gegen das Anstandsgefühl aller billig und gerecht Denkender verstoßen. So ist z. B. die arglistige Täuschung, das Verleiten zum Vertragsbruch, das Erteilen von falschen Auskünften oder der Missbrauch einer formalen Rechtsstellung oder tatsächlichen Machtstellung gegebenenfalls sittenwidrig.

Der **Vorsatz** muss sich nicht nur auf die sittenwidrige Handlung, sondern auch auf den dadurch verursachten Schaden beziehen.

IV. Haftung für den Verrichtungsgehilfen

Gemäß § 831 BGB ist der, der einen anderen zu einer Verrichtung bestellt, zum Ersatz des Schadens verpflichtet, den der andere in Ausführung der Verrichtung einem Dritten widerrechtlich zufügt. Die Haftung besteht nicht für das Verschulden des Verrichtungsgehilfen, sondern für das eigene Verschulden des Geschäftsherrn bei der Auswahl und Überwachung des Verrichtungsgehilfen. Dieses Verschulden wird vermutet.

1. Verrichtungsgehilfe

Vorraussetzung für die eigene Haftung des Geschäftsherrn ist, das er einen anderen zu einer Verrichtung bestellt. Der andere ist in diesem Sinne ein **Verrichtungsgehilfe**, wenn er weisungsgebunden im Einflussbereich des Geschäftsherrn für diesen eine Tätigkeit ausführt. Auf die Art der Tätigkeit kommt es nicht an. Eine selbständige Tätigkeit reicht jedoch nicht.

Beispiel: R, der ein Gebäudereinigungsunternehmen betreibt, schickt den Fensterputzer F zum Fenster putzen. F ist Verrichtungsgehilfe des R, wenn R ihm z. B. im Rahmen eines Arbeitsvertrages[256] vorgeben kann, wann und wo er die Arbeit auf welche Art auszuführen hat. F ist dann gegenüber R weisungsgebunden. F ist jedoch kein Verrichtungsgehilfe, wenn er als Subunternehmer von R im Rahmen eines Werkvertrages[257] bestellt wird. Er schuldet dann R nur den Erfolg: die sauberen Fenster. R kann ihm nicht im Einzelnen die Art und Weise der Arbeit vorschreiben.

---

[256] Zum Arbeitsvertrag siehe oben die 24. Lektion, I. 2. Arbeitsvertrag.

[257] Zum Werkvertrag siehe oben die 24. Lektion, II. Werkvertrag.

2. Widerrechtlich zugefügter Schaden

Der Verrichtungsgehilfe muss seinerseits bei der Tätigkeit dem Dritten widerrechtlich einen Schaden zugefügt haben. Das ist der Fall, wenn er den **objektiven Tatbestand einer unerlaubten Handlung** gemäß §§ 823 ff. BGB **rechtswidrig** verwirklicht hat. Im Rahmen des Tatbestands des § 831 BGB muss wie die Puppe in der Puppe der objektive Tatbestand und die Rechtswidrigkeit der vom Verrichtungsgehilfen begangenen unerlaubten Handlung geprüft werden. Es reicht dabei die Verwirklichung des objektiven Tatbestandes und die Rechtswidrigkeit. Auf ein Verschulden kommt es nicht an. Trifft den Verrichtungsgehilfen ein Verschulden, mag das für seine eigene Haftung aus der unerlaubten Handlung gemäß §§ 823 ff. BGB bedeutsam sein; die eigene Haftung des Verrichtungsgehilfen ändert aber nichts an der Haftung des Geschäftsherrn gemäß § 831 BGB.

Beispiel (Fortsetzung): R schickt den bei ihm als Arbeiter eingestellten (§ 611 BGB) F zum Fensterputzen. F fällt bei der Arbeit der Eimer vom Fensterbrett, so dass das Dach des vor dem Haus parkenden Autos des D verbeult wird. Hier hat F als Verrichtungsgehilfe gemäß § 823 I BGB das Eigentum des D verletzt. Da kein Rechtfertigungsgrund ersichtlich ist, geschah das rechtswidrig. Unabhängig von einem Verschulden des F haftet R dem D gemäß § 831 I 1 BGB. Hat F schuldhaft gehandelt, haftet auch er dem D. Seine Haftung folgt aus § 823 I BGB.

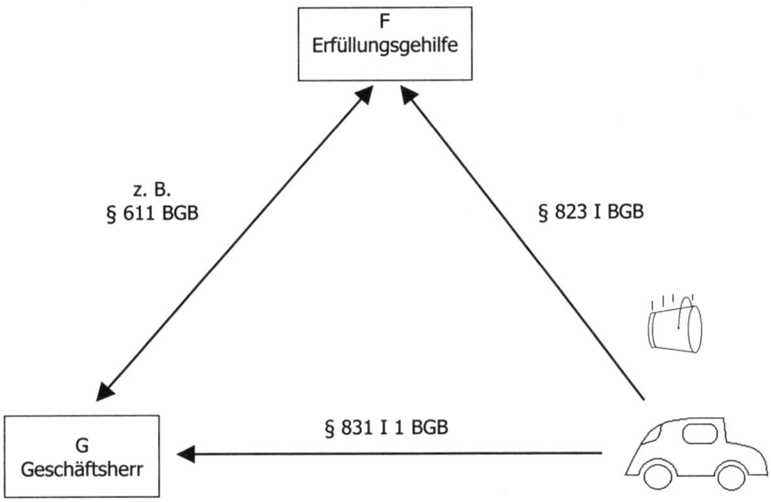

3. Exculpation

Hat der Verrichtungsgehilfe bei der Tätigkeit dem Dritten widerrechtlich einen Schaden zugefügt, haftet der Geschäftsherr für sein Verschulden bei der Auswahl und Überwachung des Verrichtungsgehilfen. Dieses Verschulden des

Geschäftsherrn wird gemäß § 831 I 1 BGB vermutet. Gemäß § 831 I 2 BGB hat der Geschäftsherr jedoch die Möglichkeit, sich zu exculpieren. Er haftet nicht, wenn er bei der Auswahl des Verrichtungsgehilfen die im Verkehr erforderliche Sorgfalt beachtet hat oder wenn der Schaden auch bei Anwendung dieser Sorgfalt entstanden sein würde.

Beispiel (Fortsetzung): Macht G gegenüber D geltend und weist gegebenenfalls auch nach, dass F besonnen und verantwortungsbewusst ist und bislang sehr zuverlässig und sorgfältig gearbeitet hat, haftet er nicht gemäß § 831 I 2 BGB.

4. Verhältnis Geschäftsherr - Verrichtungsgehilfe

Kann sich der Geschäftsherr nicht exculpieren, stehen dem geschädigten Dritten gegebenenfalls zwei Ansprüche auf Schadensersatz zu: einer gegenüber dem Verrichtungsgehilfen z. B. gemäß § 823 I BGB, der andere gegenüber dem Geschäftsherrn gemäß § 831 BGB. Beide haften gemäß § 840 I BGB als Gesamtschuldner. Der Geschädigte kann nach seinem Belieben von dem einen oder dem anderen Gesamtschuldner die Leistung ganz oder zum Teil fordern, § 421 BGB; insgesamt selbstverständlich nur einmal.

Der Ausgleich im Innenverhältnis zwischen Geschäftsherr und Verrichtungsgehilfen richtet sich nach § 840 II BGB. Wird der Geschäftsherr vom geschädigten Dritten in Anspruch genommen, muss der Verrichtungsgehilfe dem Geschäftsherrn den Schaden ersetzen. Bei einem Arbeitsvertrag haftet der Verrichtungsgehilfe dem Geschäftsherrn auch aus gemäß § 280 I BGB[258].

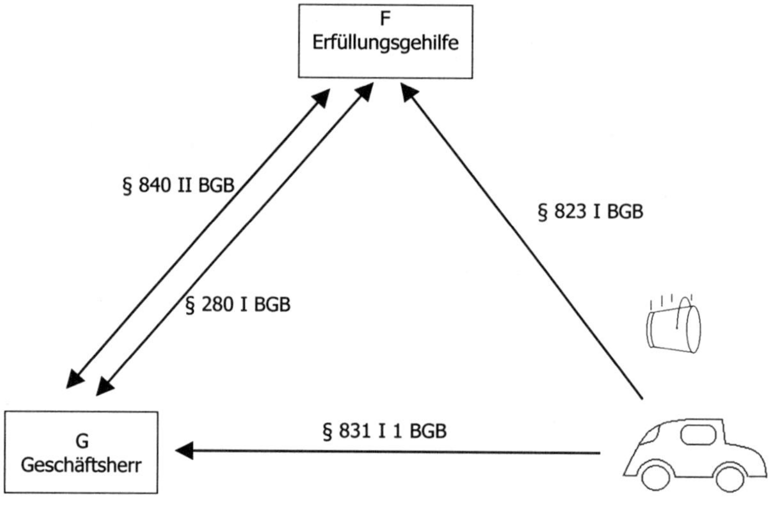

[258] Siehe auch 20. Lektion: Schlechtleistung, S. 145 ff.

Für den geschädigten Dritten ist eine Inanspruchnahme des Geschäftsherrn z. B. dann vorteilhaft, wenn der Verrichtungsgehilfe zahlungsunfähig ist. Das **Insolvenzrisiko** trägt dann der Geschäftsherrn und nicht der geschädigte Dritte.

Zu beachten sind auch die Regelungen zur Haftung des Arbeitnehmers bei **betrieblich veranlassten Arbeiten**[259]. Trifft den Verrichtungsgehilfen nur leichteste Fahrlässigkeit, haftet er gegenüber dem Geschäftsherrn nicht. Bei Vorsatz oder grober Fahrlässigkeit haftet er in voller Höhe. Dazwischen wird der Schaden je nach Einzelfall geteilt.

5. Im Vergleich die Haftung für den Erfüllungsgehilfen

Die Haftung für den Verrichtungsgehilfen gemäß § 831 BGB darf nicht mit der Haftung für den Erfüllungsgehilfen[260] gemäß § 278 BGB verwechselt werden.

§ 831 BGB	**§ 278 BGB**
Selbständige Anspruchsgrundlage gegenüber dem Geschäftsherrn	Keine Anspruchsgrundlage gegenüber dem Geschäftsherren
Haftung für eigenes Verschulden	Haftung für fremdes Verschulden
Nicht notwendig im Rahmen eines Schuldverhältnisses GH - Dritter	Nur im Rahmen eines Schuldverhältnisses GH - Dritter
Verrichtungsgehilfe ist weisungsgebunden	Erfüllungsgehilfe ist nicht notwendig weisungsgebunden
Exculpationsmöglickeit	Keine Exculpationsmöglichkeit

Trotz der Unterschiede kommt es aber häufig vor, dass dieselbe Person gleichzeitig Verrichtungs- und Erfüllungsgehilfe ist.

Beispiel: E lässt sich von dem Gebäudereinigungsunternehmen des G die Fenster putzen. Zerspringt dem F als Arbeiter des Reinigungsunternehmens beim Fensterputzen schuldhaft die Fensterscheibe des E, haftet G sowohl gemäß § 831 BGB, als auch gemäß §§ 280, 278 BGB. Der Anspruch ist gemäß § 831 BGB begründet, weil F als Arbeiter gegenüber G weisungsgebunden dem E rechtswidrig einen Eigentumsschaden im Sinne des § 823 I BGB zugefügt hat. G haftet auch gemäß §§ 280, 278 BGB, da es zu seinen Schutzpflichten aus dem Werkvertrag gehört, nicht das Eigentum des E zu beschädigen. Diese Schutzpflicht hat zwar F schuldhaft verletzt. Über § 278 BGB wird diese Tatbestandsvoraussetzung des § 280 I BGB aber dem G zugerechnet.

Die zweifache Anspruchsgrundlage kommt dem Geschädigten zugute. Ihm wird der Schaden zwar insgesamt nur einmal ersetzt; fällt aber die eine Anspruchsgrundlage, z. B. § 831 BGB wegen Exculpation, weg, kann er den Schadensersatz immer noch aus der anderen fordern.

---

[259] Zur schadensgeneigten Arbeit siehe oben die 24. Lektion, I. 2. c) Haftung des Arbeitnehmers.

[260] Zum Erfüllungsgehilfen siehe oben die 17. Lektion, III. 1. Erfüllungsgehilfe.

V. Produkthaftung

Es kommen zahlreiche Produkte auf den Markt, die z. B. wegen eines Konstruktions-, Produktions- oder Instruktionsfehlers einen Schaden verursachen. Ein Konstruktionsfehler ist gegeben, wenn das Produkt aufgrund seiner Konstruktion geeignet ist, beim Verwender oder bei einem Dritten einen Schaden herbeizuführen. Möglich ist auch, dass das Produkt zwar richtig konstruiert wurde; bei der Produktion kann aber ein Fehler unterlaufen sein ("Montagsproduktion"), so dass die Sicherheit nicht gewährleistet ist. Schließlich kann das Produkt in Ordnung sein; es fehlt aber eine Gebrauchsanweisung oder die Gebrauchsanweisung ist falsch, so dass bei der Benutzung ein Schaden entsteht.

1. Produkthaftung gemäß § 823 I BGB

Der Hersteller ist verpflichtet, alles zu unternehmen, damit keine Gefahren von seinen Produkten ausgehen. Ihn trifft insoweit eine **Verkehrssicherungspflicht**[261]. Er darf nur ordnungsgemäß konstruierte Produkte herstellen, muss die Produktion überwachen und für eine richtige Instruktion der Verbraucher sorgen. Tut er das nicht oder nicht ordnungsgemäß, haftet er gemäß § 823 I BGB, wenn ihn ein Verschulden trifft.

Der Geschädigte kann ein **Verschulden** des Hersteller nur schwer nachweisen. Ihm fehlt der Einblick in das Produktionsverfahren. Nach der Rechtsprechung wird daher die **Beweislast umgekehrt**. Kann der Hersteller bei gegebenem objektiven Tatbestand nicht nachweisen, dass ihn kein Verschulden trifft, haftet er. Es handelt sich insoweit um eine Haftung für vermutetes Verschulden.

Der Hersteller muss gemäß § 823 I BGB den **Personen- und Sachschaden**, der durch das fehlerhafte Produkt entstanden ist, ersetzen. Gemäß § 847 BGB kommt außerdem ein Anspruch auf **Schmerzensgeld** in Betracht.

2. Produkthaftungsgesetz

Der Hersteller eines fehlerhaften Produkts, durch das jemand getötet, an Körper oder Gesundheit verletzt oder durch das eine Sache beschädigt wird, kann außerdem nach § 1 Produkthaftungsgesetz (ProdHaftG) in Anspruch genommen werden. § 1 ProdHaftG begründet eine Gefährdungshaftung.

---

[261] Die Verkehrssicherungspflicht wird nach wohl herrschender Meinung als eine Pflicht angesehen, die bei Nichtbeachtung ein Unterlassen begründet. Sie ist dann im objektiven Tatbestand des § 823 I BGB bei der Handlung zu prüfen. Unabhängig von Tun oder Unterlassen kann die Verletzung der Verkehrssicherungspflicht aber im Rahmen der Kausalität auch den Zurechnungszusammenhang oder bei offenen Tatbeständen die Rechtswidrigkeit begründen. Näher hierzu: Dieter Medicus, Bürgerliches Recht, 18. Auflage 1999, § 25 I., Rn. 642 ff. mit weiteren Nachweisen.

Die Gefährdungshaftung nach dem Produkthaftungsgesetz ist einerseits weiter, andererseits enger als die aus unerlaubter Handlung. Sie ist weiter, weil es nach dem Produkthaftungsgesetz auf ein Verschulden des Herstellers nicht ankommt[262]. Er haftet also auch, wenn er nachweist, dass ihn kein Verschulden trifft. Es handelt sich um eine Gefährdungshaftung. Dafür ist der Umfang der Haftung beschränkt. Nach §§ 7 ff. ProdHaftG wird kein Schmerzensgeld gewährt. § 10 ProdHaftG setzt einen Höchstbetrag für den Schadensersatz bei Personenschäden fest. Gemäß § 11 ProdHaftG muss sich der Geschädigte bei einem Sachschaden selbst beteiligen. Nur wenn der Sachschaden größer ist, kann er den Hersteller aus dem Produkthaftungsgesetz in Anspruch nehmen. Weiter Einschränkungen ergeben sich aus § 1 I 2 ProdHaftG.

VI. Wiederholungsfragen

Schauen Sie bitte erst dann auf Seite 255 in die Lösung, wenn Sie die Fragen selbst beantwortet haben.

1. Unterscheiden Sie Verschuldenshaftung und Gefährdungshaftung!
2. Untergliedern Sie den Tatbestand des § 823 I BGB!
3. Welche besonderen Voraussetzungen bestehen für einen Anspruch auf Schadensersatz gemäß § 823 I BGB wegen Verletzung des Rechts am eingerichteten und ausgeübten Gewerbebetrieb?
4. Wodurch unterscheidet sich eine Verletzung der in § 823 I BGB genannten Rechtsgüter von einer Verletzung des Rechts am eingerichteten und ausgeübten Gewerbebetrieb oder einer Verletzung des allgemeinen Persönlichkeitsrechts im Hinblick auf die Rechtswidrigkeit?
5. Nennen Sie die Anspruchsgrundlage für Schmerzensgeld bei Verletzung des Körpers, der Gesundheit oder der Freiheit!
6. Wodurch unterscheidet sich die Haftung nach dem Produkthaftungsgesetz von der Haftung für Produkte gemäß § 823 I BGB?
7. Was ist eine sittenwidrige Handlung im Sinne des § 826 BGB?
8. Wer ist Verrichtungsgehilfe im Sinne des § 831 BGB?
9. Was ist Exculpation?
10. In welchem Verhältnis steht die Haftung des Geschäftsherrn zur Haftung des Verrichtungsgehilfen gegenüber dem geschädigten Dritten?

[262] Zu den Ausnahmen vgl. § 1 II Nr. 5 und § 3 II ProdHaftG.

27. Lektion
Verschulden bei Vertragsschluss

Eine Haftung aus Verschulden bei Vertragsschluss (culpa in contrahendo = c.i.c) war bis zur Modernisierung des Schuldrechts zum 01.01.2002 nicht im Gesetz geregelt, aber seit langem anerkannt. Rechtsgrund der Haftung aus c. i. c. ist das Vertrauen, das der eine bei Vertragsverhandlungen dem anderen entgegen bringt. Er muss sich darauf verlassen können, dass er durch die Aufnahme des rechtsgeschäftlichen Kontakts, zu dem er sich in den Einflußbereich des anderen begibt, keinen Schaden erleidet. Die Haftung beruht damit nicht auf einer Willenserklärung, sondern auf einem Vertrauenstatbestand. Der Vertrauenstatbestand wird mit der Vorbereitung und Aufnahme von Vertragsverhandlungen durch einen Realakt[263] begründet. Dieser Vertrauenstatbestand ist nun gemäß §§ 241 II, 311 II BGB gesetzlich anerkannt. §§ 241 III, 311 II BGB sind aber selbst keine Anspruchsgrundlage; sie begründen nur vorvertragliche Pflichten, bei deren Verletzung gemäß § 280 I BGB Schadensersatz gefordert werden kann.

I. Vertrauenstatbestände

Gemäß § 241 II BGB kann das Schuldverhältnis über die eigentlichen Leistungen hinaus nach seinem Inhalt jeden der Beteiligten zu besonderer Rücksicht auf die Rechte, Rechtsgüter und Interessen des oder der anderen Beteiligten verpflichten. § 311 II BGB stellt klar, dass diese Pflichten nicht erst bei oder nach Abschluss eines Rechtsgeschäfts, sondern auch vorher bestehen. Es reicht ein geschäftlicher Kontakt, ohne dass dann ein Rechtsgeschäft tatsächlich zustande kommen muss. § 311 II BGB nennt hierzu drei Fallgruppen:

1. Aufnahme von Vertragsverhandlungen

Zur Aufnahme von Vertragsverhandlungen gemäß § 311 II Nr. 1 BGB sind noch keine rechtsverbindliche Erklärungen erforderlich. Es reichen Vorgespräche über die Möglichkeiten zum Abschluss eines Vertrages.

2. Anbahnung eines Vertrages

Auch die Anbahnung eines Vertrages, bei welcher der eine Teil im Hinblick auf eine etwaige rechtsgeschäftliche Beziehung dem anderen Teil die Möglichkeit zur Einwirkung auf seine Rechte, Rechtsgüter und Interessen gewährt oder ihm diese anvertraut, muss nicht zum Abschluss eines Vertrages führen.

---

263 Zum Realakt siehe oben die 6. Lektion, III. 2. b) Realakt.

Andererseits reicht nicht räumliche Nähe oder ein sozialer Kontakt. Der Kontakt muss in Hinblick auf einen möglichen Geschäftsabschluss aufgenommen worden sein.

Beispiel: Betritt K den Selbstbedienungsladen des S, um einzukaufen, geschieht das zur Anbahnung eines Vertrages, auch wenn er dann doch nichts kauft. Es ist aber keine Anbahnung eines Vertrages gemäß § 311 II Nr. 2 BGB, wenn K den Selbstbedienungsladen nur betritt, um sich bei Regen unterzustellen.

3. Ähnliche geschäftliche Kontakte

Gemäß § 311 II Nr. 3 BGB reichen auch tatsächliche Vorbereitungen für einen möglichen Geschäftsabschluss. Das muss meines Erachtens insbesondere dann gelten, wenn der Kontakt mit nicht abschlussbereiten Geschäftspartnern gesucht wird, um sie doch zum Abschluss eines Geschäfts zu bewegen.

Beispiel: Ein zwischen zwei Straßen gelegenes Kaufhaus leitet mit Wegweisern durch die eigenen Verkaufsräume den Weg zu der anderen Straße. Hier ist die Wegführung darauf angelegt, nicht interessierte Passanten doch für einen Kauf zu interessieren. Der Weg begründet insofern einen geschäftlichen Kontakt zwischen Passanten und dem Kaufhaus.

II. Verletzung einer Pflicht

Bei einem geschäftlichen Kontakt gemäß §§ 241 II, 311 II BGB ist weitere Voraussetzung einer Haftung gemäß § 280 I BGB, dass eine Pflicht gegenüber dem Geschädigten verletzt wird. Es sind vor allem Schutz- und Aufklärungspflichten zu beachten. **Schutzpflichten** bestehen, wenn der andere bei dem geschäftlichen Kontakt seine Güter wie Leben, Körper, Gesundheit und Eigentum der Einwirkung des möglichen Geschäftspartners aussetzt.

Beispiel: Unternimmt V zum Verkauf seines Autos mit dem am Kauf interessierten K eine Probefahrt, muss V dafür sorgen, dass K dabei keinen Schaden an Leib, Leben oder Eigentum erleidet.

Aufklärungspflichten bestehen immer dann, wenn der andere redlicherweise Aufklärung erwarten durfte. Zwar muss jeder seine Interessen grundsätzlich selbst wahrnehmen; bei Umständen, die den Vertragszweck gefährden und die für den anderen erkennbar von erhebliche Bedeutung sind, besteht aber auch ohne ausdrückliche Fragen eine Pflicht zur Aufklärung. Eine gesteigerte Aufklärungspflicht trifft denjenigen, der als Fachberater auftritt.

Beispiel: Ein Bank ist verpflichtet, den Kunden über die Gefahren besonderer Kreditformen aufzuklären.

III. Verschulden

Für das Verschulden gilt § 276 I BGB. Derjenige, dem bei einem geschäftlichen Kontakt Pflichten obliegen, hat Vorsatz und Fahrlässigkeit[264] zu vertreten. Ein Verschulden des Erfüllungsgehilfen wird über § 278 BGB dem Geschäftsherrn zugerechnet.

IV. Schadensersatz

Zum Schadensersatz verpflichtet ist gemäß § 280 I BGB der, der bei einem geschäftlichen Kontakt schuldhaft eine ihm obliegende Pflicht verletzt und dadurch dem anderen einen Schaden zufügt. Durch den Schadensersatz muss der andere so gestellt werden, als sei keine Pflicht verletzt worden.

Beispiel: Wird der Mantel des K bei einer Probefahrt durch Verschulden des Verkäufers V mit Oel verschmutzt, muss V dem K gemäß §§ 311 II Nr. 2, 280 I BGB die Reinigungskosten oder notfalls den Mantel erstatten.

Der Anspruch auf Schadensersatz gemäß c.i.c. verjährt gemäß §§ 195, 199 BGB in drei Jahren zum Schluss des Kalenderjahres.

V. Haftung Dritter

Besondere Bedeutung hat die c.i.c. im Verhältnis zur Deliktshaftung bei Beteiligung von Gehilfen. Während bei der Deliktshaftung gemäß § 831 I 2 BGB dem Geschäftsherrn die Möglichkeit der Exculpation offen steht, haftet der Geschäftsherr bei c.i.c. über §§ 241 II, 311 II, 278, 280 BGB für das Verschulden seines Erfüllungsgehilfen ohne die Möglichkeit eines Entlastungsbeweises.

Beispiel: K besucht den Heimwerkermarkt H, um neuen Bodenbelag zu kaufen. Bei Besichtigung der Rollen stürzt eine um und verletzt den K. Die Rolle war von dem Angestellten A des H schuldhaft nicht ordnungsgemäß aufgestellt worden. Hier haftet zum einen A gemäß § 823 I BGB wegen Verletzung des Körpers des K. Zum anderen haftet H gemäß § 831 I 1 BGB und aus §§ 241 II, 311 II Nr. 2, 280 I BGB in Verbindung mit § 278 BGB. H war verpflichtet, bei dem geschäftlichen Kontakt mit K diesen vor Schäden zu bewahren. H hat die Rolle zwar nicht selbst unsorgfältig aufgestellt; ihm ist aber im Rahmen der c.i.c. gemäß §§ 241 II, 311 II Nr. 2, 280 I BGB über § 278 BGB das Verschulden des A wie eigenes Verschulden zuzurechnen. K hat damit gegen H zwei Anspruchsgrundlagen: § 831 I 1 BGB und § 280 I BGB in Verbindung mit § 278 BGB. Kann sich H gemäß § 831 I 2 BGB exculpieren, bekommt K seinen Schaden immer noch aus §§ 241 II, 311 II, 280 I BGB in Verbindung mit § 278 BGB ersetzt.

Darüber hinaus kommt eine eigene Haftung des Gehilfen aus c.i.c. gemäß §§ 241 II, 311 III, 280 I BGB in Betracht, wenn der Gehilfe selbst ein erhebliches wirtschaftliches Interesse am Vertragsschluss hat oder wenn er selbst ein ihm entgegengebrachtes Vertrauen in Anspruch genommen hat.

---

[264] Zu Vorsatz und Fahrlässigkeit siehe oben die 17. Lektion, III. Vertretenmüssen.

Beispiel: Der Kraftfahrzeughändler G verkauft als Vertreter des Privatmanns V dessen Auto an K. Bei dem Verkaufsgespräch erklärt G als Fachmann mit eigener Werkstatt, der Wagen sei technisch in Ordnung. Ist der Wagen nun nicht technisch in Ordnung, hat K unmittelbar gegen G einen Anspruch auf Ersatz seines Vertrauensschadens gemäß §§ 241 II, 311 III, 280 I BGB.

VI. Wiederholungsfragen

Schauen Sie bitte erst dann auf Seite 256 in die Lösung, wenn Sie die Fragen selbst beantwortet haben.

1. Nennen Sie den Rechtsgrund der Haftung aus c.i.c.!
2. Nennen Sie die Anspruchsgrundlage für Schadensersatz aus c.i.c.!
3. Beschreiben Sie das Verhältnis des § 311 II BGB zu § 241 II BGB.
4. Welche Fallgruppen nennt § 311 II BGB?
5. Unter welchen Umständen bestehen Aufklärungspflichten?
6. Welche Vorschriften gelten für das Verschulden im Rahmen der c.i.c?
7. Wann verjährt der Schadensersatzanspruch aus c.i.c.?
8. Ist § 278 BGB eine Anspruchsgrundlage?
9. Nennen Sie einen entscheidenden Unterschied zwischen der Haftung des Geschäftsherrn für seinen Gehilfen aus § 831 I BGB gegenüber der Haftung aus c.i.c. gemäß §§ 241 II, 311 II, 280 I BGB in Verbindung mit § 278 BGB!
10. Unter welchen Umständen kommt eine eigene Haftung des Gehilfen aus c.i.c. gemäß §§ 241 II, 311 II, 280 I BGB in Betracht?

28. Lektion
Besitz und Eigentum

In der Umgangssprache werden die Begriffe Besitz und Eigentum oft gleichbedeutend gebracht. Juristisch bestehen aber wichtige Unterschiede. Das Eigentum ist das **Recht** an einer Sache; der Besitz ist die **tatsächliche Sachherrschaft** über eine Sache. Zwar wird gemäß § 1006 BGB (für bewegliche Sachen) vermutet, dass der Besitzer auch Eigentümer ist; Eigentümer und Besitzer können aber auch verschiedene Personen sein.

Beispiel: D stiehlt das Auto des E. Hier ist E weiterhin Eigentümer. D hat aber die tatsächliche Sachherrschaft über das Auto. Er ist Besitzer.

I. Besitz

Der Besitz kann an einer beweglichen Sache oder an einer unbeweglichen Sache (Grundstück) bestehen. Er wird gemäß § 854 BGB durch die Erlangung der **tatsächlichen Gewalt** über die Sache erworben. Hinzu kommen muss ein darauf gerichteter Wille. Es handelt sich dabei nicht um einen rechtsgeschäftlichen Willen; es reicht der **natürliche Wille**. Die §§ 104 ff. BGB sind nicht anwendbar.

Beispiel: Leiht der 7jährige B von E ein Fahrrad, so ist B Besitzer des Fahrrads. Eine Genehmigung der Eltern ist nicht erforderlich.

Der Besitz kann vererbt werden. Der Erbe wird, obwohl er nicht die tatsächliche Gewalt über die Sache hat, mit dem Erbfall Besitzer, § 857 BGB.

1. Besitzdiener

Keinen Besitz hat der **Besitzdiener** im Sinne des § 855 BGB. Er übt zwar die tatsächliche Gewalt über eine Sache aus; das aber nur für einen anderen in dessen Haushalt oder Erwerbsgeschäft oder in einem ähnlichen Verhältnis, in dem er den sich auf die Sache beziehenden Weisungen folgen muss.

Beispiel: Der Arbeiter auf dem Betriebsgelände hat zwar die tatsächliche Gewalt über die für seine Arbeit benötigten Werkzeuge des Betriebs; er muss diesbezüglich aber den Weisungen des Arbeitgebers folgen. Er übt daher die tatsächliche Gewalt über die Werkzeuge für den Arbeitgeber aus. Nur der Arbeitgeber ist Besitzer der Werkzeuge.

2. Arten des Besitzes

Der Besitz kann zum einen danach unterschieden werden, ob er mit dem Eigentum zusammenfällt. Hat der Eigentümer die Sache in Besitz, ist er gemäß § 872 BGB **Eigenbesitzer**. Ist der Besitzer nicht Eigentümer der Sache, spricht man von **Fremdbesitz**.

Eine weitere wichtige Unterteilung ist die zwischen unmittelbarem und mittelbarem Besitz. **Unmittelbarer Besitzer** ist der, der die Sache selbst hat. Der mittelbare Besitz ist in § 868 BGB definiert. Danach ist **mittelbarer Besitzer** der, für den der unmittelbare Besitzer aufgrund eines von ihm anerkannten Rechtsverhältnisses gegenüber dem mittelbaren Besitzer auf Zeit zum Besitz berechtigt oder verpflichtet ist. Das Rechtsverhältnis zwischen mittelbarem und unmittelbarem Besitzer wird als **Besitzmittlungsverhältnis** bezeichnet.

Beispiel: Leiht E sein Fahrrad dem B, ist B unmittelbarer Besitzer, E ist mittelbarer Besitzer. Die Leihe, § 598 BGB, ist das Besitzmittlungsverhältnis.

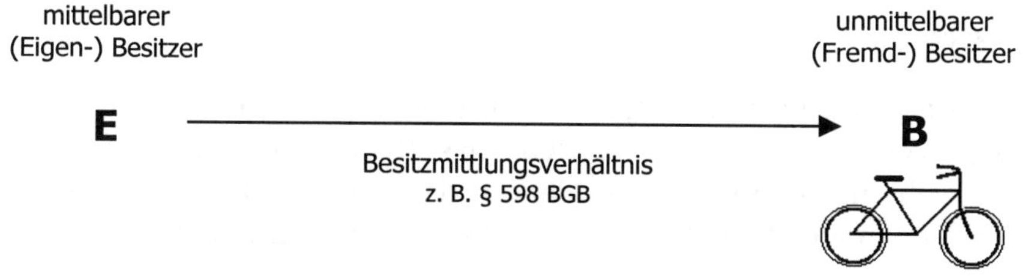

Wichtig ist, dass der unmittelbare Besitzer das Besitzmittlungsverhältnis anerkennt. Ist das nicht der Fall, besteht kein mittelbarer Besitz.

Beispiel (Fortsetzung): In dem Moment, in dem B beschließt, das von E geliehene Fahrrad nicht zurückzugeben, verliert E den mittelbaren Besitz.

Es kommt nicht darauf an, ob das Besitzmittlungsverhältnis tatsächlich wirksam ist. Der unmittelbare Besitzer muss das Besitzmittlungsverhältnis nur anerkennen.

Beispiel (Fortsetzung): Ist der Leihvertrag, § 598 BGB, zwischen E und B gemäß §§ 104 Nr. 1, 105 I BGB nichtig, weil E erst 6 Jahre alt ist, ist E dennoch mittelbarer Besitzer, wenn B das Leihverhältnis anerkennt und das Fahrrad nur in diesem Rahmen nutzen und zurückgeben will.

Der mittelbare Besitzer kann seinerseits gegenüber einem Dritten aufgrund eines von ihm anerkannten Rechtsverhältnisses auf Zeit zum Besitz berechtigt oder verpflichtet sein. Der Dritte ist dann auch mittelbarer Besitzer. Man spricht von **mehrstufigem Besitz**.

Beispiel: M verleiht mit Erlaubnis des D ein Fahrrad an B, das er seinerseits von dem Eigentümer D geliehen hat. Hier ist B unmittelbarer Besitzer. Zwischen ihm und M besteht durch den Leihvertrag ein Besitzmittlungsverhältnis. M ist daher mittelbarer Besitzer. Das gleiche gilt für das Verhältnis zwischen M und D. D ist daher auch mittelbarer Besitzer.

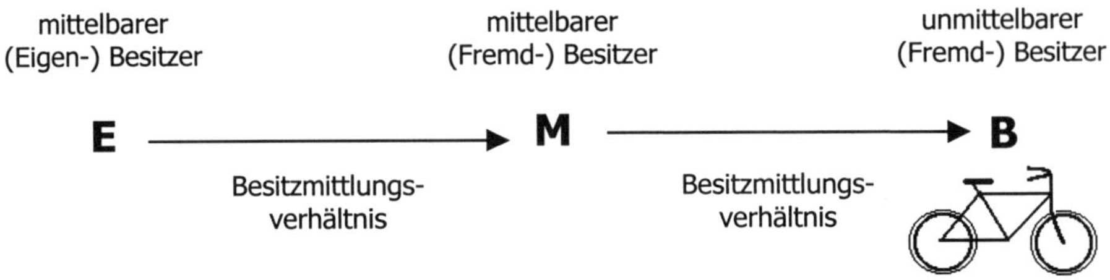

Der mehrstufige Besitz kann beliebig aufgestockt werden. Jeder Besitzer unter dem Eigenbesitzer muss aber ein Besitzmittlungsverhältnis zu dem nächst höheren, mittelbaren Besitzer anerkennen.

3. Besitzschutz

Der Besitz ist zwar kein Herrschaftsrecht; er ist aber doch rechtlich geschützt. So hat der Besitzer gemäß §§ 858 f. BGB das Recht, sich gegen denjenigen mit Gewalt zu wehren, der ihm widerrechtlich den Besitz entziehen oder im Besitz stören will. Der andere handelt dann in **verbotener Eigenmacht**.

Beispiel: B, der das Fahrrad von E geliehen hat, darf sich mit Gewalt wehren, wenn X ihm das Fahrrad widerrechtlich wegnehmen will. X handelt gegenüber B in verbotener Eigenmacht.

Der Besitzer hat auch gemäß § 861 BGB einen Anspruch, dass ihm der durch verbotene Eigenmacht entzogenen Besitz wieder eingeräumt wird. Ebenso kann er gemäß § 862 BGB verlangen, dass die durch verbotene Eigenmacht hervorgerufene Störung seines Besitzes beseitigt wird.

Beispiel (Fortsetzung): Hat B den X nicht mehr erwischt, kann er ihm gegenüber seinen Herausgabeanspruch einklagen. X wird dann gemäß § 861 BGB verurteilt, das Fahrrad an B herauszugeben.

Diese Rechte des Besitzers aus §§ 861 f. BGB sind gemäß § 864 BGB aber nur vorübergehend. Das eigentliche Herrschaftsrecht an einer Sache ist das Eigentum.

II. Eigentum

Das Eigentum wird durch Art. 14 GG gewährleistet. Es ist das umfassende Herrschaftsrecht an einer Sache[265]. Gemäß § 903 BGB kann der Eigentümer mit der Sache nach Belieben verfahren und andere von jeder Einwirkung ausschließen. Das Eigentum ist aber nicht schrankenlos. Zu beachten sind das Gesetz und die Rechte der anderen, vgl. Art. 14 I 2, II GG und z. B. §§ 904 ff. BGB.

[265] Zum Begriff "Sache" siehe oben die 5. Lektion, II. 1. Körperliche Gegenstände.

Es gilt der Spezialitätsgrundsatz[266]. Das Eigentum kann nur an einer einzelnen Sache bestehen.

1. Arten des Eigentums

Umgekehrt können an einer Sache einzelne oder mehrere Personen Eigentum haben. Steht das Eigentum mehreren zu, handelt es sich um Miteigentum nach Bruchteilen oder um Gesamthandseigentum. Für das **Miteigentum nach Bruchteilen** gelten die §§ 1008 ff. und 741 ff. BGB. Gemäß § 747 S. 1 BGB kann jeder Miteigentümer über seinen ideellen Anteil frei verfügen.

Beispiel: Sind A und B Miteigentümer eines Segelbootes, kann A oder B nicht über einzelne Teile am Boot wie Rumpf oder Mast verfügen. Er kann aber über seinen ideellen Anteil (Bruchteil am Recht Eigentum) am ganzen Boot verfügen, indem er ihn z. B. auf C übereignet. Das ganze Segelboot gehört dann A und C.

Gesamthandseigentum an einer Sache ist nur ihm Rahmen einer Gesamthandsgemeinschaft möglich. Gesamthandsgemeinschaften sind die GbR, §§ 718, 719 BGB[267], die eheliche Gütergemeinschaft, § 1416 BGB und die Erbengemeinschaft, § 2032 BGB. Die der Gesamthandsgemeinschaft angehörenden Personen, die Gesamthandseigentümer, können über die Sache nur gemeinschaftlich verfügen, vgl. §§ 719 I, 1419 I, 2033 II BGB.

Beispiel: Besteht zwischen A und B eine GbR und gehört das Segelboot zum Gesellschaftsvermögen, kann A oder B nicht frei über seinen Anteil verfügen, § 719 I BGB. Ihr Anteil am Gesamthandsvermögen ist mit ihrer Gesellschafterstellung untrennbar verbunden.

2. Eigentum an beweglichen Sachen

Das Eigentum an einer beweglichen Sache kann durch **Übereignung** von einem anderen Eigentümer, §§ 929 ff. BGB, durch **Ersitzung**, § 937 ff. BGB, durch **Verbindung, Vermischung,** oder **Verarbeitung**, §§ 946 ff. BGB, durch **Aneignung** einer herrenlosen Sache, durch **Fund**, §§ 965 ff., 973 ff. BGB oder durch **Erbschaft**, § 1922 BGB, erworben werden.

a) Übereignung beweglicher Sachen

Der häufigste Eigentumserwerb an einer beweglichen Sache erfolgt durch **Übereignung**. Nach dem **Grundtatbestand** des § 929 BGB ist hierzu erforderlich, dass der Eigentümer die Sache dem Erwerber **übergibt** und beide darüber **einig** sind, dass das Eigentum übergehen soll. Erforderlich ist also ein doppelter

[266] Zum **Spezialitätsgrundsatz** siehe oben die 5. Lektion, II. 1. Körperliche Gegenstände.

[267] Gesamthandsgemeinschaften sind auch die OHG, § 105 HGB, die KG, § 161 HGB, und der nicht rechtsfähige Verein, § 54 BGB.

Tatbestand: Einigung und Übergabe. Die **Einigung** ist ein abstrakter, dinglicher Vertrag, der wie jeder Vertrag durch zwei übereinstimmende Willenserklärungen zustande kommt. Die Willenserklärungen können auch konkludent abgegeben werden. Die **Übergabe** muss in Vollzug der Übereignung erfolgen. Sie ist ein Realakt, durch den der ursprüngliche Eigentümer seinen Besitz verliert und der Erwerber den Besitz erhält. Erst wenn beide Tatbestandsmerkmale, Einigung und Übergabe, erfüllt sind, ist die Übereignung vollzogen und der Erwerber Eigentümer. Die Übereignung muss nach dem Trennungs- und Abstraktionsprinzip[268] streng von dem zugrundeliegenden Verpflichtungsgeschäft getrennt werden.

Beispiel: Will V sein Buch dem K verkaufen und übereignen, müssen beide zuerst mit zwei übereinstimmenden Willenserklärungen einen Kaufvertrag gemäß § 433 BGB schließen. Sodann muss V seine Pflicht aus diesem Kaufvertrag durch die Übereignung des Buches erfüllen. Hierzu müssen V und K zur Einigung gemäß § 929 BGB wieder zwei übereinstimmende Willenserklärungen abgeben und V muss dem K das Buch übergeben. Umgekehrt muss K den Kaufpreis entsprechend übereignen. In der Praxis werden die Willenserklärungen meistens konkludent mit der Übergabe von Kaufgegenstand und Kaufpreis abgegeben.

Gemäß § 930 BGB kann die Übergabe dadurch ersetzt werden, dass zwischen Eigentümer und Erwerber ein Besitzmittlungsverhältnis (**Besitzkonstitut**) gemäß § 868 BGB vereinbart wird. Ein Besitzmittlungsverhältnis begründen z. B. die Miete[269] oder die Leihe[270]. Das Besitzkonstitut gemäß §§ 930, 868 BGB kann auch schon im voraus als **antizipiertes Besitzkonstitut** vereinbart werden, wenn der Veräußerer die Sache noch gar nicht hat. Erhält dann der Veräußerer das Eigentum, geht es sofort auf den Erwerber über.

Beispiel: V verkauft ein Buch, das er erst noch besorgen muss, dem K. Hier können zur Erfüllung des Kaufvertrages V und K sofort die Einigung gemäß § 929 BGB treffen und anstelle der Übergabe gemäß § 930 BGB vereinbaren, dass K dem V das Buch leihen wird, § 598 BGB. Erhält nun V das Eigentum am Buch, geht das Eigentum sofort (nach einer logischen Sekunde) auf K über. K ist nun Eigentümer, V ist dann nur Besitzer des Buches.

Ist ein Dritter im Besitz der Sache, so kann gemäß § 931 BGB die Übergabe durch die **Abtretung[271] des Herausgabeanspruchs** ersetzt werden.

Beispiel: V verkauft sein Buch, das er gerade dem X geliehen hat, an K. Hier können zur Erfüllung des Kaufvertrages V und K die Einigung gemäß § 929 BGB treffen und anstelle der Übergabe kann V gemäß § 398 BGB dem K den Herausgabeanspruch gegen X abtreten, § 931 BGB.

---

268 Zum Trennungs- und Abstraktionsprinzip siehe oben die 7. Lektion: Trennungs- und Abstraktionsprinzip.

269 Zur Miete siehe oben die 23. Lektion, III. Miete.

270 Zur Leihe siehe oben die 23. Lektion, IV. Leihe.

271 Zur Abtretung siehe oben 22. Lektion: Abtretung.

b) Gutgläubiger Erwerb beweglicher Sachen

Voraussetzung der Übereignung nach §§ 929 ff. BGB ist immer, dass der Erwerber die Sache **vom Eigentümer** übereignet bekommt. Der Eigentümer muss dabei nicht persönlich auftreten. Es reicht, wenn ein Vertreter (§ 164 BGB) in seinem Namen oder ein anderer im eignen Namen aber mit Einwilligung (§ 185 BGB) des Eigentümers die Sache übereignet. Andernfalls, kommt ein **gutgläubiger Erwerb** gemäß § 932 ff. BGB in Betracht.

Der gutgläubiger Erwerb gemäß §§ 932 ff. BGB ist ausgeschlossen, wenn der Erwerber nicht im guten Glauben ist. Der Erwerber ist gemäß § 932 II BGB **nicht im guten Glauben**, wenn ihm bekannt oder infolge grober Fahrlässigkeit unbekannt ist, dass die Sache nicht dem Veräußerer gehört.

Beispiel: Kann bei der Übereignung eines Autos der Kraftfahrzeugbrief nicht vorgelegt werden, muss sich der Erwerber sehr genau nach den Eigentumsverhältnissen erkundigen. Andernfalls fällt ihm grobe Fahrlässigkeit zur Last, so dass ein gutgläubiger Erwerb ausgeschlossen ist.

§ 932 BGB schützt nur den guten Glauben an die Eigentümersstellung des Veräußerers, nicht den guten Glauben an die Veräußerungsbefugnis gemäß § 185 BGB. Ist der Veräußerer aber Kaufmann und veräußert oder verpfändet er die Sache im Betrieb seines Handelsgewerbes, so wird gemäß § 366 HGB auch der gute Glaube an die Veräußerungsbefugnis geschützt.

Beispiel: K kauft in dem Fotogeschäft des V eine Videokamera, die ihm V auch übereignet. K weiß, dass V die Kamera von einem Großhändler unter Eigentumsvorbehalt[272] bezogen hat; V also nicht Eigentümer ist. Das ist aber im Einzelhandel nichts Ungewöhnliches. Üblicherweise hat, darauf vertraut auch K, der Einzelhändler eine Einwilligung des Großhändlers gemäß § 185 BGB, die unter Eigentumsvorbehalt stehenden Sachen im Rahmen des ordnungsgemäße Geschäftsbetriebs weiterzuveräußern. Fehlt nun dem V diese Veräußerungsbefugnis, kann K gemäß §§ 929, 932 BGB, 366 HGB dennoch gutgläubig das Eigentum an der Videokamera erwerben.

Gemäß § 935 BGB ist auch bei gutem Glauben der Eigentumserwerb ausgeschlossen, wenn die Sache dem Eigentümer abhanden gekommen ist. **Abhanden gekommen** ist die Sache, wenn der Eigentümer den Besitz daran ohne seinen Willen verloren hat. Das ist z. B. der Fall, wenn ihm die Sache gestohlen wurde oder wenn er sie verloren hat, vgl. § 935 I 1 BGB.

c) Verlust des Eigentums an beweglichen Sachen

Durch den gutgläubigen Erwerb eines anderen, die Ersitzung, die Verbindung, die Vermischung, die Verarbeitung und den Fund verliert der vorherige Eigentümer sein Eigentum oft unfreiwillig. Durch Übereignung und Dereliktion

---

[272] Zum verlängerten Eigentumsvorbehalt siehe unten die 30. Lektion, II. 2. b) Verlängerter Eigentumsvorbehalt.

verliert er es freiwillig. **Dereliktion** ist gemäß § 959 BGB die Aufgabe des Besitzes in der Absicht, auf das Eigentum zu verzichten.

Beispiel: E beschließt, Nichtraucher zu werden, und wirft seine Zigaretten in den Müll. Hier hat E seine Zigaretten dereligiert.

3. Eigentum an unbeweglichen Sachen

Unbewegliche Sachen sind Grundstücke. Das Eigentum daran kann durch **Übereignung** von einem anderen Eigentümer, §§ 873, 925 BGB, durch **Ersitzung**, § 900 BGB, oder durch **Erbfolge**, § 1922 BGB, erworben werden.

a) Übereignung unbeweglicher Sachen

Die **Übereignung** setzt gemäß § 873 I BGB, ähnlich wie bei beweglichen Sachen, einen doppelten Tatbestand voraus: die Einigung und, anders als bei beweglichen Sachen, die Eintragung. Die **Einigung** wird bei der Übereignung von Grundstücken **Auflassung** genannt. Sie ist ein abstrakter Vertrag. Die Willenserklärungen hierzu müssen gemäß § 925 BGB bei gleichzeitiger Anwesenheit[273] des Veräußerers und des Erwerbers vor einer zuständigen Stelle erklärt werden. Eine zuständige Stelle ist vor allen[274] der Notar. Da die Eigentumsverhältnisse an Grundstücken für die Wirtschaft und den Rechtsverkehr von besonderer Bedeutung sind, muss der Erwerber gemäß § 873 BGB in das Grundbuch **eingetragen** werden. Das Verfahren richtet sich nach der Grundbuchordnung (GBO)[275]. Erst mit der Eintragung wird der Erwerber Eigentümer des Grundstücks.

b) Gutgläubiger Erwerb unbeweglicher Sachen

Ist der Veräußerer nicht Eigentümer, kann das Grundstück **gutgläubig** erworben werden. Voraussetzung hierfür ist, dass der Veräußerer (fälschlich) als Eigentümer in das Grundbuch eingetragen ist. Dem Erwerber kommt dann der öffentliche Glaube des Grundbuchs zustatten. Danach gilt gemäß § 892 I 1 BGB zugunsten desjenigen, welcher ein Recht an einem Grundstück erwirbt, der Inhalt des Grundbuchs als richtig. Der öffentliche Glaube des Grundbuchs wird allerdings durch einen Widerspruch oder die Kenntnis der Unrichtigkeit zerstört.

---

[273] Beide Parteien können sich aber vertreten lassen, § 164 BGB. Die Vollmacht hierzu kann gemäß § 167 II BGB zwar formlos erteilt werden; für die Eintragung muss dann gemäß § 29 I 1 GBO aber doch die Vollmacht durch eine öffentlich beglaubigte Urkunde nachgewiesen werden.

[274] Möglich ist auch die Auflassung vor einem Gericht im Rahmen eines Vergleichs, § 925 I 3 BGB, oder im Rahmen eines rechtskräftig bestätigten Insolvenzplans.

[275] Vgl. insbesondere §§ 1, 13, 17, 18, 19, 29 GBO.

c) Verlust des Eigentums an unbeweglichen Sachen

Das Eigentum an einem Grundstück kann entweder durch Übereignung auf jemand anderen übertragen oder gemäß § 928 BGB durch **Dereliktion** aufgegeben werden. Voraussetzung der Dereliktion ist eine Verzichtserklärung gegenüber dem Grundbuchamt und die Eintragung des Verzichts in das Grundbuch.

III. Wiederholungsfragen

Schauen Sie bitte erst dann auf Seite 257 in die Lösung, wenn Sie die Fragen selbst beantwortet haben.

1. Unterscheiden Sie Eigentum und Besitz!
2. Wie wird Besitz erworben?
3. Ist der Besitzdiener Besitzer?
4. Unterscheiden Sie den unmittelbaren und mittelbaren Besitzer!
5. Was ist verbotene Eigenmacht?
6. Was ist Eigentum?
7. Wie wird Eigentum erworben?
8. Unterscheiden Sie die Übereignung einer beweglichen und einer unbeweglichen Sache!
9. Unter welchen Umständen ist der gutgläubige Erwerb einer beweglichen und einer unbeweglichen Sache ausgeschlossen?
10. Erklären Sie bitte die Dereliktion einer beweglichen und einer unbeweglichen Sache!

29. Lektion
Eigentumsschutz

Der Schutz des Eigentums wird gegenüber dem Besitzer durch das in den §§ 985 ff. BGB geregelte Eigentümer-Besitzer-Verhältnis und im Übrigen durch die Vorschriften über die unerlaubte Handlung, § 823 I BGB, die Nachbarrechte, §§ 907 ff. BGB, und den Beseitigungs- und Unterlassungsanspruch, § 1004 BGB, gewährleistet. Die Vorschriften über die unerlaubte Handlung wurden bereits[276] behandelt. Im folgenden werden das Eigentümer-Besitzer-Verhältnis und der Beseitigungs- und Unterlassungsanspruch kurz vorgestellt.

I. Eigentümer-Besitzer-Verhältnis

Mit dem Eigentum als umfassendes Herrschaftsrecht über die Sache stehen dem Eigentümer auch der Besitz und die Nutzungen der Sache zu. Andererseits muss er gegebenenfalls Verwendungen auf die Sache machen und das Schadensrisiko tragen. Sind nun Eigentümer und Besitzer verschiedene Personen, muss geregelt sein, ob der Eigentümer einen Anspruch auf den Besitz der Sache hat und ob bis zur Herausgabe er oder der Besitzer die Vor- oder Nachteile der Sache tragen muss.

1. Herausgabeanspruch des Eigentümers

Gemäß § 985 BGB hat der Eigentümer gegen den Besitzer einen Anspruch auf Herausgabe der Sache. Der Besitzer kann die Herausgabe der Sache jedoch verweigern, wenn er gegenüber dem Eigentümer zum Besitz berechtigt ist, § 986 I 1 BGB. Ein **Recht zum Besitz** kann aus einem dinglichen Recht[277] oder einer schuldrechtlichen Beziehung, wie z. B. aus der Miete oder Leihe, folgen.

Beispiel: Der Besitzer B kann gegenüber dem Eigentümer E die Herausgabe des Fahrrads verweigern, wenn er das Fahrrad z. B. aufgrund eines wirksamen Leihvertrages, § 598 BGB, besitzt.

Aus dem zum Besitz berechtigenden dinglichen Recht oder der schuldrechtlichen Beziehung ergibt sich auch, wer die Vorteile und wer die Nachteile aus dem Besitz der Sache tragen muss.

Beispiel (Fortsetzung): Hat B das Fahrrad von E geliehen, folgen die Rechte und Pflichten beider Parteien aus dem Leihvertrag gemäß § 598 ff. BGB. So hat B als Entleiher die gewöhnlichen Kosten der Erhaltung der Sache zu tragen, § 601 BGB. Für die Abnutzung der geliehenen Sache muss er bei vertragsgemäßem Gebrauch nicht einstehen, § 602 BGB.

---

[276] Zur unerlaubten Handlung siehe oben die 26. Lektion, I. Unerlaubte Handlung.

[277] Zum Besitz berechtigende, dingliche Rechte sind z. B. der Nießbrauch, § 1036 I BGB, das dinglichen Wohnungsrecht, § 1093 BGB, oder das Pfandrecht, § 1205 I BGB.

2. Vindikationslage

Hat der Besitzer gegenüber dem Eigentümer **kein Recht zum Besitz**, z. B. weil der zum Besitz berechtigende Vertrag nichtig ist, besteht bis zur tatsächlichen Herausgabe der Sache eine **Vindikationslage**. Bei einer Vindikationslage regeln die §§ 987 ff. BGB, ob dem Besitzer oder dem Eigentümer die Vorteile oder die Nachteile aus dem Besitz der Sache zustehen. Es kommt entscheidend darauf an, ob der Besitzer redlich, bösgläubig, verklagt oder deliktisch ist.

a) Redlicher Besitzer

Redlich ist der Besitzer, wenn er mit gutem Glauben davon ausgehen durfte, dass er zum Besitz berechtigt sei.

Beispiel: B kauft und bekommt von dem unerkannt geistesgestörten E ein Fahrrad übereignet. Hier ist sowohl der Kaufvertrag, § 433 BGB, als auch die Übereignung des Fahrrads, § 929 BGB, und damit das Recht zum Besitz gemäß §§ 104 Nr. 2, 105 I BGB nichtig. B konnte das nicht wissen. Er ist redlicher (Eigen-)Besitzer.

Stellt sich dann heraus, dass er nicht zum Besitz berechtigt war, muss er die Sache zwar gemäß § 985 BGB an den Eigentümer herausgeben; gemäß § 993 I BGB kann er jedoch die im Rahmen einer ordnungsgemäßen Wirtschaft gezogenen Nutzungen[278] behalten. Zum Schadensersatz ist er nicht verpflichtet.

Beispiel (Fortsetzung): B muss das Fahrrad zwar an E herausgeben; er muss für die Zeit, in der er es benutzt hat, aber keine Nutzungsentschädigung zahlen. Wurde das Fahrrad in der Zeit seines Besitzes beschädigt, muss er keinen Schadensersatz leisten.

Die Früchte[279], die nach den Regeln einer ordnungsgemäßen Wirtschaft nicht als Ertrag der Sache anzusehen sind, muss er nach den Vorschriften über die Herausgabe einer ungerechtfertigten Bereicherung[280] herausgeben, § 993 I Halbs. 2 BGB. Das gleiche gilt auch für die im Rahmen einer ordnungsgemäßen Wirtschaft gezogenen Nutzungen, wenn er den Besitz unentgeltlich, z. B. aufgrund einer vermeintlichen Schenkung, erlangt hat, § 988 BGB.

Andererseits hat der redliche Besitzer gegenüber dem Eigentümer gemäß § 994 I 1 BGB einen Anspruch auf Ersatz der notwendigen Verwendungen, die er auf die Sache gemacht hat. Es handelt sich um **notwendige Verwendungen**, wenn sie zur Erhaltung oder ordnungsgemäßen Bewirtschaftung der Sache objektiv erforderlich waren; vgl. im Übrigen auch § 995 BGB. Sind die Verwendungen nicht notwendig, aber wertsteigernd, spricht man von **nützlichen Verwendungen**. Die nützlichen Verwendungen kann der redliche Besitzer gemäß § 996 BGB nur

---

278 § 100 BGB.

279 § 99 BGB.

280 Zur ungerechtfertigten Bereicherung siehe oben die 25. Lektion: Bereicherungsausgleich.

ersetzt verlangen, wenn der Wert der Sache noch zu der Zeit erhöht ist, in der der Eigentümer die Sache wiederbekommt. Die gewöhnlichen **Erhaltungskosten** bekommt der Besitzer für die Zeit, für welche ihm die Nutzung verbleibt, nicht ersetzt, § 994 I 2 BGB.

Beispiel (Fortsetzung): Hat B das Fahrrad des E mit den vorgeschriebenen Rückstrahlern vorne, hinten und in den Speichen ausgestattet, sind das notwendige Verwendungen. Er kann von E hierfür Ersatz verlangen. Hat er außerdem neue Reifen aufgezogen, sind das Erhaltungskosten. Diese Kosten bekommt er von E nur ersetzt, soweit er (B) die Reifen während seiner Nutzung nicht selbst wieder abgefahren hat.

b) Verklagter oder bösgläubiger Besitzer

Verklagt ist der Besitzer ab dem Zeitpunkt der Rechtshängigkeit[281] der Klage gegen ihn auf Herausgabe der Sache gemäß § 985 BGB. Ihm gleichgestellt ist gemäß § 990 I BGB der bösgläubige Besitzer. **Bösgläubig** ist der Besitzer, der beim Besitzerwerb nicht in gutem Glauben ist, weil er weiß oder aufgrund grober Fahrlässigkeit nicht weiß, dass die Sache einem anderen gehört und er selbst nicht zum Besitz berechtigt ist. Erfährt ein redlicher Besitzer später, dass er zum Besitz nicht berechtigt ist, ist er von diesem Moment an bösgläubig.

Der bösgläubige oder verklagte Besitzer muss gemäß § 987 I, 990 BGB alle Nutzungen herausgeben, die er gezogen hat. Hat er es schuldhaft unterlassen, Nutzungen zu ziehen, die er nach den Regeln einer ordnungsgemäßen Wirtschaft hätte ziehen können, muss er dem Eigentümer Schadensersatz leisten, §§ 987 II, 990 BGB. Außerdem ist er für den Schaden verantwortlich, der dadurch entsteht, dass infolge seines Verschuldens die Sache verschlechtert wird, untergeht oder aus einem anderen Grunde von ihm nicht herausgegeben werden kann, § 989, 990 BGB.

Beispiel: Bekommt der volljährige B von dem offensichtlich minderjährigen E ein Fahrrad geschenkt und übereignet, ist B bösgläubiger Eigenbesitzer. Er musste wissen, dass Schenkung und Übereignung wegen der Minderjährigkeit des E (§§ 104 ff. BGB) ihn nicht zum Besitz berechtigen. Er muss das Fahrrad gemäß § 985 BGB an E herausgeben und den Schaden ersetzen, den das Fahrrad in seinem Besitz erlitten hat.

Für die Ansprüche des bösgläubigen oder verklagten Besitzers auf Verwendungsersatz und Ersatz der Erhaltungskosten gilt § 994 II BGB.

c) Deliktischer Besitzer

Deliktischer Besitzer ist gemäß § 992 BGB der, der sich durch verbotene Eigenmacht[282] oder durch eine Straftat[283] den Besitz verschafft hat. Nach der

---

281 Zur Rechtshängigkeit siehe oben die 2. Lektion, IX. Rechtshängigkeit.

282 § 858 BGB. Siehe auch oben die 28. Lektion, I. 3. Besitzschutz.

283 Z. B. Diebstahl, § 242 StGB, oder Betrug, § 263 StGB.

Rechtsgrundverweisung in § 992 BGB haftet er dem Eigentümer nach den Vorschriften über die unerlaubte Handlung, §§ 823 ff. BGB. Die Haftung besteht dabei gemäß § 848 BGB auch für einen zufälligen Untergang oder eine zufällige Verschlechterung der Sache.

Beispiel: Hat B dem E das Fahrrad gestohlen, ist er deliktischer Besitzer. Er haftet dem E gemäß §§ 823 ff., 848 BGB.

Für die Ansprüche auf Verwendungsersatz und Ersatz der Erhaltungskosten gilt für den deliktischen Besitzer ebenso wie für den bösgläubigen oder verklagten Besitzer § 994 II BGB.

II. Beseitigungs- und Unterlassungsanspruch

Gegen Beeinträchtigungen des Eigentums, die nicht von §§ 985 ff. BGB oder den §§ 907 ff. BGB erfasst sind, kommt unter den Voraussetzungen des § 1004 BGB einen Beseitigungs- und Unterlassungsanspruch in Betracht. Voraussetzung des Beseitigungs- und Unterlassungsanspruchs ist, dass eine **rechtswidrige Beeinträchtigung** des Eigentums durch einen **Störer** gegeben ist. Der **Eigentümer** hat dann gegen den Störer einen Anspruch auf **Beseitigung** der Beeinträchtigung. Droht eine Eigentumsbeeinträchtigung, hat der Eigentümer gegenüber dem Störer einen Anspruch auf **Unterlassen** der Beeinträchtigung.

1. Rechtswidrige Beeinträchtigung des Eigentums

Das Eigentum wird **beeinträchtigt**, wenn die Substanz verletzt, die Sache unbefugt gebraucht oder der Eigentümer an der Ausübung seines Herrschaftsrechts behindert wird.

Beispiel: S parkt so vor der Ausfahrt des Grundstücks, dass der Eigentümer E mit seinem Wagen nicht mehr in seine Garage fahren kann.

Keine Beeinträchtigung im Sinne des § 1004 BGB sind Einwirkungen auf die Sache durch Naturkräfte, wie z. B. Überschwemmungen.

Liegt eine Beeinträchtigung des Eigentums vor, ist sie **rechtswidrig**, wenn nicht ein Rechtfertigungsgrund gegeben ist. Neben den Rechtfertigungsgründen aus § 228 BGB (Verteidigungsnotstand), § 229 BGB (Selbsthilfe), § 904 BGB (Angriffsnotstand) ist vor allem eine Duldungspflicht des Eigentümers gemäß § 906 BGB (Zuführung von unwägbaren Stoffen) und § 912 BGB (Überbau) zu beachten, § 1004 II BGB.

2. Schuldner

Störer und damit Schuldner des Anspruchs aus § 1004 BGB ist derjenige, der die Beeinträchtigung des Eigentums zu verantworten hat. Auf ein Verschulden kommt es nicht an. Je nach der Art der Verantwortung ist der Handlungsstörer und der Zustandsstörer zu unterscheiden.

Handlungsstörer ist der, der die Beeinträchtigung adäquat kausal[284] durch sein Verhalten (Tun oder Unterlassen[285]) verursacht hat. Geht die Beeinträchtigung von einer anderen Sache oder Anlage aus, ist der Halter der Sache oder Anlage **Zustandsstörer**, wenn er aufgrund seiner Herrschaftsbefugnis über die Sache oder Anlage die Beeinträchtigung beseitigen kann. Handlungsstörer und Zustandsstörer kann eine und dieselbe Person sein.

Beispiel (Fortsetzung): Parkt S seinen Wagen vor der Ausfahrt des Grunstücks des E, so ist er als Handlungsstörer, weil er das Auto dort abgestellt hat, und gegebenenfalls als Zustandsstörer, weil er der Halter des Fahrzeugs ist, für die damit gegebene Beeinträchtigung des Grundstücks verantwortlich.

3. Gläubiger

Gläubiger des Anspruchs aus § 1004 BGB ist der Eigentümer der beeinträchtigten Sache. Übereignet der Eigentümer die Sache an einen Dritten, hat nur der neue Eigentümer den Anspruch. Alleine, ohne Übereignung der beeinträchtigten Sache, kann der Anspruch aus § 1004 BGB nicht abgetreten werden.

4. Inhalt des Beseitigungsanspruchs

Der Beseitigungsanspruch aus § 1004 I 1 BGB richtet sich ausschließlich auf Beseitigung der Beeinträchtigung. Der aus der Beeinträchtigung folgende Schaden wird nicht aus § 1004 I 1 BGB ersetzt.

Beispiel (Fortsetzung): Aus § 1004 BGB hat E gegen S nur einen Anspruch auf Beseitigung des Wagens vor der Ausfahrt. Hat er wegen der versperrten Ausfahrt einen Termin verpasst und dadurch einen Gewinnausfall erlitten, bekommt er diesen Gewinnausfall nicht über § 1004 I 1 BGB erstattet. Möglich ist aber gegebenenfalls ein Anspruch z. B. aus § 823 BGB.

5. Unterlassungsanspruch

Ist die konkrete Gefahr einer Eigentumsbeeinträchtigung gegeben, hat der Eigentümer gemäß § 1004 I 2 BGB einen Anspruch auf Unterlassung der

---

284 Zur Kausalität siehe oben die 20. Lektion, I. 3. Kausalität.

285 Zum Tun und Unterlassen siehe oben die 20. Lektion, I. 1. Handlung.

Beeinträchtigung. Entgegen dem Wortlaut des § 1004 BGB besteht dieser Unterlassungsanspruch auch schon gegenüber der ersten zu erwartenden Beeinträchtigung. Die Beeinträchtigung muss aber nach den konkreten Umständen des Einzelfalls unmittelbar und ernst bevorstehen. War sie schon einmal eingetreten, ist die Wahrscheinlichkeit bei gleichem Sachverhalt groß, dass sie wieder eintritt. Der Anspruch richtet sich dann gegen den, der bei Eintritt der drohenden Beeinträchtigung Störer wäre.

Beispiel: E kann nicht gegen alle Nachbarn auf Unterlassen des Parkens vor seiner Ausfahrt klagen, wenn kein Anzeichen für ein derartiges Verhalten der Nachbarn gegeben ist. Parkt aber der Nachbar S immer vor der Ausfahrt des E, muss E eine Wiederholung fürchten. Er kann dann den Nachbarn S aus § 1004 I 2 BGB auf Unterlassen in Anspruch nehmen.

6. Quasinegatorischer Anspruch

§ 1004 BGB schützt nach seinem Wortlaut nur das Eigentum. Der eine Beeinträchtigung des Eigentums abwehrende Anspruch wird als **negatorischer** Beseitigungs- und Unterlassungsanspruch bezeichnet.

Darüber hinaus ist anerkannt, dass § 1004 BGB über seinen Wortlaut hinaus auch einen Schutz gegen die Beeinträchtigung aller anderen absoluten Rechte wie Leben, Gesundheit, Freiheit, Recht am eingerichteten und ausgeübten Gewerbebetrieb, allgemeines Persönlichkeitsrecht, Recht am eigenen Bild usw. bietet. Der gegen eine Beeinträchtigung dieser absoluten Rechte gerichtete Anspruch wird quasinegatorischer Beseitigungs- und Unterlassungsanspruch genannt.

III. Wiederholungsfragen

Schauen Sie bitte erst dann auf Seite 259 in die Lösung, wenn Sie die Fragen selbst beantwortet haben.

1. Unter welchen Umständen kann der Besitzer gegenüber dem Anspruch des Eigentümers aus § 985 BGB die Herausgabe der Sache verweigern?
2. Unter welchen Umständen besteht eine Vindikationslage?
3. Unterscheiden Sie bitte den berechtigten und den redlichen Besitzer!
4. Wer ist verklagter, wer ist bösgläubiger, wer ist deliktischer Besitzer?
5. Muss der redliche, der verklagte, der bösgläubige oder der deliktische Besitzer dem Eigentümer Schadensersatz leisten?
6. Unter welchen Umständen wird das Eigentum im Sinne des § 1004 BGB beeinträchtigt?
7. Wer ist Handlungsstörer, wer Zustandsstörer?
8. Welchen Umfang hat der Beseitigungsanspruch aus § 1004 I 1 BGB?
9. Welche Anforderungen sind an eine Beeinträchtigung des Eigentums zu stellen, damit ein Unterlassungsanspruch aus § 1004 I 2 BGB besteht?
10. Beschreiben Sie bitte den quasinegatorischen Anspruch!

30. Lektion
Sicherungsgeschäfte

Jeder schuldrechtliche Vertrag birgt für den Gläubiger das Risiko, dass der Schuldner seine Pflicht aus diesem Vertrag nicht erfüllt. Handelt es sich um einen gegenseitigen, sofort zu erfüllenden Vertrag, hat der Gläubiger die Möglichkeit, seine Leistung zu verweigern und gegenüber dem Erfüllungsanspruch des Vertragspartners die **Einrede des nichterfüllten Vertrages** gemäß § 320 BGB zu erheben. Unter Umständen hat er auch ein **Zurückbehaltungsrecht** gemäß § 273 BGB oder bei einem beiderseitigen Handelsgeschäft[286] gemäß § 369 HGB.

Die Einrede des nichterfüllten Vertrages und das Zurückbehaltungsrecht nutzen dem Gläubiger aber wenig, wenn er bereits vorgeleistet und damit einen Kredit gewährt hat. Er kann zwar seinen Anspruch gegen den Schuldner einklagen und vollstrecken[287]; Urteil und Vollstreckung helfen jedoch nicht, wenn der Schuldner mittlerweile vermögenslos ist. Bei ihm kann dann nichts gepfändet werden. Auch wenn er noch ein wenig pfändbares Vermögen hat, kann es sein, dass nicht alle Gläubiger befriedigt werden können.

Beispiel: B gibt dem S ein Darlehen über 10.000 €. S zahlt das Darlehen nicht wie vereinbart zurück. Jetzt kann zwar B den S auf Rückzahlung verklagen. Die Klage wird B auch gewinnen, § 607 I BGB. Das Urteil hilft ihm aber wenig, wenn bei S nichts zu pfänden ist. Hat S noch 10.000 € pfändbares Vermögen, kann B dennoch leer ausgehen, wenn der Gläubiger X kurz vor ihm vollstreckt[288].

Jeder Kreditgeber ist daher bestrebt, für seinen Kredit eine Sicherheit zu erhalten. Es kann sich um eine Personal- oder Realsicherheit handeln.

I. Personalsicherheiten

Personalsicherheiten begründen eine allgemeine Vermögenshaftung eines Dritten. Kann der Schuldner seine Schulden gegenüber dem Gläubiger nicht begleichen, muss der Dritte zahlen. Personalsicherheiten sind vor allem die Bürgschaft und der Garantievertrag.

1. Bürgschaft

Die Bürgschaft ist gemäß § 765 BGB ein Vertrag zwischen dem Gläubiger und dem Bürgen, mit dem sich der Bürge verpflichtet, für die Erfüllung der Verbindlichkeit des Schuldners einzustehen. Die zum Abschluss des Bürgschaftsvertrages notwendige Erklärung des Bürgen muss **schriftlich** erfolgen,

---

286 Inhaber eines Handelsgeschäfts sind Kaufleute, §§ 1, 343 HGB. Siehe oben die 4. Lektion, IV. 2. Handelsrecht.

287 Siehe zur Klage und zur Zwangsvollstreckung oben die 2. Lektion, VII. Klage und XVII. Zwangsvollstreckung.

288 Vgl. § 804 III ZPO.

§ 766 BGB. Ist der Bürge Kaufmann[289], reicht aber auch eine mündliche Bürgschaftserklärung, § 350 HGB.

Der Schuldner muss an dem Bürgschaftsvertrag nicht mitwirken. Allerdings kann, wenn der Bürge sich nicht nur aus Gefälligkeit für den Schuldner verbürgt, zwischen Schuldner und Bürge ein anderer Vertrag, z. B. ein Geschäftsbesorgungsvertrag[290] gemäß § 675 BGB, bestehen. Hat der Bürge den Gläubiger des Hauptschuldners befriedigt, kann er seinerseits den Hauptschuldner in Anspruch nehmen. Der Anspruch kann sich zum einen aus dem der Bürgschaft zugrundeliegenden Verhältnis zum Hauptschuldner ergeben.

Beispiel: Besteht zwischen Hauptschuldner und Bürge ein Geschäftsbesorgungsvertrag gemäß § 675 BGB, hat der Bürge gegen den Hauptschuldner einen Anspruch auf Ersatz seiner Aufwendungen gemäß § 670 BGB.

Zum anderen kann der Bürge gemäß § 774 BGB gegen den Hauptschuldner vorgehen. § 774 BGB bestimmt, dass die Forderung des Gläubigers gegen den Hauptschuldner auf den Bürgen übergeht, wenn der Bürge den Gläubiger befriedigt hat.

Beispiel: Kann S das Darlehen in Höhe von 10.000 € nicht an den Darlehensgläubiger G zurückzahlen, kann G den Bürgen B in Anspruch nehmen. Zahlt B an G, geht der Anspruch des G aus § 488 I BGB gegen S auf B über. B kann nun seinerseits gemäß §§ 774, 488 I BGB von S Zahlung der 10.000 € verlangen.

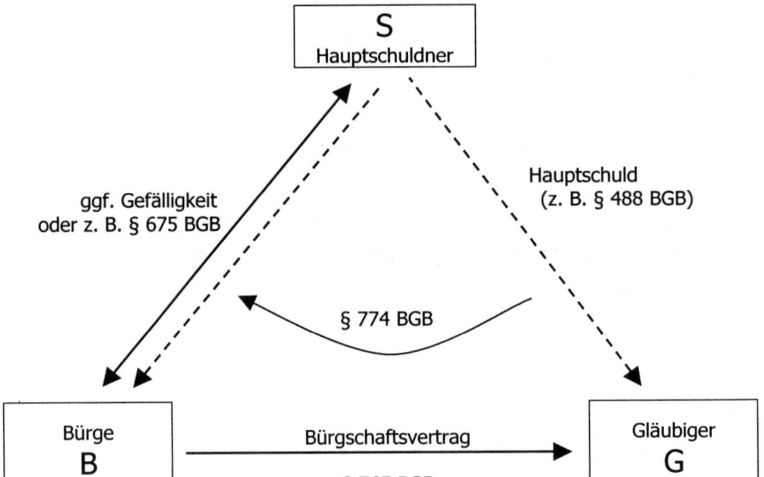

Die Bürgschaft ist gemäß § 767 I 1 BGB in ihrem Bestand von der (Haupt-) Schuld abhängig. Diese Abhängigkeit der Bürgschaft von der (Haupt-) schuld nennt man **Akzessorietät**. Vermindert sich die Hauptschuld, z. B. weil der

---

289 Zum Kaufmann siehe oben die 4. Lektion, IV. 2. Handelsrecht.

290 Zum Geschäftsbesorgungsvertrag siehe unten im Hauptteil die 24. Lektion, IV.: Geschäftsbesorgungsvertrag.

Schuldner einen Teil begleicht, mindert sich auch die Bürgschaftsverpflichtung entsprechend.

Der Gläubiger kann den Bürgen nicht gleich in Anspruch nehmen. Die Bürgschaftsverbindlichkeit ist gegenüber der Hauptschuld **subsidiär**. Der Gläubiger muss zuerst versuchen, die Schuld beim (Haupt-)Schuldner einzutreiben. Notfalls muss der Gläubiger die Zwangsvollstreckung[291] gegen den Schuldner betreiben. Bis dahin kann der Bürge die **Einrede der Vorausklage** erheben und die Befriedigung des Gläubigers verweigern, § 771 f. BGB. Hat der Bürge jedoch eine **selbstschuldnerische Bürgschaft** versprochen, ist die Einrede der Vorausklage ausgeschlossen, § 773 I Nr. 1 BGB.

Beispiel: Student S mietet an seinem Studienort eine Wohnung. Die Eltern B des S haben hierfür gegenüber dem Vermieter G eine selbstschuldnerische Bürgschaft abgegeben. Zahlt nun S die Miete nicht, kann V die Eltern ohne weiteres sofort in Anspruch nehmen.

2. Garantie

Von Garantie ist im Wirtschafts- und Rechtsverkehr viel die Rede. Es ist aber nicht immer dasselbe gemeint. Es kann sich einerseits um die gesetzliche oder eine erweiterte **Gewährleistung** handeln.

Beispiel: Übernimmt V beim Verkauf eines neuen Personal Computers 2 Jahre Garantie, ist das lediglich ein (überflüssiger aber werbeträchtiger) Hinweis auf die gesetzliche Gewährleistung gemäß § 434, 437 BGB. Ist die Garantiezeit länger als 2 Jahre, haftet V auch für die Mängel, die noch nicht bei Übergabe des PC vorhanden waren, aber in der Garantiezeit auftreten.

Andererseits kommt ein Garantievertrag in Betracht. Von einem **Garantievertrag** spricht man, wenn ein Garant für einen bestimmten Erfolg einstehen will. Der Erfolg kann auch der Leistungserfolg eines Schuldners, z. B. die Zahlung einer Schuld, sein. Der Garantievertrag ähnelt insoweit der Bürgschaft. Es bestehen aber wichtige Unterschiede:

Der Garantievertrag ist im Gesetz nur für den Verbrauchsgüterkauf geregelt. In diesem Fall muss die Garantieerklärung einfach und verständlich abgefasst sein. Der nähere Inhalt ist in § 477 BGB vorgeschrieben.

In allen anderen Fällen kann der Garantievertrag im Rahmen der Vertragsfreiheit (vgl. § 311 I BGB) frei vereinbart werden. Ein besondere Form (z. B. Schriftform) ist nicht notwendig. Der Verbraucher kann aber verlangen, dass ihm die Garantieerklärung in Textform mitgeteilt wird, §§ 477 II, 126b BGB.

---

291 Siehe zur Zwangsvollstreckung oben die 2. Lektion, XVII. Zwangsvollstreckung.

Die Garantieverpflichtung ist vom Bestand der Hauptschuld **unabhängig**. Der Garant muss leisten, auch wenn der Hauptschuld Einwendungen oder Einreden entgegenstehen.

Beispiel: Übernimmt G gegenüber V die Garantie für die Zahlung des Kaufpreises durch den Käufer K, muss er dafür einstehen, auch wenn die Verpflichtung des K wegen Geschäftsunfähigkeit gar nicht begründet wurde.

Im Übrigen kommt es darauf an, was im Einzelnen im Rahmen des Garantievertrages vereinbart wird.

II. Realsicherheiten

Die Personalsicherheiten haben den Nachteil, dass auch der haftende Dritte (Bürge, Garant) zahlungsunfähig werden kann. Besser sind daher Realsicherheiten. **Realsicherheiten** gewähren dem Gläubiger einen Zugriff auf bestimmte Vermögensgegenstände des Schuldners oder eines Dritten. Der Gläubiger kann sich dann aus diesem Gegenstand vor den anderen Gläubigern befriedigen.

1. Pfand

Die bekannteste, wenn auch in der Praxis relativ bedeutungslose Realsicherheit ist das Pfand. Es ist im Gesetz in den §§ 1204 ff. BGB geregelt. Ein Pfandrecht ist nur an beweglichen Sachen (1204 ff. BGB) oder an Rechten (§§ 1273 ff. BGB) möglich.

Die **Bestellung** des Pfandrechts erfolgt durch eine Verfügung. Zur Bestellung eines Pfandrechts an einer beweglichen Sache ist gemäß § 1205 I 1 BGB erforderlich, dass der Eigentümer die Sache dem Gläubiger übergibt und beide darüber einig sind, dass das Pfandrecht dem Gläubiger zustehen soll. Die Sache gehört damit weiter dem Eigentümer; sie ist aber nun im Besitz des Gläubigers und mit dem Pfandrecht belastet. Schuldner und Eigentümer des Pfandes können verschiedene Personen sein.

Beispiel: S geht in das Pfandleihhaus des G und nimmt ein Darlehen über 200 € auf. Die Freundin F des G gibt dafür dem G zur Sicherheit ihren Brillantring. Der Brillantring gehört damit weiter der F. G behält ihn aber in Besitz. Er hat ein Pfandrecht daran.

Das Pfandrecht ist vom Bestand der Hauptschuld abhängig; es ist **akzessorisch**, §§ 1210, 1252 BGB. Es haftet auch für Zinsen und eine Vertragsstrafe, § 1210 I BGB.

Begleicht der Schuldner nach Fälligkeit seine Schuld nicht, kann der Pfandgläubiger gemäß § 1228 BGB das Pfand verwerten, indem er es nach Verkaufsandrohung, § 1234 BGB, öffentlich versteigern lässt, § 1235 BGB.

Beispiel (Fortsetzung): Zahlt S nach Fälligkeit das Darlehen nicht mit Zinsen an G zurück, kann G den Ring der F versteigern lassen und sich aus dem Erlös befriedigen.

Das Pfand hat den **Nachteil**, dass es dem Gläubiger übergeben werden muss. Der Schuldner benötigt die als Pfand geeignete Sache aber oft, um das Geld zur Rückzahlung der Schuld zu verdienen.

Beispiel: S betreibt ein Fuhrunternehmen. Die einzige wertvolle Sache in seinem Betrieb ist sein LKW. Benötigt nun S einen Kredit, wäre es unsinnig, wenn er seinen einzigen LKW hierfür verpfänden müsste. Er hätte dann keine Möglichkeit, das Geld für die Rückzahlung des Kredits zu verdienen.

Das Pfand ist auch nicht als Sicherheit geeignet, wenn der Schuldner die Sache, die er gegebenenfalls verpfänden könnte, mit dem Kredit erst erwerben will. In der Praxis haben sich daher neben dem Pfandrecht andere Sicherungsformen entwickelt. Insbesondere der Eigentumsvorbehalt und die Sicherungsübereignung sind hier zu nennen.

2. Eigentumsvorbehalt

Kann der Käufer einer beweglichen[292] Sache den Kaufpreis nicht sofort entrichten, bietet sich der Eigentumsvorbehalt als Sicherheit an. Bei Teilzahlungsgeschäften mit Endverbrauchern reicht ein einfacher Eigentumsvorbehalt.

a) Einfacher Eigentumsvorbehalt

Es sind der schuldrechtliche Kaufvertrag und die Übereignung der Sache zu unterscheiden[293]. Beide weisen beim Verkauf unter Eigentumsvorbehalt Besonderheiten auf.

Während beim **Kaufvertrag** gemäß § 433 II BGB der Käufer verpflichtet ist, den Kaufpreis sofort (§ 271 BGB) zu zahlen, muss er ihn bei einem Teilzahlungsgeschäft (Ratenkauf) erst später in Raten begleichen. Dafür ist auch der Verkäufer nicht verpflichtet, die Kaufsache sofort gemäß § 433 I 1 BGB zu übereignen. Er muss sie zwar sofort übergeben; gemäß § 449 BGB soll die Übereignung aber nur unter der aufschiebenden Bedingung vollständiger Zahlung des Kaufpreises erfolgen. Die Bedingung betrifft nur die Übereignung. Der schuldrechtliche Kaufvertrag gemäß § 433 BGB ist unbedingt.

---

[292] Ein Eigentumsvorbehalt bei unbeweglichen Sachen (Grundstücken) kommt wegen § 925 II BGB nicht in Betracht.

[293] Die Kenntnis des Trennungs- und Abstraktionsprinzips ist unabdingbare Voraussetzung für das Verständnis des Eigentumsvorbehalts! Siehe oben die 7. Lektion: Trennungs- und Abstraktionsprinzip.

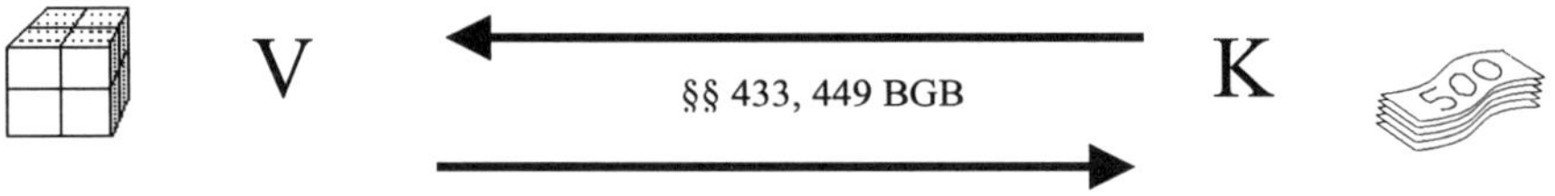

Die **Übereignung** der Kaufsache wird dann in diesem Sinne nicht einfach gemäß § 929 BGB durch Übergabe und Einigung des Eigentumsübergangs vollzogen. Die Sache wird zwar sofort übergeben; die Einigung zur Übertragung des Eigentums wird aber unter die **aufschiebende Bedingung (§ 158 I BGB)** der vollständigen Kaufpreiszahlung gestellt. Diese Einigung im Sinne des § 929 BGB mit der aufschiebenden Bedingung kann sofort vereinbart werden; der Eigentumsübergang erfolgt aber erst später mit Eintritt der Bedingung, also wenn der Käufer seinerseits den vollen Kaufpreis gezahlt hat. Bis dahin bleibt der Verkäufer Eigentümer. Andererseits kann der Verkäufer nun gemäß § 161 I BGB nicht mehr verhindern, dass der Käufer mit vollständiger Zahlung des Kaufpreises Eigentümer wird. Er darf das Eigentum an der Sache z. B. nicht auf einen anderen übertragen. Der Käufer hat damit ein **Anwartschaftsrecht** auf das Eigentum.

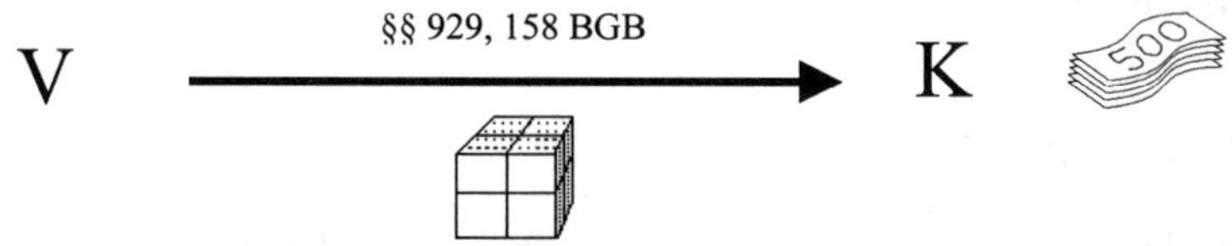

Erst mit Zahlung der letzten Rate des Kaufpreises wird der Käufer Eigentümer der Kaufsache. Wird der Käufer vorher zahlungsunfähig, kann der Verkäufer sein Eigentum herausverlangen[294]. In der Insolvenz kann er es aussondern[295]. Andere Gläubiger können es nicht pfänden[296].

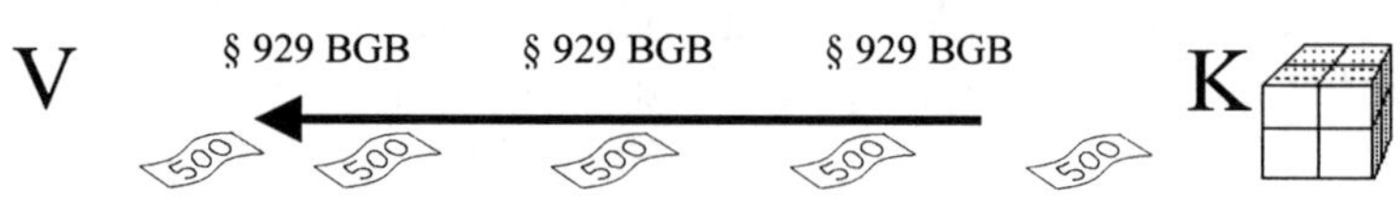

Der einfache Eigentumsvorbehalt ist als Sicherheit bei Teilzahlungsgeschäften mit Endverbrauchern gut geeignet. Probleme treten jedoch auf, wenn der Käufer nicht Endverbraucher ist, sondern seinerseits als Händler mit dem Weiterverkauf

294 § 985 BGB; beachte aber auch § 12 f. VerbrKrG, § 346 BGB.

295 Vgl. § 47 InsO.

296 Notfalls muss der Verkäufer die Drittwiderspruchsklage erheben, vgl. § 771 ZPO.

der Sache das Geld verdienen muss, um die Sache bei dem Verkäufer (Großhändler oder Produzent) bezahlen zu können. Hier hilft der verlängerte Eigentumsvorbehalt.

b) Verlängerter Eigentumsvorbehalt

Beim verlängerten Eigentumsvorbehalt gestattet der Verkäufer dem Käufer (Händler) gemäß § 185 BGB, die unter Eigentumsvorbehalt stehende Ware **im Rahmen des ordnungsgemäßen Geschäftsverkehrs** an Dritte (Kunden) zu übereignen. Da der Verkäufer so das Eigentum und damit die Sicherheit verliert, tritt ihm der Käufer dafür gemäß § 398 BGB alle Forderungen (§ 433 II BGB) aus dem Kaufvertrag mit dem Dritten (Kunden) im voraus ab[297]. Die einzelnen Verträge sind wie folgt zu unterscheiden:

Im **Kaufvertrag zwischen Verkäufer (V) und Händler (H)** wird erst einmal ein Eigentumsvorbehalt vereinbart, wie er beim einfachen Eigentumsvorbehalt beschrieben wurde. Hinzu kommt eine Einwilligung des Verkäufers im Sinne des § 185 I BGB, die unter Eigentumsvorbehalt stehende Sache im Rahmen des ordnungsgemäßen Geschäftsverkehrs weiter zu veräußern. Der Händler (H) tritt zugleich gemäß § 398 BGB seine Forderung aus dem Weiterverkauf abzüglich seiner Gewinnspanne an den Verkäufer (V) ab. Der Verkäufer (V) erteilt dafür dem Händler (H) eine Einzugsermächtigung. Damit darf der Händler (H) die Forderung im eigenen Namen gegenüber dem Kunden (K) geltend machen. Er muss aber dann das Geld an den Verkäufer (V) weiterleiten. Durch diesen schuldrechtlichen Vertrag haben sich die Eigentumslage und die Besitzverhältnisse an der Sache noch nicht geändert. Davon unabhängig kann der Händler (H) schon jetzt oder später einen Kaufvertrag mit seinem Kunden (K) zum Verkauf der Sache des Verkäufers schließen.

Der **Kaufvertrag zwischen dem Händler (H) und dem Kunden (K)** weist keine Besonderheiten auf. Es ist ein normaler Kaufvertrag gemäß § 433 BGB. Von dem verlängerten Eigentumsvorbehalt und der Abtretung der Kaufpreisforderung (§ 433 II BGB) an den Verkäufer (V) muss der Kunde (K) nichts erfahren.

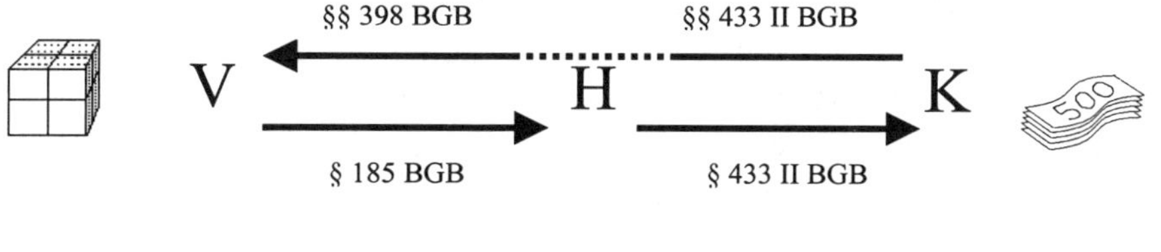

[297] Zur Abtretung siehe oben 22. Lektion: Abtretung.

Der Verkäufer erfüllt nun seine Verpflichtung aus dem schuldrechtlichen Kaufvertrag, indem er dem Händler (H) die Kaufsache **übergibt**. Er übereignet sie nicht (oder wie beim einfachen Eigentumsvorbehalt nur aufschiebend bedingt).

Aufgrund der Verfügungsermächtigung gemäß § 185 I BGB kann nun der Händler (H) die Sache des Verkäufers (V) im eigenen Namen an den Kunden (K) **übereignen**. Das Eigentum an der Sache geht damit direkt von V auf K über.

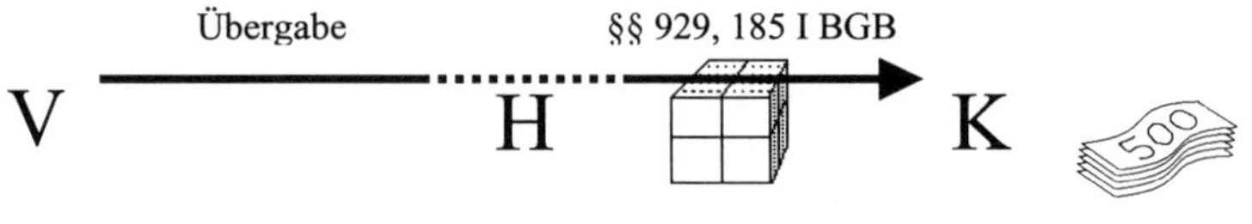

Aufgrund der Vorausabtretung hat V einen Anspruch auf Zahlung der Kaufpreises gemäß § 433 II BGB aus dem Kaufvertrag zwischen dem Händler (H) und dem Kunden (K). Der Kunde (K) müsste also eigentlich direkt an V zahlen. Aufgrund der Einzugsermächtigung kann jedoch der Händler (H) die Forderung des Verkäufers (V) gegenüber dem Kunden (K) geltend machen. Der Kunde (K) **zahlt** daher an den Händler (H), der den Betrag abzüglich seiner Gewinnspanne an den Verkäufer (V) **weiterleitet**.

Durch diesen verlängerten Eigentumsvorbehalt hat der Verkäufer (V) jederzeit eine Sicherheit für seine Außenstände. Befindet sich die Kaufsache noch bei dem Händler (H), kann er sie bei Insolvenz des Händlers (H) als sein Eigentum aussondern[298]. Wurde die Kaufsache bereits an einen Kunden (K) des Händlers (H) weiterverkauft, kann der Verkäufer (V) die Kaufpreisforderung aus diesem Kaufvertrag gegenüber dem Kunden (K) geltend machen.

Wird die Sache bei dem Händler (H) weiterverarbeitet, muss beachtet werden, dass gemäß § 950 I BGB bei **Verarbeitung** der Hersteller Eigentümer wird. Damit nicht der Händler (H) durch die Verarbeitung gemäß § 950 I BGB Eigentümer wird und so ein Risiko für den Verkäufer (V) entsteht, wird vereinbart, dass er die Sache für den Verkäufer (V) verarbeitet. **Hersteller** ist dann der Verkäufer (V), der damit das (vorbehaltene) Eigentum an der Sache behält, bis sie von dem Händler (H) im Rahmen des ordnungsgemäßen Geschäftsbetriebs an den Kunden (K) gemäß §§ 929, 185 I BGB übereignet wird.

[298] siehe § 47 InsO

3. Sicherungsübereignung

Während der Eigentumsvorbehalt nur zur Sicherung von Außenständen bei Verkauf einer Sache geeignet ist, ist die Sicherungsübereignung auch unabhängig vom Kauf einer Sache möglich. Die Sicherungsübereignung dient als Sicherheit für einen Kredit, indem Sachen des Schuldners als Sicherheit an den Gläubiger übereignet werden.

Auch bei der Sicherungsübereignung ist die Kenntnis des Trennungs- und Abstraktionsprinzips[299] unabdingbare Voraussetzung für das Verständnis. Es sind der schuldrechtliche Sicherungsvertrag und die Sicherungsübereignung zu unterscheiden.

Grundlage der Sicherungsübereignung ist ein **schuldrechtlicher Sicherungsvertrag**. Der Sicherungsvertrag kann im Rahmen der Vertragsfreiheit vereinbart werden. Im Gesetz ist er nicht geregelt. Inhalt des Sicherungsvertrages ist zum einen die **Verpflichtung** des Schuldners (Sicherungsgebers), die Sache (z. B. einen LKW) dem Gläubiger (Sicherungsnehmer) **zu übereignen**. Damit der Sicherungsgeber die Sache für seinen Geschäftsbetrieb weiter nutzen kann, soll er den Besitz behalten. Er verpflichtet sich nur zur Übereignung gemäß § 930 BGB[300]. Hierzu ist keine Übergabe, sondern die Vereinbarung eines Besitzmittlungsverhältnisses im Sinne des § 868 BGB notwendig. Dieses **Besitzmittlungsverhältnis** wird auch gleich im schuldrechtlichen Sicherungsvertrag vereinbart. Weiterer Inhalt des schuldrechtlichen Sicherungsvertrages ist eine **Vereinbarung über die Verwertung** der Sache. Der Sicherungsnehmer wird verpflichtet, von dem Sicherungseigentum an der Sache nur Gebrauch zu machen, wenn der Sicherungsgeber trotz Fälligkeit den Kredit nicht begleicht. Er kann die Sache dann z. B. an jemand anderen verkaufen und übereignen. Hat der Sicherungsgeber den Kredit aber vollständig zurückgezahlt, muss der Sicherungsnehmer die Sache dem Sicherungsgeber gemäß § 929 S. 2 BGB zurückübereignen (**Vereinbarung über Rückübereignung**). Außerdem ist in dem schuldrechtlichen Sicherungsvertrag bestimmt, für welchen Kredit die Sache haftet (**Zweckbestimmung**). Der Kreditvertrag, z. B. gemäß § 488 ff. BGB, ist von dem (schuldrechtlichen) Sicherungsvertrag zu unterscheiden.

---

299 Zum Trennungs- und Abstraktionsprinzip siehe oben die 7. Lektion: Trennungs- und Abstraktionsprinzip.

300 Zum Besitzkonstitut gemäß § 930 BGB siehe oben die 28. Lektion, II. 2. Eigentum an beweglichen Sachen.

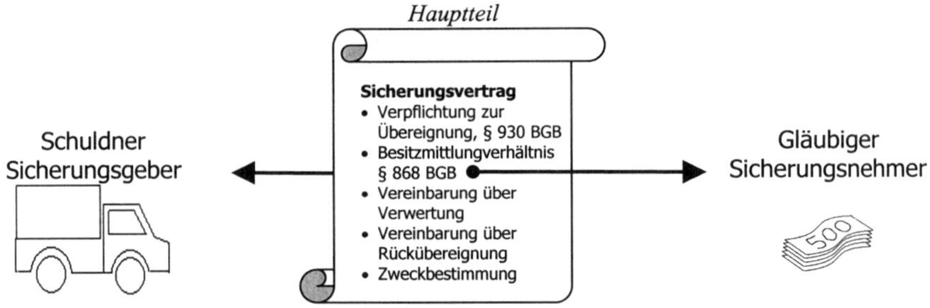

Die **Sicherungsübereignung** der Sache erfolgt dann allein durch die Einigung im Sinne des § 929 I BGB. Die Übergabe wird gemäß § 930 BGB durch das Besitzmittlungsverhältnis aus dem schuldrechtlichen Sicherungsvertrag ersetzt. Der Sicherungsgeber besitzt für den Sicherungsnehmer. Der Sicherungsnehmer ist Eigentümer der Sache.

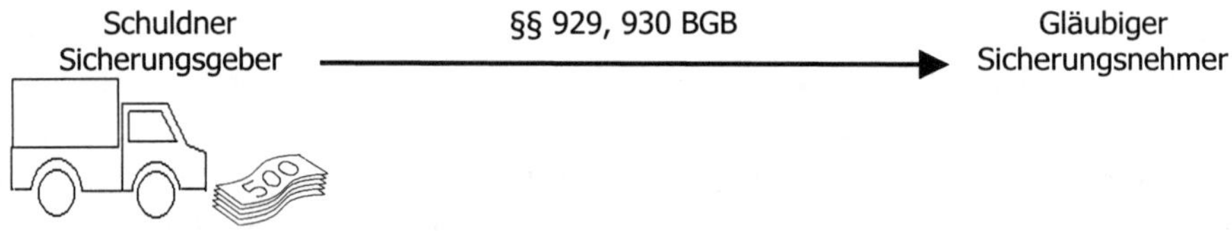

Fällt der Sicherungsgeber vor Rückzahlung des Kredits in Insolvenz, kann der Sicherungsnehmer sein Eigentum an der Sache verwerten[301]. Andere Gläubiger können die Sache nicht pfänden[302].

Zahlt der Sicherungsgeber den Kredit vereinbarungsgemäß zurück, muss der Sicherungsgeber das Eigentum an der Sache gemäß § 929 S. 2 BGB zurückübereignen. Möglich ist auch eine durch die Rückzahlung des Kredits **auflösend bedingte Sicherungsübereignung**, §§ 929, 930, 158 II BGB. Der Sicherungsnehmer muss dann die Sache nicht gemäß § 929 S. 2 BGB zurückübereignen. Der Sicherungsgeber erhält mit Rückzahlung des Kredits ohne weiteres das Eigentum an der Sache zurück. Bis dahin hat er ein Anwartschaftsrecht darauf.

4. Sicherungszession

Die Sicherungszession (Sicherungsabtretung)[303] ist im Prinzip das Gleiche wie die Sicherungsübereignung, nur dass statt einer Sache eine Forderung des

[301] Gemäß § 51 I 1 InsO hat der Sicherungsnehmer einer Sicherungsübereignung in der Insolvenz des Sicherungsgebers nur ein Absonderungsrecht.

[302] Notfalls muss der Sicherungsnehmer die Drittwiderspruchsklage erheben, vgl. § 771 ZPO.

[303] Zur Sicherungszession (Sicherungsabtretung) siehe auch oben die 22. Lektion, III. Sicherungszession.

Sicherungsgebers als Sicherheit dient. Es sind der schuldrechtliche Sicherungsvertrag und die Sicherungszession zu unterscheiden.

In dem **schuldrechtlichen Sicherungsvertrag** ist die Verpflichtung des Sicherungsgebers zur Abtretung der Forderung begründet. Außerdem ist vereinbart, unter welchen Umständen (z. B. Verzug des Schuldners) der Sicherungsgeber die Forderung verwerten darf und wie die Forderung zurückübertragen wird, wenn der Kredit beglichen ist. Schließlich ist bestimmt, welchen Kredit die abgetretene Forderung sicheren soll.

Die **Sicherungszession** erfolgt dann wie jede Abtretung[304] gemäß § 398 BGB. Nach außen erwirbt damit der Sicherungsnehmer alle Rechte aus der Forderung gegen den entsprechenden Drittschuldner. Gegenüber dem Sicherungsgeber ist er aber aufgrund des schuldrechtlichen Sicherungsvertrages verpflichtet, die Forderung nur in diesem Sinne zu handhaben.

5. Grundpfandrechte

Grundpfandrechte sind u.a.[305] die Hypothek (§§ 1113 BGB) und die Grundschuld (§§ 1191 BGB). Es sind Pfandrechte, die einen Kredit sichern sollen. Im Unterschied zum Pfand (§§ 1204 ff. BGB) bietet hier aber nicht eine bewegliche Sache, sondern ein Grundstück Sicherheit für den Kredit.

a) Hypothek

Die Hypothek ist abhängig von der Forderung (zur Rückzahlung des Kredits), die sie sichern soll, vgl. §§ 1113, 1137 BGB. Sie ist **akzessorisch**. Inhaber der Hypothek kann nur der Gläubiger der Forderung sein, vgl. § 1153 II BGB. Dennoch sind Forderung und Hypothek streng zu unterscheiden. Aus der Hypothek kann nicht Zahlung einer Geldsumme, sondern nur die **Duldung der Zwangsvollstreckung in das Grundstück** verlangt werden, § 1147 BGB. Schuldner und Eigentümer des durch die Hypothek belasteten Grundstücks können, müssen aber nicht dieselbe Person sein.

---

304 Zur Abtretung siehe oben 22. Lektion: Abtretung.

305 Die Rentenschuld (§§ 1199 BGB) ist heute praktisch bedeutungslos.

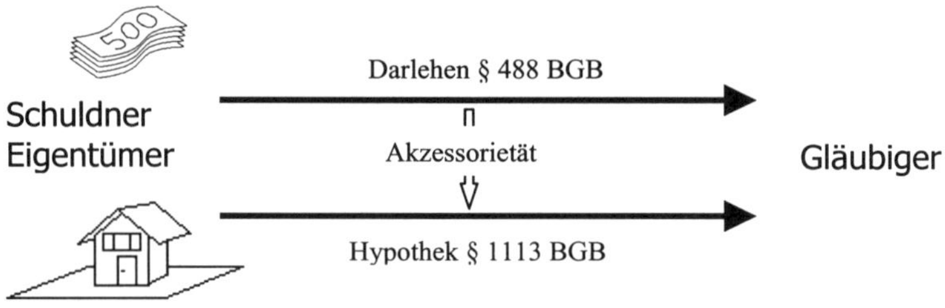

Zur **Bestellung** einer Hypothek ist wegen der Akzessorietät erforderlich, dass eine **gültige Forderung** gegen den Schuldner vorliegt. Es muss eine **Einigung** zwischen Eigentümer und Gläubiger über die Bestellung der Hypothek erzielt werden. Die zu sichernde Forderung und die Einigung müssen in das **Grundbuch eingetragen** werden, § 873 I, 1115 I BGB. Soll eine Briefhypothek[306] bestellt werden, ist auch die **Übergabe des Hypothekenbriefes** an den Gläubiger notwendig, § 1117 BGB.

Forderung
Einigung § 873 I BGB
Eintragung § 873 I, 1115 I BGB
Brief § 1117 I BGB

Begleicht der Schuldner bei Fälligkeit die Forderung nicht, kann der Gläubiger aufgrund der Hypothek das Grundstück verwerten. Hierzu muss er Klage gegen den Eigentümer erheben, auch wenn der Eigentümer nicht der Schuldner ist. Das Gericht prüft dann, ob der Eigentümer die **Zwangsvollstreckung** gemäß § 1147 BGB dulden muss. Der Eigentümer muss die Zwangsvollstreckung dulden, wenn der Gläubiger rechtswirksam Inhaber der Hypothek ist und ihm die fällige Forderung gegen den Schuldner zusteht. Das Grundstück wird dann versteigert[307]. Aus dem Erlös wird der Gläubiger befriedigt. Die Hypothek erlischt damit, § 1181 I BGB.

Die Akzessorietät der Hypothek ist in der Praxis **hinderlich**, da Einreden gegen die Forderung auch gegen die Hypothek vorgebracht werden können, § 1137 BGB. Die Praxis bevorzugt daher die insoweit weniger angreifbare Grundschuld.

b) Grundschuld

Im Gegensatz zur Hypothek ist die Grundschuld nicht akzessorisch. Sie kann **unabhängig von einer Forderung** bestehen, vgl. §§ 1191, 1192 I BGB. Sie wird aber sinnvollerweise zur Sicherung einer Forderung bestellt. Man spricht dann von

306 Zur Buchhypothek siehe § 1116 II BGB.

307 Möglich ist auch eine Zwangsverwaltung. Siehe hierzu und zur Zwangsversteigerung das Gesetz über die Zwangsversteigerung und die Zwangsverwaltung (ZVG) vom 24. März 1897 (RGBl. S. 713), Schönfelder, Deutsche Gesetze, Nr. 108.

einer **Sicherungsgrundschuld**. Grundlage der Sicherungsgrundschuld ist eine schuldrechtliche **Sicherungsabrede**. Die schuldrechtliche Sicherungsabrede ist von der zu sichernden **Forderung** zu unterscheiden. Schuldner der Forderung und Eigentümer des belasteten Grundstücks können dieselben oder verschiedene Personen sein. Das Gleiche gilt für den Gläubiger der Forderung und den Inhaber der Grundschuld.

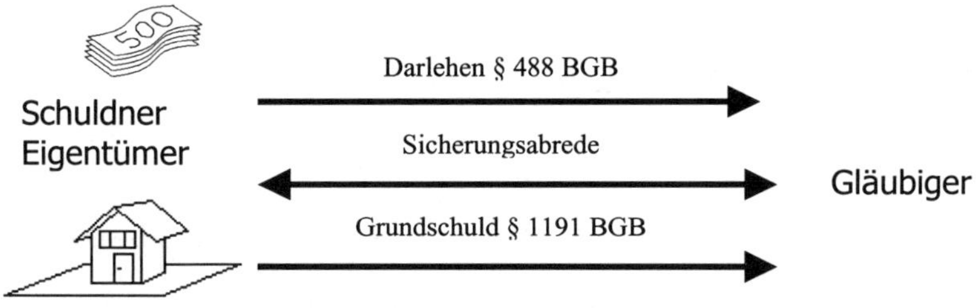

Die **schuldrechtliche Sicherungsabrede** wird zwischen dem Sicherungsnehmer, der meistens der Gläubiger der Forderung sein wird, und dem Eigentümer des Grundstücks geschlossen. Der Eigentümer des Grundstücks wird Sicherungsgeber genannt. In der Sicherungsabrede wird die **Verpflichtung des Sicherungsgebers zur Bestellung der Sicherungsgrundschuld** begründet. In der Sicherungsabrede ist auch bestimmt, **welche Forderungen** die Sicherungsgrundschuld sichert und unter welchen Umständen die **Sicherungsgrundschuld zurückgewährt** werden muss.

Die Sicherungsgrundschuld wird dann durch Einigung zwischen Sicherungsgeber und Sicherungsnehmer und Eintragung in das Grundbuch **bestellt**, § 873 I BGB. Ist eine Briefgrundschuld[308] vereinbart, muss auch der Grundschuldbrief an den Sicherungsnehmer übergeben werden, §§ 1192 I, 1117 BGB.

Einigung § 873 I BGB
Eintragung § 873 I BGB
Brief §§ 1192 I, 1117 I BGB

Wird die in der Sicherungsabrede genannte Forderung bei Fälligkeit nicht beglichen, kann der Sicherungsnehmer aufgrund der Sicherungsgrundschuld das Grundstück verwerten. Hierzu muss er Klage gegen den Eigentümer erheben, auch wenn der Eigentümer nicht der Schuldner ist. Das Gericht prüft dann, ob der Eigentümer die **Zwangsvollstreckung** gemäß §§ 1192 I, 1147 BGB dulden muss. Der Eigentümer muss die Zwangsvollstreckung dulden, wenn der Sicherungsnehmer rechtswirksam Inhaber der Sicherungsgrundschuld ist und wenn die Sicherungsgrundschuld fällig ist. Die Fälligkeit der Sicherungsgrundschuld richtet sich nicht wie bei der Hypothek ohne weiteres nach der Fälligkeit der

[308] Zur Buchgrundschuld siehe §§ 1191 I, 1116 II BGB.

gesicherten Forderung, sondern nach den Vereinbarungen in der Sicherungsabrede, § 1193 II BGB. Die Grundschuld kann auch unabhängig von der Forderung gekündigt werden, § 1193 I BGB. Liegen die Voraussetzungen der Zwangsvollstreckung vor, wird das Grundstück versteigert[309]. Aus dem Erlös wird der Sicherungsnehmer befriedigt. Die Grundschuld erlischt damit, §§ 1192 I, 1181 I BGB.

III. Wiederholungsfragen

Schauen Sie bitte erst dann auf Seite 260 in die Lösung, wenn Sie die Fragen selbst beantwortet haben.

1. Wodurch unterscheiden sich Personal- und Realsicherheit?
2. Welche Form muss bei Abschluss eines Bürgschaftsvertrages beachtet werden?
3. Was versteht man unter einem Garantievertrag?
4. An welchen Gegenständen kann ein Pfandrecht bestellt werden?
5. Wie unterscheidet sich eine Übereignung gemäß § 929 I BGB von einer Übereignung unter Eigentumsvorbehalt?
6. Welche Besonderheit weist der verlängerte Eigentumsvorbehalt gegenüber dem einfachen Eigentumsvorbehalt auf?
7. Welchen Inhalt hat der Sicherungsvertrag einer Sicherungsübereignung?
8. Wie erfolgt die Sicherungsübereignung einer Sache?
9. Wie wird eine Hypothek erstellt?
10. Wie kann sich der Inhaber einer Sicherungsgrundschuld aus dem Grundstück befriedigen

---

[309] Möglich ist auch eine Zwangsverwaltung. Siehe hierzu und zur Zwangsversteigerung das Gesetz über die Zwangsversteigerung und die Zwangsverwaltung (ZVG) vom 24. März 1897 (RGBl. S. 713), Schönfelder, Deutsche Gesetze, Nr. 108.

Antworten zu den Wiederholungsfragen

Die folgenden **Antworten der Wiederholungsfragen** sind nur ein Lösungsvorschlag. Bitte versuchen Sie zuerst, **selbst** die Wiederholungsfragen zu beantworten. Es reicht, wenn ihre Antworten **sinngemäß** den hier vorgeschlagenen Antworten entsprechen. Wenn Sie keine Lösung wissen, sollten Sie den Text der Lektion noch einmal lesen. Die Antworten der Wiederholungsfragen sind fast ausschließlich unmittelbar dem Text der jeweiligen Lektion entnommen.

In den ersten drei Lektionen der Einführung wurden keine Wiederholungsfragen gestellt.

Antworten zur 4. Lektion

1. Nach dem Grundsatz der Privatautonomie kann jeder seine Lebensverhältnisse im Rahmen der Rechtsordnung eigenverantwortlich regeln, insbesondere kann jeder frei darüber entscheiden, ob und mit welchem Inhalt er Verträge schließen will.

2. Bürgerliches Recht, Handelsrecht, Arbeitsrecht, Gesellschaftsrecht.

3. Das Handelsrecht ist das Sonderprivatrecht der Kaufleute.

4. Das Arbeitsrecht wird unterteilt in das Individualarbeitsrecht und das Kollektivarbeitsrecht. Das Individualarbeitsrecht regelt die Beziehungen zwischen Arbeitgeber und Arbeitnehmer. Das Kollektivarbeitsrecht regelt die Beziehungen zwischen Gewerkschaften und Arbeitgeberverbänden und zwischen Betriebsräten und Arbeitgebern.

5. Verein, GbR oder BGB-Gesellschaft, OHG, KG, stG, Reederei, AG, KGaA, GmbH, e.G., VVaG.

6. Das BGB ist in fünf Bücher untergliedert: Allgemeiner Teil, Recht der Schuldverhältnisse, Sachenrecht, Familienrecht und Erbrecht. Im Allgemeinen Teil sind die Regelungen zusammengefasst, die auch in den anderen Büchern gelten.

7. Es gilt subsidiär. Das heißt, die Regelungen des BGB greifen ein, wenn die Bestimmungen des Handelsrechts, des Arbeitsrechts oder des Gesellschaftsrechts dafür Platz lassen.

8. **Kaufmann** ist, wer ein Handelsgewerbe betreibt, § 1 I HGB. Unter **Gewerbe** versteht man eine selbständige, offene, planmäßige, auf Gewinnerzielung gerichtete Tätigkeit mit Ausnahme der freien Berufe. Es wird gemäß § 1 II HGB **vermutet**, dass das Gewerbe ein **Handelsgewerbe** ist. Ansonsten muss der Gewerbetreibende darlegen und beweisen, dass sein Gewerbe nach Art und Umfang keinen in kaufmännischer Weise eingerichteten Geschäftsbetrieb erfordert und daher kein Handelsgewerbe ist.

9. Der **Istkaufmann** ist kraft Gesetzes Kaufmann, § 1 I HGB. Er muss sich in das Handelsregister eintragen lassen, § 29 HGB. Der **Kannkaufmann** ist kein Kaufmann, kann sich aber in das Handelsregister eintragen lassen und wird damit zum Kaufmann, §§ 2, 5 HGB..

10. **Arbeitnehmer** ist, wer weisungsabhängig für einen anderen Arbeit leistet. **Arbeitgeber** ist, wer einen anderen in einem Arbeitsverhältnis als Arbeitnehmer beschäftigt.

Antworten zur 5. Lektion

1. Die Eigenschaft der Rechtssubjekte, Träger von Rechten und Pflichten zu sein, nennt man Rechtsfähigkeit.

2. Natürliche Person ist jeder Mensch.

3. Juristische Personen des Privatrechts sind entweder Personenvereinigungen oder Vermögensmassen, denen die Rechtsordnung Rechtsfähigkeit zuerkennt.

4. Juristische Personen des Privatrechts sind der e.V., die GmbH, die AG, die KGaA, die e.G., der VVaG und die Stiftung; nach neuer Rechtsprechung auch die GbR, die oHG, die KG.

5. Personen haben Rechte, an Gegenständen bestehen Rechte.

6. Die Rechtsobjekte lassen sich in körperliche und nicht körperliche Gegenstände einteilen.

7. Die körperlichen Gegenstände werden Sachen genannt. Grundstücke sind unbewegliche Sachen. Alle anderen Sachen sind bewegliche Sachen.

8. Nach dem **Spezialitätsgrundsatz** sind dingliche Rechte nur an einzelnen Sachen möglich.

9. Es kommt auf den üblichen Gebrauch und den Zweck an.

10. Zu den nicht körperlichen Gegenständen gehören vor allem Rechte, soweit über sie verfügt werden kann. Das bekannteste dingliche Recht ist das Eigentum.

Antworten zur 6. Lektion

1. Ein Schuldverhältnis ist ein Rechtsverhältnis zwischen zwei Personen, aufgrund dessen der Gläubiger vom Schuldner eine Leistung fordern kann, § 241 BGB.

2. Die Rechte aus Rechtsverhältnissen zwischen bestimmten Personen nennt man relative Rechte. Sie wirken ja nur relativ zwischen den beiden. Die Rechte aus Rechtsverhältnissen zwischen einer Person und allen anderen nennt man absolute Rechte.

3. In einem Gefälligkeitsverhältnis bestehen zwar keine Erfüllungsansprüche. Es bestehen aber Sorgfaltspflichten. Grundsätzlich darf der Gefallen den anderen nicht schlechter stellen als vorher.

4. Ein Rechtsgeschäft ist eine Handlung, deren Rechtserfolg gerade deshalb eintritt, weil er gewollt ist.

5. Eine **Willenserklärung** ist die Äußerung des auf die Herbeiführung einer Rechtswirkung gerichteten Willens. Sie ist der Bestandteil des Rechtsgeschäfts, der den Willen ausdrückt.

6. Ein **Vertrag** kommt durch mindestens zwei übereinstimmende Willenserklärungen zustande.

7. Ein **Verpflichtungsgeschäft** ist ein Rechtsgeschäft, durch das eine Leistungspflicht begründet wird. **Verfügungsgeschäfte** sind dagegen Rechtsgeschäfte, durch die auf ein bestehendes Recht eingewirkt wird um es zu verändern, zu belasten, zu übertragen oder aufzuheben.

8. Der Rechtsgrund ist der rechtliche Beweggrund zum Abschluss des Rechtsgeschäfts, der über die eigene Verpflichtung hinaus geht.

9. Während bei den **Rechtsgeschäften** die Rechtsfolge eintritt, weil sie gewollt ist, tritt bei den **Rechtshandlungen** die Rechtsfolge unabhängig vom Willen ein.

10. Die **geschäftsähnliche Handlung** ist eine Erklärung. Der Wille bei Abgabe der Erklärung ist notwendig nur auf den tatsächlichen Erfolg gerichtet. Der Rechtserfolg tritt unabhängig vom Willen des Erklärenden ein. Der **Realakt** ist keine Erklärung. Der Realakt ist eine Rechtshandlung, bei der der Wille nicht notwendig auf den rechtlichen Erfolg gerichtet ist. Die Rechtsfolgen ergeben sich aus dem Gesetz.

Antworten zur 7. Lektion

1. Das Trennungsprinzip spaltet einen einheitlichen Lebenssachverhalt in mehrere rechtliche Handlungen auf. Die Verpflichtung wird als Grundgeschäft bezeichnet. Die Erfüllung der Verpflichtung wird davon unterschieden.

2. Kaufvertrag über den Kauf einer Zeitung § 433 BGB = Grundgeschäft; Übereignung der Zeitung § 929 BGB = Erfüllungsgeschäft; Übereignung des Geldes § 929 BGB = Erfüllungsgeschäft

3. Grundgeschäfte sind im Rahmen des Trennungsprinzips die Geschäfte, die die zu erfüllenden Verpflichtungen begründen. Erfüllungsgeschäfte sind die Geschäfte, die die Verpflichtungen aus den Grundgeschäften erfüllen. Kausale Geschäfte tragen ihren Rechtsgrund in sich. Bei abstrakten Geschäften liegt der Rechtsgrund außerhalb des Geschäfts. Verpflichtungsgeschäfte begründen Leistungspflichten. Verfügungsgeschäfte sind Rechtsgeschäfte, durch die auf ein bestehendes Recht eingewirkt wird um es zu verändern, zu belasten, zu übertragen oder aufzuheben.

4. Grundgeschäfte sind kausale Verpflichtungsgeschäfte. Erfüllungsgeschäfte erfüllen die Verpflichtungen aus den Grundgeschäften. Erfüllungsgeschäfte sind meistens abstrakte Geschäfte, häufig Verfügungsgeschäfte, bisweilen aber auch Verpflichtungsgeschäfte.

5. Das abstrakte Schuldanerkenntnis, § 781 BGB

6. Nach dem Abstraktionsprinzip sind die Erfüllungsgeschäfte von der Wirksamkeit des Grundgeschäfts unabhängig. Wenn das Grundgeschäft unwirksam ist, ist deshalb noch nicht das entsprechende Erfüllungsgeschäft unwirksam.

7. §§ 812 ff. BGB

8. Besitzer ist der, der die Sache tatsächlich hat, vgl. § 854 I BGB; Eigentümer ist der, dem die Sache gehört.

9. Herausgabe der Sache

10. Wenn einzelne Rechtsgeschäfte im Rahmen des Trennungsprinzips aus demselben Grund unwirksam sind, spricht man von Fehleridentität.

Antworten zur 8. Lektion

1. Der Sachverhalt ist das, was tatsächlich geschehen ist. In Klausuraufgaben der Grundausbildung wird der Sachverhalt geschildert.

2. Eine Anspruchsgrundlage ist ein Rechtssatz (Paragraph, Gewohnheitsrecht, Vertrag o. ä.), der als Rechtsfolge das gewährt, was verlangt wird.

3. Der Sachverhalt ist das, was tatsächlich geschehen ist. Der Tatbestand steht in einem Rechtssatz (Paragraph, Gewohnheitsrecht, Vertrag o. ä.) und beschreibt abstrakt die Umstände, unter denen der Rechtssatz eingreift.

4. Der Tatbestand ist die Voraussetzung der Rechtsfolge. Nur wenn der Tatbestand des Rechtssatzes durch den gegebenen Sachverhalt erfüllt ist, tritt die Rechtsfolge des Rechtssatzes ein.

5. Subsumtion ist der Vergleich des Sachverhalts mit dem Tatbestand.

6. könnte ...; Voraussetzung dafür ist, dass ... ; Fraglich ist, ob ... ; Dazu ist erforderlich, dass ... ; daraus folgt, dass ... ; daher, somit, demnach.

7. muss; da; weil; denn; nämlich; zwar; aber.

8. Im Urteilsstil werden Gegenargumente mit einem "zwar-aber"-Satz eingeflochten.

9. § 275 I BGB: Tatbestand: ..., soweit diese [Leistung] für den Schuldner oder für jedermann unmöglich wird. Rechtsfolge: Der Anspruch auf Leistung ist ausgeschlossen ... . § 280 I BGB: Tatbestand: Verletzt der Schuldner eine Pflicht aus dem Schuldverhältnis, ... Rechtsfolge: ..., so kann der Gläubiger Ersatz des hierdurch entstehenden Schadens verlangen.

10. § 812 I 1 BGB: Herausgabe des Erlangten. § 985 BGB: Herausgabe der Sache. § 1004 BGB: Beseitigung der Beeinträchtigung; Unterlassung.

Antworten zur 9. Lektion

1. Zur Verwirklichung des objektiven Tatbestands einer Willenserklärung reicht grundsätzlich jede erkennbare **Erklärungshandlung**.

2. Der Handlungswille ist unstreitig ein notwendiges Merkmal des subjektiven Tatbestands einer Willenserklärung.

3. Das **Erklärungsbewusstsein** ist das Bewusstsein, dass die gewollte Erklärungshandlung als (irgendeine) **rechtsgeschäftliche** Erklärung verstanden wird.

4. Nach heute herrschender Meinung liegt trotz fehlenden Erklärungsbewusstseins eine Willenserklärung vor, wenn der Erklärende mit der erforderlichen Sorgfalt hätte erkennen und verhindern können, dass seine Äußerung als Willenserklärung aufgefasst werden durfte, und wenn der Empfänger sie auch tatsächlich so verstanden hat.

5. Der **Geschäftswille** ist der auf eine **bestimmte** Rechtsfolge gerichtete Wille. Es ist der Wille, dem mit der Willenserklärung Geltung verschafft werden soll. Der Geschäftswille hat keine Bedeutung für das Vorliegen einer Willenserklärung. Bei fehlendem Geschäftswillen kann der Erklärende aber unter den Voraussetzungen der §§ 119 ff. BGB das Rechtsgeschäft anfechten.

6. Das Testament.

7. Die **empfangsbedürftigen** Willenserklärungen müssen dem Empfänger zugehen, damit sie wirksam werden, § 130 I BGB. Bei **nicht empfangsbedürftigen** Willenserklärungen muss nur der Erklärungsvorgang beendet werden.

8. **Abgegeben** wurde eine empfangsbedürftige Willenserklärung, wenn sie mit dem Willen des Erklärenden in den Rechtsverkehr gelangt ist.

9. Unter **Abwesenden** ist die Willenserklärung **zugegangen**, wenn sie so in den Bereich des Empfängers gelangt ist, dass dieser unter normalen Verhältnissen die Möglichkeit hat, von ihrem Inhalt Kenntnis zu nehmen.

10. Unter **Anwesenden** ist die Willenserklärung **zugegangen**, wenn sie der Empfänger wahrnimmt ("Vernehmungstheorie").

Antworten zur 10. Lektion

1. Beim **Erklärungsirrtum** weiß der Erklärende, was er will und wie er seinen Willen richtig erklären muss; bei der Erklärung unterläuft ihm aber ein Fehler. Ein typischer Erklärungsirrtum liegt vor, wenn sich der Erklärende verspricht, verschreibt oder vergreift. Ein Fall des Erklärungsirrtums ist auch die **falsche Übermittlung** der Erklärung durch einen Boten oder eine Anstalt, wie z. B. die Telekom oder die Post.

2. Ein **Inhaltsirrtum** ist gegeben, wenn sich der Erklärende über den Bedeutungsinhalt seiner Erklärung irrt; diese falsche Erklärung aber richtig ausdrückt. Er tritt leicht bei einem doppeldeutigen Begriff auf, der aus Sicht des Empfängers anders verstanden werden muss, als er vom Erklärenden gemeint ist.

3. Ja, allerdings nicht jeder Motivirrtum! Zur Anfechtung berechtigt nur der Irrtum über verkehrswesentliche Eigenschaften, § 119 II BGB. **Verkehrswesentliche Eigenschaften** betreffen die Beschaffenheit und solche Umstände der Person oder Sache, die für die Wertschätzung oder Verwendbarkeit von Bedeutung sind. Der Irrtum über andere Motive berechtigt nicht zur Anfechtung. So ist der Wert des Gegenstandes zwar meistens ein sehr wichtiges Motiv zur Vornahme des Rechtsgeschäfts; er ist aber keine verkehrswesentliche Eigenschaft. Ein Irrtum über den Wert berechtigt nicht zur Anfechtung.

4. Eine **Täuschung** ist das Vorspiegeln oder Entstellen von Tatsachen. **Tatsachen** sind nur solche Umstände der Gegenwart oder Vergangenheit, die nachprüfbar sind. Auch das **Verschweigen von Tatsachen** kann eine Täuschung darstellen, wenn eine Pflicht zur Aufklärung besteht. **Arglistig** ist die Täuschung, wenn der andere damit zur Abgabe der gewünschten Willenserklärung veranlaßt werden soll.

5. Eine **Drohung** ist das Inaussichtstellen eines Übels, auf das der Drohende vorgibt, Einfluss zu haben und dessen Verwirklichung er vom Verhalten des Bedrohten abhängig macht. Widerrechtlich ist die Drohung nicht nur, wenn das angedrohte Verhalten (Mittel) oder der mit der Drohung angestrebte Erfolg (Zweck) rechtswidrig ist. Die Widerrechtlichkeit der Drohung kann sich auch aus der Mittel-Zweck-Relation ergeben.

6. Eine **Anfechtung wegen eines Irrtums** im Sinne des § 119 BGB oder wegen falscher Übermittlung gemäß § 120 BGB kann gemäß § 121 I BGB nur **unverzüglich** nach Erkennen des Irrtums erfolgen. Die **Anfechtung wegen arglistiger Täuschung oder widerrechtlicher Drohung** gemäß § 123 BGB muss nicht unverzüglich, sondern **innerhalb eines Jahres** erfolgen, § 124 BGB.

7. "Unverzüglich" kann länger dauern als "sofort"! "Unverzüglich" bedeutet nach der Legaldefinition des § 121 I 1 BGB " **ohne schuldhaftes Zögern**". Wenn das Zögern nicht schuldhaft ist, kann es bis zu 10 Jahre dauern.

8. Die Anfechtung muss gegenüber dem Anfechtungsgegner erklärt werden, § 143 I BGB. **Anfechtungsgegner** ist bei einem Vertrag der Vertragspartner § 143 II BGB. Bei einem einseitigen Rechtsgeschäft ist der Empfänger der Erklärung oder derjenige, der aus dem Rechtsgeschäft unmittelbar einen Vorteil erlangt, der Anfechtungsgegner, § 143 III, IV BGB.

9. Mit der Anfechtungserklärung ist das angefochtenen Rechtsgeschäft **von Anfang an nichtig**, § 142 I BGB. Bei einer Anfechtung aufgrund eines Irrtums gemäß §§ 119, 120 BGB ist der Anfechtende gemäß § 122 BGB zum Ersatz des Schadens verpflichtet, den der andere oder ein Dritter dadurch erleidet, dass er auf die Gültigkeit der Erklärung **vertraut** hat.

10. Der **Vertrauensschaden** umfasst die Kosten und Nachteile, die dem Geschäftspartner wegen seines Vertrauens auf die Gültigkeit des Geschäfts entstanden sind. Durch den Ersatz des Vertrauensschadens muss der Geschäftspartner so gestellt werden, als habe er von dem ungültigen Geschäft nie etwas gehört. Zur Berechnung des Vertrauensschadens muss die hypothetische Vermögenslage des Geschäftspartners ohne Kenntnis von dem nunmehr ungültigen Geschäft mit der tatsächlichen Vermögenslage verglichen werden. Der **Nichterfüllungsschaden** ist der Schaden, den der Geschäftspartner erleidet, weil der Vertrag nicht erfüllt wird. Durch den Ersatz des Nichterfüllungsschadens muss der Vertragspartner so gestellt werden, als sei der Vertrag erfüllt worden. Zur Berechnung des Nichterfüllungsschadens muss die hypothetische Vermögenslage des Vertragspartners nach erfülltem Vertrag mit der tatsächlichen Vermögenslage verglichen werden.

Antworten zur 11. Lektion

1. **Abschlussfreiheit** und **Inhaltsfreiheit**.

2. Ein Vertrag kommt durch mindestens zwei **übereinstimmende** Willenserklärungen zustande.

3. Der Antrag muss in der **Frist** des § 147 BGB angenommen werden. Wird der Antrag gegenüber einem Anwesenden gemacht, muss die Annahme sofort zugehen. Bei Abwesenden kommt es auf die Art der Erklärung und die Umstände an.

4. Nach § 151 S. 1 BGB muss die Annahmeerklärung dem Antragenden **ausnahmsweise** nicht zugehen, wenn das nach der **Verkehrssitte** nicht zu erwarten ist **oder** wenn der Antragende darauf **verzichtet** hat.

5. Eine Annahme, die nicht dem Angebot entspricht, sondern Erweiterungen, Einschränkungen oder sonstige Änderungen enthält, gilt als Ablehnung des Angebots verbunden mit einem neuen Antrag, § 150 II BGB. Nur wenn der ursprüngliche Anbieter seinerseits dieses neue Angebot annimmt, kommt ein entsprechender Vertrag zustande.

6. Die Widerrufsfrist beträgt eine Woche, § 1 I a.E. HaustürWG. Sie beginnt erst, wenn der Kunde über sein Widerrufsrecht schriftlich belehrt worden ist, und endet spätestens einen Monat, nachdem beide Vertragsparteien ihre Leistungen vollständig erbracht haben. Es reicht die rechtzeitige Absendung des Widerrufs, § 2 I HaustürWG.

7. **Verfügende Verträge** sind Rechtsgeschäfte, durch die auf ein bestehendes Recht eingewirkt wird um es zu verändern, zu belasten, zu übertragen oder aufzuheben. **Verpflichtende Verträge** sind Rechtsgeschäfte, durch die eine Leistungspflicht begründet wird.

8. Schenkungsvertrag, §§ 516/518 BGB.

9. Die wechselseitige Verpflichtung in einem Vertrag wird in der Rechtswissenschaft als **Synallagma** bezeichnet.

10. Diese Verträge werden als **unvollkommen zweiseitig** verpflichtenden Verträge bezeichnet.

Antworten zur 12. Lektion

1. Schweigen im Rechtssinne ist nicht nur nicht reden, sondern ein sich nicht (auch nicht konkludent) äußern.

2. Grundsätzlich keine!

3. § 516 II BGB: Schweigen als Annahme eines Schenkungsangebots; § 362 HGB: Schweigen als Annahme eines Geschäftsbesorgungsvertrags durch einen Kaufmann; Schweigen als Zustimmung zu einem Bestätigungsschreiben.

4. Die Zuwendung im Sinne des § 516 II ist im Rahmen des Trennungs- und Abstraktionsprinzips das Erfüllungsgeschäft.

5. § 362 HGB gilt nur für Kaufleute. Der Gewerbebetrieb des Kaufmanns muss die Besorgung von Geschäften für andere mit sich bringen. Das Angebot muss sich auf den

Abschluss eines solchen Geschäftsbesorgungsvertrages beziehen, § 675 BGB. Der Kaufmann muss auf dieses Angebot nur dann unverzüglich antworten und sein Schweigen gilt nur dann als Annahme, wenn er mit dem Anbietenden in Geschäftsverbindung steht, § 362 I 1 HGB, oder wenn er sich dem anderen gegenüber zur Besorgung solcher Geschäfte erboten hat, § 362 I 2 HGB.

6. Das Bestätigungsschreiben ist als Handelsbrauch gemäß § 346 HGB von Bedeutung. Heute ist es auch gewohnheitsrechtlich anerkannt.

7. Haben die Parteien von vornherein vereinbart, dass der mündlich geschlossene Vertrag nur wirksam sein soll, wenn er schriftlich bestätigt wird, handelt es sich um ein **konstitutives** (begründendes) Bestätigungsschreiben. Soll dagegen das Bestätigungsschreiben einen bereits wirksamen Vertrag bestätigen, spricht man von einem **deklaratorischen** (klarstellenden) Bestätigungsschreiben.

8. Die **Auftragsbestätigung** ist die Annahme eines entsprechenden Angebots. Der Absender der Auftragsbestätigung geht davon aus, dass noch kein Vertrag geschlossen wurde. Der Vertrag kommt erst mit der Auftragsbestätigung zustande. Weicht die durch die Auftragsbestätigung erklärte Annahme vom Angebot ab, gilt § 150 II BGB: sie wird als neues Angebot behandelt. Ein Vertrag kommt nur zustande, wenn die andere Partei ihrerseits dieses neue Angebot annimmt, also nicht schweigt. Dagegen geht der Absender beim Bestätigungsschreiben davon aus, dass ein Vertrag aufgrund einer bereits erklärten Annahme geschlossen sei. Diesen bereits geschlossenen Vertrag will er bestätigen.

9. Die Beteiligten müssen Kaufleute sein oder **wie Kaufleute** am Rechtsverkehr teilnehmen. Es müssen mündliche Vertragsverhandlungen vorausgegangen sein, die nach der verständlichen Ansicht des Absenders zu einem **Vertragsschluss** geführt haben. Der Inhalt des Schreibens muss den Vertragsschluss **bestätigen**. Es darf **keine Abweichungen** von dem Vereinbarten haben, mit denen der Empfänger nicht zu rechnen braucht. Das Bestätigungsschreiben muss **zeitlich unmittelbar** auf den vermeintlichen Vertragsschluss folgen.

10. Das Bestätigungsschreiben ist dann wirkungslos. Der mündliche Vertrag gilt mit dem Inhalt, mit dem er tatsächlich geschlossen wurde; auch wenn das möglicherweise schwer zu recherchieren ist.

Antworten zur 13. Lektion

1. Rechtsfähigkeit ist die Fähigkeit, Träger von Rechten und Pflichten zu sein. Geschäftsfähigkeit ist die Fähigkeit, Rechtsgeschäfte selbst wirksam vorzunehmen.

2. Geschäftsfähig sind grundsätzlich alle Menschen; sie können selbst Rechtsgeschäfte wirksam vornehmen. Die Rechtsgeschäfte von Geschäftsunfähigen sind nicht wirksam. Dazwischen steht die beschränkte Geschäftsfähigkeit der Minderjährigen. Die Rechtsgeschäfte der Minderjährigen sind unter bestimmten Voraussetzungen (siehe die Antwort zu Frage 6) wirksam.

3. Die Geschäftsfähigkeit ist **zum Schutz der Personen**, denen typischerweise die notwendige Einsicht in die Tragweite rechtsgeschäftlichen Handelns fehlt, nicht gegeben.

4. Gemäß § 104 BGB ist geschäftsunfähig, wer noch nicht sieben Jahre alt ist oder an einer krankhaften Störung der Geistestätigkeit leidet.

5. Beschränkt geschäftsfähig sind Minderjährige, die das siebente Lebensjahr vollendet haben, aber noch nicht achtzehn Jahre alt sind, § 106 und § 2 BGB.

6. Mit Einwilligung, oder wenn es rechtlich ausschließlich einen Vorteil bietet, ist das Rechtsgeschäft eines Minderjährigen wirksam, § 107 BGB. Mit Genehmigung, § 108 I BGB, wird es wirksam.

7. Der Vertragspartner kann den gesetzlichen Vertreter des Minderjährigen zur Erklärung über die Genehmigung auffordern, § 108 II BGB. Bis zur Genehmigung kann der Vertragspartner seinerseits den Vertrag gegenüber dem Minderjährigen oder dem gesetzlichen Vertreter widerrufen, § 109 I BGB.

8. Selbst wenn die Einwilligung gegeben ist, der Minderjährige aber die Einwilligung nicht in schriftlicher Form vorlegt, kann der andere das einseitige Rechtsgeschäft deshalb zurückweisen.

9. Die Schenkung, §§ 516/518 BGB.

10. Empfangszuständigkeit ist die Zuständigkeit zur schuldbefreienden Entgegennahme einer Leistungen.

Antworten zur 14. Lektion

1. Gemäß § 164 I BGB sind Voraussetzung: eine eigene Willenserklärung des Vertreters, Vertretungsmacht des Vertreters und das Auftreten im Namen des Vertretenen.

2. Der Bote übermittelt eine fremde Willenserklärung. Der Vertreter gibt eine eigne Willenserklärung ab.

3. Die Frage, ob der Vertreter verpflichtet ist, für den Vertretenen tätig zu werden, richtet sich nicht nach dem Vertretungsrecht, sondern nach dem davon zu unterscheidenden Rechtsverhältnis zwischen Vertretenem und Vertreter, dem **Grundverhältnis**. Im Grundverhältnis kann z. B. ein Arbeitsvertrag (Geschäftsbesorgungs-Dienstvertrag), §§ 611, 675 BGB, oder ein Auftrag, § 662 BGB, bestehen. Diese Verträge begründen eine Pflicht, tätig zu werden.

4. Vollmacht. Siehe § 166 II BGB.

5. Spezialvollmacht, Artvollmacht, Generalvollmacht.

6. Prokura, § 48 ff. HGB; Handlungsvollmacht, § 54 HGB.

7. Die Generalvollmacht kann von jedermann erteilt werden, umfasst alle Arten von Geschäften und muss nicht eingetragen werden. Die Prokura kann nur von einem Vollkaufmann erteilt werden, ist gemäß § 49 HGB im Umfang beschränkt und muss gemäß § 53 HGB ins Handelsregister eingetragen werden.

8. Duldungsvollmacht ist gegeben, wenn der Vertretene weiß, dass ein anderer für ihn als Vertreter auftritt und es duldet, obwohl ein Dritter annehmen muss, der Vertreter sei bevollmächtigt. Anscheinsvollmacht liegt vor, wenn der Vertretene nicht weiß, dass der andere als Vertreter für ihn auftritt, er es aber hätte erkennen und verhindern können.

9. Der Offenkundigkeitsgrundsatz besagt, dass das Geschäft des Vertreters nur dann unmittelbar für und gegen den Vertretenen wirkt, wenn der Vertreter erkennbar im Namen des Vertretenen auftritt, § 164 I, II BGB. Der Offenkundigkeitsgrundsatz ist eingeschränkt bei "Geschäften für den, den es angeht".

10. Ein Insichgeschäft ist gegeben, wenn der Vertreter im Namen des Vertretenen mit sich im eigenen Namen oder als Vertreter eines Dritten ein Rechtsgeschäft vornimmt. Gemäß § 181 BGB kann ein Vertreter ein Insichgeschäft nur vornehmen, wenn es ihm gestattet ist, oder wenn es in der Erfüllung einer Verbindlichkeit besteht.

Antworten zur 15. Lektion

1. Warnfunktion, Beweisfunktion, Beratungsfunktion, Kontrollfunktion, Dokumentation

2. § 111 BGB für die Einwilligung des gesetzlichen Vertreters, § 492 für Verbraucherdarlehensverträge, § 568 BGB für die Kündigung von Mietverhältnissen über Wohnraum, § 623 BGB für die Kündigung von Arbeitsverhältnissen, § 766 BGB für die Bürgschaftserklärung, §§ 780, 781 BGB für Schuldversprechen und Schuldanerkenntnis, Testament gemäß § 2247 BGB.

3. Es wird beglaubigt, dass die Urkunde von dem in der Unterschrift bezeichneten Aussteller stammt.

4. Zur notariellen Beurkundung findet eine Verhandlung vor dem Notar statt, in der der Notar die Beteiligten berät und über die Tragweite des Geschäfts aufklärt. Die Beteiligten geben dann ihre Willenserklärungen ab. Über die Verhandlung wird eine Urkunde aufgesetzt, die vorgelesen, genehmigt und von den Beteiligten und dem Notar unterschrieben wird.

5. Wird die vorgeschriebene oder vereinbarte Form nicht eingehalten, ist das Rechtsgeschäft grundsätzlich **nichtig**, § 125 BGB. Für Verbraucherdarlehen bestimmt entsprechendes § 494 I BGB.

6. Ein **Verbotsgesetz** kann jede Rechtsnorm sein (Art. 2 EGBGB) die die **Nichtigkeit des Rechtsgeschäfts bezweckt**.

7. Unter "guten Sitten" versteht die Rechtsprechung das "Anstandsgefühl aller billig und gerecht Denkenden".

8. Zum einen muss die Leistung im Verhältnis zur Gegenleistung in einem auffälligen Missverhältnis stehen. Zum anderen muss das Rechtsgeschäft unter Ausbeutung einer Zwangslage, der Unerfahrenheit, des Mangels an Urteilsvermögen oder der erheblichen Willensschwäche des Vertragspartners geschlossen werden.

9. Ein wucherähnliches Geschäft liegt vor, wenn zwischen Leistung und Gegenleistung ein auffälliges Missverhältnis besteht und der Kreditgeber die schwächere Lage des

Kreditnehmers bewusst zu seinem Vorteil ausnutzt. Es reicht, wenn der Kreditgeber sich leichtfertig der Erkenntnis verschließt, dass der Kreditnehmer sich nur wegen seiner schwächeren Lage auf die drückenden Bedingungen des Kreditgeschäfts einlässt.

10. Ein **auffälliges Missverhältnis** zwischen Leistung und Gegenleistung ist bei einem Kredit anzunehmen, wenn der effektive Vertragszins doppelt so hoch ist wie der Vergleichs- oder Marktzins oder wenn der effektive Vertragszins den Vergleichs- oder Marktzins um 12 % übersteigt. Diese Grenzen sind nicht starr. Es kommt auf eine Gesamtwürdigung aller Umstände an.

Antworten zur 16. Lektion

1. Rationalisierung, Lückenfüllung und Rechtsfortbildung, Risikoabwälzung.

2. Das AGB-Recht dient dem Zweck, die wirtschaftlich schwächere Position des Vertragspartners zu stützen. Dem Missbrauch der AGB soll dadurch entgegengewirkt werden, dass unangemessene Regelungen für nichtig erklärt werden und die Einbeziehung der AGB in den Einzelvertrag von bestimmten Voraussetzungen abhängig gemacht wird.

3. AGB sind für viele Verträge vorformulierte Vertragsbedingungen, § 305 I BGB.

4. Erstens muss gemäß § 305 I Nr. 1 BGB der Verwender der AGB auf die AGB **hinweisen**. Zweitens muss gemäß § 305 I Nr. 2 BGB der Vertragspartner die Möglichkeit haben, die AGB zur **Kenntnis zu nehmen**. Drittens muss der Vertragspartner mit den AGB **einverstanden** sein, § 305 I a.E. BGB.

5. Die §§ 307 bis 309 BGB gelten nur für Bestimmungen, die von der gesetzlichen Regelung, z. B. im BGB, abweichen oder gesetzliche Regelungen ergänzen, § 307 III BGB.

6. Eine unangemessene Benachteiligung kann im Zweifel darin liegen, dass in den AGB von einem wesentlichen Grundgedanken der gesetzlichen Regelung abgewichen wird. Im Zweifel ist auch eine Bestimmung unwirksam, die wesentliche Rechte oder Pflichten des Vertrages so einschränkt, das der Vertragszweck gefährdet ist, § 307 II BGB.

7. Bei der Wirksamkeitsprüfung einer AGB fängt man bei der speziellen Regelung des § 309 AGB an. Fällt die Klausel unter § 309 BGB, ist sie sicher unwirksam. Greift § 309 BGB nicht ein, wird die Klausel anhand von § 308 BGB überprüft. Fällt die Klausel auch nicht unter den weiten Anwendungsbereich der unbestimmten Rechtsbegriffe in § 308 BGB, muss die Klausel noch vor der Generalklausel des § 307 BGB Bestand haben.

8. Ja! Unternehmer sind die typischen Verwender von AGB, vor denen der Vertragspartner geschützt werden soll! Nur wenn AGB **gegenüber** Unternehmern verwendet werden, gelten nicht die §§ 305 II, III, 308, 309 BGB.

9. Ja! Die Gewährleistung für neu hergestellte, bewegliche Sachen darf auf Nacherfüllung beschränkt werden, wenn dem anderen Vertragsteil **ausdrücklich** das Recht vorbehalten wird, bei Fehlschlagen der Nachbesserung Minderung zu verlangen.

10. Der Vertrag bleibt, abgesehen von der Klausel, die nicht einbezogen wurde oder unwirksam ist, im Übrigen wirksam, § 306 I BGB. Die Klausel wird durch die gesetzliche Regelung ersetzt, § 306 II BGB.

Antworten zur 17. Lektion

1. Der Verkäufer ist Schuldner der Übereignung der Kaufsache. Der Käufer ist Schuldner der Zahlung des Kaufpreises. Der Käufer ist Gläubiger der Leistungspflicht zur Übereignung der Kaufsache. Der Verkäufer ist Gläubiger des Kaufpreises.

2. Eine **Stückschuld** liegt vor, wenn der geschuldete Gegenstand im Vertrag nach individuellen Merkmalen konkret bestimmt ist.

3. Eine **Gattungsschuld** ist begründet, wenn der geschuldete Gegenstand im Vertrag nach generellen Merkmalen abstrakt beschrieben ist, wie z. B. nach Art, Maß oder Gewicht.

4. Bei der **Vorratsschuld** beschränkt sich die Gattungsschuld auf den Vorrat des Schuldners.

5. Zur Konkretisierung muss der Schuldner eine Sache aus der beschriebenen Gattung auswählen. Die Leistung aus der Gattung beschränkt sich auf diese von ihm ausgewählte Sache, wenn er das nach dem Vertrag Erforderliche zur Leistung getan hat, § 243 II BGB. Die Gattungsschuld wird damit zur Stückschuld; sie wird konkretisiert.

6. Bei einer **Holschuld** muss der Gläubiger die Sache beim Schuldner holen. Der Schuldner hat das seinerseits Erforderliche getan, wenn er die Sache aus der Gattung ausgesondert hat und der Gläubiger sie auf seine Nachricht hin abholen kann. Bei einer **Bringschuld** muss der Schuldner dem Gläubiger die geschuldete Sache bringen. Der Schuldner hat das seinerseits Erforderliche getan, wenn er die Sache beim Gläubiger so anbietet, dass der Gläubiger nur noch zuzugreifen braucht. Bei einer **Schickschuld** muss der Schuldner die Sache dem Gläubiger nicht selber bringen, sondern kann sie durch einen Dritten schicken. Der Schuldner hat das seinerseits Erforderliche getan, wenn er die Sache an die Transportperson übergeben hat.

7. Die Leistungsstörungen lassen sich in vier Arten unterteilen: Kann die Leistung nicht (mehr) erbracht werden, liegt ein Fall der **Unmöglichkeit** vor. Ist die Leistung zwar möglich, wird aber nicht rechtzeitig erbracht oder entgegengenommen, kann es sich um **Verzug** handeln. Wird die Leistung nicht rechtzeitig erbracht, kann eine Leistungsstörung wegen **Schlechtleistung** gegeben sein. Missachtet der Schuldner die sich aus dem Schuldverhältnis ergebende Pflicht zur Rücksicht auf die Rechte, Rechtsgüter und Interessen des anderen Teils, § 241 II BGB, liegt eine **Nebenpflichtverletzung** vor.

8. **§ 280 BGB** ist die **Anspruchsgrundlage** für **Schadensersatz** bei Pflichtverletzung.

9. Das **Verschulden** umfasst Vorsatz und Fahrlässigkeit. **Vorsatz** ist das Wissen und Wollen des tatbestandlichen Erfolgs. **Fahrlässig** handelt, wer die im Verkehr erforderliche Sorgfalt außer acht lässt, § 276 I 2 BGB.

10. Die Personen, deren sich der Schuldner zur Erfüllung seiner Verbindlichkeiten bedient, nennt man **Erfüllungsgehilfen**. Erfüllungsgehilfe ist nur, wer eine Verbindlichkeit des Schuldners erfüllt. Es muss zwischen Schuldner und Gläubiger ein Schuldverhältnis

bestehen, das eine solche Verbindlichkeit begründet. Der Erfüllungsgehilfe muss mit dem Willen des Schuldners für den Schuldner die Verbindlichkeit aus diesem Schuldverhältnis erfüllen.

Antworten zur 18. Lektion

1. Die Leistung ist tatsächlich nicht möglich, wenn sie aus naturgesetzlichen Gründen oder nach dem Stand von Wissenschaft und Technik nicht erbracht werden kann.

2. Bei einer Stückschuld reicht es, wenn die Leistung der einen geschuldeten Sache unmöglich ist. Bei einer Gattungsschuld bleibt auch bei Untergang einer oder mehrerer Sachen die Leistung möglich, solange noch ein Stück aus der Gattung verfügbar ist. Ist bei einer Gattungsschuld die Sache bereits konkretisiert, ist die Leistung unmöglich, wenn die konkretisierte Sache untergeht.

3. Der Schuldner hat bei wirtschaftlicher und bei persönlicher Unmöglichkeit das Recht, die Leistung zu verweigern. Wirtschaftliche Unmöglichkeit ist gegeben, wenn die Leistung zwar tatsächlich möglich ist, aber einen Aufwand bedeutet, der in keinem vernünftigen Verhältnis zu dem Leistungsinteresse des Gläubigers steht, § 275 II BGB. Persönliche oder psychische Unmöglichkeit ist gegeben, wenn der Schuldner in Person zu leisten hat, die Leistung aber aufgrund der gegebenen Umstände für ihn unzumutbar ist, § 275 III BGB.

4. Rechtliche Unmöglichkeit ist gegeben, wenn die Leistung verboten ist oder von der Rechtsordnung nicht anerkannt ist.

5. Zeitliche Unmöglichkeit tritt ein, wenn die Leistung nur zu einem bestimmten Zeitpunkt erbracht werden kann, dieser Zeitpunkt aber verstrichen ist.

6. Die Leistung ist **anfänglich unmöglich**, wenn sie schon **vor** Begründung des Schuldverhältnisses unmöglich war. Sie ist **nachträglich unmöglich**, wenn die Leistung erst **nach** Begründung des Schuldverhältnisses unmöglich wurde.

7. Nein, § 275 I BGB.

8. Schadensersatz, Aufwendungsersatz, § 311a II BGB.

9. Bei Unmöglichkeit der gegenseitigen Leistung hat der Gläubiger das Recht auf Rücktritt und das Recht auf Schadensersatz, §§ 280 I, 325, 326 V BGB.

10. Ist die Unmöglichkeit vom Schuldner zu vertreten, kann der Gläubiger Ersatz seines Schadens verlangen. Dies gilt nicht, wenn der Schuldner die Pflichtverletzung nicht zu vertreten hat, § 280 I 2 BGB.

Antworten zur 19. Lektion

1. Voraussetzung des Schuldnerverzugs ist, dass die **mögliche** Leistung **fällig** ist. Es muss eine **Mahnung** durch den Gläubiger erfolgt sein, § 286 I BGB, oder eine **nach dem Kalender bestimmte Zeit** oder **berechenbare Zeit** für die Leistung festgelegt sein, § 286 II BGB. Der Schuldner kommt auch in Verzug, wenn er die Leistung ernsthaft und

endgültig verweigert. Verzug tritt außerdem 30 Tage nach Fälligkeit und Zugang einer Rechnung ein. Ist der Schuldner Verbraucher (§ 11 BGB), muss er allerdings darauf hingewiesen worden sein, § 286 III BGB Gemäß § 286 IV BGB kommt der Schuldner nicht in Verzug, solange die Leistung infolge eines Umstandes unterbleibt, den er nicht **zu vertreten** hat.

2. Eine Mahnung ist die an den Schuldner gerichtete Aufforderung, die geschuldete Leistung zu erbringen. Die Aufforderung muss bestimmt und eindeutig sein. Darüber hinaus ist eine besondere Form nicht vorgeschrieben.

3. Nach dem Kalender bestimmt ist die Zeit nur, wenn unmittelbar oder mittelbar auf einen bestimmten Kalendertag Bezug genommen wird.

4. Die doppelte Verneinung regelt die Behauptungs- und Beweislast. Der Gläubiger muss nicht dartun und belegen, dass der Schuldner die Zuspätleistung zu vertreten hat. Es wird vermutet, dass der Schuldner, wenn die übrigen Voraussetzungen gegeben sind, in Verzug ist. Hat er die Zuspätleistung nicht zu vertreten, muss er das dartun und belegen, wenn er den Verzugsfolgen entgehen will.

5. Ist der Schuldner in Verzug, kann der Gläubiger weiterhin die **ursprünglich vereinbarte Leistung** und dazu gemäß § 286 I BGB den **Verzögerungsschaden** vom Schuldner verlangen. Will der Gläubiger die geschuldete Leistung nicht mehr abnehmen kann er unter den Voraussetzungen der §§ 280 III, 281 BGB die Leistung ablehnen und **Schadensersatz wegen Nichterfüllung** verlangen. Er kann auch **vom Vertrag zurücktreten,** §§ 323 BGB.

6. Der Gläubiger muss dem Schuldner gemäß § 281 für den Fall des Schadensersatzes und/oder gemäß § 323 I BGB "erfolglos eine angemessene Frist zur Leistung oder Nacherfüllung bestimmt hat." Man bezeichnet das kurz als **Nachfristsetzung**

7. Ein **Interessewegfall** ist nur dann anzunehmen, wenn der Gläubiger gerade infolge des Verzugs die Leistung nicht mehr in der vorgesehenen Weise verwenden kann.

8. Voraussetzung für den Gläubigerverzug ist, dass die Leistung des Schuldners **möglich** ist und dass der Schuldner zur Leistung **berechtigt** ist. Weitere Voraussetzung ist, dass der Schuldner **imstande** ist, die Leistung zu bewirken, vgl. § 297 BGB, und dass er sie so, wie sie geschuldet ist, dem Gläubiger **anbietet**, 294 ff. BGB. Nimmt der Gläubiger die so angebotene Leistung nicht an, kommt er in Verzug, § 293 BGB.

9. Gemäß § 300 I muss der Schuldner während des Gläubigerverzugs nur für Vorsatz und grobe Fahrlässigkeit einstehen. Bei Gattungsschulden geht die Gefahr auf den Gläubiger über, § 300 II BGB.

10. Die **Preisgefahr** regelt Fall § 326 II BGB. Danach behält der Schuldner, auch wenn seine Leistung durch Zufall oder leichte Fahrlässigkeit unmöglich wird, den Anspruch auf die Gegenleistung.

Antworten zur 20. Lektion

1. § 280 I BGB.

2. Eine Handlung ist ein menschliches Verhalten, das bei Bewusstsein vom Willen beherrschbar ist. Die Handlung kann in einem Tun oder in einem Unterlassen bestehen. Unterlassen ist aber nicht jedes Nichtstun. Nichtstun ist nur dann ein Unterlassen und damit eine Handlung im Rechtssinne, wenn eine Pflicht zum Tun besteht.

3. Leistungstreuepflichten, Schutzpflichten, Aufklärungspflichten.

4. Kausal ist erst einmal alles, was nicht hinweggedacht werden kann, ohne dass der konkrete Erfolg entfiele. Man spricht insoweit von **äquivalenter Kausalität**. Die Äquivalenztheorie wird eingeschränkt durch die **Adäquanztheorie** und durch den **Schutzzweck der verletzten Norm**.

6. Die **haftungsbegründende Kausalitä** ist der Kausalzusammenhang zwischen dem Verhalten des Schädigers und der Rechtsgutverletzung.

5. Den Kausalzusammenhang zwischen der Rechtsgutverletzung (Haftgrund) und dem Schaden nennt man **haftungsausfüllende Kausalität**.

7. Nach der **Adäquanztheorie** ist kausal im Rechtssinne nur das, was die Möglichkeit des Erfolgs generell nicht unerheblich erhöht hat.

8. Die Handlung ist nur dann für den Erfolg kausal im Rechtssinne, wenn der Erfolg nach Art und Entstehungsweise unter den **Schutzzweck der verletzten Norm** fällt.

9. Pflichtverletzung, Kausalität, Vertretenmüssen, Schaden.

10. Schadensersatzanspruch, § 280 I BGb, Rücktrittsrecht, § 323 BGB, Schadensersatz statt der Leistung, § 281 BGB.

Antworten zur 21. Lektion

1. Beim **echten Vertrag zugunsten Dritter** erwirbt der Dritte, obwohl weder er selbst noch durch einen Vertreter am Abschluss des Vertrages beteiligt war, einen eigenen Anspruch gegen den Schuldner, § 328 I BGB. Beim **unechten Vertrag zugunsten Dritter** ist zwar der Schuldner ermächtigt, an den Dritten zu leisten, der Dritte hat aber keinen Anspruch auf die Leistung.

2. Das Verhältnis zwischen Versprechenden und Versprechensempfänger heißt **Deckungsverhältnis**, da hier der Versprechende die Gegenleistung und damit die Deckung für seine Leistung an den Dritten erhält.

3. Das Verhältnis zwischen dem Versprechensempfänger und Drittem wird als **Zuwendungs- oder Valutaverhältnis** bezeichnet. Aus diesem Verhältnis ergibt sich der Rechtsgrund für die Leistung, die der Versprechensempfänger über den Versprechenden an den Dritten erbringt.

4. Voraussetzung für einen Vertrag zugunsten Dritter ist, dass der Vertrag (z. B. ein Kaufvertrag, § 433 BGB) zwischen dem Versprechenden und dem Versprechensempfänger wirksam zustande kommt und dass als begünstigter Dritter eine natürliche oder juristische Person eingesetzt wird.

5. Beim echten Vertrag zugunsten Dritter erwirbt der Dritte gegen den Schuldner einen Anspruch auf die Leistung. Bei Leistungsstörung kann er Schadensersatz aus § 280 BGB geltend machen. Der Dritte nimmt aber nicht die Stelle des Versprechensempfängers ein. Nach herrschender Meinung kann er daher nicht ohne weiteres z. B. gemäß §§ 323 ff. BGB den Rücktritt erklären. Im Einzelfall kommt es auf die Auslegung des Vertrages zwischen Versprechendem und Versprechensempfänger an, welche Rechte dem Dritten insoweit zustehen sollen.

6. Keine, es sei denn, es ergeben sich welche z. B. aus einem Vertrag mit Schutzwirkung für Dritte.

7. Anders als der Vertrag zugunsten Dritter ist der Vertrag mit Schutzwirkung für Dritte nicht im Gesetz geregelt. Der Dritte erhält weder einen Anspruch auf die Leistung, noch ist der Schuldner ermächtigt, an den Dritten zu leisten. Der Dritte ist aber in den Schutzbereich des Vertrages insoweit einbezogen, als er bei Verletzung von Schutzpflichten gegenüber dem Schuldner eigene, vertragliche Schadensersatzansprüche geltend machen kann.

8. Leistungsnähe des Dritten, Drittbezogenheit des Vertragsinhalts, die Einbeziehung des Dritten muss für Schuldner erkennbar sein, der Dritte muss schutzbedürftig sein.

9. Der Dritte muss nach dem Inhalt des Vertrages mit der Leistung des Schuldners in Berührung kommen und dadurch den Gefahren von Schutzpflichtverletzungen ebenso ausgesetzt sein, wie der Gläubiger selbst.

10. Bei einer Schutzpflichtverletzung des Schuldners hat der Dritte einen eigenen, vertraglichen Schadensersatzanspruch gegenüber dem Schuldner. Er muss sich aber analog § 334 BGB Einwendungen des Schuldners gegenüber dem Gläubiger, wie z. B. vertragliche oder gesetzliche Haftungsbeschränkungen, entgegenhalten lassen.

Antworten zur 22. Lektion

1. Die Abtretung ist eine Verfügung, da durch sie unmittelbar auf ein bestehendes Recht, die Forderung, eingewirkt wird, indem es (sie) übertragen wird.

2. Das der Abtretung zugrundeliegende Kausalgeschäft kann z. B. ein Kaufvertrag sein, in dem sich der alte Gläubiger verpflichtet hat, die Forderung abzutreten, und der neue Gläubiger sich verpflichtet hat, dafür einen Kaufpreis zu zahlen.

3. Die Abtretung wird als **Zession** bezeichnet. Der alte Gläubiger wird **Zedent**, der neue Gläubiger **Zessionar** genannt.

4. Nach dem **Prioritätsprinzip** ist nur die erste Abtretung wirksam. Wurde dieselbe Forderung bereits an einen anderen abgetreten, kann sie der alte Gläubiger nicht noch einmal abtreten.

5. Voraussetzung einer Abtretung ist, dass die abgetretene Forderung **besteht** und **übertragbar** ist. Bei der Abtretung künftiger Forderungen müssen die Forderungen **bestimmt oder bestimmbar** sein.

6. Mit der Abtretung tritt der neue Gläubiger an die Stelle des alten Gläubigers, § 398 S. 2 BGB. Der neue Gläubiger erwirbt auch die Neben- und Vorzugsrechte der abgetretenen Forderung, § 401 BGB. Alle Einwendungen und Einreden, die für den Schuldner zur Zeit der Abtretung gegen den alten Gläubiger begründet waren, bleiben bestehen, § 404 BGB. Hat aber der Schuldner keine Kenntnis von der Abtretung, kann er weiterhin an den alten Gläubiger leisten, § 407 I BGB.

7. Bei der Sicherungszession tritt der Zedent seine Forderung gegenüber dem Schuldner an den Zessionar ab, um ihm so eine Sicherheit für eine Forderung gegen ihn, den Zedenten, zu bieten.

8. Der Sicherungszession liegt eine **Sicherungsabrede** als Kausalgeschäft zugrunde. In dieser Sicherungsabrede ist bestimmt, unter welchen Umständen der Sicherungsnehmer die abgetretene Forderung verwerten darf. Es kann in der Sicherungsabrede auch vereinbart sein, dass der Sicherungsnehmer die Forderung zurück abtreten muss, wenn die Schulden beglichen sind.

9. Das Factoring ist ein besonderes Kausalgeschäft, das der Abtretung zugrunde liegt. Danach tritt ein Unternehmen laufend kurzfristige Forderungen gegenüber seinen Schuldnern an einen Factor ab. Der Factor zahlt an das Unternehmen, das **Klient** oder **Anschlusskunde** genannt wird, die Beträge in Höhe der ausstehenden Forderungen. Er übernimmt die Verwaltung und Einziehung der Forderungen gegenüber den Schuldnern.

10. Beim **echten Factoring** übernimmt der Factor neben der Verwaltung der Forderungen auch das Kreditrisiko. Nach herrschender Meinung handelt es sich um einen **Forderungskauf**, § 433 BGB. Das **unechte Factoring** ist nach herrschender Meinung ein Kreditgeschäft. Die Zahlung des Factors ist gemäß § 488 BGB ein Darlehen an den Klienten.

Antworten zur 23. Lektion

1. Nein! Es gilt das Trennungs- und Abstraktionsprinzip. Der Kaufvertrag ist das Verpflichtungsgeschäft. Die Erfüllungsgeschäfte, wie die Übereignung des Kaufpreises und der Kaufsache (§§ 929 ff. BGB) oder die Abtretung der Forderung (§ 398 BGB), müssen vom Kaufvertrag unterschieden werden.

2. Ist die verkaufte Sache mangelhaft, kann der Käufer erst einmal **Nacherfüllung** verlangen, §§ 437 Nr. 1, 439 BGB. Er kann wählen, ob der Mangel beseitigt oder gleich eine mangelfreie Sache geliefert werden soll, § 439 I BGB. Erst nach Fristsetzung oder wenn die Nachbesserung fehl schlägt, vom Verkäufer verweigert wird oder nicht (mehr) zumutbar ist, § 440 BGB, kann der Käufer nach den allgemeinen Regeln **Rücktritt** erklären, § 323 BGB, und/oder **Schadensersatz** verlangen, §§ 280, 281 BGB. Anstatt zurückzutreten, kann der Käufer bei Schlechtleistung **Minderung** erklären, § 441 I 1 BGB.

3. Ein Verbrauchsgüterkauf liegt vor, wenn ein Verbraucher (§ 13 BGB) von einem Unternehmer (§ 14 BGB) eine bewegliche Sache kauft, § 474 BGB.

4. Bei einem Handelskauf trifft den Käufer eine besondere **Untersuchungs- und Rügeobliegenheit**. Der Käufer muss die Ware unverzüglich nach der Ablieferung durch

den Verkäufer untersuchen und, wenn sich ein Mangel zeigt, dem Verkäufer unverzüglich Anzeige machen, § 377 I HGB. Unterläßt der Käufer die Anzeige, so gilt die Ware als genehmigt, § 377 II BGB. Er verliert damit seine Rechte gemäß §§ 459 ff. BGB auf Wandelung, Minderung oder Ersatzlieferung.

5. Bei der **Handschenkung, § 516 I BGB**, und bei dem **Schenkungsversprechen, § 518 BGB**, handelt es sich nach herrschender Meinung um einen einseitig verpflichtenden Vertrag. Zum Abschluss des Vertrages sind zwei übereinstimmende Willenserklärungen, eine vom Schenker, die andere vom Beschenkten, notwendig. Ist das Schenkungsversprechen als schuldrechtlicher Vertrag formgültig zustande gekommen, ist nur der Schenker zu einer unentgeltlichen Zuwendung verpflichtet.

6. Vermietet werden können bewegliche Sachen, wie z. B. Teppichreinigungsmaschinen oder Autos, und unbewegliche Sachen, wie z. B. Wohnungen, Grundstücke. Bei der Miete von Wohnräumen und Grundstücken sind aber zahlreiche Sondervorschriften zu beachten. Rechte können nicht gemietet werden.

7. Wenn die Mietsache oder Mietwohnung einen Mangel hat, der ihre vertragsgemäße Tauglichkeit aufhebt oder mindert, muss der Mieter **keine oder weniger Miete** entrichten, § 536 I BGB. Darüber hinaus kann der Mieter **Schadensersatz wegen Nichterfüllung** verlangen, wenn der Mangel bei Abschluss des Vertrages vorhanden ist oder ein solcher Mangel später infolge eines Umstandes entsteht, den der Vermieter zu vertreten hat, § 536a BGB.

8. Wegen der Unentgeltlichkeit ist die Haftung des Verleihers eingeschränkt. Er haftet nur, wenn er einen Mangel arglistig verschwiegen hat, § 600 BGB. Im Übrigen hat er nur Vorsatz und grobe Fahrlässigkeit zu vertreten, § 599 BGB.

9. Sachdarlehen, §§ 607 ff BGB, Gelddarlehen, §§ 488 ff. BGB, Verbraucherdarlehen, §§ 491 ff. BGB.

10. Verbraucherdarlehen sind entgeltliche Gelddarlehen, die von einem Unternehmer (§ 14 BGB) als Darlehensgeber an einen Verbraucher (§ 13 BGB) als Darlehensnehmer gewährt werden, § 491 I BGB.

Antworten zur 24. Lektion

1. Mit dem Dienstvertrag können **Dienste** jeder Art, das heißt freie und abhängige Dienste, vereinbart werden, § 611 II BGB. **Freie Dienste** sind solche der Ärzte, Rechtsanwälte, Steuerprüfer und anderer Freiberufler oder Gewerbetreibender wie z. B. Privatlehrer. Diese Dienstverpflichteten sind wirtschaftlich und sozial selbständig und unabhängig. Die §§ 611 ff. BGB gelten auch für die **abhängigen Dienste** der Arbeitnehmer. Wegen der wirtschaftlichen und sozialen Abhängigkeit der Arbeitnehmer von den Arbeitgebern gelten jedoch viele Schutzvorschriften.

2. Bei **Leistungsstörungen** der Dienstleistungspflicht oder der Vergütungspflicht sind grundsätzlich die allgemeinen Regeln über Leistungsstörungen einschlägig. Es sind aber folgende Besonderheiten zu beachten. Es sind aber folgende Besonderheiten zu beachten.

Bei beiderseits nicht zu vertretender **Unmöglichkeit**[310] der Dienstpflicht behält der Dienstverpflichtete gemäß § 616 BGB[311] seinen Anspruch auf Vergütung, wenn er für eine verhältnismäßig nicht erhebliche Zeit durch einen in seiner Person liegenden Grund ohne sein Verschulden an der Dienstleistung verhindert ist. § 616 BGB bildet insoweit eine Ausnahme von § 326 I BGB. Kommt der Dienstberechtigte mit der Annahme der Dienste in **Verzug** (Gläubigerverzug[312]), so kann der Verpflichtete gemäß § 615 BGB für die infolge des Verzugs nicht geleisteten Dienste die vereinbarte Vergütung verlangen, ohne zur Nachleistung verpflichtet zu sein. Auch bei **Schlechtleistung** gelten die allgemeinen Regeln über Leistungsstörungen.

3. Darüber hinaus ist die **außerordentliche Kündigung** aus **wichtigem Grund** ohne Einhaltung einer Kündigungsfrist möglich, wenn Tatsachen vorliegen, auf Grund derer dem Kündigenden unter Berücksichtigung aller Umstände des Einzelfalles und unter Abwägung der Interessen beider Vertragspartner die Fortsetzung des Dienstverhältnisses bis zum Ablauf der Kündigungsfrist oder bis zu der vereinbarten Beendigung des Dienstverhältnisses nicht zugemutet werden kann, § 626 I BGB. Bei einem Dienstverhältnis höherer Art, bei dem der Dienstvertrag aufgrund eines **besonderen Vertrauens** gegenüber dem Dienstverpflichteten geschlossen wurde, ist die außerordentliche Kündigung auch ohne die in § 626 I BGB genannten Voraussetzungen gemäß § 627 I BGB zulässig.

4. Die **Sphärentheorie** gilt im Arbeitsrecht. Nach ihr hängt die Pflicht zur Zahlung des Lohns von der Ursache der Unmöglichkeit ab. Kann der Arbeitnehmer die Arbeitsleistung z. B. wegen Auftragsmangels oder wegen fehlender Betriebs- oder Rohstoffe nicht erbringen, fällt das als **Betriebsrisiko** in die Sphäre des Arbeitgebers. Der Arbeitgeber muss weiter den Lohn zahlen. Liegt dagegen die Störung in der Sphäre des Arbeitnehmers, weil z. B. der Betrieb bestreikt wird oder weil die Arbeit wegen einer legalen Aussperrung der Arbeitnehmer desselben Betriebs nicht geleistet werden kann, muss der Arbeitnehmer das **Arbeitskampfrisiko** tragen. Er bekommt vom Arbeitgeber keinen Lohn. Beruht die Störung der Arbeitsleistung auf einem (Schwerpunkt-) Streik in einem anderen Betrieb, etwa weil dadurch die Lieferung von Rohstoffen ausbleibt, kommt es auf den **tarifpolitischen Zusammenhang** an. Bei **allgemeinen Ereignissen** wie Naturkatastrophen, Krieg oder innerer Unruhen ist die Unmöglichkeit der Arbeitsleistung weder auf das Betriebsrisiko noch auf das Arbeitskampfrisiko zurückzuführen. Hier bleibt es bei der Regelung des § 326 BGB. Der Anspruch auf die Gegenleistung entfällt. Der Arbeitnehmer bekommt keinen Lohn.

5. **Betrieblich veranlasste Arbeiten** sind solche Tätigkeiten, die dem Arbeitnehmer für den Betrieb übertragen wurden oder im Interesse des Betriebes ausgeführt werden. Die Verfolgung betrieblicher Zwecke muss als entscheidende Schadensverursachung anzunehmen sein.

6. Ein **Werk** kann die Herstellung oder Veränderung einer Sache oder ein anderer durch Arbeit oder Dienstleistung herbeizuführender **Erfolg** sein. Auch wenn der Erfolg durch

---

310 Zur Unmöglichkeit siehe oben die 18. Lektion: *Unmöglichkeit.*

311 § 616 BGB gilt nur für freie Dienstverhältnisse, für Arbeitsverhältnisse siehe das Entgeltfortzahlungsgesetz (EFZG).

312 Zum Gläubigerverzug siehe oben die 19. Lektion, II. Gläubigerverzug.

Arbeit oder Dienstleistung herbeigeführt werden kann, § 631 II BGB, wird nicht wie beim Dienstvertrag Arbeit oder Dienstleistung geschuldet, sondern der vereinbarte Erfolg.

7. Ist das Werk mangelhaft, kann der Besteller gemäß § 634 BGB erst einmal Nacherfüllung verlangen. Anders als beim Kauf kann aber nicht der Besteller, sondern der Unternehmer wählen, ob er das Werk repariert oder gleich ein anderes als Ersatz liefert, § 635 I BGB. Nach erfolgloser Fristsetzung kann der Besteller den Mangel **selbst beseitigen** und Ersatz der erforderlichen Aufwendungen verlangen, § 637 I BGB, oder vom Vertrag **zurücktreten**, §§ 634 I 3, 636, 323 I BGB, oder den Werklohn **mindern**, § 638 BGB. Außerdem kann der Besteller **Schadenersatz** nach den allgemeinen Regeln gemäß §§ 280, 281 BGB geltend machen. Der Schadensersatz umfasst die Mangelschäden und die darüber hinaus gehenden Schäden, die sogenannten **Mangelfolgeschäden**, gleichermaßen.

8. Auf einen Vertrag, wonach neu herzustellende oder zu erzeugende, bewegliche Sachen geliefert werden sollen, findet Kaufrecht Anwendung, § 651 BGB. Zusätzlich gelten einige Vorschriften aus dem Werkvertragsrecht.

9. Der Auftrag ist gemäß § 662 BGB ein unvollkommen zweiseitig verpflichtender **Vertrag**, in dem sich der Beauftragte verpflichtet, ein ihm von dem Auftraggeber übertragenes Geschäft für diesen unentgeltlich zu besorgen.

10. **Geschäftsbesorgung** im Sinne des § 675 BGB ist eine selbständige Tätigkeit wirtschaftlicher Art, für die ursprünglich der Geschäftsherr selbst zu sorgen hatte, die ihm aber durch einen anderen, den Geschäftsführer, abgenommen wird.

Antworten zur 25. Lektion

1. § 812 I 1 BGB unterscheidet zwei Grundtatbestände, bei deren Vorliegen ein Anspruch auf Bereicherungsausgleich besteht. Zum einen besteht der Anspruch gegenüber dem, der "durch die Leistung eines anderen" "etwas ohne rechtlichen Grund erlangt". Man bezeichnet diesen Grundtatbestand als **Leistungskondiktion**. Zum anderen hat jemand einen Anspruch auf Bereicherungsausgleich gegenüber dem, der "in sonstiger Weise auf dessen Kosten" etwas erlangt. Zur Unterscheidung von der Leistungskondiktion fasst man diese Fälle unter dem Begriff **Bereicherung in sonstiger Weise** zusammen.

2. Bereichert ist jemand, der einen Vermögensvorteil erlangt hat. Ein **Vermögensvorteil** ist nicht nur der Erwerb von Eigentum, einer Forderungen oder die Befreiung von einer Schuld. Auch wenn jemand Aufwendungen, die er eigentlich selbst hätte bestreiten müssen, erspart, ist er im Sinne des § 812 I 1 BGB bereichert.

3. Nach heute herrschender Meinung ist eine **Leistung** im Sinne des § 812 I 1 BGB die bewusste, zweckgerichtete Vermehrung fremden Vermögens.

4. Der Leistende ist **Gläubiger**; der Leistungsempfänger der **Schuldner** des Bereicherungsausgleichs.

5. Nach herrschender Meinung entscheidet die objektive Betrachtungsweise aus der Sicht des Empfängers.

6. Der Bereicherungsausgleich gemäß § 812 I 1 2. Alt. BGB wegen Bereicherung in sonstiger Weise ist subsidiär (nachrangig) gegenüber der Leistungskondiktion.

7. Eingriffskondiktion; Verwendungskondiktion; Rückgriffskondiktion.

8. Die Bereicherung ist **ohne rechtlichen Grund** erfolgt, wenn dem Bereicherten der erlangte Vorteil **nach der Rechtsordnung nicht gebührt**.

9. Gemäß §§ 812 ff. BGB ist grundsätzlich das Erlangte in original herauszugeben. Im Übrigen bestimmen §§ 818 ff. BGB Art und Umfang des Bereicherungsausgleichs. Hierzu stellt § 818 I BGB erst einmal klar, dass auch die gezogenen Nutzungen (§§ 99, 100 BGB) und das, was der Bereicherte aus dem Erlangten oder für das Erlangte erhalten hat, herauszugeben ist. Ist die Herausgabe wegen der Art des Erlangten nicht möglich oder kann der Bereicherte das Erlangte aus einem anderen Grund nicht herausgeben, muss er gemäß § 818 II BGB den Wert ersetzen.

10. Gemäß § 818 III BGB besteht keine Pflicht zur Herausgabe, soweit der Empfänger nicht mehr bereichert ist. Eine verschärfte Haftung besteht aber, wenn der Bereicherte auf Herausgabe verklagt wird. Ab Rechtshängigkeit der Klage haftet er gemäß § 818 IV BGB nach den allgemeinen Vorschriften. Das gleiche gilt, wenn der Empfänger bei der Bereicherung weiß oder später erfährt, dass er ungerechtfertigt bereichert ist, § 819 I BGB, oder wenn er durch die Annahme der Leistung gegen ein gesetzliches Verbot oder gegen die guten Sitten verstoßen hat, § 819 II BGB.

Antworten zur 26. Lektion

1. Bei der **Verschuldenshaftung** haftet der Schädiger für sein schuldhaftes, unerlaubtes Verhalten. Grund der **Gefährdungshaftung** ist nicht ein schuldhaftes Verhalten, sondern die Verursachung eines erlaubten Risikos, das sich verwirklicht und zu einem Schaden führt.

2. Der Tatbestand des § 823 I BGB lässt sich in den objektiven Tatbestand, die Rechtswidrigkeit und den subjektiven Tatbestand unterteilen. Der **objektive Tatbestand** umfasst die äußerlich erkennbaren Tatbestandsmerkmale. Danach muss eine Handlung zur Verletzung einer der genannten Rechtsgüter geführt haben. Die **Rechtswidrigkeit** ist gegeben, wenn die Verletzung einer der genannten Rechtsgüter der Rechtsordnung widerspricht. Der **subjektive Tatbestand** verlangt Vorsatz oder Fahrlässigkeit, also Verschulden. Das Verschulden setzt Verschuldensfähigkeit voraus.

3. Schadensersatz gemäß § 823 I BGB wegen Verletzung des Rechts am eingerichteten und ausgeübten Gewerbebetrieb kommt nur in Betracht, wenn **nicht ein anderes Rechtsgut**, vor allem das Eigentum, verletzt ist. Außerdem muss der Eingriff in den eingerichteten und ausgeübten Gewerbebetrieb **unmittelbar, betriebsbezogen** erfolgen.

4. Bei Verletzung der in § 823 I BGB genannten Rechtsgüter Leben, Körper, Gesundheit, Freiheit und Eigentum wird die Rechtswidrigkeit durch die Verwirklichung des objektiven Tatbestandes indiziert. Sie ist nach herrschender Meinung nur ausgeschlossen, wenn für die Verletzungshandlung ein Rechtfertigungsgrund besteht. Eine Verletzung des Rechts am eingerichteten und ausgeübten Gewerbebetrieb oder des allgemeinen Persönlichkeitsrechts

ist nicht von vornherein widerrechtlich. Es handelt sich um sogenannte **offene Tatbestände**. Die Rechtswidrigkeit muss besonders begründet werden, da schützenswerte Interessen an einem Eingriff in einen Gewerbebetrieb oder in das allgemeine Persönlichkeitsrecht bestehen können. Nur im Einzelfall kann nach Abwägung der Interessen darüber entschieden werden, ob der Eingriff rechtswidrig war.

5. § 847 BGB.

6. Die Haftung nach dem Produkthaftungsgesetz ist einerseits weiter, andererseits enger als die aus unerlaubter Handlung. Sie ist weiter, weil es nach dem Produkthaftungsgesetz auf ein Verschulden des Herstellers grundsätzlich nicht ankommt. Er haftet also auch, wenn er nachweist, dass ihn kein Verschulden trifft. Es handelt sich um eine Gefährdungshaftung. Dafür ist der Umfang der Haftung beschränkt. Nach §§ 7 ff. ProdHaftG wird kein Schmerzensgeld gewährt. § 10 ProdHaftG setzt einen Höchstbetrag für den Schadensersatz bei Personenschäden fest. Gemäß § 11 ProdHaftG muss sich der Geschädigte bei einem Sachschaden mit 1125 € selbst beteiligen. Nur wenn der Sachschaden größer ist, kann er den Hersteller aus dem Produkthaftungsgesetz in Anspruch nehmen. Weiter Einschränkungen ergeben sich aus § 1 I 2 ProdHaftG.

7. **Sittenwidrige Handlungen** sind solche, die gegen das Anstandsgefühl aller billig und gerecht Denkender verstoßen. So ist z. B. die arglistige Täuschung, das Verleiten zum Vertragsbruch, das Erteilen von falschen Auskünften oder der Missbrauch einer formalen Rechtsstellung oder tatsächlichen Machtstellung gegebenenfalls sittenwidrig.

8. **Verrichtungsgehilfe** im Sinne des § 831 BGB ist, wer weisungsgebunden im Einflussbereich des Geschäftsherrn für diesen eine Tätigkeit ausführt.

9. Exculpation ist die Möglichkeit, ein vermutetes Verschulden zu widerlegen. So hat z. B. der Geschäftsherr gemäß § 831 I 2 BGB die Möglichkeit, sich zu exculpieren. Er haftet nicht, wenn er bei der Auswahl des Verrichtungsgehilfen die im Verkehr erforderliche Sorgfalt beachtet hat oder wenn der Schaden auch bei Anwendung dieser Sorgfalt entstanden sein würde.

10. Beide, Geschäftsherr und Verrichtungsgehilfe, haften gemäß § 840 I BGB als Gesamtschuldner. Der Geschädigte kann nach seinem Belieben von dem einen oder dem anderen Gesamtschuldner die Leistung ganz oder zum Teil fordern, § 421 BGB; insgesamt selbstverständlich nur einmal.

Antworten zur 27. Lektion

1. Rechtsgrund der Haftung aus c.i.c. ist das Vertrauen, das der eine bei Vertragsverhandlungen dem anderen entgegen bringt. Er muss sich darauf verlassen können, dass er durch die Aufnahme des rechtsgeschäftlichen Kontakts, zu dem er sich in den Einflußbereich des anderen begibt, keinen Schaden erleidet. Dieser Vertrauenstatbestand ist nun gemäß §§ 241 II, 311 II BGB gesetzlich anerkannt.

2. § 280 I BGB.

3. Gemäß § 241 II BGB kann das Schuldverhältnis über die eigentlichen Leistungen hinaus nach seinem Inhalt jeden der Beteiligten zu besonderer Rücksicht auf die Rechte, Rechtsgüter und Interessen des oder der anderen Beteiligten verpflichten. § 311 II BGB stellt klar, dass diese Pflichten nicht erst bei oder nach Abschluss eines Rechtsgeschäfts, sondern auch vorher bestehen.

4. Aufnahme von Vertragsverhandlungen; Anbahnung eines Vertrages, bei welcher der eine Teil im Hinblick auf eine etwaige rechtsgeschäftliche Beziehung dem anderen Teil die Möglichkeit zur Einwirkung auf seine Rechte, Rechtsgüter und Interessen gewährt oder ihm diese anvertraut; sonstige geschäftliche Kontakte.

5. **Aufklärungspflichten** bestehen immer dann, wenn der andere redlicherweise Aufklärung erwarten durfte. Zwar muss jeder seine Interessen grundsätzlich selbst wahrnehmen; bei Umständen, die den Vertragszweck gefährden und die für den anderen erkennbar von erhebliche Bedeutung sind, besteht aber auch ohne ausdrückliche Fragen eine Pflicht zur Aufklärung. Eine gesteigerte Aufklärungspflicht trifft denjenigen, der als Fachberater auftritt.

6. Für das Verschulden gilt § 276 I BGB. Ein Verschulden des Erfüllungsgehilfen wird über § 278 BGB dem Geschäftsherrn zugerechnet.

7. Der Anspruch auf Schadensersatz gemäß c.i.c. verjährt gemäß §§ 195, 199 BGB in drei Jahren zum Schluss des Kalenderjahres.

8. Nein! § 278 BGB überträgt nur das Verschulden des Erfüllungsgehilfen oder des gesetzlichen Vertreters auf den Geschäftsherrn. Das Verschulden allein begründet aber keinen Anspruch. Voraussetzung für einen Anspruch ist eine Anspruchsgrundlage, wie z. B. § 280 I BGB. Soweit diese Anspruchsgrundlage auf der Tatbestandsseite ein Verschulden des Geschäftsherrn voraussetzt, wird ihm das Verschulden des Erfüllungsgehilfen oder des gesetzlichen Vertreters über § 278 BGB zugerechnet.

9. Während bei der Deliktshaftung gemäß § 831 I 2 BGB dem Geschäftsherrn die Möglichkeit der Exculpation offen steht, haftet der Geschäftsherr bei c.i.c. gemäß §§ 241 II, 311 II, 280 I BGB über § 278 BGB für das Verschulden seines Erfüllungsgehilfen ohne die Möglichkeit eines Entlastungsbeweises.

10. Eine eigene Haftung des Gehilfen aus c.i.c. gemäß § 280 I BGB kommt in Betracht, wenn der Gehilfe selbst ein erhebliches wirtschaftliches Interesse am Vertragsschluss hat oder wenn er selbst ein ihm entgegengebrachtes Vertrauen in Anspruch genommen hat, §§ 241 II, 311 **III** BGB.

Antworten zur 28. Lektion

1. Das Eigentum ist das Recht an einer Sache; der Besitz ist die tatsächliche Sachherrschaft über eine Sache.

2. Er wird gemäß § 854 BGB durch die Erlangung der **tatsächlichen Gewalt** über die Sache erworben.

3. Nein! Gemäß § 855 BGB übt der Besitzdiener zwar die tatsächliche Gewalt über eine Sache aus; das aber nur für einen anderen in dessen Haushalt oder Erwerbsgeschäft oder in einem ähnlichen Verhältnis, in dem er den sich auf die Sache beziehenden Weisungen folgen muss. Er ist daher nicht selbst Besitzer.

4. **Unmittelbarer Besitzer** ist der, der die Sache selbst hat. **Mittelbarer Besitzer** ist gemäß § 868 BGB der, für den der unmittelbare Besitzer aufgrund eines von ihm anerkannten Rechtsverhältnisses gegenüber dem mittelbaren Besitzer auf Zeit zum Besitz berechtigt oder verpflichtet ist.

5. Siehe § 858 BGB.

6. Eigentum ist das umfassende Herrschaftsrecht an einer Sache.

7. Das Eigentum an einer beweglichen Sache kann durch **Übereignung** von einem anderen Eigentümer, §§ 929 ff. BGB, durch **Ersitzung**, § 937 ff. BGB, durch **Verbindung, Vermischung,** oder **Verarbeitung**, §§ 946 ff. BGB, durch **Aneignung** einer herrenlosen Sache, durch **Fund**, §§ 965 ff., 973 ff. BGB oder durch **Erbschaft**, § 1922 BGB, erworben werden. Das Eigentum an unbeweglichen Sachen kann durch **Übereignung** von einem anderen Eigentümer, §§ 873, 925 BGB, durch **Ersitzung**, § 900 BGB, oder durch **Erbfolge**, § 1922 BGB, erworben werden.

8. Nach § 929 BGB ist für die Übereignung einer beweglichen Sache erforderlich, dass der Eigentümer die Sache dem Erwerber **übergibt** und beide darüber **einig** sind, dass das Eigentum übergehen soll. Die **Übereignung** einer unbeweglichen Sache setzt gemäß § 873 I BGB die Einigung und, anders als bei beweglichen Sachen, die Eintragung in das Grundbuch voraus.

9. Der gutgläubiger Erwerb einer **beweglichen Sache** ist gemäß §§ 932 ff. BGB ausgeschlossen, wenn der Erwerber nicht im guten Glauben ist. Der Erwerber ist gemäß § 932 II BGB **nicht im guten Glauben**, wenn ihm bekannt oder infolge grober Fahrlässigkeit unbekannt ist, dass die Sache nicht dem Veräußerer gehört. Gemäß § 935 BGB ist auch bei gutem Glauben der Eigentumserwerb ausgeschlossen, wenn die Sache dem Eigentümer abhanden gekommen ist. **Abhanden gekommen** ist die Sache, wenn der Eigentümer den Besitz daran ohne seinen Willen verloren hat. Voraussetzung für den gutgläubigen Erwerb einer **unbeweglichen Sache** ist, dass der Veräußerer (fälschlich) als Eigentümer in das Grundbuch eingetragen ist. Dem Erwerber kommt dann der öffentliche Glaube des Grundbuchs zustatten. Danach gilt gemäß § 892 I 1 BGB zugunsten desjenigen, welcher ein Recht an einem Grundstück erwirbt, der Inhalt des Grundbuchs als richtig. Der öffentliche Glaube des Grundbuchs wird allerdings durch einen Widerspruch oder die Kenntnis der Unrichtigkeit zerstört.

10. Die **Dereliktion** einer **beweglichen Sache** ist gemäß § 959 BGB die Aufgabe des Besitzes in der Absicht, auf das Eigentum zu verzichten. Die **Dereliktion** einer **unbeweglichen Sache** erfolgt gemäß § 928 BGB durch eine Verzichtserklärung gegenüber dem Grundbuchamt und die Eintragung des Verzichts in das Grundbuch.

Antworten zur 29. Lektion

1. Der Besitzer kann die Herausgabe der Sache verweigern, wenn er gegenüber dem Eigentümer zum Besitz berechtigt ist, § 986 I 1 BGB. Ein Recht zum Besitz kann aus einem dinglichen Recht oder einer schuldrechtlichen Beziehung, wie z. B. aus der Miete oder Leihe, folgen.

2. Eine **Vindikationslage** besteht bis zur tatsächlichen Herausgabe der Sache, wenn der Besitzer gegenüber dem Eigentümer **kein Recht zum Besitz** hat.

3. Der **berechtigte** Besitzer ist aus einem dinglichen Recht oder einer schuldrechtlichen Beziehung zum Besitz berechtigt. Es besteht keine Vindikationslage. **Redlich** ist der Besitzer, wenn er mit gutem Glauben davon ausgehen durfte, dass er zum Besitz berechtigt sei; er ist tatsächlich aber nicht zum Besitz berechtigt. Es besteht eine Vindikationslage.

4. **Verklagt** ist der Besitzer ab dem Zeitpunkt der Rechtshängigkeit der Klage gegen ihn auf Herausgabe der Sache gemäß § 985 BGB. Ihm gleichgestellt ist gemäß § 990 I BGB der bösgläubige Besitzer. **Bösgläubig** ist der Besitzer, der beim Besitzerwerb nicht in gutem Glauben ist, weil er weiß oder aufgrund grober Fahrlässigkeit nicht weiß, dass die Sache einem anderen gehört und er selbst nicht zum Besitz berechtigt ist. **Deliktischer** Besitzer ist gemäß § 992 BGB der, der sich durch verbotene Eigenmacht oder durch eine Straftat den Besitz verschafft hat.

5. Der **redliche** Besitzer ist gemäß § 993 I 2. Halbs. BGB nicht zum Schadensersatz verpflichtet. Der **bösgläubige** oder **verklagte** Besitzer ist für den Schaden verantwortlich, der dadurch entsteht, dass infolge seines Verschuldens die Sache verschlechtert wird, untergeht oder aus einem anderen Grunde von ihm nicht herausgegeben werden kann, § 989, 990 BGB. Der **deliktische** Besitzer haftet nach der Rechtsgrundverweisung in § 992 BGB dem Eigentümer nach den Vorschriften über die unerlaubte Handlung, §§ 823 ff. BGB. Die Haftung besteht dabei gemäß § 848 BGB auch für einen zufälligen Untergang oder eine zufällige Verschlechterung der Sache.

6. Das Eigentum wird im Sinne des § 1004 BGB **beeinträchtigt**, wenn die Substanz verletzt, die Sache unbefugt gebraucht oder der Eigentümer an der Ausübung seines Herrschaftsrechts behindert wird.

7. **Handlungsstörer** ist der, der die Beeinträchtigung adäquat kausal durch sein Verhalten (Tun oder Unterlassen) verursacht hat. Geht die Beeinträchtigung von einer anderen Sache oder Anlage aus, ist der Halter der Sache oder Anlage **Zustandsstörer**, wenn er aufgrund seiner Herrschaftsbefugnis über die Sache oder Anlage die Beeinträchtigung beseitigen kann.

8. Der Beseitigungsanspruch aus § 1004 I 1 BGB richtet sich ausschließlich auf Beseitigung der Beeinträchtigung. Der aus der Beeinträchtigung folgende Schaden wird nicht aus § 1004 I 1 BGB ersetzt.

9. Die Beeinträchtigung muss nach den konkreten Umständen des Einzelfalls unmittelbar und ernst bevorstehen.

10. § 1004 BGB schützt nach seinem Wortlaut nur das Eigentum. Der eine Beeinträchtigung des Eigentums abwehrende Anspruch wird als **negatorischer** Beseitigungs- und Unterlassungsanspruch bezeichnet. Darüber hinaus bietet entsprechend § 1004 I BGB der **quasinegatorische** Anspruch einen Schutz gegen die Beeinträchtigung aller anderen absoluten Rechte wie Leben, Gesundheit, Freiheit, Recht am eingerichteten und ausgeübten Gewerbebetrieb, allgemeines Persönlichkeitsrecht, Recht am eigenen Bild usw.

Antworten zur 30. Lektion

1. **Personalsicherheiten** begründen eine allgemeine Vermögenshaftung eines Dritten. **Realsicherheiten** gewähren dem Gläubiger einen Zugriff auf bestimmte Vermögensgegenstände des Schuldners oder eines Dritten.

2. Die zum Abschluss des Bürgschaftsvertrages notwendige Erklärung des Bürgen muss **schriftlich** erfolgen, § 766 BGB. Ist der Bürge Kaufmann, reicht aber auch eine mündliche Bürgschaftserklärung, § 350 HGB.

3. Von einem **Garantievertrag** spricht man, wenn ein Garant für einen bestimmten Erfolg einstehen will. Der Erfolg kann auch der Leistungserfolg eines Schuldners, z. B. die Zahlung einer Schuld, sein.

4. Ein Pfandrecht ist nur an beweglichen Sachen (1204 ff. BGB) oder an Rechten (§§ 1273 BGB) möglich.

5. Die Übereignung gemäß § 929 BGB wird durch Übergabe und Einigung über den Eigentumsübergangs vollzogen. Bei einer Übereignung unter Eigentumsvorbehalt wird die Sache wird zwar auch sofort übergeben; die Einigung zur Übertragung des Eigentums wird aber von der **aufschiebenden Bedingung (§ 158 I BGB)** der vollständigen Kaufpreiszahlung abhängig gemacht.

6. Beim verlängerten Eigentumsvorbehalt gestattet der Verkäufer dem Käufer (Händler) gemäß § 185 BGB, die unter Eigentumsvorbehalt stehende Ware im Rahmen des ordnungsgemäßen Geschäftsverkehrs an Dritte (Kunden) zu übereignen. Da der Verkäufer so das Eigentum und damit die Sicherheit verliert, tritt ihm der Käufer dafür gemäß § 398 BGB alle Forderungen (§ 433 II BGB) aus dem Kaufvertrag mit dem Dritten (Kunden) im voraus ab.

7. Inhalt des Sicherungsvertrages ist zum einen die **Verpflichtung** des Schuldners (Sicherungsgebers), die Sache dem Gläubiger (Sicherungsnehmer) **zu übereignen**. Damit der Sicherungsgeber die Sache für seinen Geschäftsbetrieb weiter nutzen kann, soll er den Besitz behalten. Er verpflichtet sich nur zur Übereignung gemäß § 930 BGB. Hierzu ist keine Übergabe, sondern die Vereinbarung eines Besitzmittlungsverhältnisses im Sinne des § 868 BGB notwendig. Dieses **Besitzmittlungsverhältnis** wird auch gleich im schuldrechtlichen Sicherungsvertrag vereinbart. Weiterer Inhalt des schuldrechtlichen Sicherungsvertrages ist eine **Vereinbarung über die Verwertung** der Sache. Der Sicherungsnehmer wird verpflichtet, von dem Sicherungseigentum an der Sache nur Gebrauch zu machen, wenn der Sicherungsgeber trotz Fälligkeit den Kredit nicht begleicht. Er kann die Sache dann z. B. an jemand anderen verkaufen und übereignen. Hat der Sicherungsgeber den Kredit aber vollständig zurückgezahlt, muss der

Sicherungsnehmer die Sache dem Sicherungsgeber gemäß § 929 S. 2 BGB zurückübereignen (**Vereinbarung über Rückübereignung**). Außerdem ist in dem schuldrechtlichen Sicherungsvertrag bestimmt, für welchen Kredit die Sache haftet (**Zweckbestimmung**).

8. Die **Sicherungsübereignung** der Sache erfolgt aufgrund des Sicherungsvertrages allein durch die Einigung im Sinne des § 929 I BGB. Die Übergabe wird gemäß § 930 BGB durch das Besitzmittlungsverhältnis aus dem schuldrechtlichen Sicherungsvertrag ersetzt. Der Sicherungsgeber besitzt für den Sicherungsnehmer. Der Sicherungsnehmer ist Eigentümer der Sache.

9. Zur **Bestellung** einer Hypothek ist erforderlich, dass eine **gültige Forderung** gegen den Schuldner vorliegt. Es muss eine **Einigung** zwischen Eigentümer und Gläubiger über die Bestellung der Hypothek erzielt werden. Die zu sichernde Forderung und die Einigung müssen in das **Grundbuch eingetragen** werden, § 873 I, 1115 I BGB. Soll eine Briefhypothek bestellt werden, ist auch die **Übergabe des Hypothekenbriefes** an den Gläubiger notwendig, § 1117 BGB.

10. Will sich der Inhaber einer Sicherungsgrundschuld aus dem Grundstück befriedigen, muss er Klage gegen den Eigentümer erheben, auch wenn der Eigentümer nicht der Schuldner ist. Das Gericht prüft dann, ob der Eigentümer die **Zwangsvollstreckung** gemäß §§ 1192 I, 1147 BGB dulden muss. Der Eigentümer muss die Zwangsvollstreckung dulden, wenn der Sicherungsnehmer rechtswirksam Inhaber der Sicherungsgrundschuld ist und wenn die Sicherungsgrundschuld fällig ist. Die Fälligkeit der Sicherungsgrundschuld richtet sich nicht wie bei der Hypothek ohne weiteres nach der Fälligkeit der gesicherten Forderung, sondern nach den Vereinbarungen in der Sicherungsabrede, § 1193 II BGB. Die Grundschuld kann auch unabhängig von der Forderung gekündigt werden, § 1193 I BGB. Liegen die Voraussetzungen der Zwangsvollstreckung vor, wird das Grundstück versteigert. Aus dem Erlös wird der Sicherungsnehmer befriedigt.

Normenverzeichnis

Stichwortverzeichnis

N

O

Ö

O

P

R

S

T

Ü

U

V